"十三五"职业教育国家规划教材
21世纪高职高专财经类规划教材

金融法理论与实务（第3版）

Jinrongfa lilun yu shiwu

罗艾筠 ◎ 主编
李俊霞 刘洁 ◎ 副主编
褚义兵 ◎ 主审

人 民 邮 电 出 版 社
北 京

图书在版编目（CIP）数据

金融法理论与实务 / 罗艾筠主编. -- 3版. -- 北京：人民邮电出版社, 2019.1（2021.1 重印）
21世纪高职高专财经类规划教材
ISBN 978-7-115-50129-5

Ⅰ. ①金… Ⅱ. ①罗… Ⅲ. ①金融法－中国－高等职业教育－教材 Ⅳ. ①D922.28

中国版本图书馆CIP数据核字(2018)第260938号

内容提要

本书根据传统金融和互联网金融行业对法律知识的实际需要选取和整合相关法律内容，共分为九章，主要内容包括：金融法基础知识；中央银行及个人征信法律规范；商业银行担保、证券业、保险业、金融信托、金融租赁的法律规范和互联网金融法律风险与监管。

本书系统阐述了行业监管法律规范，并重点介绍了商业银行支付结算业务中票据、银行卡、预付卡及其他结算方式的法律规范，以及担保在金融实务中的具体法律适用，同时依据互联网背景下的金融创新中的涉法问题，针对最常见的第三方支付、网络借贷和股权众筹等从法律关系、风险和监管的角度结合当今实际案例进行系统的阐述。

本书提供课件、教案、教学大纲、视频和文字案例、参考答案、实训指导、模拟试卷等资料，索取方式见“更新勘误表和配套索取”示意图（咨询 QQ：602983359）。

本书可作为高职高专院校金融及其他财经类相关专业以及中等职业学校金融专业学生的教材使用，也可供传统金融、互联网金融从业者和其他经济管理工作者参考。

◆ 主　　编　罗艾筠
副 主 编　李俊霞　刘　洁
主　　审　褚义兵
责任编辑　万国清
责任印制　焦志炜

◆ 人民邮电出版社出版发行　　北京市丰台区成寿寺路 11 号
邮编　100164　　电子邮件　315@ptpress.com.cn
网址　http://www.ptpress.com.cn
国铁印务有限公司印刷

◆ 开本：787×1092　1/16
印张：17　　2019 年 1 月第 3 版
字数：410 千字　　2021 年 1 月北京第 4 次印刷

定价：49.80 元

读者服务热线：(010)81055256　印装质量热线：(010)81055316
反盗版热线：(010)81055315
广告经营许可证：京东市监广登字20170147号

第 3 版前言

本书从第 1 版问世经过第 2 版的修订至今已经 6 年多了。这 6 年中，金融领域尤其是互联网背景下的金融创新发展迅猛，涉法问题层出不穷。为了适应高职金融人才培养的需求，特对原版教材进行了修订。

本次修订融入了近年来金融领域的创新和发展成果，并按照最新的相关法律、法规和规章制度更新和替换了部分正文、案例和实训内容，以使本书更加符合《教育部关于全面提高高等职业教育教学质量的若干意见》（教高〔2006〕16 号）的要求，从而更好地满足“要培养既懂专业知识又熟悉相关法律知识的‘复合型’金融人才”的需求。

（1）在修订理念上，力求与时俱进。除根据最新的金融法律、法规和规章、政策对有关内容进行更新外，还对实训内容做了较大调整，以求更符合金融行业对人才培养的需要。

（2）在内容修订上，依据金融实践的需要，增加或修订了以下几项内容：按信用卡最新规定更新相应内容，融入了证券法修订草案中聚焦的问题，更新和增加了互联网金融中最常见的第三方支付、网络借贷和股权众筹的法律风险和监管等。同时，在调整中力求与职业资格考试接轨、与职业岗位需求同步。

（3）在形式上，追求实用性和趣味性。考虑到财经类高职教学规律和学生的认知特点，在突出主要金融法律理论的同时更加注重实用性，以大量案例、“想一想”等栏目及以二维码链接的视频、案例原文等形式增强学生对所学知识的系统性、规律性的认识，对知识点测试部分着重加强“以案说法”的实效性，希望这些调整能起到开拓学生的视野、激发他们学习兴趣的作用。

（4）在配套资源建设上，力求与课程建设同步。为真正实现立体化教材建设，我们在本书第 2 版出版后不断补充和完善各种教学、学习资料，并对本课程的省级精品资源共享课程（见山西金融职业学院网站“教育教学”栏目）进行了持续性更新和建设，读者可通过该网站进行自主学习或交流。

本书提供课件、教案、教学大纲、视频和文字案例、参考答案、实训指导、模拟试卷等资料，索取方式见“更新勘误表和配套索取”示意图。

本书由罗艾筠任主编，李俊霞、刘洁任副主编，褚义兵任主审。本版修订工作具体分工如下：李俊霞（第一章）、柳明花（第二章）、郭耀峰（第三章）、刘洁（第四章）、罗艾筠（第五章、第九章）、李俊霞（第六章）、杨振兴（第七章）、张燕芳（第八章），其中，柳明花老师来自长春金融高等专科学校，张燕芳老师来自广东职业技术学院，其他编者均来自山西金融职业学院。

在本书的编写过程中，得到了中国检察官学院副院长杨迎泽、山西财经大学法学院硕士生导师吴春香、山西大学法学院孙淑云等同志的大力支持，另外，使用本书第 2 版的老师也为本次修订提供了很多意见和建议，在此一并致谢！望各位同仁继续批评指正，以便将来我们能将本书修订得更好。

我们意图编写出一本通俗、实用的金融法教材，为达到此目的，在本次修订过程中也数易其稿，但由于编者水平有限，书中不当之处在所难免，敬请广大读者批评指正。

编 者

2018 年 8 月

第 1 版前言

金融业是现代服务业的重要组成部分，它对国民经济的重要性是不言而喻的。随着社会的进步，金融业几乎影响着我们身边的每一个领域，每一个人、每一个社会组织都或多或少地参与到金融法律关系中，而金融业的发展也因此蕴含着较大的风险，需要相应的法律予以规范，开设本课程有助于培养既懂专业知识又熟悉相关法律知识的新型“复合型”金融人才。

本书的编写根据《教育部关于全面提高高等职业教育教学质量的若干意见》（教高〔2006〕16号）关于推行工学结合，突出实践能力培养，改革人才培养模式，强调教学过程的实践性、开放性和职业性的培养目标的要求，注重现行的法律规范与相应的社会生活、工作中金融实际需求之间的联系并运用法律规则去解释和处理，以培养出符合现代社会需求的新型金融应用型人才。本书在编写中力图突出以下几个方面的特点。

（1）在编写理念上，本书基于对金融一线岗位人才培养的要求和高职教学改革要以“开放思想”为指导，以“工学结合”为手段的理念，本着高职高专特色，淡化“金融法”课程的独立性，始终强调“金融法”课程与相关专业课程之间的联系和综合，体现了金融法课程结构的均衡性和实用性，并将这一理念贯穿于整个教材。

（2）在编排体系上，本书结合专业课的需要，将内容依据专业课实际教学的需要进行了选取和整合，更体现了实践教学的需要。

（3）在具体内容上，本书努力贯彻“理论够用为度，着重培养应用能力”的指导思想，在每一章穿插大量的案例，以案例解读法律条款，强化对法律条款的理解，在每章后还设置了知识点测试和实践能力训练，以着重培养学生的应用能力。

（4）在立体化方面，本书提供电子课件、电子教案及习题答案等配套资料，以方便用书教师授课（配套资料索取方式参见“更新勘误表和配套资料索取”示意图）。

本书由罗艾筠和刘洁担任主编。编写工作的具体分工：第一章、第五章由李俊霞编写；第二章、第四章由刘洁编写；第三章、第六章由罗艾筠编写；第七章由郭耀峰编写；第八章由杨振兴编写。

本书在编写过程中得到了吴春香、孙淑云、褚义兵等同志的大力支持，在此一并表示感谢。

本书在编写过程中，借鉴和吸收了国内外专家学者的研究成果，参考了大量相关领域的文献，在此一并表示诚挚的谢意。

虽然我们意图编写出一本通俗、实用的“金融法”教材，为达到此目的，在编写过程中也数易其稿，但因编者水平有限，书中不当之处在所难免，敬请广大读者批评指正。

编 者

2010年10月

目录

第一章

金融法基本理论

【学习指导】

学习要点

1. 掌握法律关系的概念及构成要素，树立从业人员的权利义务意识。
2. 掌握法律行为的生效要件，规范从业人员的业务行为。
3. 掌握表见代理的构成要素，梳理金融机构与从业人员的法律关系。
4. 掌握金融纠纷的处理途径，强化从业人员诉诸法律的意识和能力。

课外要求

关注法制宣传节目和旁听法院庭审，丰富自己的法律知识并熟悉诉讼程序。

知识结构

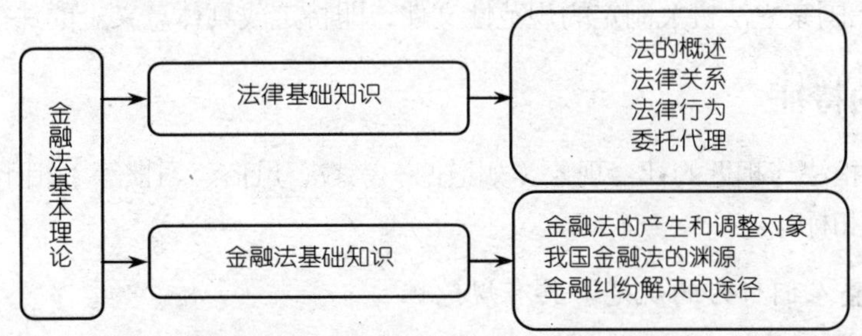

学习“金融法”的前提是已经了解和掌握法律基础知识。本章简要介绍法律基础知识，主要介绍与金融活动相关的法与职业道德、法律关系、委托代理、金融法的渊源，以及金融纠纷的解决途径等内容，旨在为后续的学习以及课程实践打下一个坚实的基础。

第一节　法律基础知识

【与前导课程知识的联系】

“金融法”是金融学与法学相交叉的学科。“金融法”的前导课程是“思想道德修养与法律基础”，前导课程的目标是培养学生作为公民所应具备的法律意识和法律常识，因而所涉及的法律范围较广，但知识的程度较浅，与专业法的学习尤其是金融法的学习的关联性有一定差距。为此，本节有必要对重要的法律基础知识再加以详细介绍。

【引例】

小赵怎么也想不到，自己好心将存折借给同事，结果却给自己带来了无尽的麻烦。

年终，小赵所在单位给员工发了1万元的年终奖，因同事小陈下班后有应酬，携带这笔现金不方便，小赵便主动将自己的存折借给小陈。不料在小陈办理存款时，粗心大意的某银行工作人员在收取了小陈1万元存款后，竟又将钱连同存折一起还给小陈。

小陈走后不久，银行工作人员在对账时发现了这一疏忽。通过监控录像查找到这笔操作失误的存款后，他们立即找到存折的所有人小赵说明情况，希望她能返还这1万元。观看录像之后，小赵认为是自己的同事小陈占有了这笔钱，银行应该要求小陈偿还，而不是自己。

问题：（1）从银行的角度思考一下，小赵和小陈之间应该是一种什么样的法律关系？这会给银行带来什么样的反思？

（2）从小陈的角度思考一下，因银行工作人员的失误自己能占有这笔钱吗？

（3）从法律规定的角度想一想，应该怎样认定本案？

一、法的概述

法是由国家制定、认可并由国家强制力保证实施的，反映由特定物质生活条件所决定的统治阶级意志，以权利和义务为内容，以确认、保护和发展统治阶级所期望的社会关系、社会秩序和社会发展目标为目的的行为规范体系。

“法律”一词通常有广义和狭义两种用法。广义上，“法律”与“法”的概念相同。狭义上，“法律”一词专指国家立法机关制定的规范性文件，即特定或具体意义上的法律。

（一）法的特征

法的特征是指法与相近的社会现象（如道德、宗教、风俗、习惯等）相比较的过程中显示出来的特殊属性和标志。

1. 法是调整人们行为的规范，具有规范性

法的规范性是指法所具有的规定人们行为模式、指导人们行为的性质。法律规范由行为模式和法律后果两部分组成。行为模式包括三种：①人们可以怎样行为（可为模式）；②人们不得怎样行为（勿为模式）；③人们应当或者必须怎样行为（应为模式）。法律后果大体上分为两种：①肯定性法律后果，即法律上承认这种行为合法、有效并加以保护以至奖励；②否定性法律后果，即法律上不予承认，加以撤销或制裁。其他社会规范不具有这样严格的模式。

2. 法是由国家制定或认可的，具有国家意志性

国家的存在是法存在的前提条件。一切法的产生，大体上都是通过国家制定和认可两种途径。法的制定是指国家立法机关按照法定程序创制规范性文件的活动。法的认可是指国家通过一定的方式承认其他社会规范（如道德、宗教、风俗、习惯及行业规范等）具有法律效力的活动。

议一议

金融机构有很多内部管理制度，那么这些制度是否具有强制性？对谁有强制性？

3. 法是由国家强制力保证实施的，具有国家强制性

法的国家强制性是指法依靠国家强制力保证实施、强迫人们遵守的性质。不管人们的主观愿望如何，人们都必须守法；否则，将招致国家强制力的干涉，受到相应的法律制裁。

4. 法在国家权力管辖范围内普遍有效，具有普遍性

法的普遍性也称“法的普遍适用性”，是指法作为一般的行为规范在国家权力管辖范围内具有普遍适用的效力和特性。具体而言，它包含两方面的内容。其一，法的效力对象的广泛性。在一国范围之内，任何人的合法行为都无一例外地受法的保护；任何人的违法行为，也都无一例外地受法的制裁。其二，法的效力的重复性。这是指法对人们的行为有反复适用的效力。在同样的情况下，法可以反复适用，而不是仅适用一次。

5. 法以权利义务为主要内容

权利是指主体依法具有自己为或不为一定行为或要求他人为或不为一定行为的资格；义务是指主体依法必须为一定行为或不得为一定行为的责任。法以外的某些行为规范也规定了权利和义务（如党章中规定了党员的权利和义务），但法律上的权利和义务不同于其他行为规范中所称的权利和义务，它代表了国家意志性。

（二）法的本质

> **议一议**
>
> 统治阶级的意志是否是全体统治阶级个人意志的总和？

在阶级对立社会中，法的本质体现的是统治阶级的意志。

统治阶级的意志是由什么因素决定的？什么力量推动这种意志的形成？归根结底，统治阶级的意志是由这一阶级的社会物质生活条件所决定的。

在我国，社会主义制度已经确立，剥削制度和剥削阶级已经消灭。我国社会主义法的本质是工人阶级领导下的全体人民意志的体现，其内容由社会主义经济基础所决定。我国在社会主义初级阶段，以公有制为主体，以个体经济、私营经济、外商投资经济为社会主义经济的重要组成部分。公有制经济决定了工人阶级为领导的广大人民的意志，决定了我国社会主义法的性质、内容和发展方向。

总之，法的本质和特征之间的关系，体现了法所呈现的特征由法的本质所决定（见图 1.1）。

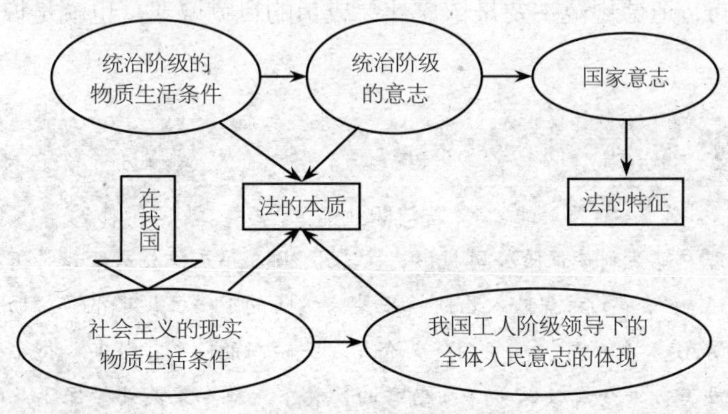

图 1.1　法的本质与特征的关系

（三）法与职业道德的关系

道德规范与法律规范一样，都是上层建筑的重要组成部分，都是规范人们行为的重要行为准则。职业道德规范也不例外。职业道德规范与规范执业行为的有关法律法规一起，共同构成

了执业行为的重要行为准则，这是二者的共同之处。但二者又有各自不同的特点和作用。一般来说，二者的区别主要有以下几个方面。

1. 引导还是强制推行

以法律为核心的规范执业行为的有关法律法规，是我国新时期依法治国的重要内容之一，需要通过国家强制力来推行，任何单位或者个人都必须不折不扣地遵照执行，否则将承担相应的法律责任。

道德规范的推行与实施不像法律规范那样必须依靠强制性手段，而主要是通过教育和引导的手段，潜移默化地来改变人们的性情和气质，改善社会风气，进而影响和提高社会公众的思想觉悟，使之能够自觉地遵守这些道德规范，达到规范人们行为的目的。

2. 重事前预防还是事后处罚

无论任何单位和个人，一旦违反法律规范的规定，国家有关强制机关就会依法追究其法律责任。所以，法律规范中必不可少的重要内容之一就是“法律责任”，其主要内容就是规定如果有违反本法律规范的行为则应当如何予以处罚，包括追究违法者的刑事责任、民事责任和行政责任等。与道德规范相比，法律规范更注重事后处罚。

道德规范的贯彻实施主要是通过事前的说服教育进行的。这种事前的预防教育是保证人们自觉遵守道德规范，形成良好的道德行为，进而遵纪守法的最重要的基础和前提；与法律规范相比，道德规范更注重事前预防。尽管有时为了保证人们遵守道德规范而明确了一些对违反道德规范行为的惩戒措施，但也只是限于纪律惩戒，而绝不会对违反道德者予以人身罚、财产罚、行为罚和名誉罚。

3. 重自律还是他律

法律规范重在他律。法律规范不能完全依靠社会成员的自觉遵守，而必须凭借和依靠国家的强制力予以推行和实施，使人们不得不按照该法律规范的规定行事。

与法律规范不同，道德规范主要是依靠社会成员的自觉遵守，也就是说是依靠社会成员的自律来贯彻实施的。

关联案例

法与职业道德

2015年6月，客户范某到某保险公司投诉，称其于2013年在该公司营销员王某的宣传下为其家人投了某保险，2013年保单的被保险人出险，王某为该险的理赔提供了很多帮助，范某对王某热情周到的服务很满意。2015年1月，王某向范某介绍了一项新的险种，范某觉得很适合自己，基于对王某的信任，他在没有仔细查看投保单详细内容的情况下，就在王某处投保了此险。王某将保单交给范某后，范某也没有认真核对。2015年6月范某听朋友谈起最近有不少境外保险公司在中国境内非法销售的情况，于是对自己的保单进行仔细查看，发现该保单并非营销员王某所在公司的保单。因此，要求某保险公司维护自己的合法权益。

事件处理：公司接到投诉后，迅速核实了范某所反映的情况，查明范某投诉内容基本属实。营销员王某为客户范某介绍的保险是境外一家保险公司的产品，此保险公司目前还没有取得在中国境内销售的资质。王某为取得个人高额收益，向客户销售不受我国法律保护的产品，其行为属于违规销售地下保单。经协商，由营销员王某向范某返还全部保险费。

案例分析：个别营销员为了个人利益，非法向客户宣传和销售违规保险产品，此行为极大地侵害了客户的合法权益，扰乱了保险市场的秩序，损害了行业的形象，在社会上造成了恶劣影响。公司不仅应对营销员此类违规进行严肃处理，也应加强对营销员的法律意识和职业道德的教育。

视野拓展

对银行从业人员违反职业操守风险提示内容

银行从业人员违反职业操守的主要行为有以下几种：①有章不循、违法违规操作，特别是管理人员授意、指使或胁迫员工违规操作。如窃取、收买、非法提供客户密码、信用卡信息；违法违规发放贷款、违规揽存；在办理企业开户、大额资金汇划、大额存单质押贷款等业务时不进行真实性审查和不履行贷款三查职责等。②在本人正常按揭及个人消费贷款以外建立个人借贷合同关系、参与民间高利贷活动或为他人提供担保；参与各类融资中介、票据中介等非法牟利活动。③从事超自身经济能力的高风险投资、经商办企业或未经批准在其他经济组织兼职。④不遵守国家和本单位防止利益冲突的规定，在办理授信、资信调查、融资等业务涉及本人、亲属或其他利益相关人时，不主动汇报和提请工作回避。⑤在社会交往和商业活动中涉及商业贿赂及不正当交易，或利用职务上的便利牟取或输送非法利益。⑥挪用本单位或客户资金。⑦与客户关系异常或个人账户与企业账户资金往来异常。⑧违反强制性休假和离岗审计制度的行为。⑨涉黄、涉赌、涉毒或涉及诉讼的行为。⑩其他违反职业操守的行为。

（银监会《关于对银行业从业人员违反职业操守问题进行风险提示并组织专项排查的通知》，2011）

二、法律关系

法律关系是指法律规范在指引人们的社会行为、调整社会关系的过程中所形成的相应的权利义务关系。

法律关系是根据法律规范建立的一种社会关系。第一，法律规范是法律关系产生的前提。如果没有相应的法律规范存在，就不可能产生法律关系。第二，法律关系不同于法律规范调整或保护的社会关系本身。在社会关系的领域中有法律规范所调整的社会关系，如政治关系、经济关系、行政管理关系等，也有些是不属于法律调整或法律不宜调整的社会关系，如友谊关系、爱情关系、政党社团的内部关系等。第三，法律关系是法律规范的实现形式，是法律规范的内容（行为模式及其后果）在现实社会生活中具体的贯彻。换言之，人们按照法律规范的要求行使权利、履行义务并由此发生特定的法律上的联系，这既是一种法律关系，也是法律规范的实现状态。

（一）法律关系的构成要素

法律关系的构成要素有主体、客体和内容。

1. 主体

法律关系主体是指法律关系的参加者，即在法律关系中享有权利或承担义务的人。法律上所称的“人”主要包括自然人、法人及其他社会组织。自然人是指有生命并具有法律人格的个人，包括本国公民、外国公民和无国籍的人。法人是指具有法律人格，能够以自己的名义独立享有权利或承担义务的社会组织。其他社会组织是指不具有法人资格，不能独立承担民事责任的社会组织。例如，个体工商户、农村承包经营户，以及不具有法人资格的私营经济组织、个人合伙等。在特殊情况下国家也会成为法律关系的主体，例如，以国家的名义发行公债。

2. 客体

法律关系客体是指权利和义务所指向的对象。它是将法律关系主体之间的权利与义务联系在一起的中介，没有法律关系的客体作为中介，就不可能形成法律关系。因此，客体是构成任何法律关系都必须具备的一个要素。一般来说，民事法律关系的客体概括起来有如下几种。

（1）物（财产）。这里所说的物是具有法律意义上的物，是指能够满足人们生活需要的，可以为人类所控制，具有一定经济价值的物质实体。它可以是天然物，也可以是人的劳动创造的物。

（2）货币和有价证券。货币是固定地充当一般等价物的特殊商品。作为商品的货币当然具有物的属性，在法律上它被认为是一种特别的动产。可以成为法律关系客体的货币必须是现行流通中的货币，包括本国货币和外国货币。有价证券是指标有票面金额，证明持有人有权按期取得一定收入并可自由转让和买卖的所有权或债权凭证，一般包括商品证券、货币证券及资本证券。商品证券是证明持券人拥有商品所有权或使用权的凭证，取得这种证券就等于取得这种商品的所有权，持券者对这种证券所代表的商品所有权受法律保护，如提货单、运货单、仓库栈单等。货币证券是指本身能使持券人或第三者取得货币索取权的有价证券，如商业证券中的商业汇票，银行证券中的银行汇票、银行本票和支票。资本证券是指由金融投资或与金融投资有直接联系的活动而产生的证券。持券人对发行人有一定的收入请求权，如股票、债券及其衍生品种（如基金证券、可转换证券等）。

（3）智力成果，即脑力劳动的产物或成果。它包括文学、艺术、科技作品，发明、实用新型、外观设计以及商标等。知识产权保护的不是智力成果的载体，而是载体上的信息，载体本身属物权保护对象。

> **注意：**智力成果与其物质载体的关系。

（4）行为。这里的行为包括管理行为、完成一定工作的行为和提供一定劳务的行为。所谓管理行为是指法律关系主体在进行经济管理的过程中，为达到一定目的而进行的有目的、有意识的活动，如中国人民银行对金融业的管理行为。完成一定工作的行为，如加工承揽行为、建设过程中的承包行为等。提供一定劳务的行为，如汇兑行为、运输行为、仓储和保管行为等。

（5）经济信息。经济信息是指反映社会经济活动发生变化等基本情况的各种信息、数据、情报和资料的总称，包括技术信息和经营信息。经济信息的重要性，决定了国家和经济组织都必须加强信息资源的管理，建立和健全完善的经济信息系统。这就需要把经济信息的收集、整理、汇总、计算、分析、加工、传递、储存和输出等全部过程纳入法制的建设轨道。

3. 内容

法律关系的内容是指法律关系主体间在一定条件下依照法律或约定所享有的权利和承担的

义务，是人们之间利益的获取或付出的状态。

权利是指经济法律关系的主体在经济管理和经济协调关系中依法具有的自己为一定行为或不为一定行为和要求他人为一定行为或不为一定行为的资格。义务是指经济法律关系的主体为了满足特定的权利主体的权利，在法律规定的范围内必须实施或不实施某种经济行为。

需要注意的是：①经济法主体只能在法律规定的范围内享受权利，也只需在法律规定的范围内承担义务。②权利是一种资格，可以享受也可以不享受；义务是一种责任，必须履行，否则要受到法律制裁。③有一些特殊的权利（如国家金融管理机关对金融活动的管理监督权），是权利义务交织在一起的，既是权利也是义务，因此不能随意放弃。

（二）法律关系的产生、变更、消灭

想一想

社会关系上升为法律关系需要具备什么条件？

由于社会生活本身是不断变化的，法律关系也就具有了某种流动性，从而表现为一个产生、变更与消灭的过程。

法律关系的产生是指主体之间出现了权利、义务关系；法律关系的变更是指法律关系的主体、客体或内容中的任何一项发生了变化；法律关系的消灭是指主体间权利、义务关系完全终止。

法律关系的产生、变更或消灭不是随意的，必须符合两方面的条件。一是抽象的条件，即法律规范的存在，这是法律关系产生、变更与消灭的前提和依据。二是具体的条件，即法律事实的存在，它是法律规范中假定部分所规定的各种情况，一旦某种情况出现，法律规范中有关权利和义务的规定，以及对有关行为法律后果的规定就会发挥作用，从而使一定的法律关系产生、变更或消灭。

（三）法律事实

法律关系的产生、变更和消灭必须具备直接的前提条件，这就是法律事实。它是法律规范与法律关系联系的中介。所谓法律事实，就是法律规范所规定的、能够引起法律关系产生、变更和消灭的客观情况或现象。

（1）法律事件。法律事件是法律规范规定的，不以当事人的意志为转移而引起法律关系产生、变更或消灭的客观事实。法律事件分为社会事件和自然事件两种。前者如国家政策的调整引起交易关系发生变化等，后者如自然灾害引起保险赔偿法律关系的发生等。对于特定的法律关系当事人而言，这两种事件都是不以其意志为转移的。

（2）法律行为。法律行为是指以当事人的意志为转移，能够引起法律关系的产生、变更和消灭的人们有意识的活动，包括合法行为和违法行为两类，如借款合同的订立，票据的签发、承兑等。

关联案例

甲将 10 万元存入银行；乙上市公司与 A 证券公司签订了股票承销协议；丙投保的财产因一场大火而灭失；中国人民银行上调了个人储蓄存款利率。

问题：以上法律事实中哪些属于行为，哪些属于事件？

解析：前两种法律事实都是当事人有意识的活动，属于行为；后两种法律事实是当事人的意志无法控制的，属于事件。

三、法律行为

法律行为是能发生法律效力的人们有意识的活动。它是在社会生活中引起的法律关系产生、变更和消灭的最经常的事实。

（一）法律行为的特征

法律行为不同于一般行为，它有以下两个特征。

（1）以意思表示为要素。意思表示是指行为人将自己的内在意思表示于外部的行为。意思表示可分为两个阶段。一是内心意志，即存在于内心的希望产生一定的法律效果的意思，是内在的、主观的。二是表示行为，也就是将内心的意思表示于外部的行为。表示行为是外在的、客观的。当事人的意思只有表示于外部，让他人知道或了解才有可能获得法律上的意义。

（2）是当事人欲追求法律效果的行为，即发生法律效果主要是因为当事人的积极追求。或者说，当事人通过积极从事法律行为而引起意欲得到的法律后果。

（二）法律行为的分类

法律行为可以根据多种方式进行分类，常见的分类有以下几种。

1. 诺成性法律行为与实践性法律行为

根据法律行为的成立是否以交付实物为条件，可以将法律行为分为诺成性法律行为与实践性法律行为。

诺成性法律行为是指仅以双方当事人意思表示一致即告成立的民事法律行为。大多数民事法律行为都是诺成性的，如货物买卖，可以由双方“一诺即成”。这种法律行为的特点在于，自当事人双方意思表示一致之时起法律行为即成立。

实践性法律行为是指除当事人双方意思表示一致之外，还需要交付标的物才能成立的法律行为。在这种法律行为中，仅凭双方当事人的意思表示一致，还不能产生一定的权利义务关系，还必须有一方交付实际标的物的行为，才能产生法律效果。如存款合同，只有存款人将存款交付于存款机构，双方之间的存款合同才能建立。

2. 要式法律行为与不要式法律行为

根据法律行为的成立是否必须采用特定形式，可以将法律行为分为要式法律行为与不要式法律行为。

要式法律行为是指依照法律、行政法规规定或者当事人约定采用特定形式而成立的法律行为。对于一些重要的法律行为，应当采用特定形式实施，否则，当事人实施的行为无效。如《票据法》第22条规定：“汇票必须记载的事项有：表明‘汇票’的字样；无条件支付的委托；确定的金额；付款人名称；收款人名称；出票日期；出票人签章。汇票上未记载前款规定事项之一的，汇票无效。”

不要式法律行为是指当事人所实施的法律行为依法并不需采取特定形式，可以由当事人自由选择形式，可以采取口头形式，也可以采取书面形式或其他形式。除法律有特别规定以外，法律行为都是不要式的。

3. 主法律行为与从法律行为

根据法律行为内容上的主从关系，可以将法律行为分为主法律行为和从法律行为。

主法律行为是指不需要有其他法律行为的存在就可以独立成立的法律行为。如借款合同相对于为其提供担保的合同就是主法律行为。

从法律行为是指以其他法律行为的存在为前提的法律行为。从法律行为具有依附性，即以主法律行为的存在为前提，主法律行为无效，从法律行为必然无效；从法律行为无效，主法律行为的效力不受影响。如票据的保证就是一种附属票据的行为。

（三）民事法律行为的有效条件

民事法律行为的有效条件是指法律行为按照意思表示内容发生效力的必要条件，民事法律行为符合了有效条件的，当事人的意思才被法律认可，从而产生预期的法律后果并受法律保护。依照《中华人民共和国民法总则》（以下简称《民法总则》）的规定，民事法律行为的有效条件表现为以下三个方面。

1. 行为人具有相应的民事行为能力

行为人是否具有相应的民事行为能力，要以民事法律对自然人、法人及其他非法人社会组织的民事行为能力的具体规定为标准来衡量。

对于自然人来讲，完全民事行为能力人可以从事各种民事法律行为；限制民事行为能力人只能实施一些与其年龄、智力和精神健康状况相适应的民事活动，其他民事活动由其法定代理人代理或征得其法定代理人同意后实施；无民事行为能力人不能独立进行民事活动，他们所从事的民事活动由其法定代理人代理进行。

对于法人和其他非法人社会组织来讲，要求其所为法律行为不违反法律的禁止性规范。①法人须对法定代表人的行为负责；非法人社会组织的法定代表人的行为，也应由其所代表的非法人承担。法人对法定代表人所负的责任，包括越权行为的责任。②法人对工作人员的职务行为负责。所谓职务行为是指法人的工作人员在执行职务期间实施的民事行为。法人参与民事活动不可能仅靠法定代表人一人去完成，诸多事务还需要其他工作人员去执行。因此，法人不仅要对法定代表人的行为负责，还要对其他工作人员因执行法人交付的任务而所为的行为负责，其中也包括侵权行为所致的民事责任。③法人应对其非法活动负责。例如，商业银行向银行业监督管理机构提供虚假的或者隐瞒重要事实的财务会计报告、报表和统计报表；商业银行违法发放贷款等。

提示：根据《民法总则》的规定，18 周岁以上且精神智力正常的成年人为完全民事行为能力人；8 周岁以上的未成年人和不能完全辨认自己行为的精神病人，是限制民事行为能力人；不满 8 周岁的未成年人和完全不能辨认自己行为的精神病人是无民事行为能力人。

限制行为能力人不能单独实施的民事法律行为属于效力待定，即行为是否有效要看法定代理人是否予以追认。

2. 行为人意思表示真实

意思表示真实就是说行为人外部的表示与其内在的真实意思相一致，其要求有两点：一是内在意思与外部表示一致；二是出于行为人的自愿。只有行为人意思表示真实，才能保证其所实施的民事行为产生的民事法律后果符合行为人预期的目的，合乎其切身利益，有利于建立正常的社会经济秩序。如果行为人的外在表示与其内心真实意思不一致，则为意思表示不真实，不为法律所确认和保护。例如，行为人是在被胁迫、受欺诈及产生重大误解等法律规定的情况下做出的与其真实意思不符的意思表示，此行为无效或可以由人民法院或仲裁机关依法变更或撤销该行为。

3. 不违反法律、行政法规的强制性规定，不违背公序良俗

《民法总则》的这一规定，具体到实际生活中，民事法律行为的内容首先不得与法律、行政法规的强制性或禁止性规范相抵触；其次，行为人实施的民事行为不得违背公共秩序与善良风俗，即不得违反社会一般利益，包括国家利益、社会经济秩序和社会公共利益，以及不得违反一般道德观念或良好道德风尚，包括社会公德、商业道德和风尚良好社会。

（四）无效的民事法律行为

无效的民事法律行为是指从行为开始起就没有法律约束力。

（1）无民事行为能力人实施的民事法律行为无效。

（2）违反法律、行政法规的强制性规定的民事法律行为无效。例如，格式合同中不当的免责条款。提供格式条款一方免除其责任、加重对方责任、排除对方主要权利的，该条款无效。

（3）违背公序良俗的民事法律行为无效。

（4）行为人与相对人恶意串通，损害他人合法权益的民事法律行为无效。

（5）行为人与相对人以虚假的意思表示实施的民事法律行为无效。

（五）可撤销的民事法律行为

下列民事法律行为，一方有权请求人民法院或者仲裁机关予以撤销：①因重大误解而实施的民事法律行为；②一方以欺诈手段，使对方在违背真实意思的情况下实施的民事法律行为；③第三人实施欺诈行为，使一方在违背真实意思的情况下实施的民事法律行为，对方知道或应当知道该欺诈行为的；④一方或第三人以胁迫手段，使对方在违背真实意思的情况下实施的民事法律行为；⑤一方利用对方处于危难状态、缺乏判断能力等情形，致使民事法律行为成立时显失公平的。

关联案例

民间借款合同合法有效，超过法律强制性规定的约定利率无效

综合媒体报道，2015年4月，李某与垫富宝公司签订《垫付宝（垫付卡）领用合约》等一系列合同，成为“垫付宝”的注册会员。依照合约的约定，李某与“垫付宝”其他会员间进行商品和服务交易时，垫富宝公司将按合同约定为他垫付消费款项，李某需按约在一个月内将垫付款项归还给垫富宝公司，并向垫富宝公司缴纳服务费。同时合同注明，逾期还款应按欠款总额的10%向原告缴纳当月违约金，每逾期一日须按欠款额的0.1%向原告支付延迟履行违约金。

2015年5月18日，李某在“垫付宝”其他会员处消费了2万元，垫富宝公司依约进行了垫付，但李某迟迟没有按时还款。垫富宝公司诉至法院，要求李某归还垫付款19 914.98元，支付违约金1 990.9元，并按欠款额的0.1%支付滞纳金至欠款还清之日。

法院审理结果：法院审理后认为，垫富宝公司与李某签订的合约为民间借贷合同，系双方真实意思表示，合同合法有效。垫富宝公司已按约替李某向第三方支付消费款，而李某没有按约向垫富宝公司还款，构成违约，所以对垫富宝公司要求李某归还借款的诉讼请求予以支持。

同时，依据《最高人民法院关于审理民间借贷案件适用法律若干问题的规定》中对民间借款利率的规定，“出借人与借款人既约定了逾期利率，又约定了违约金或其他费用的，出借人可以选择主张逾期利率、违约金或其他费用，也可以一并主张，但总计超过年利率 24%的部分，人民法院不予支持”。垫富宝公司主张的违约金和滞纳金合计超过了该规定，法院对超过部分不予支持。最终法院判决李某偿还垫富宝公司借款 19 914.98 元，并按年利率 24%支付自 2015 年 6 月 19 日起至借款还清之日止的迟延履行违约金。

四、委托代理

委托代理是指代理人的代理权根据被代理人的委托授权行为而产生。在委托代理中，被代理人以意思表示将代理权授予代理人，故又称“意定代理”，其所呈现的法律关系见图 1.2。如客户与证券营业部建立了委托关系，客户在证券营业部开户后，证券营业部作为代理人代理客户（被代理人）从交易所（第三人也称为相对人）买卖证券的行为，就是一种委托代理关系。

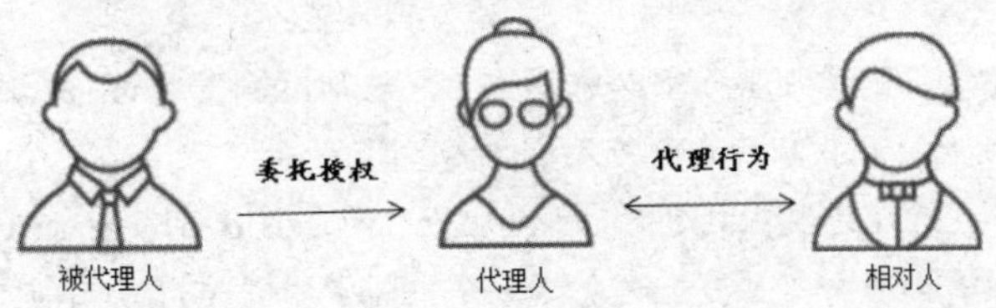

图 1.2　委托代理的法律关系

（一）委托代理授权和法律后果

1. 委托代理授权

民事法律行为的委托代理可以用书面形式，也可以用口头形式。法律规定用书面形式的，应当用书面形式。

书面委托代理的授权委托书应当载明代理人的姓名或者名称、代理事项、权限和期间，并由委托人签名或者盖章。代理人进行代理活动不得超出被代理人授予的或者法律规定的代理权范围，但代理权范围只是确定了代理人活动的基本界限，在这一界限范围之内，代理人必须根据维护被代理人利益的需要，以及实际情况，向第三人做出意思表示或接受第三人的意思表示。例如，商业银行委托金融资产管理公司清收不良贷款而订立委托协议，资产管理公司有权在合同委托协议约定的范围内独立制订清收方案和决定清收方式。因此，在代理关系中代理人是独立的民事主体，要为自己的行为向被代理人承担责任。如果因为代理人的疏忽大意而使其代理活动给被代理人造成了损失，则代理人必须向被代理人承担赔偿责任。

委托书授权不明的，被代理人应当向第三人承担民事责任，代理人负连带责任。依据《民法总则》第 169 条的规定，代理人需要转委托第三人代理的，应当取得被代理人的同意或者追认；转委托代理未经被代理人同意或者追认的，代理人应当对转委托的第三人的行为承担责任，但是在紧急情况下代理人为了维护被代理人的利益需要转委托第三人代理的除外。

有下列情形之一的，委托代理终止：①代理期间届满或者代理事务完成；②被代理人取消委托或者代理人辞去委托；③代理人死亡；④代理人丧失民事行为能力；⑤作为被代理人或者代理人的法人终止。

2. 委托代理的法律后果

代理是被代理人通过代理人的活动为自己设定民事权利义务的一种方式，因而代理人在代理权限范围内所为的行为，与被代理人自己所为的行为一样，其法律效果应全部由被代理人承受。

关联案例

《委托代理协议》没有实际履行——商业银行A分行有权拒绝支付代理费

原告：B律师事务所

被告：某商业银行A分行（下称A分行）

原、被告为一起风险代理签订了一份《委托代理协议》，约定B律师事务所风险代理A分行一起合同纠纷的仲裁执行工作，如通过B律师事务所的工作达到执行目的，A分行应向B律师事务所支付数额不菲的代理费。

执行目的达到后不久，B律师事务所以A分行拒不支付代理费为由向人民法院提起民事诉讼，要求判令A分行向其支付委托代理费400万元。

银行认为，在《委托代理协议》中约定具体办理执行的是B律师事务所的甲某和乙某两位律师，而在市中级人民法院举行的执行听证会上代表A分行出席的却是C律师事务所的另外两位律师（C律师事务所两位律师受B律师事务所甲某和乙某的个人委托进行代理），市中级人民法院是在听取C律师事务所两位律师的代理意见后裁定支持了A分行的执行要求。

法院审理结果：在庭审中人民法院查明：①鉴于原告B律师事务所未向法庭提交其围绕市中级人民法院开展执行工作的证据，约定的律师未到市中级人民法院履行代理职责，而实际实施代理工作的是C律师事务所的律师，因此，原、被告间的《委托代理协议》没有实际履行；②虽然市中级人民法院的执行裁定符合《委托代理协议》的约定，但由于市中级人民法院是在听取C律师事务所的律师代理意见后裁定，因此，该裁定结果实际上是C律师事务所律师的工作成果，原告不能将他人的工作成果作为自己主张权利的依据；③因《委托代理协议》约定的是风险代理，由于原告没有履行实施代理工作的义务，被告就有权依据协议的约定拒付代理费用，这也符合我国《民法总则》第169条之规定，因此，被告拒付代理费有事实和法律依据。

最后，人民法院作出驳回原告诉讼请求的民事判决。

（二）无权代理

无权代理是指行为人不具有代理权而以他人名义实施代理行为。无权代理不具备代理的实质特征，即欠缺代理权。主要包括以下三类。

（1）没有代理权的代理，即当事人在实施代理行为时，根本未获得被代理人的授权。

（2）超越代理权的代理，即代理人虽然有被代理人的授权，但其实施的代理行为不在被代理人的授权范围内，而是超越了被代理人的授权。

（3）代理权已终止后的代理，即代理人虽然获得了被代理人的授权，但代理授权所规定的代理期限届满后，代理人仍继续实施的代理行为。

根据《民法总则》第 171 条规定，行为人没有代理权、超越代理权或者代理权终止后仍然实施代理行为，未经被代理人追认的，对被代理人不发生效力。

（三）表见代理

表见代理是指行为人没有代理权、超越代理权或者代理权终止后仍然实施代理行为，相对人有理由相信行为人有代理权的，代理行为有效，被代理人需对此承担责任的代理。

表见代理的法律特征如下：①行为人没有代理权而从事代理行为；②相对人依据一定事实，相信或认为行为人具有代理权，如行为人持有单位的业务介绍信、合同专用章或者盖有公章的空白合同书等；③相对人主观上善意、无过失。

关联案例

银行工作人员的职务行为与表见代理

原告：A 市蓝天有限责任公司

被告：某城市合作银行 A 市乙支行

2015 年 5 月 10 日，原告工作人员王某持一张开户行为中国工商银行 A 市甲支行的转账支票到被告处办理定期存款。被告员工刘某收到该票后，通过票据交换划账转入，并在收妥该款后未经原告同意，擅自将该 500 万元划入 A 市某电视制作有限公司（简称制作公司）在被告处开设的账户内。第二天，刘某将 500 万元的定期整存整取储蓄存单通过王某交予原告。存单上记载户名为原告，金额为 500 万元，存期为一年定期，存入日期为 2015 年 5 月 11 日。存单上盖有“某城市合作银行 A 市乙支行”印章及“刘某”私章。

存单到期后，原告取款遭拒后诉至法院。

法院审理结果：法院查明，虽然被告从未收到原告存款，但原告的转账支票的款项实际已划入制作公司在被告处的账户内，刘某交给王某的存单也是刘某伪造的，而刘某是被告的工作人员，原告有理由认为刘某的行为具有代理权。所以法院认为刘某的行为构成表见代理，银行应该承担责任，支持原告的诉讼请求。

补充：推荐阅读《买理财遇飞单　以“表见代理”为由诉银行被驳回》一文，思考判定“表见代理”的证据。

【节前引例分析】

（1）从银行的角度思考，小赵和小陈之间应该是表见代理法律关系。对银行来说，尽管小陈不是存折的所有人，但因为小陈存款是以小赵名义进行的，所以银行有理由认为小陈是小赵的委托代理人。但由于银行工作人员的失误，而导致该笔存款并未实际存入银行，因此给银行带来损失。如果为追偿这笔资金给银行带来额外的支出，则应当由银行承担，而银行也有权对工作中不负责任的员工行使处理的权利，同时进一步加强对其员工的责任意识和规范意识的教育。

（2）从小陈的角度思考，小陈因银行工作人员的失误而占有的这笔资金没有法律上的根据，属于不当得利。

（3）本案中，应当由小赵来偿还这1万元。尽管小赵并没有实际占有这笔资金，但从小陈用小赵的存折来存款的事实看，银行应该认定小陈的存款行为是以小赵的名义实施的，因此小赵与小陈之间属于表见代理关系，作为存折的所有人的小赵理应向银行返还1万元，然后再向小陈行使追偿的权利。

第二节　金融法基础知识

阳银监罚决字〔2017〕1号

【引例】

银监会阳泉银监分局发布“阳银监罚决字〔2017〕1号”行政处罚决定书，山西阳泉市商业银行因违规转让信贷资产被罚。2017年3月20日，阳泉银监分局依据《中华人民共和国银行业监督管理法》第四十六条的规定，对该行作出罚款人民币30万元的行政处罚决定。

问题：从上述案例中认识金融领域中的行政主体与行政相对人。

一、金融法的产生和调整对象

（一）金融法的产生

金融是商品货币经济条件下各种金融机构以货币为对象、以信用为形式所进行的货币收支和资金融通活动的总称。金融活动是国民经济的重要组成部分，是连接生产、交换、分配、消费各环节的纽带，是社会再生产的必要条件。有了金融活动，就会产生专门从事金融活动的金融机构。

金融法是随着金融活动的发展而产生的，是调整货币流通和信用活动中所发生的金融关系的法律规范的总称。金融法不是一部法律，而是指由银行法、票据法、担保法、证券法、保险法、信托法、租赁法等成文法构成的法律体系。

现代意义上的金融法是进入资本主义社会后产生和发展起来的。1694年，英国创办英格兰银行，这标志着资本主义新的银行信用制度的建立。18世纪到19世纪，从事存款、贷款、汇兑等业务的银行得到普遍发展，这一时期的金融法对金融活动的调整多表现为国王、国会或政府授予的特许状或特许令。1837年，美国密歇根州通过《自由银行条例》，规定符合法定条件即可申请开办银行，被认为是对普通银行的规范，故为世界各国银行立法所普遍借鉴。1844年，英国国会通过《英格兰银行特许条例》，这是世界上第一部中央银行法，也是第一部专门性的金融法律规范。

我国的金融法体系是在改革开放过程中逐渐形成和发展起来的。随着金融体制改革和金融业的发展与创新，特别是加入世贸组织以后，我国在货币供需方式、资金融通形式、监管规则等方面与世界接轨。为适应货币市场、证券市场、外汇市场、基金市场发展的需要，国家制定和发布了一系列金融行业的法律法规，形成了以银行业、证券业、保险业等方面的法律法规为核心的，涵盖货币市场、资本市场、外汇市场、债券市场和信托、金融租赁、基金等行业的我国现行的特有的金融法体系。

（二）金融法的调整对象

金融法是经济法的重要组成部分。由于金融的特殊性，因此，金融法又有与其他经济法律不同的调整对象。金融法的调整对象是在金融活动中产生的金融关系，主要包括金融宏观调控关系、金融业务关系和金融监督管理关系三大类。

1. 金融宏观调控关系

金融宏观调控关系是指中央银行在金融宏观调控过程中与银行业及其他非银行业金融机构、政府部门、企业和个人之间发生的权利义务关系。中国人民银行是我国的中央银行，也是我国的金融宏观调控机构。金融宏观调控的特点是：中央银行主要利用经济手段依法对金融机构和金融活动进行调整，其调控的直接对象是金融机构和金融市场，间接对象是国民经济各部门、企业和个人，主要通过货币政策工具及法律规定的其他方式进行。

2. 金融业务关系

金融业务关系是指在货币市场、证券市场、保险市场和外汇市场等各种金融市场，金融机构之间、金融机构与个人之间、个人之间进行的各种金融活动关系。一般而言，金融业务是指存款、贷款、结算、保险、信托、金融租赁、票据贴现、融资担保、外汇活动、金融期货、证券发行与交易等业务。金融业务关系本质上是一种民商事关系。

3. 金融监督管理关系

金融监督管理关系是指金融监督管理机关对金融机构、金融市场、金融产品及金融交易的监督管理关系。金融监督管理关系的主要内容是金融监管机构依法制定监管规章，审批金融机构，对金融机构进行稽核和检查，对金融活动当事人的违法行为进行查处等。金融监管机关的监管行为必须依法进行，被监管的金融机构、其他组织和个人必须服从监管。金融监督管理关系本质上是一种金融行政关系。

二、我国金融法的渊源

金融法的渊源是指金融法律规范的表现形式。它包括国内法渊源和国际法渊源两大类。

1. 国内法渊源

金融法的国内法渊源是指国家机关制定并发布的有关金融组织及其活动的规范性法律文件。具体包括以下七个方面。

（1）宪法。宪法是国家的根本大法，是国家的总章程，是我国金融法律规范的最高法源。如宪法中关于加强国家宏观经济调控、维护社会经济秩序的规定，可以说是我国金融法律规范的最高表现形式，是我国金融立法的基础。

（2）金融法律。它是由全国人民代表大会（以下简称全国人大）及其常务委员会（以下简称常委会）制定的有关金融组织及其活动的规范性法律文件，包括专门的金融法律和其他法律中涉及金融活动的有关规定。前者如《中华人民共和国中国人民银行法》（以下简称《中国人民银行法》）、《中华人民共和国银行业监督管理法》（以下简称《银行业监督管理法》）、《中华人民共和国商业银行法》（以下简称《商业银行法》）、《中华人民共和国保险法》（以下简称《保险法》）、《中华人民共和国票据法》（以下简称《票据法》）、《中华人民共和国证券法》（以下简称《证券法》）等；后者如《中华人民共和国担保法》（以下简称《担保法》）中的保证、抵押、质押规定，《中华人民共和国公司法》（以下简称《公司法》）中关于公司组织的规定，《中华人民共和国合同法》（以下简称《合同法》）中关于借款合同、融资租赁合同的规定等。

（3）金融行政法规。它是指中华人民共和国国务院（以下简称国务院）制定的有关金融组织及其活动的规范性法律文件。如国务院《关于金融体制改革的决定》《中国人民银行货币政策委员会条例》《中华人民共和国金银管理条例》《中华人民共和国现金管理暂行条例》（以下简称《现金管理暂行条例》）、《储蓄管理条例》《企业债券管理条例》《中华人民共和国外资金融机构管理条例》（以下简称《外资金融机构管理条例》）、《金融违法行为处罚办法》等。金融行政法规不得与宪法、金融法律相抵触。

（4）金融部门规章。它是指国家金融主管部门或机构根据金融法律、行政法规或授权规定的有关金融活动的规范性法律文件。如中国人民银行制定的《贷款通则》《支付结算办法》《中国人民银行行政复议办法》《信托投资公司管理办法》等；银监会[①]制定的《商业银行风险监管核心指标》《金融机构信贷资产证券化试点监督管理办法》等；国家外汇管理局制定的《境外外汇账户管理规定》《关于 QFII 外汇管理操作问题的通知》等。

（5）金融地方性法规。它是指省、自治区、直辖市和设区的市的人民代表大会及其常委会制定的有关金融活动的规范性法律文件。这些地方性法规是对金融法律、行政法规的具体化，但它们不得同金融法律、行政法规相抵触。

（6）金融地方性规章。它是指省、自治区、直辖市人民政府，以及省、自治区、直辖市人民政府所在地的市、经济特区所在地的市和国务院批准的较大的市的人民政府，根据法律、行政法规和本省、自治区、直辖市的地方性法规所制定的有关金融活动规章。

（7）金融自律性文件。它是指由金融行业或金融机构制定的有关自身金融活动的行为规范，对其内部成员或部门具有约束力，如《中国证券业协会规章》《深圳证券交易所股票上市规则》等。

2. 国际法渊源

我国金融法的国际法渊源是指我国缔结或参加的有关国际条约、协定，以及一些具有广泛影响、为国际社会接受并认可的国际惯例。

（1）国际条约是指我国参加国际金融活动所缔结和加入的双边或多边条约。这些条约在我国缔结或参加后，对我国具有约束力。一般情况下，这些国际条约具有优先适用的效力，但我国申明保留的除外。目前，我国缔结和参加的有关国际条约主要有《国际货币基金组织协定》《国际复兴开发银行协定》《国际复兴开发银行协定附则》《国际金融公司协定》《国际金融公司协定附则》《国际复兴开发银行贷款和国际开发协会信贷采购指南》等。

（2）国际惯例是指在国际经济交往中形成的为国际社会广泛接受并予以承认的，一经双方确定就具有法律约束力的习惯性规范。如国际商会的《商业单据托收统一规则》《跟单信用证统一惯例》，世界银行的《贷款协定和担保协定通则》及《合同担保统一规则》，巴塞尔银行监管委员会颁布的《有效银行监管的核心原则》等。

① 全称为中国银行业监督管理委员会，于 2018 年和中国保险监督管理委员会合并为中国银行保险监督管理委员会。

三、金融纠纷解决的途径

金融法律纠纷的解决途径有行政复议、仲裁、诉讼（包括行政诉讼和民事诉讼）。金融法律纠纷的解决机构有金融监管机构、仲裁机构和人民法院。

（一）行政复议

行政复议是自然人、法人或其他组织通过行政救济途径解决行政争议的一种方法。

> **提示：** 抽象行政行为不能被单独提起行政复议，但是公民、法人或者其他组织认为行政机关的具体行政行为所依据的行政规范性文件不合法，在对具体行政行为申请行政复议时，可以一并向行政复议机关提出对该规范性文件进行审查。

1. 行政复议的特点

行政复议主要具有以下几个特点：①行政复议以具体行政行为和附带抽象行政行为为处理对象；②行政复议直接以具体行政行为为审查对象；③行政复议以合法性和合理性为审查标准；④行政复议以书面审理为主要方式；⑤行政复议以具体行政行为中的行政相对人为申请人，以行政主体为被申请人；⑥行政复议以行政机关为受理机关。

2. 有权作出行政处罚的行政机关的主体资格

在处理金融法律纠纷时，对涉及的金融违法行为所进行的行政处罚机关，即做出具体行政行为的行政机关为中国人民银行、国家外汇管理机构、银行业监督管理机构、保险监督管理机构、证券监督管理机构等。

以上有权对金融违法行为所进行的行政处罚机关，其主体资格应具备以下几个特征：①行政处罚只能由具有行政处罚主体资格的行政机关实施，而不是任何行政机关都能实施；②具有行政处罚主体资格的行政机关只能以本机关的名义实施行政处罚；③具有行政处罚主体资格的行政机关必须在法律、法规或规章规定权限范围内实施行政处罚。

3. 行政复议的受理机关

当事人提出行政复议，需根据具体情况向不同机关申请。

（1）向作出具体行政行为的行政机关的上一级地方人民政府申请行政复议。

（2）作出具体行政行为的是县级以上地方各级人民政府工作部门的，当事人可以作出选择，可以向该部门的本级人民政府申请行政复议，也可以向上一级主管部门申请行政复议。

（3）对国务院部门或者省、自治区、直辖市人民政府的具体行政行为不服的，向作出该具体行政行为的国务院部门或者省、自治区、直辖市人民政府申请行政复议；对行政复议决定不服的，当事人可以作出选择，可以依法向人民法院提起行政诉讼；也可以向国务院申请裁决，由国务院依法作出最终裁决。

（4）对海关、金融、国税、外汇管理等实行垂直领导的行政机关和国家安全机关的具体行政行为不服的，向其上一级主管部门申请行政复议。

关联案例

不具备行政处罚主体资格案

某年，中国人民银行某支行（以下简称某支行）对某药业有限公司“签发与其预留的签章不符的支票”行为作出行政处罚决定。某药业有限公司不服某支行的行政处罚决定，向人民银行某中心支行提出行政复议。

经人民银行某中心支行审理查明：某药业有限公司确实存在“签发与其预留的签章不符的支票”的行为，并且事实清楚、证据确凿。但某支行并没有以本行的名义对某药业有限公司实施行政处罚，而是以其业务股的名义向某药业有限公司发出“行政处罚意见告知书”并作出行政处罚决定。

根据查明的情况，中国人民银行某中心支行认定，某支行以其业务股的名义对某药业有限公司作出的行政处罚决定无效，并依法撤销了该行的行政处罚决定。

法律依据：具有行政处罚主体资格的行政机关只能以本机关的名义实施行政处罚，中国人民银行某支行业务股只是该支行的一个内部职能部门，不具有法律赋予的行政处罚权。

（二）行政诉讼

在我国，行政诉讼是指自然人、法人或者其他组织认为行政机关和法律法规授权的组织作出的具体行政行为侵犯了其合法权益，依法定程序向人民法院起诉，人民法院在当事人及其他诉讼参与人的参加下，对具体行政行为的合法性进行审查并作出裁决的制度。

行政诉讼的受案范围包括行政处罚、行政强制措施、行政征收、行政许可、行政给付等五个方面，在《行政诉讼法》中直接表现为八类侵犯相对人人身权和财产权的具体行政行为[①]。

我国的行政诉讼具有如下特征：①行政案件由人民法院受理和审理；②人民法院审理的行政案件只限于就行政机关做出的具体行政行为的合法性发生的争议；③行政复议不一定是行政诉讼的前置阶段或必经程序；④行政案件的审理方式原则上为开庭审理。

（三）仲裁

仲裁是经济法律关系的各方当事人依照事先约定或事后达成的书面仲裁协议，共同选定仲裁机构并由其对争议依法作出具有约束力裁决的一种活动。仲裁委员会独立于行政机关，与行政机关没有隶属关系，仲裁委员会之间也没有隶属关系。中国仲裁协会是社会团体法人。

1. 仲裁范围

仲裁范围包括合同纠纷和其他财产权益纠纷。

合同纠纷是在经济活动中，双方当事人因订立或履行各类经济合同而产生的纠纷，包括国内、国外平等主体的自然人、法人以及其他组织之间的国内各类经济合同纠纷、知识产权纠纷、房地产合同纠纷、期货和证券交易纠纷、保险合同纠纷、借贷合同纠纷、票据纠纷、抵押合同纠纷、运输合同纠纷和海商纠纷等，以及涉及国际贸易、国际代理、国际投资、国际技术合作等方面的纠纷。

其他财产权益纠纷主要是指由侵权行为引发的纠纷，这在产品质量责任和知识产权领域较为多见。

2. 仲裁的基本制度

仲裁的基本制度有以下几项。

---

① 这八类具体行政行为在“思想道德与法律基础”课程中已讲过，此处不再一一列举。

（1）协议仲裁制度。这是仲裁中当事人自愿原则的最根本体现，也是自愿原则在仲裁过程中得以实现的最基本保证，仲裁法规定仲裁必须有书面的仲裁协议，仲裁协议可以是合同中写明的仲裁条款，也可以是单独订立的仲裁协议书（包括可以确认的其他书面方式）。仲裁协议的内容应当包括请求仲裁的意思表示、约定的仲裁事项以及选定的仲裁委员会。

（2）或裁或审制度。或裁或审是尊重当事人选择解决争议途径的制度。其含义是，当事人一旦达成书面仲裁协议，应当向仲裁机构申请仲裁，即排除了人民法院的诉讼管辖权。如果一方当事人出于自身利益或者其他原因，没有信守仲裁协议或者有意回避仲裁而将争议起诉到法院，那么被诉方当事人可以依据仲裁协议向法院提出管辖权异议，要求法院驳回起诉，法院按照仲裁法的规定，将对具有有效仲裁协议的起诉予以驳回并让当事人将争议交付仲裁。

（3）一裁终局制度。根据《仲裁法》第 9 条的规定，仲裁实行一裁终局的制度。裁决作出后，当事人就同一纠纷再申请仲裁或者向人民法院起诉的，仲裁委员会或人民法院不予受理。一裁终局的基本含义在于，裁决作出后，即产生法律效力，即使当事人对裁决不服，也不能就同一案件向法院提出起诉。如果一方当事人不履行仲裁裁决，另一方当事人可以向有管辖权的人民法院申请强制执行。

（四）民事诉讼

民事诉讼是指自然人之间、法人之间、其他组织之间，以及他们相互之间因财产关系和人身关系提起的诉讼。或者说，民事诉讼是指人民法院、当事人和其他诉讼参与人，在审理民事案件的过程中所进行的各种诉讼活动，以及由这些活动所产生的各种关系的总和。

1. 民事诉讼的特征

民事诉讼的特征表现为民事诉讼是以司法方式解决平等主体之间的纠纷，是由法院代表国家行使审判权解决民事争议。它既不同于群众自治组织性质的人民调解委员会以调解方式解决纠纷，也不同于民间性质的仲裁委员会以仲裁方式解决纠纷。

调解、仲裁均建立在当事人自愿的基础上，只要有一方不愿意选择上述方式解决争议，调解、仲裁就无从进行；民事诉讼则不同，只要原告起诉符合民事诉讼法规定的条件，无论被告是否愿意，诉讼均会发生。诉讼外调解协议的履行依赖于当事人的自觉，不具有强制力；法院裁判则不同，当事人不主动履行生效裁判所确定的义务，法院可以依法强制执行。

民事诉讼是依照法定程序进行的诉讼活动，无论是法院还是当事人或其他诉讼参与人，都需要按照民事诉讼法设定的程序实施诉讼行为。我国诉讼制度实行两审终审制。

> **想一想**
>
> 仲裁和诉讼之间有什么关系？

2. 诉讼时效

诉讼时效是指民事权利受到侵害的权利人在法定的时效期间内不行使权利，当时效期间届满时，人民法院对权利人的权利不再进行保护的制度。诉讼时效消灭的是一种请求权，而不消灭实体权利。

依据《民法总则》的规定，向人民法院请求保护民事权利的诉讼时效期间为三年。法律另有规定的，依照其规定。诉讼时效期间自权利人知道或者应当知道权利受到损害以及义务人之日起计算。法律另有规定的，依照其规定。但是自权利受到损害之日起超过 20 年的，人民法院不予保护；有特殊情况的，人民法院可以根据权利人的申请决定延长。

诉讼时效的开始、中止、中断与延长有以下规定。

（1）诉讼时效的开始。诉讼时效从当事人知道或应当知道权利被侵害之日开始计算。

（2）诉讼时效的中止。在诉讼时效期间的最后6个月内，因不可抗力或者其他障碍不能行使请求权的，诉讼时效暂停计算，从中止时效的原因消除之日起，诉讼时效期间继续计算。

时事热点

推荐观看“杭州设立华东首个‘金融法庭’：金融纠纷一站式化解”视频（2015年7月14日浙江卫视经济生活频道新闻片段），了解借助互联网平台的新型诉讼模式的意义。

（3）诉讼时效的中断。在诉讼时效期间进行中，因发生一定的法定事由，致使已经经过的时效期间统归无效，待时效中断的事由消除后，诉讼时效期间重新起算。引起诉讼时效中断的法定事由有：①权利人提起诉讼；②当事人一方提出履行义务的要求；③当事人一方同意履行义务。

（4）诉讼时效的延长。人民法院对已结束的诉讼时效，根据特殊情况予以延长。

注意，自权利被侵害之日起超过20年的，人民法院不予保护。

关联案例

我国《民法总则》于2017年3月15日通过，2017年10月1日起正式施行，因此下列案例列举的事项均属于假设，目的是便于学习者对诉讼时效中止和中断的理解。

诉讼时效的中止

甲于2017年10月10日与某信用社签订了5万元的短期借款合同，还款期为1个月。到期后，甲没有还款，而信用社也因忙于其他事务无暇顾及。假设2020年6月10日甲因车祸受伤成了植物人，因对由谁担任监护人发生争议，迟至2020年8月10日才确定了由乙担任甲之监护人。2021年1月4日信用社向甲主张权利。

问题：信用社的诉讼请求受法律保护吗？

解析：本题诉讼时效期间为2017年11月10日至2020年11月10日，2020年6月10日甲因车祸受伤成了植物人，此时诉讼时效中止。中止事由消除后，即2020年8月10日才确定了由乙担任甲之监护人时，开始继续计算诉讼时效期间（剩余5个月），即诉讼时效期间到2021年1月10日。所以该信用社诉讼请求受法律保护。

诉讼时效的中断

2018年1月15日甲企业与乙银行订立一份借款合同，约定甲企业到2018年6月15日还款。甲企业到期未还本付息，乙银行于还本付息期限届满后1个月时向甲企业发出“还款通知书”，甲企业未予理睬。乙银行于还款期满1年时向人民法院提起诉讼，要求甲企业偿还本金、支付利息并承担违约责任。

问题：乙银行的行为引起诉讼时效中止还是中断？新的诉讼时效的起止时间是什么时候？

解析：乙银行的行为引起诉讼时效的中断。

本案诉讼时效应从2018年6月15日至2021年6月15日。

乙银行还本付息期限届满后1个月时向甲企业发出“还款通知书”，第一次引起诉讼时效的中断，这时诉讼时效期间应从2018年7月15日至2021年7月15日。

乙银行于还款期满 1 年时向人民法院提起诉讼，第二次引起诉讼时效中断，那么这时新的诉讼时效期间应从 2019 年 6 月 15 日至 2022 年 6 月 15 日。

3. 与金融纠纷相关的民事诉讼管辖

民事诉讼中的管辖是指各级法院之间和同级法院之间受理第一审民事案件的分工和权限，包括级别管辖、地域管辖、移送管辖、指定管辖等。本文只对级别管辖和地域管辖作简要介绍。

级别管辖是划分上下级法院之间受理第一审民事案件的分工和权限。基层人民法院管辖第一审民事案件，但《民事诉讼法》另有规定的除外。中级人民法院管辖的第一审民事案件包括以下几类：①重大涉外案件；②在本辖区有重大影响的案件；③最高人民法院确定由中级人民法院管辖的案件。高级人民法院管辖在本辖区有重大影响的第一审民事案件。最高人民法院管辖的第一审民事案件包括以下几类：①在全国有重大影响的案件；②认为应当由本院审理的案件。

地域管辖是指同级人民法院之间受理第一审民事案件的分工和权限，具体如表 1.1 所示。

表 1.1 地域管辖

案件类型	管辖法院
对公民提起的民事诉讼	由被告住所地法院管辖；被告住所地与经常居住地不一致的，由经常居住地法院管辖
对法人或者其他组织提起的民事诉讼	由被告住所地法院管辖。对没有办事机构的公民合伙、合伙型联营体提起的诉讼，由被告注册登记地法院管辖。没有注册登记，几个被告又不在同一辖区的，被告住所地的法院都有管辖权
因合同纠纷提起的诉讼	由被告住所地或者合同履行地人民法院管辖。如果合同没有实际履行，当事人双方住所地又都不在合同约定的履行地，应由被告住所地人民法院管辖。 合同的双方当事人可以在书面合同中协议选择被告住所地、合同履行地、合同签订地、原告住所地、标的物所在地人民法院管辖，但不得违反法律对级别管辖和专属管辖的规定
财产租赁合同、融资租赁合同纠纷提起的民事诉讼	财产租赁合同、融资租赁合同以租赁物使用地为合同履行地，但合同中对履行地有约定的除外
因票据纠纷提起的诉讼	由票据支付地或者被告住所地法院管辖。票据支付地是指票据上载明的付款地。未载明付款地的，以票据付款人（包括代理付款人）的住所地或主营业所所在地为票据付款地
因不动产纠纷提起的诉讼	由不动产所在地法院管辖
因保险合同纠纷提起的诉讼	由被告住所地或者保险标的物所在地人民法院管辖。如果保险标的物是运输工具或者运输中的货物，由被告住所地或者运输工具登记注册地、运输目的地、保险事故发生地的人民法院管辖
因侵权行为提起的诉讼	由侵权行为地或者被告住所地法院管辖。侵权行为地包括侵权行为实施地、侵权结果发生地
债权人申请支付令	由债务人住所地的基层人民法院管辖
诉前财产保全类案件的管辖	由当事人向财产所在地的人民法院申请。在法院采取诉前财产保全后，申请人起诉的，可以向采取诉前财产保全的法院或者其他有管辖权的法院提起。当事人申请诉前财产保全后没有在法定的期间起诉，因而给被申请人造成财产损失引起诉讼的，由采取该财产保全措施的人民法院管辖

小 结

金融法是调整货币资金融通过程中形成的金融关系法律规范的总称。我国在进行金融体制改革的同时，确立了金融法的基本原则，根据金融法的渊源，不断完善金融法律体系。

1. 本章从金融法学习的需要出发对法律基本理论从法的概述、法律关系、法律行为和委托代理方面进行了较详细的阐述，可使学习者在了解法律基本理论知识的同时，学会将基本法律知识运用到专业法的学习中。

2．本章基于金融专业实践的需要（包括对一定司法实践能力的要求），对金融法基础知识中金融法的调整对象、金融法律关系、我国金融法的渊源和体系，以及金融纠纷解决的途径进行了重点阐述，旨在将专业法律知识的学习渗透到法律实践中，为学习者具备基本的法律实践能力奠定理论基础。

知识点测试

一、单项选择题

1．世界第一部规范普通银行的法是（　　）。

A．英国的《英格兰银行特许条例》　B．美国的《自由银行条例》

C．法国的《法国银行特许条例》　D．德国的《自由银行条例》

2．下列现象中不属于法律事实中的行为的有（　　）。

A．甲伪造了票据上的签章

B．乙将自己的银行卡密码无意透露给了同事

C．丙与保险公司的财产保险合同因期限届满而终止

D．丁告诉朋友他有存款100万元，让朋友保密

3．凡是能够引起经济法律关系发生、变更和消灭的客观事物，在法律上称为（　　）。

A．法律规定　B．法律行为　C．法律活动　D．法律事实

4．世界第一部中央银行法是（　　）。

A．英国的《英格兰银行特许条例》　B．美国的《自由银行条例》

C．法国的《法国银行特许条例》　D．德国的《自由银行条例》

5．下列纠纷中适用《仲裁法》的有（　　）。

A．张某与其所在的银行因履行劳动合同发生纠纷

B．甲企业与乙银行发生的贷款纠纷，双方在合同中并未订立仲裁条款

C．丙企业与丁银行发生票据纠纷，双方约定了书面仲裁协议

D．刘某与某银行因储蓄存款发生纠纷，双方口头约定了仲裁协议

6．诉讼解决纠纷的程序是（　　）。

A．两审终审　B．一审终审　C．三审终审　D．四审终审

7．根据《民法总则》的规定，诉讼时效的期限是（　　）。

A．1年　B．2年　C．3年　D．4年

8．金融法律关系的内容是指（　　）。

A．权利　B．义务　C．权利和义务　D．责任

9．下列属于行政机关的是（　　）。

A．中央银行　B．人民法院　C．人民检察院　D．仲裁机构

10．下列不属于金融监管机构的是（　　）。

A．国家外汇管理局　B．保险监督管理机构　C．商业银行　D．证券监督管理机构

二、多项选择题

1．金融法律关系的主体包括（　　）。

A．中央银行　　B．商业银行　　C．金融监管机构　　D．个人

2．金融法律关系的客体包括（　　）。

A．货币　　B．金银　　C．有价证券　　D．行为

3．属于金融法律关系客体的有价证券是（　　）。

A．打折卡　　B．股票　　C．存单　　D．银行汇票

4．票据关系上升为票据法律关系的条件是（　　）。

A．票据法律规范的存在　　B．票据法律事实的存在

C．人们对票据的认识　　D．社会经济发展对票据使用的需求

5．金融监督管理机构包括（　　）。

A．中国人民银行　　B．银行业监督管理机构

C．证券监督管理机构　　D．国家外汇管理局

6．①甲将 10 万元存入银行；②乙上市公司与 A 证券公司签订了股票承销协议；③丙投保的财产因一场大火而灭失；④中国人民银行上调了个人储蓄存款利率。下列说法正确的是（　　）。

A．①②都是当事人有意识的活动，属于行为；③④是当事人的意志无法控制的，属于事件

B．①②④都是当事人有意识的活动，属于行为；③是当事人的意志无法控制的，属于事件

C．①②③④都是当事人有意识的活动，属于行为

D．①②③④都属于法律事实

7．下列现象中属于法律事实中的行为的是（　　）。

A．甲背书转让了一张票据　　B．乙非法窃取了他人的银行卡密码

C．丙投保的车辆因意外失火而由保险公司理赔　　D．丁因父亲的死亡继承了一笔存款

8．因票据纠纷提起的诉讼由（　　）人民法院管辖。

A．票据支付地　　B．被告住所地　　C．原告住所地　　D．当事人协商管辖地

9．下列属于法律事件的选项是（　　）。

A．合法行为　　B．某人将投保的汽车故意烧毁

C．洪水　　D．政策对股票交易印花税的调整

10．在处理金融法律纠纷中，对涉及的金融违法行为所进行的行政处罚机关，即做出具体行政行为的行政机关为（　　）。

A．中国人民银行　　B．国家外汇管理机构

C．国家税务部门　　D．金融行业监督管理机构

三、判断题

1．法作为行为规范具有强制性，金融机构的内部管理制度、规范也具有强制性，但并不是体现国家意志的强制性。（　　）

2．道德规范与法律规范的共同之处是，职业道德规范与以法律为核心的规范执业行为的有关法律法规一起，共同构成了执业行为的重要行为准则。（　　）

3．商业银行的信息、数据、情报和资料属于商业银行的经济信息，但经济信息并不属于金融法律关系的客体。（　　）

4．金融活动的发展是金融法产生的前提。(　　)

5．王宏欲将继承的 10 万元存入银行，因其不满 18 岁，所以银行不能受理。(　　)

6．只有货币才是金融法律关系的客体。(　　)

7．仲裁委员会独立于行政机关，与行政机关没有隶属关系，仲裁委员会之间也没有隶属关系。(　　)

8．法律责任包括民事责任、行政责任、刑事责任。(　　)

9．金融法律关系产生必须具备的条件是金融法律规范和金融法律事实。(　　)

10．中国人民银行某支行对某城市商业银行的违规拆借行为进行了处罚，该商业银行不服，可以向该中国人民银行某支行的上级机关提起行政复议。(　　)

课外实训

背景资料

2016 年 6 月 13 日甲向某银行贷款 8 万元，从事个体运输，贷款期限为 1 年。贷款到期后，甲仅还了 2 万元贷款。2017 年 9 月 13 日，该银行的信贷员来到甲家，催还贷款，但甲已外出打工，只有其妻子在家，她要求银行信贷员过 3 天再来。3 天后，银行信贷员再次来到甲家，其妻子提出能否签个还款协议，银行信贷员表示同意。于是，甲的妻子与银行签订了一份《还款协议》，协议约定 2017 年 12 月 31 日前还款 3 万元，2018 年 6 月 30 日前将剩余贷款 3 万元及利息全部还清。

问题：(1) 本案中，假如甲认为该《还款协议》并非其本人与银行所签，而是其妻在未经其同意的情况下与银行所签，因此无效。那么甲的说法有法律上的根据吗？又如何认定甲的妻子的行为呢？

(2) 本案中，假如在《还款协议》签订后，甲并未按《还款协议》还款，2018 年 7 月银行以甲不还款为由，向法院提起诉讼。那么，如何适用《民法总则》中关于诉讼时效的规定？

实训知识领域	实训方式	实训目的
领域一，表见代理。 领域二，诉讼时效在实践中的运用。	书面作业形式。	强化课堂所学理论知识在涉法业务活动中的运用。

第二章

中央银行及个人征信法律规范

【学习指导】

学习要点	衔接的主要核心专业课程	课外要求
1．我国中央银行的法定业务和监管。 2．个人征信法律规定。 3．金融机构的外汇业务管理。	金融基础、中央银行货币银行学、外汇交易实务等。	1．通过各种媒体关心和查阅目前国家对个人征信的关注点。 2．在日常办理银行业务时，多关注对反假币的宣传。

知识结构

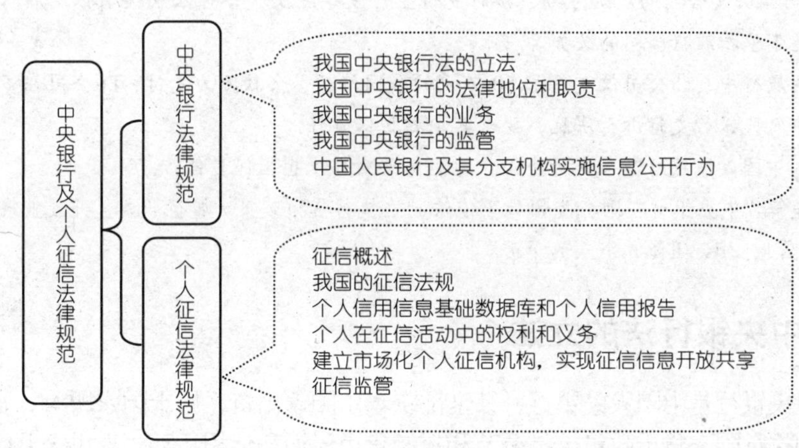

作为我国中央银行的中国人民银行在有效防范系统性金融风险、维护金融体系稳定中起着至关重要的作用，随着社会的进步和金融业的发展，中央银行的职能也在发生着变化。

本章以《中国人民银行法》为立脚点，在介绍中央银行法定地位、职能、业务和组织机构的基础上，从中央银行的行政处罚、行政许可和信息公开的角度阐述了中央银行的监管职能，同时从个人征信的角度明确征信法律规范的重要性。

第一节 中央银行法律规范

【引例】

中国人民银行法律地位的独立性

随着经济体制和金融体制的改革和探索，以及金融立法的不断成熟和完善，中国人民银行（以下简称“人民银行”）的职能不断强化。相对于地方政府，中国人民银行的地位也越来越独立，地方政府对它的干预也大大减少。以下案例反映了金融体制改革和立法探索过程中，地方政府在地方经济发展过程中对人民银行履行法定职能的干预。

某县级市为了推动全市的经济发展，决定将老国有企业 A 制药厂树为本市的龙头企业。在市政府的牵线搭桥下，A 制药厂与澳门 B 生物制品公司达成合资协议，共同成立 C 化学生物制品有限公司（以下称 C 公司）。根据协议规定，A 制药厂需要投入价值 120 万元的自动化专业生产线设备。但因为 A 制药厂资金周转困难，所以其希望向设备生产企业 D 公司分期付款购买设备，D 公司提出必须取得银行担保的要求。

市政府因急于使合资企业投入运行，遂提出由当地人民银行予以担保，并通过政府文件说明：“为扶持本市龙头企业，并带动本市经济发展，请你行为 C 化学生物制品有限公司向设备生产企业 D 公司分期购买自动化专业生产线设备一事提供相应担保”，并以市政府的名义向当地人民银行承诺，“如果以后出现问题，由市政府负责，与你行无关”。

在当地政府的干预下，当地人民银行与设备生产企业 D 公司签订了担保协议，协议规定：担保人无条件担保 C 公司按买卖合同的规定分期、按时支付生产设备价款。若 C 公司没有依约履行付款义务，担保人将无条件连带承担履行合同的义务。

后来在合同履行中，C 公司仅支付了 50 万元的合同价款，余款无力支付，D 公司在多次催讨无果的情况下，将该市人民银行支行诉至法院，要求其承担担保责任。

问题：（1）中国人民银行某市支行能否作为担保人对外承担担保责任？

（2）如何理解“中央银行在国务院领导下依法独立执行货币政策，履行职责，开展业务，不受地方政府、各级政府部门、社会团体和个人的干涉”？

一、我国中央银行法的立法

我国的中央银行是中国人民银行，其全部资本由国家出资，属于国家所有，在国务院领导下负责制定和执行国家货币政策，是调节和控制货币流通和信用活动，提供公共金融服务，维护金融稳定，依法实施金融监管的特殊金融机构。

中央银行居于一国金融体系的主导地位，是一国金融体制中的核心机构。中央银行是发行的银行、银行的银行、政府的银行。

我国中央银行法即《中国人民银行法》，是确立我国中央银行的法律地位，并调整我国中央银行制定和实施货币政策，实施宏观经济调控和监督管理职能而产生的各种社会关系的法律规范的总称。1995 年 3 月 18 日，第八届全国人大第三次会议审议通过并公布了《中国人民银行法》（后根据 2003 年 12 月 27 日第十届全国人大常委会第六次会议的决定修正），它是新中国成立以来的第一部金融法律。

《中国人民银行法》与其他相关行政法规和规章一起，共同形成我国中央银行法律制度的总体框架。

二、我国中央银行的法律地位和职责

《中国人民银行法》依法确立了中国人民银行作为我国中央银行的法律地位、职责及组织机构的设立。

（一）中央银行的法律地位

中央银行是一国金融体系的核心，中国人民银行是我国的中央银行，作为国务院直属政府部门，具有相对独立的法律地位。它独立地制定和执行货币政策，以稳定币值，促进经济增长；对金融业实施监督和管理，以达到稳定金融体系和金融市场的目的。

1. 行政隶属性

中国人民银行是国务院管理全国金融事业的职能部门，受国务院领导。

（1）中国人民银行就年度货币供应量、利率、汇率和国务院规定的其他重要事项作出的决定，报国务院批准后执行。

（2）中国人民银行行长的人选，根据国务院总理提名，由全国人民代表大会决定；副行长由国务院总理任免。

（3）中国人民银行制定货币政策的咨询议事机构，即货币政策委员会，其职责、组成和工作程序，由国务院规定，报全国人大常委会备案。

提示：中国人民银行与一般的金融机构相比有其特殊性，具体如下。

（1）中国人民银行和一般金融机构尽管都从事货币信用活动，但其经营目的截然不同。一般金融机构是企业，其经营目的是获取利润；而中国人民银行并不以获取利益为目的。

（2）一般的金融机构都以众多的企业和个人为业务对象；而中国人民银行则不以工商企业和个人为业务对象，它以金融机构和政府为业务对象。

2. 相对独立性

中国人民银行在国务院领导下依法独立执行货币政策，履行职责，开展业务，不受地方政府、各级政府部门、社会团体和个人的干涉。

中国人民银行的各级分支机构是总行的派出机构，接受总行的集中统一领导和管理。

（二）中央银行的职责

中国人民银行的法定职责是其法律性质的自然体现，是其作用的集中反映，是央行各种法律行为和活动的高度概括。

（1）调控和货币发行的职责，具体包括以下几项：①发布与履行与其职能有关的命令和规章；②依法制定和执行货币政策；③发行人民币，管理人民币流通。

（2）监督管理职责，具体包括以下几项：①监督管理银行间同业拆借市场和银行间债券市场；②实施外汇管理，监督管理银行间外汇市场；③监督管理黄金市场；④指导、部署金融业反洗钱工作，负责反洗钱的资金监测①。

（3）作为政府银行的服务职责，具体包括以下几项：①持有、管理、经营国家外汇储备、黄金储备；②经理国库；③负责金融业的统计、调查、分析和预测；④作为国家的中央银行，从事有关的国际金融活动。

（4）作为银行的银行，需要维护支付、清算系统的正常运行。比如，企业之间的经济往来、发生的债权债务关系，要通过商业银行办理支付清算，而银行之间的债权债务关系也要通过一个中枢机构办理清算结算，这个中枢机构就是中国人民银行支付清算中心。

（5）国务院规定的其他职责。

三、我国中央银行的业务

中国人民银行开展业务是为履行其职能而开展。这与商业银行开展业务在经营方针、经营原则和管理方法等方面存在很大的不同。

1. 我国中央银行的法定业务

中国人民银行的法定业务有以下几项。

（1）中国人民银行的负债业务：①统一印刷、发行人民币；②要求商业银行等金融机构按比例缴存存款准备金；③代理国库和吸收财政性存款。

（2）中国人民银行的资产业务：①为商业银行等金融机构办理再贴现②；②向商业银行提供贷款；③开展公开市场业务操作。

（3）中国人民银行的金融服务业务：①代理发行、兑付政府债券；②为银行业金融机构开立账户业务；③组织协调清算系统、提供清算服务；④确定中央银行基准利率。

2. 我国中央银行的禁止性业务

根据中国人民银行作为我国的中央银行的特殊性质和地位，《中国人民银行法》对中国人民银行的业务做了限制性的规定，主要包括：①不得对政府财政透支，不得直接认购、包销国债和其他政府债券；②不得对银行业金融机构账户透支；③不得向地方政府部门和非银行金融机构以及其他单位和个人提供贷款；④不得向任何单位和个人提供担保。

关联案例

中国人民银行地方分支机构应服从地方政府的指令吗

某市财政状况一直不好，当地建设缺少大量的资金，于是当地政府指令当地中国人民银行某分支机构贷款给政府财政，并要求其为当地商业银行透支，同时命令其为当地的一项基本建设项目的外国贷款提供担保。

解析：该分支机构有权拒绝当地政府的以上行政命令。中国人民银行相对独立性的法律地位决定了中国人民银行的派出机构也独立于地方政府。该地方政府的做法属于违反中国人民银行的禁止性业务的规定。

① 关于“洗钱”知识参见本节末“视野拓展”栏目。

② “贴现”的相关知识可通过“商业银行业务”的课程了解认识。

四、我国中央银行的监管

第十届全国人大第六次会议修正的《中国人民银行法》规定：中国人民银行的主要职责为制定和执行货币政策，不断完善有关金融机构的运行规则，更好地发挥中央银行在宏观调控和防范与化解金融风险中的作用。

为了保证履行制定、执行货币政策的职能，2003 年 4 月 28 日起国务院银行业监督管理委员会（以下简称“银监会”）正式成立后，履行了原由中国人民银行履行的审批、监督管理银行、金融资产管理公司、信托投资公司和其他存款类金融机构等职责及其他相关职责。根据《中国人民银行法》的规定，中国人民银行仍履行中央银行职能所必需的部分金融监管职能；规定由中国人民银行会同国务院银行业监督管理机构（以下简称“银行业监督管理机构”）制定支付结算规则；建立中国人民银行的直接监督检查、建议监督检查和全面监督检查制度；明确中国人民银行根据履行职责的需要，有权要求银行业金融机构报送有关资料。

（一）中国人民银行及其分支机构的监管职责以及行政处罚权

1. 对金融市场的监督检查

中国人民银行对金融市场进行监督检查并进行宏观调控，通过对货币市场和资本市场的运行指标进行统计、调查和分析，掌握金融市场的宏观运作状况，并通过运用经济的、法律的和行政的手段对全社会的货币总量和信贷结构进行调节和控制，以防范和化解金融风险。具体来说有以下几种行为：执行有关存款准备金管理规定的行为；执行与中国人民银行特种贷款有关的行为；执行有关人民币管理规定的行为；执行有关银行间同业拆借市场、银行间债券市场管理的行为；执行有关外汇管理规定的行为；执行有关黄金管理规定的行为；商业银行代理国库业务、发行库业务的行为；执行有关清算管理规定的行为；执行有关反洗钱规定的行为。

2. 向银行业监督管理机构建议监督检查

中国人民银行根据执行货币政策和维护金融稳定的需要，可以建议银行业监督管理机构对银行业金融机构进行检查监督。

3. 对银行业金融机构的监督检查

有权要求银行业金融机构报送必要的资产负债表、利润表及其他财务会计、统计报表和资料。

中国人民银行及其分支机构在履行监管职责过程中对违反上述规定的行为有权以法律、行政法规或者人民银行规章为依据，实施行政处罚措施。例如，按照《金融违法行为处罚办法》的规定，中国人民银行及其分支机构有权对“金融机构提供虚假的或者隐瞒重要事实的财务会计报告、统计报告”行为，以及“金融机构违反中国人民银行有关现金管理的规定，允许单位或者个人超限额提取现金”等行为给予行政处罚。

（二）中国人民银行及其分支机构的行政许可权

行政许可是一种依申请而为的行政执法行为，是基于某种请求而依法实施的。中国人民银行及其分支机构实施行政许可的特点：一是许可权的行使以法律、行政法规和国务院决定为依据；二是行政许可应当依照法定程序进行。

1. 对金融市场监管过程中的行政许可

对金融市场监管过程的行政许可包括同业拆借市场和其他金融市场监管中的行政许可。

（1）同业拆借[1]市场的行政许可。对商业银行、政策性银行、企业集团财务公司、基金管理公司、证券公司、信托投资公司、城乡信用联社、金融租赁公司进入全国同业拆借市场的审批。

（2）其他金融市场监管中的行政许可。对银行间债券市场金融债券的发行、债券市场债券交易流通、商业银行承办记账式国债柜台交易的审批；同时对国债承销团成员资格、银行间债券市场结算代理人、银行间债券市场做市商进行审批，以及对商业银行、政策性银行、企业集团财务公司、基金管理公司、证券公司、信托投资公司、城乡信用联社、金融租赁公司进入全国银行间债券市场的备案。

2. 人民币管理过程中的行政许可

人民币管理过程中的行政许可包括对在宣传品、出版物或其他商品上使用人民币图样、装帧流通人民币、经营流通人民币，以及研制、仿制、引进、销售、购买和使用印制人民币所特有的防伪材料、防伪技术、防伪工艺、专用设备和对外提供印制人民币的特殊材料、技术、工艺、专用设备的审批。

3. 对开立银行账户及结算和其他金融业务监管过程中的行政许可

对开立银行账户及结算和其他金融业务监管过程中的行政许可包括对银行账户开户许可证核发，银行票据、清算凭证印制企业资格、国库集中支付代理银行资格的审批，贷款卡发放的核准。

4. 对黄金及黄金制品监管过程中的行政许可

对黄金及黄金制品监管过程中的行政许可包括对黄金及其制品进出口的审批；对个人携带黄金及其制品进出境的审批；对保税区内生产、加工的黄金制品内销的审批。

五、中国人民银行及其分支机构实施信息公开行为

中国人民银行的信息公开是指中国人民银行依法将其履行职责过程中制作或获取的，以一定形式记录和保存的信息公之于众的行为。这种信息公开通过两条途径实现：一是依法主动公开；二是依当事人的申请公开。

1. 依法主动公开

中国人民银行及其分支机构对本部门应当**主动**公开的信息，必须在该信息形成或变更之日起20个工作日内，通过本部门公报、网站、报刊等便于公众知晓的方式予以公开。

2. 依照当事人的申请公开

中国人民银行及其分支机构对公民、法人或者其他组织申请公开的信息，应当当场答复；

① 要详细了解同业拆借，请关注第三章商业银行法律规范。

不能当场答复的，应当自收到信息公开申请之日起 15 个工作日内答复。因特殊情况不能按期答复的，经本部门政务公开办公室负责人同意，可以延长答复期限，但最长不得超过 15 个工作日，同时应将延期答复的情况告知申请信息公开的当事人。

关联案例

履行政府信息公开义务案

某律师通过电子邮件向中国人民银行（以下简称“人民银行”）政务公开办公室提出政府信息公开申请，请求公开“取消银行卡章程审批项目后对此前批复行为的效力认定和清理措施”“商业银行银行卡章程涉及的收费项目和标准的依据”等，并请求提供部分商业银行银行卡章程修订批复文件。

人民银行政务公开办公室依法受理了该律师的政务信息公开申请，并于不久向该律师寄出有关审批文件。考虑到该律师请求公开的“取消银行卡章程审批项目后对此前批复行为的效力认定和清理措施”是不存在的信息，所以未向其公开。在办理的过程中，因故未能在 15 个工作日内完成答复，依照规定的程序经相关负责人批准后，向该律师说明了原因，且在延长了 15 个工作日内完成了回复。

该律师不服人民银行政务信息公开行为，向人民银行申请行政复议，并在其“行政复议申请书”中请求人民银行继续公开“商业银行银行卡章程涉及的收费项目和标准的依据”等信息、撤销人民银行对部分商业银行银行卡章程的批复行为并赔偿有关损失。经审查，人民银行依据《行政复议法》及相关规定，依法驳回了该律师提出的有关“撤销人民银行对部分商业银行银行卡章程的批复行为”并赔偿有关损失等行政复议请求，并依法决定人民银行向申请人公开“商业银行银行卡章程涉及的收费项目和标准的依据”等信息。

解析：政府信息公开是公民知情权的基本内容和重要体现，本案是一起因不服人民银行政务信息公开行为而引起的行政争议案件。

（1）本案的政府信息公开属于依照当事人申请公开的政务信息。

（2）政府信息是其履行职责过程中制作或获取的并以一定形式记录和保存的信息。因此，本案中某律师要求公开的内容中，人民银行对部分商业银行银行卡章程修订批复文件、“商业银行银行卡章程涉及的收费项目和标准的依据”等符合上述特点，属于应当公开的政府信息；而“取消银行卡章程审批项目后对此前批复行为的效力认定和清理措施”，因人民银行并未制作或者获取此方面的信息，故不属于政府信息。

（3）对于某律师认为“撤销人民银行对部分商业银行银行卡章程的批复”，属于商业银行与人民银行之间的行政法律关系，商业银行作为行政法律关系相对人的一方，如果不服人民银行的批复行为可以申请行政复议，而某律师不是该行政法律关系的相对人的一方，因此不具有对“人民银行批复商业银行银行卡章程行为”申请行政复议的资格。

视野拓展

洗钱犯罪活动

早在 20 世纪 20 年代，美国芝加哥黑手党一个金融专家购买了一台投币洗衣机，开了一个洗衣店。每天晚上结算当天洗衣收入时，他将非法所得的赃款加入其中，再向税务局申报纳税，税后钱款就全部成了他的合法收入，这就是“洗钱”一词的来历。

现代各国法律对洗钱的解释不完全相同，比较权威的机构巴塞尔银行法规及监管实践委员会，从金融交易角度对洗钱进行了描述：犯罪分子及其同伙利用金融系统将资金从一个账户向另一个账户作支付或转移，以掩盖款项的真实来源和受益所有权关系；或者利用金融系统提供的资金保管服务存放款项。

洗钱犯罪可以和绝大多数的犯罪共生，是这些犯罪的下游犯罪。从金融管理秩序角度来看，洗钱活动往往借助于合法的金融网络清洗大笔黑钱，这不仅侵害了金融管理秩序，而且也严重破坏了公平竞争规则，破坏了市场经济主体之间的自由竞争，从而对正常、稳定的经济秩序带来一定的负面影响。从司法角度看，洗钱成为一种“犯罪屏障”，既妨害了司法活动，也助长了犯罪分子有恃无恐的气焰，促使他们不断实施犯罪。洗钱造成了极其严重的经济、安全和社会后果。洗钱为贩毒者、恐怖分子、非法武器交易商、腐败的政府官员，以及其他罪犯的运作和发展提供了动力。

2001 年第 3 次修正的《刑法》第 191 条明确，洗钱罪是指单位或个人明知是毒品犯罪、黑社会性质的组织犯罪、恐怖活动犯罪、走私犯罪的违法所得及其产生的收益，为掩饰、隐瞒其来源和性质，提供资金账户、协助将财产转换为现金或者金融票据、通过转账或者其他结算方式协助资金转移的、协助将资金汇往境外的及以其他方式掩饰、隐瞒犯罪的违法所得及其收益性质和来源的行为。

金融机构应建立了解客户、大额交易报告、可疑交易报告和保存记录四项反洗钱制度。

【节前引例分析】

（1）依据《人民银行法》第 30 条规定，中国人民银行不得向任何单位和个人提供担保，可见，中国人民银行某市支行不能作为担保人对外承担担保责任。同时，中国人民银行作为国家金融管理机关，依据《中华人民共和国担保法》第 8 条的规定，国家机关不得为保证人，但经国务院批准为使用外国政府或者国际经济组织贷款进行转贷的除外。

（2）“中央银行在国务院领导下依法独立执行货币政策，履行职责，开展业务，不受地方政府、各级政府部门、社会团体和个人的干涉”。这反映了中国人民银行作为我国的中央银行，是国务院直属的政府部门，具有相对独立的法律地位。本案例中，地方政府急于发展经济，强令当地人民银行为企业担保，实际上是对当地人民银行开展业务的干涉。

第二节 个人征信法律规范

【引例】

去银行申请个人贷款或信用卡时，大家会发现银行会查询申请人的个人信用报告，以确定客户的信用状况是否合格。个人征信系统的运行，使商业银行之间实现信用信息共享的同时依托征信系统建立起完善的信用风险审查制度，把查询申请人信用报告作为信贷审查的必经程序。

案例一

毕业后已经就业的大学生小王到中国工商银行某支行申请办理信用卡，经查询个人征信系统发现，小王在上学期间曾申请到一笔助学贷款 22 000 元，毕业后不久履行了正常的还款付息。该查询结果与本人的声明相符，间接证实了小王的信用度。在综合考虑小王所从事的职业和收入后，银行很快为小王办理了信用卡的申领。

案例二

小张向中国银行某分行申请办理准贷记卡。该行审核发现该客户在其他银行已有两张准贷记卡和1张贷记卡，且3张信用卡都有逾期记录。另外，该客户还为他人贷款担保1万元。综合该客户各方面的信息，该行认为其信用风险过高，因而拒绝了其准贷记卡申请。

本节介绍什么是征信、什么是个人信用报告、征信法律关系中的权利和义务、大学生个人信用助学贷款是否纳入个人信用信息数据库采集的信息范围。

一、征信概述

征信业是市场经济中提供信用信息服务的行业。征信制度的建立既可为防范信用风险，保障交易安全创造条件，又可使具有良好信用记录的企业和个人得以以较低的交易成本获得较多的交易机会，而缺乏良好信用记录的企业或个人则相反，从而促进形成“诚信受益，失信惩戒”的社会环境。征信业在促进信用经济发展和社会信用体系建设中发挥着重要的基础性作用。

2003年以来，中国人民银行征信系统建设已日趋完善，成功建立了企业和个人金融信用信息基础数据库，为推动我国社会信用体系建设起到了积极的作用。

1. 个人征信的概念及内涵

征信是指专业化的、独立的第三方机构为个人、法人及其他组织建立信用档案，依法采集、客观记录其信用信息，并依法对外提供信用信息服务的一种活动。它为专业化的授信机构提供了一个信用信息共享平台。个人征信是信用征信中的一个重要组成部分。

征信记录了信息主体的过去信用行为，这些行为将影响信息主体未来的信用交易活动。

征信机构采集的信息都是信息主体在经济金融活动中产生的信用信息，包括正面信息和负面信息。所谓正面信息是指信息主体过去获得的信用交易及在信用交易中正常履约的信息，例如，借了款并按时还钱的信息。从银行的角度来考虑，这样的信息有利于建立与银行之间的再一次合作。所谓负面信息（即不良信息）是指对信息主体信用状况构成负面影响的信息。主要表现为：信息主体在借贷、赊购、担保、租赁、保险、使用信用卡等活动中未按照合同履行义务的信息，对信息主体的行政处罚信息，人民法院判决或者裁定信息主体履行义务以及强制执行的信息，以及国务院征信业监督管理部门规定的其他不良信息。例如，某客户向银行申请了一笔住房按揭贷款，贷款合同约定，借款人应按月归还银行一定金额的贷款，但由于种种原因未能按时、足额归还银行一定金额的贷款的信息。从衡量一个人的信用意识讲，这就是负面信息；如果一段时间内连续或多次出现逾期还款的情况，就意味着，银行对下一次这样的交易会持谨慎的态度。

> **提示：**信用交易是指在交易中，作为交易的一方向对方承诺在未来偿还的前提下，对方提供约定的资金、商品或服务的活动。

2. 个人征信法律关系的主体

个人征信法律关系是指因对个人信用信息的收集、利用而形成的法律关系。个人征信法律关系包括信用交易关系、征信数据采集关系以及征信监管关系。个人征信法律关系中的参与者即征信法律关系的主体，包括征信机构、信用信息提供者、信用信息使用者和信息主体（信用数据主体）以及征信活动中的征信监管机构。在征信活动中，它们之间的法律关系如图2.1所示。

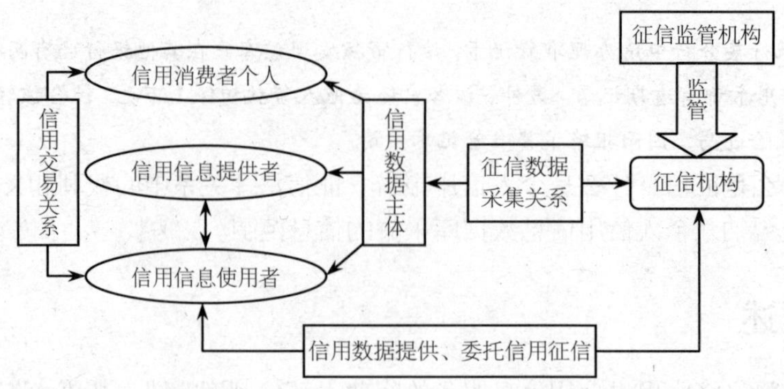

图 2.1　征信活动中主体间的法律关系

征信机构是指依法设立，依法从事收集、整理、保存、加工个人、法人及其他组织的信用信息，并对外提供信用报告、信用评分、信用评级等的业务活动的法人组织。中国人民银行征信中心是中国人民银行直属的事业法人单位，主要职责是依据国家的法律法规和中国人民银行的规章，负责全国统一的企业和个人信用信息基础数据库和动产融资登记系统的建设、运行和管理；负责组织推进金融业统一征信平台建设。

信用信息提供者是指向征信机构提供信息的单位和个人，以及向金融信用信息基础数据库提供信息的单位。比如，商业银行将借款人的还款信用状况提供给征信机构。

信用信息使用者是指从征信机构和金融信用信息基础数据库获取信息的单位和个人。比如，某人申请一笔住房贷款，发放贷款的商业银行有权从征信机构调取该申请人以往的信用记录，来判断该申请人的对未来的还款的诚信度，以避免该笔贷款未来的风险。很多情况下，信用信息使用者往往又是信用信息提供者。

征信信息主体即信息主体，也称为信用数据主体或被征信人，指征信机构采集、整理、加工和使用的征信信息描述对象，主要包括作为信息提供者直接向征信机构提供自身信用信息的自然人、法人及其他组织，以及与信息提供者通过特定关系依法将信息归集到征信机构间接向征信机构提供自身信用信息的自然人、法人及其他组织。

3. *征信信息的来源*

征信机构从信用信息产生的源头采集信息。具体来说，征信信息主要来自两类机构。一是提供贷款的机构，主要是商业银行、农村信用社、小额贷款公司等专业化提供贷款的机构。这类机构提供的信息主要是个人的信贷信息，如借款金额、还款情况、担保情况及使用信用卡情况等。二是提供先消费后付款的服务机构，主要是电信企业，水、电、燃气公司等公共事业单位。上述单位提供个人缴纳电话费、水费、电费、燃气费等信息。

这里应注意的是，民事纠纷案件责任一方的信息主要来自作出判决的法院，个人欠税信息来自相关的税务部门。

二、我国的征信法规

征信法规是调整和规范征信活动主体权利义务关系的有关法律规范的总称。个人征信立法的主要目的是通过立法对个人数据提供适当的保护；企业征信立法的主要目的是通过对企业征信公司的资质认证，来确保调查和评价过程的客观、公开和公平。

对个人征信而言，法律规范的主要内容有：一是合法采集数据；二是合法使用、提供数据；三是限制数据保存和使用时限；四是保证数据质量；五是征信公司必须采取必要手段，保证数据安全；六是违规处罚，即对征信机构的违法行为，必须给予适当处罚；七是掌握数据的机构必须依照公开透明的原则。

在法律层面，《中国人民银行法》第 1 章第 4 条规定了中国人民银行的法定职责，其中，第 1 章第 30 条规定：中国人民银行履行“国务院规定的其他职责”。国务院办公厅《关于印发中国人民银行主要职责内设机构和人员编制规定的通知》规定，中国人民银行负责“管理征信业，推动建立社会信用体系”。

在行政法规层面，《征信业管理条例》于 2012 年 12 月 26 日由国务院第 228 次常务会议通过并公布，自 2013 年 3 月 15 日起施行。这是我国第一部调整征信业的行政法规。

在政府规章层面，中国人民银行于 2005 年 8 月 18 日颁布了《个人信用信息基础数据库管理暂行办法》，分别就个人信用信息基础数据库的管理、个人信息的报送和整理、信息查询，以及异议处理等做了较为系统的规定。

三、个人信用信息基础数据库和个人信用报告

个人信用信息基础数据库是我国社会信用体系的重要基础设施，是在国务院领导下，由中国人民银行组织各商业银行建立的个人信用信息共享平台。该数据库采集、整理、保存个人信用信息，为金融机构提供个人信用状况查询服务，为货币政策和金融监管提供有关信息服务。

个人信用信息数据库是个人在金融活动中信用报告的依据，只有依法采集个人的信用信息，并保证信息数据的完整性和真实性，才能保证个人信用报告的实效性。

时事热点

截至 2017 年 6 月，由中国人民银行组建、作为中国人民银行征信中心的金融信用信息基础数据库，共收录了 9.26 亿自然人、2 371 万户企业及其他组织的信用信息。征信系统全面收集来自多方的企业和个人信息，主要是银行信贷信息，除此之外还包括证券、保险、信托、外汇、融资租赁、担保等类金融信息，以及社保、公积金、环保、欠税、民事裁决与执行等公共信息，服务网络覆盖全国。

（一）信用信息基础数据库

个人信用信息数据库是中国人民银行组织商业银行建设的全国统一的个人信用信息共享平台，它依法采集、保存、整理个人的信用信息，为个人建立信用档案，记录个人过去的信用行为，为商业银行、个人、相关政府部门和其他法定用途提供信用信息服务。目前，个人信用信息数据库日常的运行维护由中国人民银行征信中心承担。

1. 个人信用信息数据库采集的信息范围

目前，个人信用信息数据库已经采集的信息有以下几类。

（1）个人的基本信息，包括个人的姓名、证件类型及号码、通信地址、联系方式、婚姻状况、居住信息、职业信息等。

（2）金融信用信息，包括贷款信息和信用卡信息。①贷款信息，包括贷款发放银行、贷款额、贷款期限、还款方式、实际还款记录、担保信息等。值得注意的是，商业银行等金融机构按照国家政策，向经济困难的大学生发放的个人信用贷款，自发放之日起，商业银行等金融机

构就会将助学贷款及还款情况等相关信息报送到个人信用数据库。这里，国家和商业银行之间是行政委托关系，商业银行与助学贷款的借款人之间形成债权债务关系。②信用卡信息，包括发卡银行、授信额度、还款记录等。

（3）金融信用信息领域以外的信用信息。目前个人信用数据库已经采集了部分地区的电信用户缴费信息、个人住房公积金信息，以及个人参加养老保险信息。

> **议一议**
> 为什么个人金融信息数据库不采集个人的存款信息？

随着条件的成熟，它还将采集更多的个人其他信息，以全面反映个人信用状况。包括个人缴纳水费、电费、燃气费等公用事业费用的信息、个人欠税的信息、法院判决信息等。

2. 对个人隐私的保护

在法律规定的层面，2017 年 3 月 15 日通过的《中华人民共和国民法总则》第 111 条规定："自然人的个人信息受法律保护。任何组织和个人需要获取他人个人信息的，应当依法取得并确保信息安全，不得非法收集、使用、加工、传输他人个人信息，不得非法买卖、提供或者公开他人个人信息。"近年来从互联网免费服务模式来看，个人信息和用户资源已经成为网站赢利的主要渠道。尤其是大数据时代，海量大数据背后蕴含着巨大价值，拥有庞大用户基数的网站通过开放平台为第三方网站提供个人数据以获取利益，使得个人信息的泄露，不仅侵犯了公民个人的隐私权，也为各种基于个人信息数据分析的诈骗犯罪行为创造了条件。

在行政法规层面，《征信业管理条例》第 3 条规定，"从事征信业务及相关活动，应当遵守法律法规，诚实守信，不得危害国家秘密，不得侵犯商业秘密和个人隐私"。在行政规章层面，为了加强对金融信用信息基础数据库的管理，中国人民银行还通过颁布《个人信用信息基础数据库管理暂行办法》《个人信用信息基础数据库金融机构用户管理办法》《个人信用信息基础数据库异议处理规程》等一系列规章制度，来严格保护个人隐私和个人信息安全。

3. 对个人不良信用信息的保存期限

根据《征信业管理条例》第 16 条的规定，征信机构对个人不良信息的保存期限，自不良行为或者事件终止之日起为 5 年；超过 5 年的，应当予以删除。在不良信息保存期限内，信息主体可以对不良信息作出说明，征信机构应当予以记载。

> **时事热点**
> 推荐观看"完善体系打击个人金融信息泄露"视频（2013 年 8 月 27 日中央电视台"新闻直播间"片段），思考在互联网环境下，公民个人如何保护自己的个人信息。
>
> 

（二）个人信用报告的查询

个人信用报告是征信机构出具的记录信息主体过去信用信息的文件。一般来讲，个人征信报告有两大类：一类是信息主体自己有权了解的信息，包括征信机构拥有的所有关于信息主体的信息，例如，向哪家银行取得了贷款，哪家电信运营商提供了先打电话后付费的服务等；另一类是银行或其他机构有权了解的信息，包括信息主体所有的信用交易信息等。

在数据使用方面，对于已经采集入库的数据，中国人民银行采取授权查询、限定用途、保障安全、查询记录、违规处罚等措施来保护个人隐私和个人信用安全。

依据《征信业管理条例》的规定，从事信贷业务的机构有义务向金融信用信息基础数据库提供个人和企业的信贷信息，提供时需要取得信息主体的书面同意，提供个人不良信息应提前通知信息主体。金融信用信息基础数据库为信息主体和取得信息主体书面同意的金融机构和其他使用者提供查询服务。国家机关可以依照有关法律、行政法规的规定查询金融信用信息基础数据库的信息。

在对查询人员的管理方面，个人信用数据库对查看个人信用报告的商业银行信贷人员（即数据库用户）进行管理，每一个用户在进入数据库时都要登记注册；同时计算机系统还自动追踪和记录每一个用户对每一笔信用报告的查询操作，并加以记录。对于违规查询个人信用报告，或将个人信用报告用于规定范围之外的其他目的，中国人民银行将责令改正，并予以经济处罚，涉嫌犯罪的依法承担刑事责任。

可以查询个人信用报告的主体有以下几类。

（1）商业银行。在审核信贷以及担保和办理信用卡业务，在取得个人书面授权同意后，可以查询个人的信用报告。另外，商业银行在对已发放信贷进行贷后风险管理的情况下，也可查询个人的信用信息。

（2）金融监督管理机构以及司法部门等其他政府机构。根据相关法律、法规的规定，这些机构可按规定的程序查询个人信用报告。

（3）个人。个人获得自己的信用报告之后，可以根据其意愿提供给其他机构，或通过书面申请授权给机构、个人查询的权利。中国人民银行征信中心自 2014 年 6 月 3 日开始对个人查询本人信用报告实施收费，个人每年查询第 3 次及以上的，每次收取服务费 25 元，个人查询本人信用报告每年前两次免费。

查询时可以到当地的中国人民银行分支行征信管理部门，或直接向征信中心提出书面查询申请。

个人信用报告可供查询的内容有以下两项。

（1）个人基本信息，包括个人身份信息、居住信息和职业信息等。

（2）信用交易信息，根据中国人民银行公布的《个人信用信息基础数据库管理暂行办法》，个人信贷交易信息是指商业银行提供的自然人在个人贷款、信用卡等信用活动中形成的交易记录。在《个人信用报告》中，信用交易信息分为信用汇总信息和信用明细信息，其中涵盖了信用卡与贷款的明细、特殊交易、个人结算账户信息、查询记录等情况。

推荐观看“个人查询本人信用报告三次将收费”视频（2014 年 5 月 27 日中央电视台中文国际频道“中国新闻”片段），思考：为什么三次以上会收费？

个人征信系统除了主要收录个人的信贷信息外，还将收录个人基本身份信息、民事案件强制执行信息、缴纳各类社会保障费用和住房公积金信息、已公告的欠税信息、缴纳电信等公共事业费用信息、个人学历信息，以及会计师（律师）事务所、注册会计师（律师）等对公众利益有影响的特殊职业从业人员的基本职业信息。

四、个人在征信活动中的权利和义务

个人作为征信数据的主体享有如下的权利。

（1）知情权。信息主体有权知道征信机构掌握的关于自己的所有信息，知晓的途径是到征信机构去查询自己的信用报告。

（2）异议权。如果信息主体对自己信用报告中的信息有不同意见，可以向征信机构提出异议，由征信机构按程序进行处理。如果因错误信用污点造成损失，则可行使追偿权。《征信业管理条例》首次对异议处理的时效作出规定，征信机构或者信息提供者收到异议，应当按照国务院征信业监督管理部门的规定对相关信息作出存在异议的标注，自收到异议之日起20日内进行核查和处理，并将结果书面答复异议人。若因信息错误、遗漏而导致经济损失，则当事人可向人民法院起诉错误信用信息提供单位（如征信机构或者信息提供者）并要求赔偿。

（3）纠错权。如果信息主体有证据证明自己信用报告中的信息存在错误，则有权要求数据报送机构和征信机构对错误信息进行修改。

（4）司法救济权。如果信息主体认为征信机构提供的信用报告中，因信息有误而损害了自己的合法权益，并且在信息主体向征信机构提出异议后问题仍没有得到解决，则有权依法向人民法院提起诉讼，用法律手段维护自己的合法权益。

时事热点

推荐观看“征信的十大真相：相比蚂蚁花呗，用借呗的时候更要注意这件事”视频（2017年8月14日“真相大白话”短视频），通过该趣味视频，试想：征信到底离自己有多远？

个人作为征信数据的主体应承担如下的义务。

（1）如实、正确地提供个人基本信息的义务。信息主体在办理贷款，申请信用卡，缴纳水费、电费、燃气费等时，应向商业银行等机构如实提供正确的个人基本信息。

（2）及时更新自身信息的义务。如果信息主体的身份信息、家庭住址、工作单位、联系方式等个人信息发生变化，应及时告知相关机构，相关机构会进行信息的及时更新。

（3）关心自己信用记录的义务。信息主体要主动查询自己的信用报告，发现错误要及时向征信机构提出更正要求。信用报告中的信息准确与否，跟信息主体是否关心自己的信用记录密切相关。

五、建立市场化个人征信机构，实现征信信息开放共享

个人征信机构是指取得由中国人民银行发放的个人征信牌照，依法设立、独立于信用交易双方的，有权从事收集、整理、加工和分析企业和个人信用信息资料工作，出具信用报告，为客户判断和控制信用风险提供多样化征信服务的第三方机构。

征信信息开放共享是指各征信活动的主体在市场交易中将通过收集、筛选和整理所获得的信用信息数据资源，借助互联网平台提供给公共的征信机构，免费向社会开放。

1. 市场化个人征信机构的建立

2018年1月，中国人民银行官网发布信息显示，百行征信有限公司获得央行的行政许可决定书。这意味着，自2015年1月央行同意8家社会机构开展个人征信业务以来，国内首张个人征信业务牌照终于下发。百行征信（俗称“信联”）是由芝麻信用、腾讯征信、前海征信、考拉征信、鹏元征信、中诚信征信、中智诚征信、华道征信等8家市场机构和中国互联网金融协会共同发起组建的一家市场化个人征信机构，主要业务是在银行、证券、保险等传统金融机构以外的网络借贷等领域开展个人征信活动。从股东结构看，百行征信由市场自律组织中国互联网金融协会和8家前期进行个人征信业务准备的市场机构共同发起设立，每一发起人都不绝对控股，有利于其保持独立性，对信息主体作出客观公正的评价，并接受政府监管和社会监督。

百行征信的成立，使网络借贷等互联网金融领域有了征信服务统一平台，这不仅与央行征信中心运行和维护的国家金融信用信息基础数据库形成错位发展、功能互补的市场格局，也最大限度地弥补了我国中央银行征信中心在个人信用信息领域的欠缺，为征信信息开放共享，完善我国征信体系的建立提供了前提和基础。

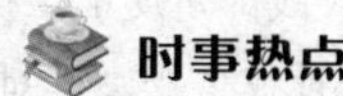

推荐观看“央行颁发首张个人征信业务牌照，阿里巴巴、腾讯等共8家均分”视频（2018年2月24日央视财经频道2第一时间片段），思考此举措在哪些方面有利于我国互联网的金融发展。

2. 市场化个人征信机构建立的意义

完善个人征信体系的意义在于支撑互联网金融平台实现良性发展。

市场化的个人征信机构相比中央银行征信，引入了互联网征信大数据，使用户各类信用行为数据的获取更容易、及时和全面，并且可以有效降低征信和融资成本。因此，不隶属于任何一家企业集团的百行征信具有以下几个优势：首先，有利于共享个人征信信息，可有效打破个人信用记录领域存在的“信息孤岛”，缓解个人征信产品有效供给不足问题；其次，有利于防范系统性金融风险，遏制“过度多头借贷”“诈骗借贷”等乱象；最后，有利于贯彻个人信息隐私权益保护原则，防止个人信息被过度采集、不当加工和非法使用，从而在互联网金融迅速发展的背景下进一步扎牢我国金融体系风险防控的制度“篱笆”。

时事热点

推荐阅读《网贷纳入征信还会远吗？》一文，结合正文介绍，思考8家第三方征信平台和百行征信有限公司之间的联系。

六、征信监管

中国人民银行及其派出机构承担国务院征信业监督管理部门的职责，依照法律、行政法规和国务院的规定，履行对征信业和金融信用信息基础数据库运行机构的监督管理职责。

监管机构通过进入征信机构、金融信用信息基础数据库运行机构进行现场检查；询问当事人和与被调查事件有关的单位和个人，并要求其对与被调查事件有关的事项作出说明；查阅、复制与被调查事件有关的文件、资料，对可能被转移、销毁、隐匿或者篡改的文件、资料予以封存；检查相关信息系统，行使监管职责。

中国人民银行及其派出机构的工作人员对在工作中知悉的国家秘密和信息主体的信息，应当依法保密。

小　结

中央银行是负责制定和执行国家的货币政策，调节和控制货币流通和信用活动，提供公共的金融服务，维护金融稳定，依法实施金融监管的特殊金融机构。本章从中国人民银行法、个人征信管理法律规范两个个方面进行了系统阐述。

1. 重点掌握中国人民银行作为中央银行的法律地位，明确其法定职责和业务范围，尤其是在银行业监督管理机构设立后，中央银行的监管职责和银行业监督管理机构之间的联系，通过对相关法规的学习和解读，从实践的角度上掌握金融监管对银行业机构依法、合规经营的重要性。

2．通过征信业法律知识的学习，认识征信在现代社会的法律意义，尤其是使当代大学生从征信法律知识的学习中了解诚实守信的法律含义。

知识点测试

一、单项选择题

1．商业银行在审核信贷及担保业务申请时，在取得个人（　　）后，可以查询个人的信用报告。

A．书面授权同意　B．口头授权同意　C．书面或口头授权同意　D．查询申请

2．货币政策委员会是中国人民银行（　　）。

A．货币政策的决策机构　B．货币政策的执行机构

C．货币政策实施的监督机构　D．制定货币政策的咨询议事机构

3．下列不属于中国人民银行的职能是（　　）。

A．服务职能　B．调控职能　C．领导职能　D．管理和监督职能

4．中国人民银行可以（　　）。

A．向商业银行提供贷款　B．向非金融机构提供贷款

C．为单位提供担保　D．直接认购、包销国债

5．我国货币发行机构是（　　）。

A．中国人民银行　B．商业银行　C．国务院　D．财政部

6．根据《征信业管理条例》第16条的规定，征信机构对个人不良信息的保存期限，自不良行为或者事件终止之日起为（　　）；超过（　　）的，应当予以删除。

A．2年　B．5年　C．7年　D．3年

7．“审批金融机构的设立、变更、终止及其业务范围”应由（　　）负责。

A．国务院　B．财政部　C．银行业监督管理机构　D．中国人民银行

8．负责残缺、污损人民币回收和销毁的机构是（　　）。

A．中国人民银行　B．银行业监督管理机构

C．受理残损人民币兑换申请的商业银行　D．各级工商行政管理局

二、多项选择题

1．个人信用信息数据库采集的金融信用信息范围有（　　）。

A．个人基本信息　B．贷款信息　C．个人存款信息　D．信用卡信息

2．对中国人民银行及其分支机构的监管职责以及行政处罚权，下列说法正确的有（　　）。

A．对金融市场的监督检查　B．向银行业监督管理机构建议监督检查

C．对银行业金融机构的监督检查　D．履行对金融机构设立审批

3．货币政策委员会的法律地位是（　　）。

A．中国人民银行制定货币政策的咨询议事机构

B．中国人民银行的内设机构

C．货币政策委员会的职责、组成和工作程序，由国务院规定，报全国人大常委会备案

D. 货币政策委员会的职责、组成和工作程序，由国务院规定，报全国人大常委会批准

4. 中国人民银行根据履行职责的需要，有权要求银行业金融机构报送的材料有（　　）。

A. 资产负债表　　B. 利润表

C. 其他财务会计报表和资料　　D. 统计报表和资料

5. 个人征信法律关系中的参与者（即征信法律关系的主体）包括（　　）。

A. 征信机构　　B. 信用信息提供者　　C. 信用信息使用者　　D. 信息主体

6. 下列哪项属于个人征信系统可收录的个人信息？（　　）

A. 个人信贷信息　　B. 个人基本身份信息　　C. 个人存款信息　　D. 个人学历信息

7. 对个人信用信息的查询主体包括（　　）。

A. 商业银行　　B. 金融监督管理机构　　C. 司法部门　　D. 个人

8. 个人作为征信数据的主体所享有的权利有（　　）。

A. 知情权　　B. 异议权　　C. 纠错权　　D. 司法救济权

三、判断题

1. 为了更全面地了解个人信用信息，个人金融信息数据库还采集个人存款信息。（　　）
2. 中国人民银行可以为在中国人民银行开立账户的金融机构办理再贴现。（　　）
3. 中国人民银行可以向非金融机构提供有担保的贷款。（　　）
4. 经国务院批准，中国人民银行可以向地方政府提供贷款。（　　）
5. 商业银行向经济困难的大学生发放的贷款为信用贷款。（　　）
6. 中国人民银行是国家机关，不是企业法人。（　　）
7. 中国人民银行开展业务，既要讲政策效益，又要讲经济效益。（　　）
8. 人民币的发行权属于中国人民银行。（　　）

四、案例分析题

案例一

某印刷厂在新年来临前夕，赶印了一批挂历。为了获得比往年更好的销路，该厂在所有挂历的月历位置采用了以扩大的真实版的百元人民币的图案作为背景，色彩尺寸与百元人民币的票面相同，甚至号码也一样。该系列挂历一经推出，销量果然比往年好。这批挂历热销几个月后，该厂遭到了当地人民银行会同当地公安局和工商局的联合查处。经过调查核实，中国人民银行依据相关法律对该厂作出了以下决定：责令其立即停止印刷销售印有人民币图案的挂历；销毁已经印刷的印有人民币图案的挂历成品；没收违法所得并处以2万元罚款。

问题：（1）该印刷厂的行为是否构成非法使用人民币图样罪？

（2）当地中国人民银行对该印刷厂的上述行为是否具有行政处罚权？

案例二

就读于A市某高校的大学生D于2013年向G银行申请了6 000元的国家助学贷款。2015年7月毕业后，他认为自己已远离学校所在地，新的单位也没人知道自己贷过款，父母也已移居外地，G银行找不到他本人和家人，因此没有按合同约定还款付息。2016年8月，公司准备派他去外地学习培训。于是，前往N银行申请办理信用卡，准备在外地使用，不料却被告知有拖欠国家助学贷款的记录，拒绝为其办理信用卡。D大吃一惊，在了解到个人征信系统已实行全国联网以后，他才意识到按约还贷的重要性。于是马上联系学校，把拖欠的贷款本息全部结清。

问题：（1）本案存在的法律关系有哪些？涉及的征信法律关系的主体有哪些？

（2）对于大学期间商业银行等金融机构按照国家政策向经济困难的大学生发放的助学贷款，商业银行等金融机构有权将助学贷款及还款情况等相关信息报送到个人信用数据库吗？

（3）对于个人信用报告，哪些部门和个人享有查询权？

课外实训

背景资料

小学生章某持父亲给的200元钱到某商场购物，在收银台交款时，该商场的收银员刘某认为这200元是假币，当场予以没收。章某回家后将此事告知了父亲，其父亲认为该200元不是假币，商场不应随便没收，于是找到商场要求退回没收的200元。商场认为该200元经其收银员鉴定确属假币，并在后来当着众人的面进行了销毁，其做法并无不当。

随后，章某的父亲将该商场告上了法院，要求该商场退还200元，赔偿因此造成的精神损失费180元，并要求其承担相应的诉讼费用。

问题：（1）鉴定、没收、销毁假币的法定机关有哪些？其操作程序如何？

（2）该商场是否有权没收并销毁假人民币？

实训知识领域

认识人民币的法律地位，掌握《中国人民银行法》和中国人民银行对假币的鉴定、收缴的有关规定。

实训提示

实训方式

模拟演练。

实训步骤

第一，角色、场景安排。

第二，资料准备。角色扮演者应认真阅读案例，精心查阅相关的法律依据、体验角色。

实训目的

（1）通过本案加深对法律关系的理解。

（2）强化对本案诉讼当事人的理解。如小学生章某应是本案的原告还是其父亲为本案的原告？除了《中国人民银行法》以外，其他相关的法律是如何规定的？

第三章

商业银行法律规范

【学习指导】

学习要点

1. 商业银行依法、合规经营。

2. 规范负债业务，避免和减少与客户的存款纠纷，保护存款人的利益。

3. 规范资产业务，强化从业人员的法律意识和规范意识。

衔接的主要核心专业课程

金融基础、商业银行经营管理、信贷管理与实务、金融企业会计、金融创新等。

课外要求

关注银行存款业务宣传中所涉及的内容和所学课程之间的联系。

知识结构

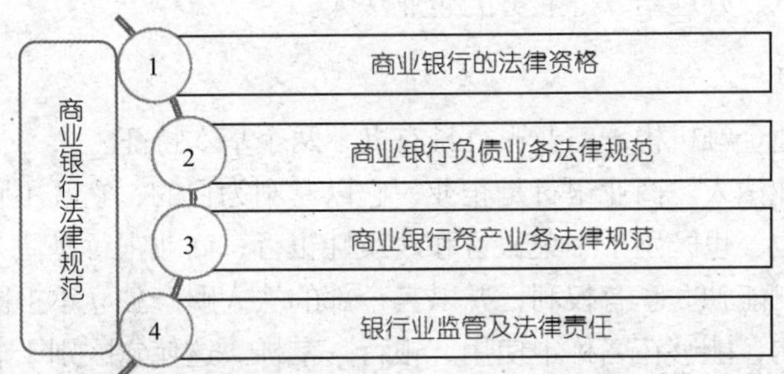

商业银行是我国金融业的主要主体，在现代金融活动中的角色使它既不同于一般的民事主体，也不同于其他非银行的金融机构。

本章围绕《商业银行法》并结合其他相关的法律、法规以及行政规章，以商业银行实践需要为目标，介绍商业银行的法律地位、设立、组织机构、变更和终止；同时从对法条的解读、理解和运用的角度，介绍商业银行的负债业务和资产业务，以及在业务活动中应当遵守的规范和规则；最后依据《银行业监督管理法》介绍对商业银行的监管。

第一节　商业银行的法律资格

【引例】

违法设立分支机构、违法任职高级管理人员

某市商业银行的总行因办公楼老化，无法满足办理业务的需求，遂将其总行由T市的双塔西街搬到双塔东街，同时经董事会同意在T市并州路增设一分支机构，拟任命李某为行长，并报请当地银行业监督管理机构批准。

当地银行业监督管理机构在对李某进行资格审查时发现，虽然李某从事经营管理工作15年，但他在2016年担任某公司法定代表人时，该公司因违法被吊销营业执照，李某对此负有直接责任。同时，当地银行业监督管理机构还查明；该商业银行在该市一共设立了17个分支机构，加上新申请设立的分支机构，一共拨付给各分支机构的营运资金总和为15亿元，而该商业银行的资本金总额为20亿元。

希望通过本节所学的知识，考虑以下两个问题。

（1）本案例中涉及的商业银行变更的法律规定。

（2）结合本案例，思考商业银行及其分支机构的设立要求和对高级管理人员的任职资格的要求。

一、商业银行和商业银行法概述

依法、合规经营是银行业金融机构存在和发展的根本前提，也是银行业安全稳健运行的关键所在。本章内容除了主要依据《商业银行法》，还涉及《公司法》《贷款通则》和《合同法》等相关法律规范。

（一）商业银行概述

根据《商业银行法》的规定：商业银行是指依照本法和《中华人民共和国公司法》设立的吸收公众存款、发放贷款、办理结算等业务的企业法人。

1. 商业银行的特征

相对中央银行和其他金融机构，商业银行具有以下两个基本特征。

（1）商业银行是企业法人。商业银行是企业，它以营利为目的，它既不同于不以营利为目的的国家机关和事业单位，也区别于中央银行和政策性银行；商业银行是法人，商业银行有自己的名称和独立的财产，能独立享有权利，并以其全部的法人财产独立承担民事责任；商业银行是依法设立的金融机构，能够在名称中使用“银行”字样。这使它区别于非银行金融机构而存在。

（2）商业银行是吸收公众存款、发放贷款，办理结算等金融业务的企业法人。商业银行是特殊的企业法人，即金融企业法人，其负债业务、资产业务和中间业务是其最典型、最主要的业务。商业银行的主要业务范围将商业银行同其他金融企业区别开来。

2. 商业银行的经营原则

商业银行通过吸收存款、发放贷款，实行高负债经营的模式使其生存极大地维系在公众的信任之上，也衍生了金融体系内在的脆弱性和金融风险的易发性。因此，《商业银行法》第4条规定，商业银行以安全性、流动性、效益性为经营原则。

（1）安全性原则。安全性是指商业银行收回信贷资产的可靠程度。安全性原则要求商业银行尽量避免各种不确定的因素（即风险）对其资产、负债、利润、信誉及其他经营发展条件的影响，以求稳健经营，健康发展。

（2）流动性原则。流动性是指商业银行资产可随时变成现款，以及时充分地满足存款者提取存款和其他正当支付的需要，包括资产流动性和负债流动性两方面的内容。商业银行是否有相应的资金来源实现资金收付的动态平衡以应付支大于收的净额支出要求，取决于资产流动性和负债流动性二者的变动。

（3）效益性原则。这是商业银行经营活动追求的最根本目标，由商业银行的性质所决定。只有不断追求效益，才能增强自己的实力，提高对客户的吸引力，在竞争中立于不败之地。

3. 商业银行的业务范围[①]

商业银行的业务可以概括为以下几类。

（1）负债业务，即商业银行筹集资金以形成经营资产的业务，包括筹集自有资金、吸收存款、发行债券、向中央银行借款、再贴现、同业拆借等。

（2）资产业务，即商业银行运用资金获取利润的业务，包括贷款业务、对外投资、办理结算业务、票据承兑与贴现等。

（3）中间业务，即商业银行为客户办理金融服务和其他委托事项而收取手续费的业务。由于它不涉及或较少涉及商业银行自有资产及负债的变动，又称为表外业务，是金融创新的主要领域。

（二）商业银行法概述

《商业银行法》是调整商业银行设立、变更、终止及其相关金融业务活动中发生的经济关系的法律规范的总称。我国《商业银行法》于 1995 年 5 月 10 日经第八届全国人大常委会第十三次会议通过，并于同年 7 月 1 日起颁布实施；在 2003 年 12 月 27 日第十届全国人大常委会第六次会议上第一次修正，并于 2004 年 2 月 1 日起实施；在 2015 年 8 月 29 日第十二届全国人大常委会第十六次会议上第二次修正，并于 2015 年 10 月 1 日起施行。

二、商业银行的设立

作为公共金融服务机构，商业银行的设立有严格的法律规定，其设立的条件、注册资本及手续远比一般企业严格。

1. 设立商业银行的条件

设立商业银行，应当经银行业监督管理机构审查批准。未经批准，任何单位和个人不得从事吸收公众存款等商业银行业务，任何单位不得在名称中使用“银行”字样。

关联案例

“银行”的名称能随便用吗

2015 年，在天津滨海新区出现个别企业以为农民提供粮食储存、销售和兑换服务等名义设立“粮食银行”而向售粮农户和其他社会人员进行资金筹措的情况。当地工商部门和银行业监督管理机构闻讯后，马上介入调查并予以取缔。

① “商业银行业务”可通过“商业银行经营管理”和“商业银行信贷业务”等课程了解相关知识。

解析：《商业银行法》第 11 条规定：设立商业银行，应当经国务院银行业监督管理机构审查批准。未经国务院银行业监督管理机构批准，任何单位和个人不得从事吸收公众存款等商业银行业务，任何单位不得在名称中使用“银行”字样。第 79 条规定：未经批准在名称中使用“银行”字样的由国务院银行业监督管理机构责令改正，有违法所得的，没收违法所得，违法所得 5 万元以上的，并处违法所得 1 倍以上 5 倍以下罚款；没有违法所得或者违法所得不足 5 万元的，处 5 万元以上 50 万元以下罚款。

设立商业银行应当具备下列条件：①有符合《商业银行法》和《公司法》规定的章程；②有符合《商业银行法》规定的注册资本最低限额；③有具备任职专业知识和业务工作经验的董事长（行长）、总经理和其他高级管理人员；④有健全的组织机构和管理制度；⑤有符合要求的营业场所、安全防范措施和与业务有关的其他设施。

2. 商业银行的注册资本

设立全国性商业银行的注册资本最低限额为 10 亿元人民币。城市商业银行的注册资本最低限额为 1 亿元人民币，农村商业银行的注册资本最低限额为 5 000 万元人民币。注册资本应当是实缴资本。

3. 设立商业银行的申请

设立商业银行，申请人应当向银行业监督管理机构提交下列文件、资料：①申请书，申请书应当载明拟设立的商业银行的名称、所在地、注册资本、业务范围等；②可行性研究报告；③银行业监督管理机构规定提交的其他文件、资料。

设立商业银行的申请经审查符合上述规定的，申请人应当填写正式申请表，并提交下列文件、资料：①章程草案；②拟任职的董事、高级管理人员的资格证明；③法定验资机构出具的验资证明；④股东名册及其出资额、股份；⑤持有注册资本 5%以上的股东的资信证明和有关资料；⑥经营方针和计划；⑦营业场所、安全防范措施和与业务有关的其他设施的资料；⑧银行业监督管理机构规定的其他文件、资料。

4. 办理登记、领取营业执照

经批准设立的商业银行，由银行业监督管理机构颁发经营许可证，并凭该许可证向工商行政管理部门办理登记，领取营业执照。

三、商业银行分支机构的设立

商业银行根据业务需要可以在中华人民共和国境内外设立分支机构。

1. 设立商业银行分支机构的申请

设立分支机构必须经银行业监督管理机构审查批准。商业银行在中华人民共和国境内设立分支机构，应当按照规定拨付与其经营规模相适应的营运资金额。拨付各分支机构营运资金额的总和，不得超过总行资本金总额的 60%。

申请人应当向银行业监督管理机构提交下列文件、资料：①申请书，申请书应当载明拟设立的分支机构的名称、营运资金额、业务范围、总行及分支机构所在地等；②申请人最近两年的财务会计报告；③拟任职的高级管理人员的资格证明；④经营方针和计划；⑤营业场所、安全防范措施和与业务有关的其他设施的资料；⑥银行业监督管理机构规定的其他文件、资料。

2. 商业银行分支机构的法律地位

经批准设立的商业银行分支机构，由银行业监督管理机构颁发经营许可证，并凭该许可证向工商行政管理部门办理登记，领取营业执照。

商业银行分支机构在财务制度上由本商业银行实行全行统一核算，统一调度资金，分级管理，因此其不具有独立于本商业银行的法人地位，需在总行授权范围内依法开展业务，其民事责任由总行承担。

议一议

纠纷发生后，商业银行分支机构能否作为诉讼主体参加民事诉讼与承担民事责任？

四、商业银行的组织机构

我国商业银行的组织形式为公司，适用我国《公司法》的规定。商业银行的组织机构包括股东会、董事会、监事会和经理（行长）。

《商业银行法》第 27 条规定了不得担任商业银行的高级管理人员的情形：①因犯有贪污、贿赂、侵占财产、挪用财产罪或者破坏社会经济秩序罪，被判处刑罚，或者因犯罪被剥夺政治权利的；②担任因经营不善破产清算的公司、企业的董事或者厂长、经理，并对该公司、企业的破产负有个人责任的；③担任因违法被吊销营业执照的公司、企业的法定代表人，并负有个人责任的；④个人所负数额较大的债务到期未清偿的。

五、商业银行的变更、接管和终止

《商业银行法》明确规定了商业银行的变更、接管和终止的情形和法律依据，并明确规定了银行业监督管理机构在商业银行变更、接管和终止过程中应当履行的监管职责。

（一）商业银行的变更

商业银行的变更包括商业银行的主体变更和商业银行的事项变更。

1. 商业银行的主体变更

商业银行的主体变更是指商业银行依照《公司法》的规定进行的合并和分立。对于商业银行的合并和分立，应当经银行业监督管理机构审查批准。

2. 商业银行的事项变更

商业银行的事项变更是指商业银行的重大事项的变更。对于重大的变更事项，应当经银行业监督管理机构批准，主要包括：①变更名称；②变更注册资本；③变更总行或者分支行所在地；④调整业务范围；⑤变更持有资本总额或者股份总额 5%以上的股东；⑥修改章程；⑦银行业监督管理机构规定的其他变更事项。

（二）商业银行的接管

商业银行的接管是指银行业监督管理机构在商业银行已经或可能发生信用危机，严重影响存款人利益时，对该银行采取的整顿和整改等措施。

1. 接管的条件和目的

商业银行已经或者可能发生信用危机，严重影响存款人的利益时，银行业监督管理机构可以对该银行实行接管。接管的目的是对被接管的商业银行采取必要措施，以保护存款人的利益，恢复商业银行的正常经营能力。被接管的商业银行的债权债务关系不因接管而变化。

2. 接管的实施

接管由银行业监督管理机构决定，并组织实施。银行业监督管理机构的接管决定应当载明下列内容：①被接管的商业银行名称；②接管理由；③接管组织；④接管期限。

接管决定由银行业监督管理机构予以公告，接管自接管决定实施之日起开始，由接管组织行使商业银行的经营管理权力。

接管期限届满，银行业监督管理机构可以决定延期，但接管期限最长不得超过 2 年。但有下列情形之一的接管终止：①接管决定规定的期限届满或者银行业监督管理机构决定的接管延期届满；②接管期限届满前，该商业银行已恢复正常经营能力；③接管期限届满前，该商业银行被合并或者被依法宣告破产。

（三）商业银行的终止

商业银行因解散、被撤销或被依法宣告破产而终止。

1. 商业银行因解散而终止

商业银行因分立、合并或者出现公司章程规定的解散事由需要解散的，应当向银行业监督管理机构提出申请，并附解散的理由和支付存款的本金和利息等债务清偿计划，经银行业监督管理机构批准后解散。商业银行解散的，应当依法成立清算组，进行清算，按照清偿计划及时偿还存款本金和利息等债务。银行业监督管理机构监督清算过程。

2. 商业银行因被撤销而终止

商业银行因吊销经营许可证被撤销的，银行业监督管理机构应当依法及时组织成立清算组，进行清算，按照清偿计划及时偿还存款本金和利息等债务。

3. 商业银行因被宣告破产而终止

商业银行不能支付到期债务，经银行业监督管理机构同意，由人民法院依法宣告其破产。商业银行被宣告破产的，由人民法院组织银行业监督管理机构等有关部门和有关人员成立清算组，进行清算。商业银行破产清算时，在支付清算费用、所欠职工工资和劳动保险费用后，应当优先支付个人储蓄存款的本金和利息。

【节前引例分析】

（1）依据《商业银行法》第 24 条的规定，“变更总行或者分支行所在地”属于商业银行的重大的变更事项之一，应当经银行业监督管理机构批准。本案中商业银行的总行由双塔西街搬到双塔东街，属于本条规定的重大事项的变更，应报请当地银行业监督管理机构批准。

（2）该市商业银行在增设分支机构时，存在两处违法：一是根据《商业银行法》第19条的规定，商业银行设立分支机构，拨付各分支机构营运资金额的总和，不得超过总行资本金总额的60%。从本案提供的数据上看，拨付给各分支机构的营运资金总额为15亿元，已经超过了该行资本金总额的60%。二是行长的任免不符合《商业银行法》第27条的规定："担任因违法被吊销营业执照的公司、企业的法定代表人，并负有个人责任的。"属于不得担任商业银行高级管理人员的情形之一。

第二节 商业银行负债业务法律规范

【引例】

××银行泄露数万顾客信息 侵害到银行客户的信息安全

据2012年8月14日《每日经济新闻》报道（梅俊彦）××银行上海金桥支行于2012年2—4月间，凭借宜信普惠提供的查询授权书，在未与客户发生业务关系的情况下，查询了3.2万余人的个人信用报告，并将部分查询结果提供给宜信。为此，××银行的行为已被中国人民银行上海分行通报批评，责令整改。

思考：（1）结合上述案例和本节所学知识，思考《商业银行法》对存款人的保护的含义是什么。

（2）商业银行如何规范对个人信用信息基础数据的保护？

一、存款合同

存款合同是存款人和银行等存款机构之间订立的明确相互间权利和义务的协议。银行等金融机构收受存款人的货币资金，而对存款人负有即期或定期偿付义务的负债业务。吸收各类存款是商业银行最主要、最基本的负债业务，直接影响银行的经营规模和经营效益。

（一）存款合同的订立

《合同法》第13条规定"当事人订立合同，采取要约、承诺方式"，存款合同的订立也包括两个阶段。存款客户向存款机构提供转账凭证或者将要存的款项交付并向存款机构告知存款意向，是向接受存款的金融机构发出的要约；存款机构收妥存款资金入账，并向存款客户出具进账单或存单等，是存款机构向存款客户作出的承诺。

存单或进账单是存款债权的法律凭证，也是存款合同的表现形式。

> **议一议**
>
> 我们手上的存单是合同吗？

1. 订立合同的主体资格

存款合同的当事人分别为存款人和存款机构。关于存款人，我国法律对存款人的身份并没有严格的限制，国家机关、企事业单位、社会组织、自然人个人等都可以为存款人。对于存款机构，我国法律做了严格的限制，我国对存款业务实行的是特许经营制，只有经银行业监督管理机构的批准，具有存款业务经营资格的金融机构才能开展存款业务。这些存款机构包括商业银行、信用社等金融机构。

2. 合同内容合法

存款合同的内容包括存款利率、存款期限、存款金额、计息方式等，这些内容都必须符合我国有关法律的规定。

3. 当事人的意思表示真实

根据《民法总则》的规定，一方以欺诈、胁迫的手段使对方在违背其真实意思的情况下实施的民事法律行为，另一方当事人有权请求人民法院或仲裁机构予以撤销。

4. 合同形式符合法定的要求

存款合同一般采用存款机构制定的格式合同，存款人不能就合同的条款进行谈判，只能选择接受或不接受。依据我国《合同法》对格式合同的规定，格式条款是当事人为了重复使用而预先拟定，并在订立合同时未与对方协商的条款。采用格式条款的合同称为格式合同。

《合同法》第39~41条对格式条款的具体规定如下。

（1）提供方提供格式合同时，要求提供的格式条款的内容应遵循公平原则；提供方有提醒对方注意的义务；应对方要求对格式条款予以说明的义务。

（2）提供格式条款一方免除其责任、加重对方责任、排除对方主要权利的，该条款无效。

（3）对格式条款的理解发生争议的，应当按照通常理解予以解释。对格式条款有两种以上解释的，应当作出不利于提供格式条款一方的解释。格式条款和非格式条款不一致的，应当采用非格式条款。

存款合同、信用卡申领合约、商品房消费信贷合同、个人汽车消费信贷合同等都属于格式合同。

关联案例

部分商业银行利用格式合同转嫁本应由其承担的费用，该格式合同无效

2016年2月河南省焦作市工商局查处了某银行焦作市分行利用合同格式条款转嫁房屋抵押贷款登记费用案件，有效地维护了消费者的合法权益。根据《房屋登记办法》《房屋登记簿管理试行办法》《关于规范房屋登记费计费方式和收费标准等有关问题的通知》等相关规定，在消费者申请办理房屋抵押贷款登记业务中，银行是抵押权人，即抵押权预告登记权利人，房屋抵押登记费应由登记为房屋权利人的银行承担。然而，许多银行利用单方面事先印制统一格式的合同条款《个人额度借款合同》《个人住房借款合同》《个人住房公积金借款合同》，规定由消费者向登记部门交纳房屋抵押登记费，将责任转嫁给消费者（即借款人）承担。

解析：这种行为违反了《合同法》的规定，属于利用合同格式条款减轻或者免除经营者责任、加重消费者责任，转嫁费用侵害消费者合法权益行为。

（二）存款合同的成立

存款合同是一种实践合同，故必须是存款客户将款项交付存款机构经确认并出具存款凭证后，存款合同方才成立。

存款合同成立的判断标准，就是看存款机构是否将存款凭证交与存款人或以其他方式将接受存款的通知送达存款人。因此，不同存款方式下存款合同的成立时间各不相同：以现金方式存款时，工作人员将款项收妥、清点无误，开具存单、存折等存款凭证后，存款合同成立；在以转账方式存款的情况下，合同自存款机构收讫款项并记入存款人账户时成立；通过自动柜员机（ATM）存款时，一般情况下，自动柜员机将数据输入银行卡的时间是合同的成立时间。

（三）商业银行对存款人的保护责任

商业银行对存款人的保护应依照《民法总则》《商业银行法》和《储蓄管理条例》等相关法律、规范执行。

1. 在储蓄存款业务中的法定义务

商业银行在法定储蓄存款中需要履行以下义务：①商业银行应当按照中国人民银行规定的存款利率的上下限，确定存款利率，并予以公告；②商业银行应当按照中国人民银行的规定，向中国人民银行缴存存款准备金，留足备付金；③商业银行应当保证存款本金和利息的支付，不得拖延、拒绝支付存款本金和利息；④商业银行有为存款人保密，确保存款安全的责任。

2. 存单遗失后的补救措施

存单遗失后的补救措施主要为挂失，分为书面、口头或函电挂失。

依据《储蓄管理条例》第 31 条的规定，储户遗失存单、存折或者预留印鉴的印章的，必须持本人身份证明，并提供储户姓名、开户时间、储蓄种类、金额、账号及住址等有关情况，向其开户的储蓄机构书面申请挂失；在特殊情况下，也可以以口头或函电形式申请挂失。储蓄机构受理后，应立即停止支付该储蓄存款；受理挂失前该储蓄存款已被人支取的，储蓄机构不负赔偿责任。

实践中，如果发现存单丢失后，紧急情况下储户不能办理书面挂失手续，而用电话、电函形式挂失的，则必须在挂失五天之内补办书面挂失手续；否则，挂失不再有效。银行工作人员应尽到谨慎审查义务，在受理挂失时，只要符合法律和操作制度规定，则应立即办理止付手续。

二、存款业务的规则

存款是银行最基本的业务之一。在我国按存款者的不同，可划分为单位存款和个人存款。

个人存款是指个人将其所有的人民币或外币存入银行等储蓄机构而形成的存款。依据《商业银行法》第 29 条的规定，商业银行办理个人储蓄存款业务，应当遵循存款自愿、取款自由、存款有息、为存款人保密的原则。

单位存款是各级财政金库和机关、企业、事业单位、社会团体、部队等机构，将货币资金存入银行或非银行金融机构所形成的存款。它包括财政性存款和商业性存款两大类。单位存款合同涉及银行和收款单位之间、银行和付款单位之间、收款单位与付款单位之间的关系。开户银行具有双重身份：一方面是合同一方当事人，与客户处于平等地位，享有合同约定的民事权利，承担合同约定的义务；另一方面，银行根据法律授权，负有对客户进行货币管理和结算监督的职责。因此，单位存款不实行存款自由原则。

三、对个人和单位存款的查询、冻结和扣划

> **想一想**
> 法律和行政法规在效力等级上的关系是什么？

依据《商业银行法》第30条和第31条的规定，对个人储蓄存款，商业银行有权拒绝任何单位或者个人查询、冻结、扣划，但法律另有规定的除外。对单位存款，商业银行有权拒绝任何单位或者个人查询，但法律、行政法规另有规定的除外；有权拒绝任何单位或者个人冻结、扣划，但法律另有规定的除外。

关联案例

农业银行拒绝协助扣划有法律依据

某市工商局经检分局相关人员持罚款通知书和协助扣划通知书到当地一家中国农业银行（以下简称“农业银行”）要求该农业银行协助扣划一开户账户，并称依据《中华人民共和国企业法人登记管理条例》（以下简称《企业法人登记管理条例》）第32条关于“登记主管机关可以按照规定程序通知其开户银行予以划拨罚没款”的规定，但该农业银行对照《商业银行法》第30条的规定，认为工商部门要求银行协助扣划没有法律依据。

问题：通过本案例，你会解读《商业银行法》第30条吗？请依据本条讨论一下农业银行的做法是否正确。

解析：《商业银行法》第30条规定：“对单位存款，商业银行有权拒绝任何单位和个人的查询，但是法律、行政法规规定的除外；对单位存款，商业银行有权拒绝任何单位和个人的冻结和扣划，但法律规定的除外。”

在本案中，农业银行的做法是符合法律规定的。《企业法人登记管理条例》第32条虽然赋予工商部门有到银行划拨罚没款的权利，但该条例系国务院发布，属于“行政法规”，依照本法的规定，《企业法人登记管理条例》的上述规定自然失效。依据《商业银行法》的规定，作为工商部门对单位存款只享有查询权而没有冻结和扣划权。

（一）有权查询、冻结和扣划存款的执法机关

“协助查询、冻结、扣划”是指金融机构依法协助有权机关查询、冻结、扣划单位或个人在金融机构存款的行为，是《商业银行法》等法律和法规明确规定的商业银行的法定义务。

协助查询是指金融机构依照有关法律或行政法规的规定以及有权机关查询的要求，将单位或个人存款的金额、币种以及其他存款信息告知有权机关的行为。

协助冻结是指金融机构依照法律的规定以及有权机关冻结的要求，在一定时期内禁止单位或个人提取其存款账户内的全部或部分存款的行为。

协助扣划是指金融机构依照法律的规定以及有权机关扣划的要求，将单位或个人存款账户内的全部或部分存款资金划拨到指定账户上的行为。

享有查询、冻结、扣划执法权的国家机关如表3.1所示。

（二）协助查询、冻结、扣划储蓄存款的程序要求

商业银行协助执行查询、冻结、扣划储蓄存款的程序，应当依法、合规。

表 3.1　有权查询、冻结、扣划单位、个人存款的执法机关

执法机关名称	查询		冻结		扣划		执行依据
	单位存款	个人存款	单位存款	个人存款	单位存款	个人存款	
人民法院	√	√	√	√	√	√	《民事诉讼法》第 103 条、第 114 条、第 242 条、第 244 条；《刑事诉讼法》第 282 条
人民检察院	√	√	√	√	×	×	《刑事诉讼法》第 100 条、第 142 条、第 143 条、第 234 条、第 280 条
公安机关	√	√	√	√	×	×	《刑事诉讼法》第 142 条、第 234 条
国家安全机关	√	√	√	√	×	×	《刑事诉讼法》第 4 条
人民银行	√	√	临时冻结	临时冻结	×	×	《中国人民银行反洗钱调查实施细则（试行）》第四章 22 条、第五章
银行业监督管理机构	√	√	×	×	×	×	《中华人民共和国银行业监督管理法（2006 年修正）》第 41 条
证券监督管理机关	√	√	×	×	×	×	《期货交易管理条例》第 51 条；《证券法》第 180 条第 6 款
财政部及其派出机构	√	×	×	×	×	×	《会计法》第 32 条
工商行政管理机关	√	√	暂停支付	暂停支付	×	×	《禁止传销条例》（国务院令第 444 号）第 14 条第 1 款第 7、8 项；《关于严厉打击传销和变相传销等非法经营活动的意见》
审计机关	√	√	×	×	×	×	《审计法实施条例》第 30 条
税务机关	√	√	√	√	扣缴	扣缴	《税收征收管理法》第 17 条第 3 款，第 38 条第 3、4 款，第 54 条第 6 款、第 73 条；《税收征收管理法实施细则》第 87 条第 3 款
海关	√	√	√	√	扣缴	扣缴	《海关法》第 6 条第 5 款、第 60 条、第 61 条
价格主管部门	√	×	×	×	×	×	《价格法》第 34 条第 2 款
监察机关	√	√	×	×	×	×	《行政监察法》第 21 条
国有企业监事会	√	×	×	×	×	×	《国有企业监事会暂行条例》第 7 条第 4 款

注："√"表示"有权"；"×"表示"无权"。

冻结和暂停支付的区别：冻结和暂停支付的对象都是当事人的部分或者全部存款；冻结的时限为 6 个月，期满可延长，即续冻，是一种财产保全措施；暂停支付的时限是 3 个月，而且不可延长，是一种行政强制措施。

1. 协助执行手续的核实

商业银行对协助执行手续的核实，是基于不损害客户合法权益为前提。具体应做到以下几点。

（1）办理协助查询业务时，商业银行经办人员应当核实执法人员的工作证或执行公务证，以及有权机关县级以上机构签发的协助查询存款通知书。

（2）办理协助冻结业务时，商业银行的经办人员应当核实以下几项：①执法人员的工作证或执行公务证；②有权机关县级以上机构签发的协助冻结存款通知书，法律、行政法规规定应当由有权机关主要负责人签字的，则应当由主要负责人签字；③人民法院出具的冻结存款裁定书、其他有权机关出具的冻结存款决定书。

（3）协助办理扣划业务时，商业银行经办人员应当核实以下几项：①执法人员的工作证或执行公务证；②有权机关县级以上机构签发的协助扣划存款通知书，法律、行政法规规定应当由有权机关主要负责人签字的，则应当由主要负责人签字；③人民法院出具的扣划存款裁定书并附生效法律文书副本或行政机关的有关决定书。

2. 协助冻结、扣划时银行应审查的内容

商业银行应当对协助执行的相关法律文书的合法性和规范性尽到审查义务，具体如以下内容。

（1）协助冻结或扣划通知书中填写的需要被冻结或扣划存款的单位或个人开户银行名称、户名和账号、大小写金额是否规范。

（2）协助通知书上的义务人与所依据法律文书上的义务人是否相同。

（3）协助冻结或扣划通知书上的冻结或扣划金额必须确定。

以上手续经核查合法的，商业银行应当立即办理协助事项，不得向被查询、冻结、扣划单位或个人通风报信，帮助隐匿或转移存款；如发现手续不合法，应当立即退回“协助冻结、扣划存款通知书”或所附的法律文书，但应尽到告知义务，并向其说明原因。

【节前引例分析】

《商业银行法》第29条规定：“商业银行办理个人储蓄存款业务，应当遵循存款自愿、取款自由、存款有息、为存款人保密的原则。对个人储蓄存款，商业银行有权拒绝任何单位或者个人查询、冻结、扣划，但法律另有规定的除外。”据此，一方面商业银行有义务为储户保密；另一方面应严格依照法律规定履行对储户信息的查询、冻结、扣划义务。

依据《征信业管理条例》的规定，商业银行审核信贷及担保和办理信用卡业务申请时，在取得个人书面授权同意后，方可查询个人的信用报告。另外，商业银行在对已发放信贷进行贷后风险管理的情况下，也可查询个人的信用信息。本案中，××银行上海金桥支行在未与客户发生业务关系的情况下，只是凭借宜信普惠提供的查询授权书，非法查询，已经侵害到银行客户信息安全，侵害到存款人的合法权益。

第三节 商业银行资产业务法律规范

【引例】

违法违规发放贷款被查处

2016年7月，某商业银行在对所辖甲支行进行贷款检查中，发现该支行存在如下问题。

甲支行2016年上半年共发放贷款128笔，其中有5笔存在问题。

（1）3月12日的45万元的信用贷款发放给该区的新盛股份有限责任公司，而该公司的投资人之一银佳公司的董事长与甲支行财务总监属夫妻关系。（知识点：向关系人发放信用贷款）

（2）3月20日向某无缝钢管厂发放信用贷款50万元，在贷款日该借款人的资产总额为1 531 265.00元，负债总额为2 543 235.00元，所有者权益为–1 011 970.00元，资产负债率高达66%，说明该借款人已经资不抵债，财务状况较差，不具备还贷的能力。（知识点：对贷款人贷款资质的审查）

（3）4月9日的30万元的个人担保贷款发放给杜某某，保证人为利达股份有限公司（以下称利达公司），而杜某某系利达公司的董事长，保证合同中有公司的公章和利达公司总经理刘某的个人签名，后查明对该笔贷款的担保并未依照公司章程的规定经公司的董事会决议。（知识点：《公司法》对担保的规定）

（4）某市商业银行总行在2016年3月甲支行的授权书中规定：甲支行办理存单质押贷款的单笔审批权限为50万元，办理短期、中期流动资金贷款收回再贷单笔审批权限为80万元。而在同年4月12日有4笔贷款总计200万元均发放给同一企业，每笔均为50万元。（知识点：总行对分支行的授权）

（5）5月15日向某水泥厂发放信用贷款48万元，该借款人信用等级评定为BB级。（知识点：结合“商

业银行信贷”课程知识）

甲支行为了逃避检查，采取了调改报表、划转财务等手段，来掩盖超额授信发放贷款问题。（知识点：对商业银行经营行为的监管）

针对上述案例，通过本节的学习，思考以下问题。

1．甲支行的行为违反了《商业银行法》哪些规定？

2．《公司法》对债务的担保又有哪些规定？①

3．通过下面的学习，并结合“商业银行信贷”课程知识和本案例，解决下列问题。

（1）简述借款人申请借款具备何类信用等级才享有发放信用贷款资格。

（2）简述审查贷款企业财务报表主表（负债表、损益表、现金流量表）的作用。

一、贷款业务的基本法律规定

从静态上来说，贷款是指商业银行以还本付息为条件而出借的货币资金，而从动态上来说，则是商业银行所从事的，以还本付息为条件出借货币资金使用权的营业活动。贷款业务是商业银行最主要的资产业务。

（一）商业银行贷款的一般规定

商业银行应依据《商业银行法》《合同法》分则中关于借款合同的规定，和《担保法》《物权法》《公司法》以及中国人民银行《贷款通则》的具体规定，并根据国民经济和社会发展的需要，在国家产业政策指导下开展贷款业务。

1．对贷款的审查

商业银行贷款，应当对借款人的借款用途、偿还能力、还款方式等情况进行严格审查。商业银行贷款，应当实行审贷分离、分级审批的制度。

提示：结合第二章的第三节“个人征信管理法律规范”，在对贷款申请进行审查过程中，应注意对贷款人信用报告中个人或组织的信息保守秘密。

2．担保借款的规定②

《商业银行法》第36条规定：商业银行贷款，借款人应当提供担保。商业银行应当对保证人的偿还能力，抵押物、质物的权属和价值以及实现抵押权、质权的可行性进行严格审查。

担保贷款还应适用我国《担保法》和《物权法》对抵押和质押的有关规定。

3．书面借款合同的订立

商业银行贷款，应当与借款人订立书面合同。合同应当约定贷款种类、借款用途、金额、利率、还款期限、还款方式、违约责任和双方认为需要约定的其他事项。

4．贷款利率的确定

商业银行应当按照中国人民银行规定的贷款利率的上下限，确定贷款利率。

---

① 《公司法》对债务的担保可通过本书第五章“商业银行担保法律规定”进行详细了解。

② 对担保的认识，可关注第五章商业银行担保法律规范。

5. 商业银行贷款的资产负债比例的规定

商业银行贷款，应当遵守下列资产负债比例管理的规定：资本充足率不得低于8%；流动性资产余额与流动性负债余额的比例不得低于25%；对同一借款人的贷款余额与商业银行资本余额的比例不得超过10%；银行业监督管理机构对资产负债比例管理的其他规定。

6. 商业银行信用贷款的规定

商业银行不得向关系人发放信用贷款；向关系人发放担保贷款的条件不得优于其他借款人同类贷款的条件。

所谓关系人是指：①商业银行的董事、监事、管理人员、信贷业务人员及其近亲属；②前项所列人员投资或者担任高级管理职务的公司、企业和其他经济组织。

7. 商业银行贷款自主权的行使

任何单位和个人不得强令商业银行发放贷款或者提供担保。商业银行有权拒绝任何单位和个人强令要求其发放贷款或者提供担保。经国务院批准的特定贷款项目，国有商业银行应当发放贷款。因贷款造成的损失，由国务院采取相应补救措施。具体办法由国务院规定。

视野拓展

推荐阅读最高人民法院《关于审理民间借贷案件适用法律若干问题的规定》，关注民间借贷无效的情形。

8. 借款人应当按期归还贷款的本金和利息

借款人到期不归还担保贷款的，商业银行依法享有要求保证人归还贷款本金和利息或者就该担保物优先受偿的权利。商业银行因行使抵押权、质权而取得的不动产或者股票，应当自取得之日起两年内予以处分。借款人到期不归还信用贷款的，应当按照合同约定承担责任。

（二）借款合同

借款合同是指借款人向贷款人借款，到期返还借款并支付利息的合同。

借款合同的主要条款有：①贷款种类；②借款用途；③借款金额；④借款利率；⑤借款期限；⑥还款资金来源和还款方式；⑦违约责任；⑧双方认为需要约定的其他事项。

关联案例

违反借款合同约定的用途使用借款，银行有权提前收回

2016年9月，李某因经营化肥生意急需资金，到某银行借款。李某与银行签订了借款合同，约定借款20万元用于经营化肥，期限1年，并约定了利息。银行依约向李某提供了借款，然而，李某并没有用借款经营化肥生意，而全部用于炒股。2016年11月，银行查实情况后，要求与李某解除借款合同，并要求他立即归还本息。李某以借款未到期为由，拒绝了银行的要求。为此，银行将李某告上法庭。

解析：根据《商业银行法》第37条的规定，商业银行贷款，应当与借款人订立书面合同。合同应当约定贷款种类、借款用途、金额、利率、还款期限、还款方式、违约责任和双方认为需要约定的其他事项。借款人李某违反约定借款用途使用借款，属于违约行为。根据《合同法》第203条的规定，借款人未按照约定的借款用途使用借款的，贷款人可以停止发放借款、提前收回借款或者解除合同。

因此，对李某的违约行为，银行可以采取以下三种行为：①停止发放贷款；②提前收回所有借款；③解除借款合同。因为李某的行为已严重影响其信用度，且影响借款的安全，因此银行可以解除合同，提前收回借款。

二、对商业银行其他资产业务的法律规定

除了上述所谈到的贷款业务外，商业银行对通过负债业务形成的资金加以运用的资产业务还包括结算、同业存放、贴现、证券投资[①]等。这里只对结算、同业拆借以及在经营这些业务活动中的法律规定予以介绍。

1. 商业银行的分业经营

在中华人民共和国境内商业银行不得从事信托投资和股票业务，不得投资于非自用不动产，不得向非银行金融机构和企业投资。

2. 商业银行的结算业务

商业银行办理票据承兑、汇兑、委托收款等结算业务，应当按照规定的期限兑现，收付入账，不得压单、压票或者违反规定退票。有关兑现、收付入账期限的规定应当公布。

在结算关系中，银行是提供服务的金融机构，客户是被服务的对象。客户与银行在结算关系中地位平等，双方在结算过程中权利义务平等，结算内容公平，遵循诚实信用原则。

3. 商业银行的同业拆借业务

同业拆借应当遵守中国人民银行规定的期限。

中国人民银行《同业拆借管理办法》第 23 条规定：同业拆借的期限在符合以下规定的前提下，由交易双方自行商定。

（1）政策性银行、中资商业银行、中资商业银行授权的一级分支机构、外商独资银行、中外合资银行、外国银行分行、城市信用合作社、农村信用合作社县级联合社拆入资金的最长期限为 1 年。

（2）金融资产管理公司、金融租赁公司、汽车金融公司、保险公司拆入资金的最长期限为 3 个月。

（3）企业集团财务公司、信托投资公司、证券公司、保险资产管理公司拆入资金的最长期限为 7 天；金融机构拆出资金的最长期限不得超过对手方由中国人民银行规定的拆入资金最长期限。

推荐观看“何为‘银行同业拆借’？”视频（2013 年 6 月 27 日江苏公共电视台新财经片段），结合正文内容关注拆出资金的范围和拆入资金的法定用途。

中国人民银行可以根据市场发展和管理的需要调整金融机构的拆借资金最长期限。

拆出资金限于交足存款准备金、留足备付金和归还中国人民银行到期贷款之后的闲置资金。拆入资金用于弥补票据结算、联行汇差头寸的不足和解决临时性周转资金的需要。禁止利用拆入资金发放固定资产贷款或者用于投资。

4. 商业银行的利率规定

商业银行不得违反规定提高或者降低利率以及采用其他不正当手段，吸收存款。

① “贴现、证券投资”可通过“商业银行实务”和“商业银行证券投资实务”等课程进行了解。

5. 商业银行营业时间的规定

商业银行的营业时间应当方便客户，并予以公告。商业银行应当在公告的营业时间内营业，不得擅自停止营业或者缩短营业时间。

6. 商业银行的其他规定

商业银行办理业务，提供服务，按照中国人民银行的规定收取手续费；商业银行应当按照国家有关规定保存财务会计报表、业务合同以及其他资料。

三、对企业、事业单位储户开立账户的规定

企业、事业单位可以自主选择一家商业银行的营业场所开立一个办理日常转账结算和现金收付的基本账户，不得开立两个以上基本账户。任何单位和个人不得将单位的资金以个人名义开立账户存储。

【节前引例分析】

1. 某市商业银行甲支行的行为违反了如下规定。

（1）3月12日发放给新盛股份有限公司的45万元的信用贷款，违反了《商业银行法》第40条的规定，即商业银行不得向关系人发放信用贷款。

（2）3月20日发放给某无缝钢管厂的50万元的信用贷款违反了《商业银行法》第35条的规定，商业银行贷款，应当对借款人的借款用途、偿还能力、还款方式等情况进行严格审查；第36条规定，经商业银行审查、评估，确认借款人资信良好，确能偿还贷款的，可以不提供担保。本案中无缝钢管厂资产负债率已经高达66%，说明该借款人已经资不抵债，财务状况较差，不具备还贷的能力。

（3）甲支行4月12日在同一天有4笔贷款总计200万元均发放给同一企业，每笔均50万元，存在变相超授权发放贷款的行为。《商业银行法》第22条第2款规定：商业银行分支机构不具有法人资格，在总行授权范围内依法开展业务，其民事责任由总行承担。

（4）依据《商业银行法》第77条的规定，对商业银行"提供虚假的或者隐瞒重要事实的财务会计报告、报表和统计报表的"，由中国人民银行责令改正，并处20万元以上50万元以下罚款；情节特别严重或者逾期不改正的，中国人民银行可以建议银行业监督管理机构责令停业整顿或者吊销其经营许可证；构成犯罪的，依法追究刑事责任。

（5）4月9日的30万元的个人担保贷款违反了《公司法》第16条第1款规定，即公司向其他企业投资或者为他人提供担保，依照公司章程的规定，由董事会或者股东会、股东大会决议。

2. 通过本节的学习并结合专业知识，从本案例中应解决的问题如下。

（1）借款人申请借款应具备合规的企业信用等级。企业信用等级分为AAA、AA、A、BBB、BB、B六级，一般前三级才享有发放信用贷款资格，如是第四级要加上月均存款余额在1 000万元以上的存款大户企业的条件。

（2）审查贷款企业财务资产三张表（负债表、损益表、现金流量表）的作用。资产负债表全面综合地展示企业资产、负债和所有者权益的情况，以分析企业的偿债能力和获利能力。损益表是反映企业一定时期内利润或亏损情况的报表，可从总体上展示企业经营业绩和获利水平。现金流量表是反映企业现金流出、流入以及净流量增减变化的财务报表，可展示企业偿还债务的能力。

第四节 银行业监管及法律责任

【引例】

信贷资金违规入市 银监会再敲风险警钟

2017 年 1 月，某地银监局根据发现的线索，对 A 银行和 B 银行的短期贷款进行了检查。在检查中发现自 2013 年以来，两家银行给甲公司发放贷款 23 亿元用于水电站项目的建设。但是在全部贷款中，有 87%的银行信贷资金被企业挪用，其中，6 亿元被划入与甲公司有关联的房地产企业，1 亿元被挪用于证券市场和其他方面。对于上述违规事实情况，银监局认为，对于甲公司挪用贷款的违规行为，银行存在贷前调查不尽职、贷时审查不审慎、贷后监控不到位等方面问题，因此银监局将对涉及甲公司挪用短期贷款进入房地产市场、证券市场和其他方面的 A 银行和 B 银行等两家机构给予罚款和其他行政处罚。

问题：（1）结合案例，谈谈对上述信贷资金违规入市监管的法律依据。

（2）谈一谈银行业经营的法律风险。

银行业监管有广义和狭义之分。广义的银行业监管包括银行业金融机构的内部自我监管和外部监管；狭义的银行业监管专指外部监管，即银行业监督管理机构对银行业金融机构的组织及其经营活动所进行的监督和管理以及中国人民银行依法履行的监管职责。通常所讲的是狭义的银行业监管，即银行业金融机构的外部监管。

一、银行业监管立法

2003 年 12 月 27 日，第十届全国人大常委会第六次会议通过了《中华人民共和国银行业监督管理法》（以下简称《银行业监督管理法》），自 2004 年 2 月 1 日起实施；在 2006 年 10 月 31 日第十届全国人大常委会第二十四次会议上第一次修正，并于 2007 年 1 月 1 日起实行；该法是世界上第一部专门性的银行业监管法，在法律上明确了银行业监督管理机构的法律地位和我国银行业的监管体制。

1. 银行业监管法的立法宗旨

《银行业监督管理法》的立法宗旨，就是为了加强对银行业的监督管理，规范监督管理行为，防范和化解银行业风险，保护存款人和其他客户的合法权益。

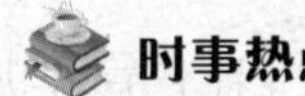

推荐观看“监管出重拳——严打‘变脸消费贷’规范购房融资”视频（2017 年 11 月 7 日中央电视台中文国际频道“中国新闻”片段），思考贷款的违规和违法之间的关联性。

2. 银行业监管法的监管对象

银行业监督管理机构依法对银行业金融机构及其业务活动实施监督管理。这里所称的银行业金融机构，是指在中华人民共和国境内设立的商业银行、城市信用社、农村信用社等吸收公众存款的金融机构和政策性银行。金融资产管理公司、信托投资公司、财务公司、金融租赁公司以及经银行业监督管理机构批准设立的其他金融机构也属于银行业监督管理机构的监管对象。

3. 银行业监管的目标和原则

我国银行业监督管理的目标是：促进银行业的合法、稳健运行，维护公众对银行业的信心；保护银行业公平竞争，提高银行业的竞争能力。

我国银行业监管活动应遵循以下四项原则。

第一，依法、公开、公平和效率原则。

第二，独立监管原则。银行业监管的独立性原则是指监管部门依法独立行使监管职责，不受地方政府、各级政府部门、社会团体和个人的干涉。

> **想一想**
>
> 中央银行的监管与银行业监管机构的监管之间的关系是什么？

第三，监管信息共享和监管协调原则。《银行业监督管理法》将原来由中国人民银行履行的银行业金融机构监管职能转交给银行业监督管理机构。这些职能包括：制定有关银行业监督管理的规章、规则；审查批准银行业金融机构及其分支机构的设立、变更、终止及其业务范围；对银行业自律组织的活动进行指导和监督等。中央银行在依法监测金融市场的运行情况，金融市场实施宏观调控的同时，还保留了部分监管职能，如监管银行间同业拆借市场、银行间债券市场、银行间外汇市场和黄金市场等。

第四，国际合作与跨境监管原则。法律授权银行业监督管理机构与其他国家和地区的银行业监督管理机构建立监督管理合作机制，共同实施跨境监督管理。

二、银行业监督管理机构

2003 年 3 月，第十届全国人大第一次会议通过《关于国务院机构改革方案的决定》，批准国务院成立中国银行业监督管理委员会（银监会）。同年 4 月 26 日，第十届全国人大常委会第二次会议通过《全国人民代表大会常务委员会关于中国银行业监督管理委员会履行原由中国人民银行履行的监督管理职责的决定》，确定由银监会履行原由中国人民银行履行的审批和监督管理银行、金融资产管理公司、信托投资公司及其他存款类金融机构等相关职责。2003 年 4 月 28 日，银监会作为国务院直属正部级事业机构正式对外挂牌，开始履行职责。由此，我国建立了银监会、证监会和保监会明确分工、互相协调的金融业分工监管体制。

2018 年 3 月，第十三届全国人大第一次会议表决通过了关于国务院机构改革方案的决定，设立中国银行保险监督管理委员会，银监会、保监会两会合并。

（一）机构设置

银行业监督管理机构内部设若干职能机构，它还根据履行职责的需要，在各省、自治区、直辖市和大连、青岛、厦门、深圳、宁波等计划单列市设立派出机构。派出机构根据银行业监督管理机构的授权，行使监督管理职责。

（二）监督管理职责

银行业监督管理机构的监督管理职责主要有规章规则制定权、行政许可权、检查监督权和其他监管职责。

1. 规章、规则制定权

规章、规则制定权包括规章制定权和审慎经营规则制定权。

2. 行政许可权

行政许可权是银行业监督管理机构的一项重要管理职责，主要包括：①对银行业市场准入审批和对银行业金融机构变更、终止及业务范围的审批（我国银行业监管对银行业市场准入实行核准主义）；②对银行业金融机构大股东的审查权；③对银行业金融机构业务范围内的业务品种的审查和备案权；④对银行业金融机构的董事和高级管理人员的任职资格审查权；⑤禁止非法设立银行业金融机构和非法从事银行业金融活动权。

3. 检查监督权

检查监督权包括非现场检查权和现场检查权。

（1）非现场检查权。银行业监督管理机构根据履行职责的需要，有权要求银行业金融机构按照规定报送资产负债表、利润表和其他财务会计和统计报表、经营管理资料及注册会计师出具的审计报告。非现场检查的关键在于报表数据的真实性、及时性以及科学的评级体系。银行业监督管理机构应当责令银行业金融机构按照规定，如实向社会公众披露财务会计报告、风险管理状况、董事和高级管理人员变更以及其他重大事项等信息。

（2）现场检查权。现场检查是指银行业监督管理机构在法律、行政法规、规章赋予的职责范围内，根据审慎原则而采取的进入金融机构进行实地检查的一种监管方式。现场检查时，检查人员不得少于两人，并应出示合法证件和检查通知书；检查人员少于两人或者未出示合法证件和检查通知书的，银行业金融机构有权拒绝检查。

（三）监督管理措施

《银行业监督管理法》第四章明确规定了银行业监督管理机构在依法履行职责的过程中，应当采取的监督管理措施主要有以下几个。

1. 对违反审慎经营规则的强制性监管措施

银行业金融机构的审慎经营规则，由法律、行政法规规定，也可以由银行业监督管理机构依照法律、行政法规制定。对于银行业金融机构违反审慎经营规则的，银行业监督管理机构或者其省一级派出机构应当责令限期改正。逾期未改正的，或者严重危及该银行业金融机构的稳健运行、损害存款人和其他客户合法权益的，经上述监管机构负责人批准，区别情形，采取下列措施：①责令暂停部分业务、停止批准开办新业务；②限制分配红利和其他收入；③限制资产转让；④责令控股股东转让股权或者限制有关股东的权利；⑤责令调整董事、高级管理人员或者限制其权利；⑥停止批准增设分支机构。

银行业金融机构整改后，应当向银行业监督管理机构或者其省一级派出机构提交报告，经验收符合有关审慎经营规则的，应当自验收完毕之日起3日内解除对其采取的上述规定的有关措施。

> **提示：**审慎经营规则包括风险管理、内部控制、资本充足率、资产质量、损失准备金、风险集中、关联交易、资产流动性等内容。

2. 对银行业金融机构的接管、重组和撤销

银行业金融机构已经或者可能发生信用危机，严重影响存款人和其他客户合法权益的，银行业监督管理机构可依法对该银行业金融机构实行接管或者促成机构重组；对有违法经营、经营管理不善，严重危害金融秩序、损害公共利益的，有权予以撤销。

在接管、机构重组或者撤销清算期间，经银行业监督管理机构负责人批准，对直接负责的董事、高级管理人员和其他直接责任人员，可以采取通知出境管理机关依法阻止其出境和申请司法机关禁止其转移、转让财产或者对其财产设定其他权利等措施。

三、违反银行业监督管理法和商业银行法的法律责任

法律责任是行为人违反法律规定依法应承担的法律后果。《商业银行法》《银行业监督管理法》所规定的法律责任，是指监管主体和被监管主体（包括其工作人员）及其他有关组织和个人违反该法所应承担的法律后果。法律责任形式有民事责任、经济责任、行政责任和刑事责任等。主要适用法规包括《商业银行法》第8章和1997年《刑法》第3章174~177条，以及《合同法》中关于借款合同的有关规定。

（一）监管主体的法律责任

银行业监督管理机构及其工作人员有下列情况之一的，依法给予行政处分；构成犯罪的，依法追究刑事责任。

（1）违反规定审查批准银行业金融机构的设立、变更、终止，以及业务范围和业务范围内的业务品种的。

（2）违反规定对银行业金融机构进行现场检查的。

（3）未依照《银行业监督管理法》第28条规定报告突发事件的。

（4）违反规定查询账户或者申请冻结资金的。

（5）违反规定对银行业金融机构采取措施或者处罚的。

（6）违反《银行业监督管理法》第42条规定对有关单位或者个人进行调查的。

（7）滥用职权、玩忽职守的其他行为。

（8）贪污受贿，泄露国家秘密、商业秘密和个人隐私的行为。

（二）被监管主体的法律责任

被监管的主体既包括商业银行，也包括商业银行的工作人员。

1. 商业银行的法律责任

（1）银行业监督管理机构对商业银行有下列违法情形之一的，应依法采取责令改正、有违法所得没收违法所得、罚款；对存款人或者其他客户造成财产损害的，应当承担迟延履行的利息以及其他民事责任。①无故拖延、拒绝支付存款本金和利息的。②违反票据承兑等结算业务规定，不予兑现，不予收付入账，压单、压票或者违反规定退票的。③非法查询、冻结、扣划个人储蓄存款或者单位存款的。④违反《商业银行法》规定对存款人或者其他客户造成损害的其他行为。

（2）银行业监督管理机构对商业银行有下列违法情形之一的，应依法采取责令改正、有违法所得的没收违法所得、罚款；情节特别严重或者逾期不改正的，可以责令停业整顿或者吊销其经营许可证；构成犯罪的，依法追究刑事责任。①未经批准设立分支机构的；未经批准分立、合并或者违反规定对变更事项不报批的。②违反规定提高或者降低利率，以及采用其他不正当

手段吸收存款、发放贷款的。③出租、出借经营许可证的。④未经批准买卖、代理买卖外汇的。⑤未经批准买卖政府债券或者发行、买卖金融债券的。⑥违反国家规定从事信托投资和证券经营业务、向非自用不动产投资或者向非银行金融机构和企业投资的。⑦向关系人发放信用贷款或者发放担保贷款的条件优于其他借款人同类贷款的条件的。⑧拒绝或者阻碍银行业监督管理机构检查监督的。⑨商业银行不按照规定向银行业监督管理机构报送有关文件、资料的；提供虚假的或者隐瞒重要事实的财务会计报告、报表和统计报表的。⑩未遵守资本充足率、资产流动性比例、同一借款人贷款比例和银行业监督管理机构有关资产负债比例管理的其他规定的。

（3）中国人民银行对商业银行有下列违法情形之一的，依法采取责令改正、没收违法所得、罚款；情节特别严重或者逾期不改正的，中国人民银行可以建议银行业监督管理机构责令其停业整顿或者吊销其经营许可证；构成犯罪的，依法追究刑事责任。①未经批准办理结汇、售汇的。如违反强制结汇的规定没有将所有外汇收入卖给外汇指定银行，而私自保留外汇；外汇指定银行违反售汇规定将外汇擅自卖给外汇使用者的行为。②未经批准在银行间债券市场发行、买卖金融债券或者到境外借款的。③违反规定同业拆借的。④拒绝或者阻碍中国人民银行检查监督的。⑤提供虚假的或者隐瞒重要事实的财务会计报告、报表和统计报表的。⑥未按照中国人民银行规定的比例交存存款准备金的。⑦商业银行不按照规定向中国人民银行报送有关文件、资料的。

2. 商业银行工作人员的法律责任

商业银行工作人员的法律责任有以下几项。

（1）商业银行工作人员利用职务上的便利，索取、收受贿赂或者违反国家规定收受各种名义的回扣、手续费的，依法追究刑事责任。因上述行为，发放贷款或者提供担保造成损失的，应当承担全部或者部分赔偿责任。

（2）商业银行工作人员利用职务上的便利，贪污、挪用、侵占本行或者客户资金，构成犯罪的，依法追究刑事责任；未构成犯罪的，应当给予纪律处分。

（3）商业银行工作人员违反《商业银行法》的规定，玩忽职守造成损失的，应当给予纪律处分；构成犯罪的，依法追究刑事责任。违反规定徇私向亲属、朋友发放贷款或者提供担保造成损失的，应当承担全部或者部分赔偿责任。

（4）商业银行工作人员泄露在任职期间知悉的国家秘密、商业秘密的，应当给予纪律处分；构成犯罪的，依法追究刑事责任。

（5）商业银行的工作人员对单位和个人强令其发放贷款或者提供担保未予拒绝的，应当给予纪律处分；造成损失的，应当承担相应的赔偿责任。

银行业监督管理机构可以区别不同情形，取消其直接负责的董事、高级管理人员一定期限直至终身的任职资格，禁止直接负责的董事、高级管理人员和其他直接责任人员一定期限直至终身从事银行业工作。

商业银行的行为尚不构成犯罪的，对直接负责的董事、高级管理人员和其他直接责任人员，给予警告，处相应罚款。

商业银行及其工作人员对银行业监督管理机构、中国人民银行的处罚决定不服的，可以依照《中华人民共和国行政诉讼法》的规定向人民法院提起行政诉讼。

（三）其他单位和个人的法律责任

银行业监督管理机构对其他单位和个人存在下列违法情形之一的，应依法采取责令改正、没收违法所得、罚款；构成犯罪的，依法追究刑事责任。

（1）未经批准在名称中使用“银行”字样的。

（2）未经批准购买商业银行股份总额5%以上的。

（3）将单位的资金以个人名义开立账户存储的。

（4）未经银行业监督管理机构批准，擅自设立商业银行，或者非法吸收公众存款、变相吸收公众存款的。

（5）伪造、变造、转让商业银行经营许可证的。

（6）借款人采取欺诈手段骗取贷款的。

关联案例

贷款诈骗害人害己

被告人梁某在任某农村信用社会计期间，其妻子所在的某个体企业需要50万元流动资金，厂长委托梁某设法解决。因贷款必须有担保，梁某为达到贷款的目的，利用其在信用社担任会计职务的便利条件，伪造了两张假存折，共计60万元，以此作质押，从与其所在信用社无隶属关系的另一个信用社贷款50万元，用于该个体企业。贷款到期后，由于该个体企业不景气，经多次催要贷款，仅归还本金15万元及贷款利息，其余35万元本金及利息无力偿还。

解析：本案中，梁某采取欺诈的手段骗取数额较大的贷款，已经构成骗取贷款罪，应承担刑事责任。

单位或者个人强令商业银行发放贷款或者提供担保的，应当对直接负责的主管人员和其他直接责任人员或者个人给予纪律处分；造成损失的，应当承担全部或者部分赔偿责任。

商业银行的工作人员对单位或者个人强令其发放贷款或者提供担保未予拒绝的，应当给予纪律处分；造成损失的，应当承担相应的赔偿责任。

【节前引例分析】

（1）对本案例中信贷资金违规入市监管的法律依据。

根据《银行业监督管理法》第21条的规定，银行业金融机构应当严格遵守审慎经营规则。银行业金融机构的审慎经营规则，由法律、行政法规规定，也可以由银行业监督管理机构依照法律、行政法规制定。审慎经营规则包括风险管理、内部控制、资本充足率、资产质量、损失准备金、风险集中、关联交易、资产流动性等内容。

根据《商业银行法》第74条的规定，对商业银行违反国家规定从事信托投资和证券经营业务、向非自用不动产投资或者向非银行金融机构和企业投资的，由银行业监督管理机构责令改正，有违法所得的，没收违法所得，违法所得50万元以上的，并处违法所得1倍以上5倍以下罚款；没有违法所得或者违法所得不足50万元的，处50万元以上200万元以下罚款；情节特别严重或者逾期不改正的，可以责令停业整顿或者吊销其经营许可证；构成犯罪的，依法追究刑事责任。

（2）银行业经营的法律风险。

保护银行业广大存款人的利益是银行业监督管理部门的最根本职责，银行业监督管理机构一贯遵循审慎监管原则。处理上述银行业金融机构及其责任人的最根本目的是：督促银行业金融机构坚持审慎合规经营，切实加强信贷贷前、贷中、贷后管理，完善风险控制，提高金融服务水平，确保银行业的稳健、高效、安全运行，为我国国民经济又好又快发展提供有力的金融支持。

小　结

商业银行是金融法律关系中的主体，在现代金融活动中起着十分重要的作用。本章从商业银行的法律地位、商业银行的法律资格、商业银行主要业务法律规范以及银行业监管及法律责任等方面进行了系统阐述。

1．通过本章的学习，读者应掌握商业银行的法律特征和经营原则的法律意义，理解商业银行设立、变更和终止的法律规定，重点掌握商业银行及其分支机构在设立时的法律条款适用。

2．商业银行的主要业务范围及业务经营的法律规定是本章的重点，通过学习，读者应明确相关法律条款的含义以及在实务中的运用。由于商业银行在经营过程中会依据很多的规定和制度，因此，读者应结合案例熟知这些规定和制度与法律规范之间的关系。

3．本章从预防法律风险的角度出发对银行业的监管和相关法律责任进行了系统阐述，明确了银行业监管的法律意义。通过学习，读者应重点掌握哪些是合法、合规的经营行为；哪些是违法、违规的行为，并知晓相关责任人为此应承担什么样的法律责任。

知识点测试

一、单项选择题

1．商业银的流动性资产余额与流动性负债余额的比例应符合下列哪个条件？（　　）

A．不得低于25%　　B．不得低于10%　　C．不得超过50%　　D．不得超过75%

2．全国性商业银行的注册资本最低限额为（　　）。

A．10亿元人民币　　B．1亿元人民币　　C．5 000万元人民币　　D．2 000万元人民币

3．“审批金融机构的设立、变更、终止及其业务范围”应由（　　）负责。

A．国务院　　B．财政部

C．银行业监督管理机构　　D．中国人民银行

4．贾某与N银行签订10万元的借款合同用于经营化肥生意，在借款贷出后，贾某没有将借款用于购买化肥而是用于炒股。下列说法正确的是（　　）。

A．贾某属于违反借款合同约定的用途，N银行在贷款跟踪调查情况属实后，无论合同是否到期都有权解除合同，收回贷款并取得相应的利息

B．贾某属于违反借款合同约定的用途，N银行在贷款跟踪调查情况属实后，如果借款合同没有到期，N银行是无权解除合同，提前收回贷款的

C．贾某有权决定贷款的使用，只要到期能偿还贷款本金和利息就可以

D．虽因贾某改变借款用途，但因合同并未到期，N银行单方面解除借款合同属于违约行为

5．根据《商业银行法》的规定，商业银行的资本充足率不得低于（　　）。

A．6%　　B．8%　　C．10%　　D．12%

6．商业银行是（　　）。

A．以营利为目的的企业法人　　B．不以营利为目的的企业法人

C．以保本经营为目的的企业法人　　D．以营利为目的的事业法人

7．商业银行设立分支机构应当经（　　）审查批准。

A．当地中国人民银行　　B．商业银行总行

C．当地银行业监督管理机构　　D．商业银行董事会

8．商业银行在中华人民共和国境内设立分支机构，拨付给各分支机构营运资金额的总和不得超过总行资本金总额的（　　）。

A．40%　　B．50%　　C．70%　　D．60%

二、多项选择题

1．下列选项中，符合《商业银行法》规定的是（　　）。

A．商业银行发放贷款应以担保为主

B．商业银行发放贷款应遵循资产负债比例管理的规定

C．商业银行对关系人不能发放贷款

D．商业银行可以发放短期、中期和长期贷款

2．可以扣划单位存款和个人存款的执法机关是（　　）。

A．人民法院　　B．人民检察院　　C．税务机关　　D．海关

3．商业银行发放贷款应做到（　　）。

A．借款人应提供担保

B．应订立书面借款合同

C．应在中国人民银行规定的利率幅度内确定贷款利率

D．自营贷款期限一般不超过10年

4．银行业监督管理机构可以随时对商业银行的（　　）情况进行检查监督。

A．贷款　　B．存款　　C．资产负债表　　D．呆账

5．商业银行的设立应依据（　　）。

A．商业银行法　　B．公司法　　C．银行业监督管法　　D．人民银行法

6．银行业监督管理机构应当责令银行业金融机构按照规定，如实向社会披露（　　）等信息。

A．财务会计报表　　B．风险管理状况

C．董事和高级管理人员变更　　D．其他重大事项

7．商业银行担保贷款除应符合《商业银行法》的规定外，还应适用（　　）对抵押和质押的有关规定。

A．《物权法》　　B．《担保法》

C．《人民银行法》　　D．《银行业监督管理法》

8．某商业银行开展有奖储蓄活动，规定凡是在该银行存款超过3万元的，每超过1000元奖励50元。该商业银行的做法是（　　）。

A．该商业银行的行为是一种合法的正常的业务活动

B．该商业银行的行为是一种不正当竞争行为

C．该商业银行的行为是一种变相的抬高利息的行为

D．该商业银行的行为是一种正常的商家促销行为

9．商业银行应当按照规定向银行业监督管理机构、中国人民银行报送（　　）。

A．资产负债表　　B．利润表

C．财务会计报表和资料　　D．统计报表和资料

10．按照《同业拆借管理办法》第23条的规定，拆入资金用于（　　）的需要。

A．发放固定资产贷款　　B．弥补票据结算

C．弥补联行汇差头寸的不足　　D．解决临时性周转资金

三、判断题

1．我们手上的存款合同不是格式合同，而仅是在银行存款的证明。（　　）

2．商业银行分支机构具有独立的法人资格。（　　）

3．商业银行及分支机构的设立应当经过中国人民银行的审核和备案。（　　）

4．商业银行对个人储蓄存款，有权拒绝任何单位或者个人的查询、冻结、扣划，但法律另有规定的除外。（　　）

5．任何单位和个人购买商业银行股份总额10%以上的，应当事先经银行业监督管理机构的批准。（　　）

四、案例分析题

案例一

2014年3月，A房地产有限责任公司因开发某住宅小区，向B银行申请个人住房按揭贷款，额度为15 000万元。B银行在进行法律审查时发现：该公司（下称前公司）成立于2010年1月，后多次变更企业名称。2014年12月21日又以同一名称重新领取法人营业执照（下称后公司）。

该项目"五证一文"齐全，但仔细审查发现：除国有土地使用权证外，其余证书的形成日期均为2010年6月。从时间上推算，国有土地使用权证是针对后公司颁发的，而其他"四证一文"则是针对前公司而出具。

经查询工商登记资料：前后两公司名称虽然一致，实质上却完全不同。前公司股东为一个自然人与一个法人，后来变更为C房地产有限公司；而后公司为个人独资，其前身为D销售有限公司。这就说明，前后两公司不是一脉相承，而是并列存在。

问题：（1）结合上述案例，根据《商业银行法》的规定，简述商业银行发放贷款时享有哪些对贷款的审查权利。

（2）结合基础法律知识，判断本例中A房地产有限责任公司是否拥有贷款人资格。

（3）这个案例能给我们带来什么启示？

案例二

2015年9月，甲银行向乙银行拆入资金2000万元人民币。此时，股票市场和房地产市场十分火爆，甲银行见有利可图，便将拆入资金一半投资于股票市场，另一半借贷给某房地产公司用以房地产开发。直到2016年10月甲银行才向乙银行归还该笔拆入款。

问题：（1）甲银行在拆入资金的期限和使用上有哪些违法之处？

（2）我国《商业银行法》对拆入资金的用途有哪些特别规定？

案例三

2014年3月，某地A商业银行与当地某房地产开发公司共同开发位于某区的房地产项目，并成立了项目公司，因该行副行长兼任房地产公司副董事长，A商业银行向该项目公司投资1亿元人民币。同年6

月，房地产开发公司以该公司的房地产做抵押，向 A 商业银行提出贷款申请，商业银行经审核后，向其发放 2 亿元抵押贷款。据查，A 商业银行当月资本余额为 17.9 亿元人民币。2015 年 7 月，房地产开发公司因经营亏损濒临破产，A 商业银行的贷款已无法收回。2015 年年底，当地银行业监督管理机构决定接管 A 商业银行。

问题：（1）A 商业银行能否向项目公司投资？为什么？

（2）A 商业银行能否向房地产公司发放抵押贷款？为什么？

（3）A 商业银行向房地产公司发放 2 亿元人民币贷款的行为是否合法？为什么？

课外实训

背景资料

2014 年 4 月，程某某与 A 行所辖 B 支行签订了一份个人汽车消费贷款合同，合同约定贷款金额为 180 000 元，贷款期限为 36 个月（2014 年 4 月 3 日至 2017 年 4 月 2 日）。同时，合同约定借款人应于每月 10 日前归还每期应还的本金和利息。该贷款合同已在当地公证部门办理了公证。2014 年 4 月 3 日，B 支行向该借款人程某某发放了全部贷款，B 支行从次月 3 日开始扣收贷款本息。

程某某于 2016 年 9 月 14 日提前归还全部贷款，但在还款过程中，因其将每期应还款交由汽车经销商，而经销商未按期交付贷款行导致该借款人累计违约达 23 次，从而产生不良信用记录。程某某要求 B 支行删除其不良信用记录。协商不成后，遂将 A 行和汽车经销商诉至法院，要求判决 A 行停止侵害、恢复名誉，连带赔偿原告各项损失 32 000 元。

实训知识领域

（1）本案的诉讼主体是 A 行还是 B 支行？B 支行是商业银行的分支机构能否作为独立的诉讼主体？

（2）B 支行、程某某和汽车经销商之间的法律关系如何体现？

实训方式

模拟法庭。

实训解决的问题

（1）注意知识拓宽学习。

（2）注意消费信贷涉及的法律关系。

实训目的

（1）明确贷前告知义务和贷后跟踪监督义务和责任。

（2）熟悉合法、合规的贷款流程，明确当事人之间的权利和义务。

实训步骤

1．模拟法庭的准备

（1）人员的分组：法庭的组成人员（合议庭组成人员）、诉讼参加人（当事人、诉讼代理人）。

（2）台词的准备，并注意查找适用背景案例的相关法条。

（3）服装和道具的准备。

2．模拟法庭程序

（1）案例简介（以表演的形式演绎案情）。

（2）法庭审理第一阶段（宣读起诉书、进行法庭调查、双方出示证据等）。

（3）法庭审理第二阶段（当事人双方进行质证并发表辩护意见，由合议庭闭庭合议）。

（4）法庭审理第三阶段（宣读判决书）。

（5）指导教师点评。

实训提示

第四章

商业银行支付结算业务法律规范

【学习指导】

学习要点

1．票据法的基本规定及运用。

2．银行卡业务和银行卡持有、使用的基本法律规范。

3．预付卡的相关法律规定。

衔接的主要核心专业课程

金融基础、商业银行业务、金融企业会计等。

课外要求

从网上查阅各种票据的结算流程并根据法律规定理解相应的票据行为，掌握电子票据、银行卡和预付卡知识。

知识结构

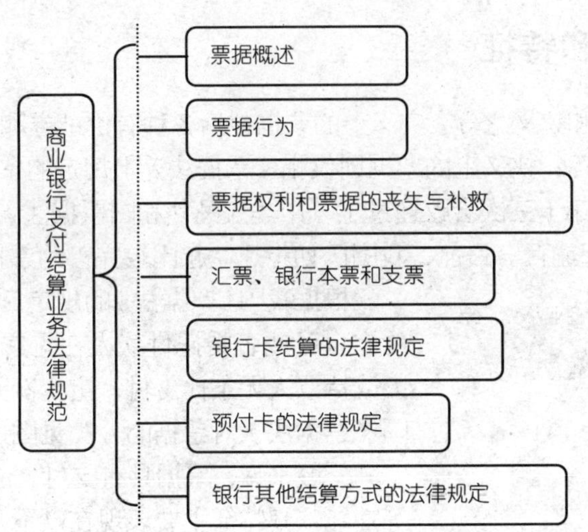

支付结算业务是银行的中间业务，是商业银行业务经营与管理的一个主要方面，因此支付结算中的法律规范的遵守就相当重要。本章在主要介绍票据、银行卡结算法律规范的基础上，增加了商业预付卡法律规范知识，同时补充电子票据等法律前沿问题，在其他结算方式中侧重介绍汇兑和委托收款的相关法律知识。

第一节 票据概述

【引例】

我国票据的起源可以追溯到唐代。唐宪宗（806—820）时期，各地茶商进行交易，往来频繁，但交通不便，携带款项困难。为方便起见，创制了飞钱。商人在京城长安（今西安）把现金支付给地方（各道）驻京的进奏院及各军各使等机关，或者在各地方设有联号的富商，由他们发给半联票券，另半联票券则及时送往有关的院、号，持券的商人到目的地后，凭半联票券与地方的有关院、号进行“合券”，然后支取现金。当时，飞钱只是一种运输、支取现金的工具，不是通用的货币。学者们多认为“飞钱”是我国现代汇票的起源。到宋代，出现了“便钱”和“交子”。宋太祖开宝三年（公元970年），官府设官号“便钱务”。商人向“便钱务”纳付现金，请求发给“便钱”；商人持“便钱”到目的地向地方官府提示付款时，地方官府应当日付款，不得停滞。这种“便钱”类似现代的“见票即付”汇票。宋真宗时期，蜀地（今四川）出现“交子”，地方富户联办“交子铺”，发行称为“交子”的票券，供作异地运送现款之工具。“交子”与现代的本票相似。

明朝末年（17世纪），山西地区商业发达，商人设立“票号”，在各地设立分号，经营汇兑业务以及存放款业务。名为汇券、汇兑票、汇条、庄票、期票等的金钱票券大为流行，票号逐渐演变，叫做“钱庄”，19世纪中叶进入盛期。票号签发的这些票券，类似现代的汇票和本票。

清朝末年，我国经济陷入困境，在西方兴起的银行业强势进入我国，钱庄逐渐衰落，我国固有的票据规则被外来票据制度所取代。

一、票据的概念和特征

关于票据，有广义和狭义之分。广义上的票据包括各种有价证券和凭证，如股票、国库券、企业债券、发票、提单等；狭义上的票据则仅指《票据法》上规定的票据。1995年5月10日，第八届全国人大常委会第十三次会议通过了《中华人民共和国票据法》（以下简称《票据法》），并于1996年1月1日起施行。目前，我国已初步建立起比较完善的票据法律制度。

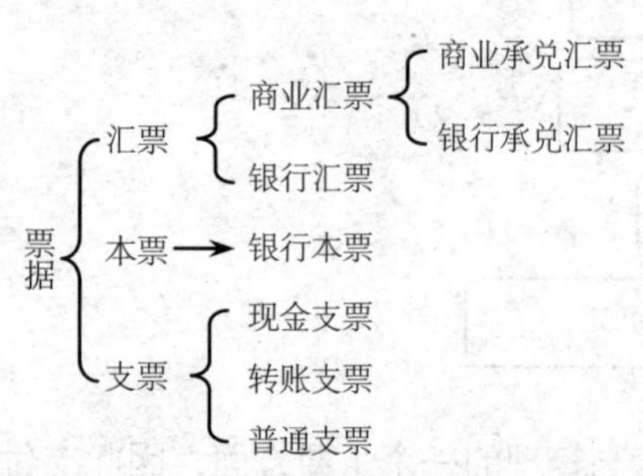

图4.1 票据的分类

根据我国《票据法》的规定，票据是由出票人签发的、约定自己或者委托付款人在见票时或指定的日期向收款人或持票人无条件支付一定金额并可转让的有价证券。我国《票据法》对票据的分类见图4.1。

一般来说，票据具有支付、汇兑、信用、结算和融资等功能。其特征主要表现在以下几个方面。

（1）票据是设权证券。所谓设权证券，是指票据权利的发生必须首先做成证券。票据做成前，票据权利不存在，票据权利是依票据的做成同时发生的。没有票据，就没有票据上的权利。票据的作用在于创设一定的权利。因此，票据为设权证券。

（2）票据是债权证券。票据所表示的权利，是一种以一定金额的给付为标准的债权，因而票据是债权证券。进一步讲，票据所创设的权利是金钱债权，票据持有人可以对票据记载的一定数量的金钱向票据的特定债务人行使请求付款权，因此票据是一种金钱债权证券。

（3）票据是文义证券。票据所创设的权利义务内容，完全依票据上所载文义而定，而不能任意解释或者根据票据以外的任何其他文件确定。即使票据上记载的文义有错，也要以该文义为准。例如，当票据上记载的出票日与实际出票日不一致时，以票据上所记载日期为准。因此，票据为文义证券。

（4）票据是要式证券。票据的做成格式和记载事项都由法律严格规定，不按法律规定做成票据或不按法律规定记载事项，会影响票据的效力甚至造成票据无效。此外，票据的签发、转让、承兑，付款、追索等行为，也必须严格按照票据法规定的程序和方式进行方为有效，所以票据是要式证券。

（5）票据是无因证券。票据上的法律关系只是单纯的金钱支付关系，权利人享有票据权利只以持有票据为必要，至于这种支付关系的原因或者说权利人取得票据的原因均可不问，即使这种原因关系无效，对票据关系也不发生影响。持有票据的人行使权利时无须说明其取得票据的原因，因而票据是无因证券。

（6）票据是流通证券。流通性是票据最本质的特征。票据上的权利经背书或单纯交付即可让与他人，无须依照民法有关债权让与的有关规定，这就是票据的流通性。

（7）票据是完全有价证券。有价证券可分为完全有价证券和不完全有价证券。证券与权利在一定情况下可以分离时，为不完全有价证券；证券与权利不可分离时，票据上权利的发生、转移、行使，均须依票据执行，因此票据为完全有价证券。

关联案例

可以以基础关系的瑕疵拒绝承担票据责任吗

原告：某医药公司

被告：某商业银行

2014 年 12 月 10 日，某建筑公司为购买建筑器材，向某钢筋生产厂出具了一张银行承兑汇票，付款方为被告某商业银行，付款期为出票后三个月，票载金额为人民币 500 万元，收款人为某钢筋生产厂。2015 年 1 月 3 日，某钢筋生产厂将该票据提示承兑，同日将该票据背书转让给 C 钢材厂。2015 年 2 月 15 日，C 钢材厂又将该票据转让给原告某医药公司。2015 年 3 月 15 日，原告某医药公司持该汇票要求被告某商业银行付款，被告以钢筋生产厂所供的钢筋质量不符合合同约定为由予以退票。同年 5 月 10 日，医药公司向人民法院提起诉讼，要求被告承担票据责任。

法院审理结果：人民法院审理后认为，票据的最大特征在于其流通性和无因性，票据签发之后，票据关系就与赖以签发的原因关系相分离，承兑人不能以原因关系对抗持票人的合法票据权利，故依法判决被告商业银行承担票据责任。

二、票据法律关系

票据法律关系是由《票据法》所规定的票据当事人之间在票据的签发和转让等过程中发生的权利义务关系。

（一）票据法律关系的构成

票据法律关系的三大构成要素包括主体、客体和内容。

1. 票据法律关系的主体

票据法律关系的主体是指票据法律关系的当事人，也即在票据法律关系中，享有票据权利、承担票据义务的主体。票据当事人可分为基本当事人和非基本当事人。

（1）基本当事人。票据基本当事人是指在票据做成和交付时就已经存在的当事人，包括出票人、付款人和收款人三种。汇票和支票的基本当事人有出票人、付款人和收款人；本票的基本当事人有出票人和收款人。

（2）非基本当事人。非基本当事人是指在票据做成并交付后，通过一定的票据行为加入票据关系而享有一定权利、承担一定义务的当事人，包括承兑人、背书人、被背书人、保证人等。

2. 票据法律关系的内容

票据法律关系的内容是指票据法律关系的主体依法所享有的权利和承担的义务。

票据权利是权利主体所享有的、请求义务主体支付票据金额的权利，包括付款请求权和追索权（关于付款请求权和追索权在后面“票据权利”中予以详细介绍）；票据义务表现为一种票据债务，是义务主体必须履行的、满足权利主体依票据而享有的权利要求的责任，如付款义务、承兑义务、担保付款义务等。

3. 票据法律关系的客体

票据法律关系的客体是指票据法律关系的权利和义务所共同指向的对象。票据是“金钱债权证券”，即票据上体现的权利性质是财产权而不是其他权利，财产权的内容是请求支付一定的金钱而不是物品。所以客体只能是一定数额的金钱。

（二）票据关系与票据基础关系

（1）票据关系的发生总是以票据的基础关系为原因和前提。如基于购买货物而授受票据，购货关系即是票据的基础关系。对于基础关系，我国《票据法》要求：票据的签发、取得和转让，应当遵循诚实信用原则，具有真实的交易关系和债权债务关系。

（2）票据关系一经形成，就与基础关系相分离，基础关系是否存在、是否有效，对票据关系都不产生影响。这就是票据的“无因性”。票据只要符合法定的形式要件，票据关系就是有效的。债务人不得以没有真实交易和债权债务关系为由进行抗辩。注意：如果持票人是不履行约定义务的与自己有直接债权债务关系的人，票据债务人则可以进行抗辩。

（3）票据关系因一定原因无效，亦不影响基础关系的效力。《票据法》第18条明确规定：“持票人因超过票据权利时效或者因票据记载事项欠缺而丧失票据权利的，仍享有民事权利，可以请求出票人或者承兑人返还其与未支付的票据金额相当的利益。”

第二节 票据行为

【引例】

一天，某农村信用社负责人找到王律师咨询如下问题。

我们信用社前不久为一位客户贴现了一张银行承兑的商业汇票，在汇票到期时，我社向承兑银行收取票款，但遭拒付。

拒付理由是，该汇票在出票时已记明“不得转让”，将该汇票贴现是一种转让行为，因此承兑人不负保证付款的责任。

我社认为，票据的贴现只是贴现行将该汇票作质押，向持票人融通资金的行为，不属于票据转让，因此承兑银行拒付票款是无理的。

问题：结合专业知识和下面的学习，思考银行的票据贴现行为实质上是票据的背书转让行为还是票据质押行为。简单给出咨询意见。

票据行为是指票据当事人以发生票据债务为目的的、以在票据上签名或盖章为权利义务成立要件的法律行为。

理论上，可将票据行为分为基本的票据行为和附属的票据行为。基本的票据行为是创设票据的行为，即出票行为。出票行为有效成立后，票据才可以有效存在。票据上的权利义务关系都是由出票行为引起的。附属的票据行为是指出票行为以外的其他行为，是以出票为前提，在已成立的票据上所做的行为。附属票据行为有效成立的前提是基本票据行为的有效。

票据行为是一种民事法律行为，故其必须符合民事法律行为成立的一般条件。

一、具体的票据行为

依据我国《票据法》的规定，票据行为具体包括出票、背书、承兑和保证。

（一）出票

出票是指出票人签发票据并将其交付给收款人的行为。

出票包括两个行为：一是出票人依照票据法的规定做成票据，即在原始票据上记载法定事项并签章；二是交付票据，即将做成的票据交付给他人占有。票据上的一切权利义务均因出票而产生，出票人是债务人，持票人是债权人。只有制作并交付了票据，才算完成了出票行为。

1. 出票的基本要求

出票人在为票据行为时，必须与付款人具有真实的委托付款关系，并且具有支付汇票金额的可靠资金来源；汇票的出票人不得签发无对价的汇票用以骗取银行或者其他票据当事人的资金。

2. 出票的记载事项

出票记载事项是指出票时依法在票据上记载的与票据相关的内容。出票时，票据上的记载事项应当真实，不得伪造、变造。

出票记载事项一般分为绝对记载事项、相对记载事项、任意记载事项和不产生票据法上效力的记载事项。

绝对记载事项是指票据法明文规定出票时必须记载的事项，如没有记载，则票据为无效票据。我国《票据法》第 22 条规定了汇票的七项绝对记载事项，第 75 条规定了本票的六项绝对记载事项，第 84 条规定了支票的六项绝对记载事项①。

按照我国《票据法》调整的票据种类，出票时，票据共同绝对记载的内容有以下四个方面。

---

① 对支票中关于“金额”和“收款人”记载的特殊规定见本章第四节“三、支票”。

第一，表明票据的文字。制作票据时，首先应记载表明何种票据的字样。实践中，表明何种票据的字样已经事先印制。《票据法》第108条规定，汇票、本票、支票的格式应当统一。票据凭证的格式和印制管理办法由中国人民银行规定。

第二，票据金额的记载。票据金额以中文大写和数码同时记载，二者必须一致；二者不一致的，票据无效。

第三，票据收款人的记载。名称记载应当用全称或者规范化的简称。

第四，出票日期的记载。票据的出票日期必须使用中文大写。为防止变造票据的出票日期，在填写月、日时，月为壹、贰和壹拾的，日为壹至玖和壹拾、贰拾和叁拾的，应在其前加“零”；日为拾壹至拾玖的，应在其前加“壹”。

关联案例

票据的规范填写

小玉是某大学会计专业三年级的学生，暑假时到伯父的工厂实习。开始时，她主要是跟着出纳学习有关实际操作。一次，需要去银行提取现金，工厂出纳正忙着核算工资走不开，于是将一张已填好金额但没有填写日期的现金支票交给小玉，让她填写日期：2015年10月19日。而后，小玉用中文大写填上日期：二零壹伍年拾月拾玖日，然后去银行取款。但是，银行工作人员却将支票退了回来，说这张支票的日期填写有误，不能提取现金。

问题：小玉填写支票的日期错在哪里？

解析：银行出票日期不仅要大写，而且还要分不同的月、日采取不同的写法。这张现金支票的正确写法是：二零壹伍年零壹拾月壹拾玖日。

作为一名财务人员，不仅应掌握有关会计理论，还应熟知有关银行结算的具体规定，并体现较强的实务操作能力，才能胜任财务工作。

议一议

这里“原记载人可以更改”中的“原记载人”是经办人吗？

注意：票据金额、日期、收款人名称不得更改，更改的票据无效。对其他记载事项，原记载人可以更改，更改时应当由原记载人在更改处签章证明。

相对记载事项是指某些应该记载而未记载，适用法律的有关规定而不使票据失效的事项。我国《票据法》第23条、第76条、第86条对票据的相对记载事项都做了规定，如表4.1所示。

表4.1 《票据法》对票据相对记载事项的规定

情形	汇票	本票	支票
未记载付款日期	为见票即付	付款日期为法定，无须在票据上记载	付款日期为法定，无须在票据上记载
未记载付款地的	付款人的营业场所、住所或者经常居住地为付款地	出票人的营业场所为付款地	付款人的营业场所为付款地
未记载出票地的	出票人的营业场所、住所或者经常居住地为出票地	出票人的营业场所为出票地	出票人的营业场所、住所或者经常居住地为出票地

任意记载事项是指不强制当事人必须记载而允许当事人自行选择，不记载不影响票据效力，

记载时则产生票据效力的事项。例如，出票人在汇票上记载“不得转让”字样的，汇票不得转让，其中的“不得转让”事项即为任意记载事项。

不产生票据法上的效力的记载事项是指除了绝对记载事项、相对记载事项、任意记载事项外，票据上还可以记载其他一些事项，但这些事项不具有票据效力。

3. 出票的效力

出票是以创设票据权利为目的的票据行为。所以，出票人依照票据法的规定完成出票行为之后，即产生票据上的效力。出票人签发票据后，即承担该票据承兑或付款的责任。

（二）背书

背书是指在票据背面或者粘单上记载有关事项并签章的行为（见图 4.2）。若票据凭证不能满足背书人记载事项的需要，则可以加附粘单，粘附于票据凭证上。粘单上的第一记载人应当在票据和粘单的粘接处签章。

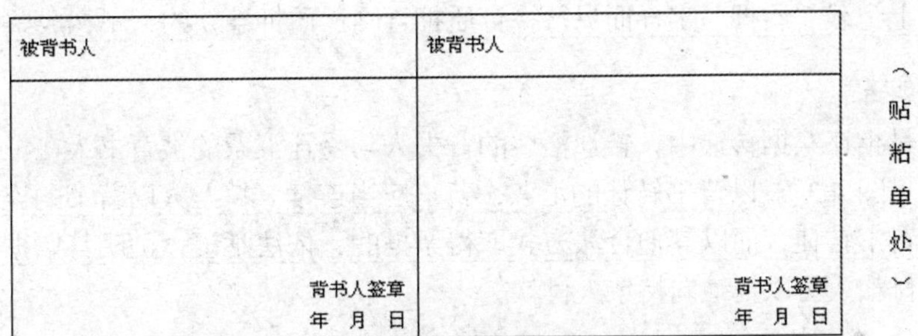

图 4.2 银行承兑汇票背面的背书栏

1. 背书记载的事项

背书是一种要式行为，必须符合法定的形式。背书的记载事项包括绝对记载事项和相对记载事项。

（1）绝对记载事项。背书人签章和被背书人名称属于绝对记载事项，背书人背书时，应当在票据上签章并记载背书日期，背书才能成立。票据以背书转让或者以背书将一定的票据权利授予他人行使时，必须记载被背书人名称，背书人未签章的，背书行为无效。如果背书人未记载被背书人名称即将票据交付他人，则持票人在票据被背书人栏内记载自己的名称与背书人记载具有同等法律效力。

（2）相对记载事项。背书日期属于相对记载事项，背书未记载日期的，视为在汇票到期日前背书。

2. 背书的形式

一般来说，按照背书的目的可将背书分为转让背书和非转让背书。

（1）转让背书是指持票人以完全转让票据上的权利为目的，而在票据上进行的背书，其效力在于使票据上的权利发生转移。

（2）非转让背书是指持票人不以转让票据上的权利为目的，而是以授予他人权利为目的在票据上进行的背书。

非转让背书又包括委托收款背书和质押背书。

委托收款背书又称委任背书，是指以委托他人代替自己行使票据权利，收取票据金额为目的背书。委托收款背书不是票据权利的转让，是代理权在票据上的体现，被背书人是背书人的代理人，而背书人则是被代理人，被背书人（代理人）收取的票据金额必须归于背书人（被代理人）。《票据法》第35条第1款规定，“背书记载‘委托收款’字样的，被背书人有权代背书人行使被委托的汇票权利。但是，被背书人不得再以背书转让汇票权利”。

> **提示：**商业银行在办理质押融资业务时，尽量不以质押合同的形式确定票据质权，规范的质押背书才是确保质权有效性的最好证据。

质押背书是指以设定质权提供债务担保为目的在票据上进行的背书。在质押背书中，背书人为出质人，被背书人为质权人。根据《票据法》第35条第2款的规定，质押时应当以背书记载“质押”字样并签章，被背书人依法实现其质权时，可以行使票据权利。根据《最高人民法院关于审理票据纠纷案件若干问题的规定》第55条的规定，以汇票设定质押时，出质人在汇票上只记载了“质押”字样而未在票据上签章的，或者出质人未在汇票、粘单上记载“质押”字样而另行签订质押合同、质押条款的，不构成票据质押。

3. 背书连续

背书连续是指在票据转让中，转让汇票的背书人与受让汇票的被背书人在汇票上的签章依次前后衔接（见图4.3）。以背书转让的汇票，背书应当连续。持票人以背书的连续，证明其票据权利；非经背书转让，而以其他合法方式取得票据的，依法举证，证明其票据权利。如果背书不连续的，付款人可以拒绝向持票人付款。

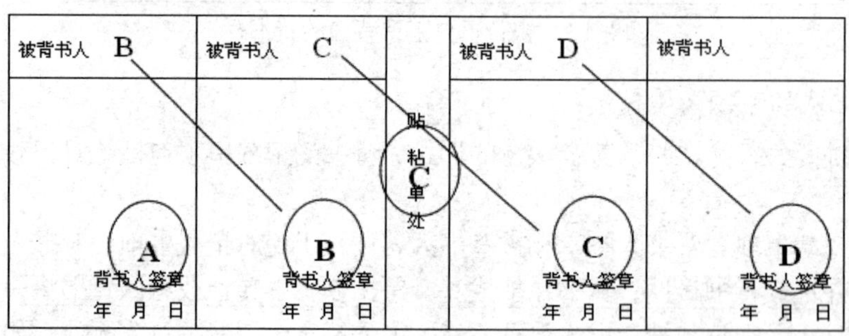

图4.3 背书、粘单以及背书的连续

付款人及其代理付款人付款时，应当审查背书的连续性，并审查提示付款人的合法身份证明或有效证件。付款人及其代理付款人以恶意或者有重大过失付款的，应当自行承担责任。

4. 附条件背书和部分背书

背书时附有条件的，所附条件不具有票据上的效力。这里所指的“所附条件不具有汇票上的效力”并不影响背书行为本身的效力，被背书人仍可依该背书取得票据权利。例如，甲、乙公司签订了一份购销合同。甲以银行承兑汇票付款，并在汇票的背书栏记载有“若乙不按期履行交货义务，则不享有票据权利”。两个月后，乙因贸易关系将此汇票背书转让给丙。甲的背书实际上就是在背书中写入了一个条件条款，形成了所谓“条件背书”。根据《票据法》第33条规定：“背书不得附有条件。背书时附有条件的，所附条件不具有汇票上的效力。”所以背书所附的条件不发生票据法上的效力，即无论乙交货与否，乙背书的行为有效。判断丙是否享有票据权利，只需要看背书是否连续即可，不受其他条件的影响。

部分背书是指背书人在背书时，将汇票金额的一部分或者将汇票金额分别转让给两人以上的背书。部分背书是无效的，如在票据背书栏记载“把票据金额的 30 万元分别转让给甲公司和乙公司”就属于无效背书。

5. 不得背书转让的情形

票据被拒绝承兑、被拒绝付款或者超过付款提示期限的，不得背书转让；背书转让的背书人应当承担票据责任。

（三）承兑

承兑是指汇票付款人在票据上承诺在汇票到期日支付汇票金额的票据行为。承兑是“商业”汇票特有的制度，银行汇票无须承兑。图 4.4 所示为承兑示例。

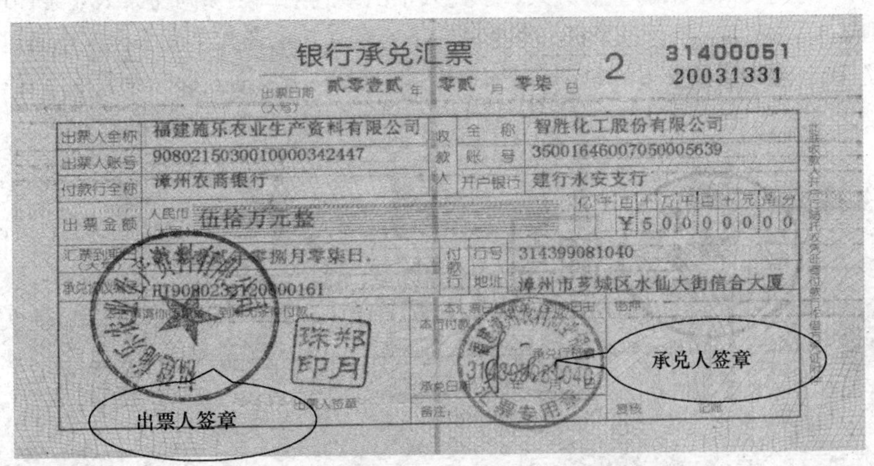

图 4.4　承兑示例

1. 承兑的程序

第一，提示承兑。它是指持票人向付款人出示汇票，并要求付款人承诺付款的行为。定日付款或者出票后定期付款的汇票，持票人应当在汇票到期日前向付款人提示承兑；否则，即丧失对其前手的追索权。见票后定期付款的汇票，持票人应当自出票日起 1 个月内向付款人提示承兑；否则，即丧失对其前手的追索权。

无须提示承兑汇票主要包括两种：一是汇票上明确记载有“见票即付”的汇票；二是汇票上没有记载付款日期，视为“见票即付”，目前主要是指银行汇票。

第二，受理承兑。①提示承兑的汇票，汇票正面有提示承兑的文句记载，实务中，“本汇票请××予以承兑，于到期日无条件付款”等文句已经事先印刷在汇票的正面，出票人无须另行记载；②付款人对向承兑人提示承兑的汇票，应当自收到提示承兑的汇票之日起 3 日内承兑或者拒绝承兑；③承兑人收到持票人提示承兑的汇票时，应当向持票人签发收到汇票的回单，回单上应当说明汇票提示承兑日期并签章。这一手续办理完毕，即意味着接受承兑。

第三，承兑的格式。①承兑人承兑时应当有无条件支付委托的支付文句记载。在实务中，通常以“本汇票已经承兑，到期日由××付款”的文句表示，已经事先印刷在汇票的正面，无须承兑人另行记载。②付款人承兑汇票的，应当在汇票正面的承兑栏中记载承兑日期并签章。③见票后定期付款的汇票，应当在承兑时记载付款日期。

第四，退回已承兑的汇票。付款人依承兑格式填写完毕应记载事项后，并不意味着承兑生效，只有在其将已承兑的汇票退回持票人才产生承兑的效力。

2. 附条件承兑

付款人承兑汇票，不得附有条件；承兑附有条件的，视为拒绝承兑。例如，A公司在与B公司的交易中获得一张100万元的汇票，付款人为C公司，A公司请求承兑时，C公司在汇票上签注：“承兑，B公司款到后支付”。这样的承兑应视为C公司拒绝承兑，C公司不承担付款责任。

3. 承兑的效力

付款人承兑汇票后，应当承担到期无条件付款的责任。具体表现在以下几方面：①汇票一经承兑，承兑人就成为汇票的主债务人，承兑人于汇票到期日必须向持票人无条件地当日足额付款，否则其必须承担迟延付款责任；②承兑人不得以其与出票人之间资金关系来对抗持票人，拒绝支付汇票金额；③承兑人的票据责任不因持票人未在法定期限提示付款而解除；④承兑人必须对汇票上的一切权利人承担责任，这些权利人包括付款请求权人和追索权人。

关联案例

承兑的效力

A企业某年4月1日向B企业签发一张出票后3个月付款的银行承兑汇票，汇票金额为100万元，承兑人是甲银行。B企业承兑以后背书转让给C企业，C企业又背书转让给D企业。

汇票于7月1日到期以后，持票人D企业于7月5日向甲银行提示付款。甲银行以A企业的资金账户只有80万元为由拒绝付款。

问题：（1）汇票于7月1日到期以后，持票人D企业于7月5日向甲银行提示付款。甲银行以A企业的资金账户只有80万元为由拒绝付款，甲银行的主张是否符合法律规定？

（2）汇票于7月1日到期以后，持票人D企业于7月15日向甲银行提示付款，那么承兑人的付款责任可以解除吗？

解析：（1）甲银行的主张不符合法律规定。根据《票据法》规定，承兑人不得以其与出票人之间资金关系来对抗持票人，拒绝支付汇票金额。汇票一经承兑，承兑人就成为汇票的主债务人，承兑人于汇票到期日必须向持票人无条件地当日足额付款，否则其必须承担迟延付款责任。

（2）本案中持票人D企业没有在法定期限内提示付款，则丧失对前手B企业和C企业的追索权，但可以向出票人A企业和甲银行进行追索。因为《票据法》规定，承兑人的票据责任不因持票人未在法定期限提示付款而解除，所以甲银行仍然要对持票人D企业承担票据责任（见本章第四节对商业汇票提示付款期的介绍）。

（四）保证

保证即票据保证，是指票据债务人以外的第三人以担保特定债务人履行票据债务为目的，而在票据上所为的一种附属票据行为。

1. 保证的格式

保证是一种书面行为，保证人必须在汇票或粘单上记载下列事项：表明“保证”的字样；保证人名称和住所；被保证人的名称；保证日期；保证人签章。

如果是为出票人、承兑人保证的，则应记载于汇票的正面；如果是为背书人保证的，则应记载于汇票的背面或者粘单上。

如果另行签订保证合同或者保证条款，则不属于票据保证，而属于《担保法》中的保证担保。

2. 附条件保证

保证不得附有条件；附有条件的，不影响对汇票的保证责任。

> **想一想**
>
> 附条件背书、附条件承兑和附条件保证这三者的法律后果有什么不同？

3. 保证的效力

保证一旦成立，保证人必须对保证行为承担相应的责任。

（1）保证人的责任。保证人对合法取得汇票的持票人所享有的汇票权利，承担保证责任。但是，被保证人的债务因汇票记载事项欠缺而无效的除外。保证人清偿汇票债务后，可以行使持票人对被保证人及其前手的追索权。

（2）共同保证人的责任。保证人为两人以上的，保证人之间承担连带责任。

> **视野拓展**
>
> 推荐阅读《票据付款实务中的银行风险的防范》，应注意：尽管票据强调形式审查，但必须履行审查中的注意义务。
>
> 

二、票据签章

票据签章是指在票据和结算凭证上的签名、盖章或者签名加盖章。

法人和其他使用票据的单位在票据上的签章，除应当加盖该法人和单位的公章，还应当加盖其法定代表人或者其授权的代理人的签章；个人在票据和结算凭证上的签章，应为该个人本名的签名或盖章。在银行开立结算账户的单位，预留银行的印章是财务专用章的，票据签章也可以是财务专用章加法定代表人个人名章或授权代理人个人名章。

第三节 票据权利和票据的丧失与补救

【引例】

老王将一张 10 万元的现金支票装在衣服口袋，而他妻子不知情把衣服放在洗衣机里面洗了，结果支票毁损了。老王心急如焚，不知该怎么办。

小李将一张可以背书转让的 30 万元的银行承兑汇票放在包内，出差时被人盗窃。小李心急如焚，不知该怎么办。

问题：票据权利会随着票据的丧失而消灭吗？试给老王和小李出出主意。

一、票据权利

票据权利是指持票人向票据债务人请求支付票据金额的权利，包括付款请求权和追索权。

票据权利是以获得一定金钱为目的的债权。票据权利体现为二次请求权：第一次是付款请求权，是票据上的主要权利；第二次为追索权，是指第一次请求权（即付款请求权）得不到满足时，向付款人以外的票据债务人要求清偿票据金额及有关费用的权利。

（一）票据权利的取得

票据权利的取得应当遵守诚实信用的原则，具有真实的交易关系和债权债务关系，而且必须给付对价，即应当给付票据双方当事人认可的相对应的代价。票据权利取得的方式见表4.2。

表4.2 票据权利取得的方式

类别	取得方式
原始取得	从出票人处取得
转让取得	从持有票据的人处受让票据
继受取得	依税收、继承、赠与、企业合并等方式获得票据

票据的原始取得和转让取得都属于有偿取得，继受取得属于依法无偿取得，不受给付对价之限制。但是，如果票据的取得是无对价或无相当对价的，该票据权利不得优于其前手。因欺诈、偷盗、胁迫、恶意或重大过失而取得票据的和持票人因重大过失取得不符合《票据法》规定的票据的，不享有票据权利。

（二）票据权利的行使与保全

票据权利的行使是指持票人请求票据的付款人支付票据金额的行为。例如，行使付款请求权以获票款，行使追索权以请求清偿法定的金额和费用等。

票据权利的保全是指持票人为了防止票据权利的丧失而采取的措施。例如，依据《票据法》的规定按照规定期限提示承兑或提示付款，要求承兑人或付款人提供拒绝承兑或拒绝付款的证明以保全追索权等。

（三）票据的追索

票据追索是指票据持有人依照票据法的规定在票据到期不获付款或期前不获承兑或者有其他法定原因时，对其前手（出票人、背书人、保证人、承兑人以及其他票据债务人）要求偿还票据金额、利息和相关费用的行为。因票据追索所产生的权利为票据追索权。

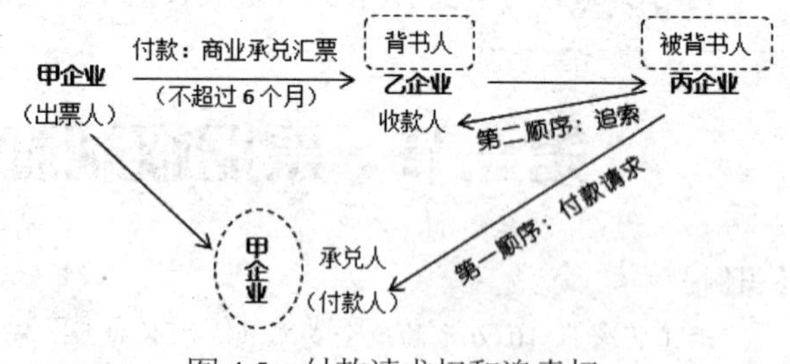

图4.5 付款请求权和追索权

《票据法》第61条规定，追索权的行使必须是以持票人不获付款或不获承兑为前提，只有在持票人的付款请求权无从实现的情况下，才能依法行使追索权（见图4.5）。

依追索权发生的不同情况，分为到期前追索权、到期后追索权和再追索权，如表4.3所示。

表4.3 追索权的三种情况

到期后追索权	到期前追索权	再追索权
是指票据到期被拒绝付款的，持票人对背书人、出票人以及票据的其他债务人行使的追索权	是指票据到期日前，持票人对下列情形之一行使的追索权：①汇票被拒绝承兑的；②承兑人或付款人死亡、逃匿的；③承兑人或付款人被依法宣告破产的或因违法被责令终止业务活动的	是指被追索人在履行了自己的追索义务，向追索人偿还追索金额后，向其前手追索义务人进行追索的权利

1. 追索权行使的对象

持票人行使追索权，对票据的出票人、背书人、承兑人和保证人，可以不按票据债务人的先后顺序，对其中一人、数人或全体行使追索权。票据的出票人、背书人、承兑人和保证人对持票人承担连带责任。

2. 追索金额和费用

持票人行使追索权，可以请求被追索人支付的金额和费用包括：①被拒绝付款的票据金额；②票据金额自到期日或提示付款日起至清偿日止，按中国人民银行规定的利率计算的利息；③取得有关拒绝证明和发出通知书的费用。

被追索人依照前述规定清偿后，可以向其他票据债务人行使再追索权，请求其他票据债务人支付的金额和费用包括：①再追索权人已经支付给持票人的总金额；②自己清偿票据债务之日起到前手支付有关金额给自己之日期间的利息，该利息标准按照中国人民银行规定的利率标准执行；③再追索权人向其前手发出通知的有关费用。

3. 追索权行使的要件

行使票据追索权需满足以下要件。

（1）按期提示。汇票的持票人未按期提示承兑的，丧失对其前手的追索权；本票的持票人未按期提示付款的，丧失对出票人以外的前手的追索权。

（2）获得有关证明。持票人行使追索权时，应当提供被拒绝承兑或拒绝付款的有关证明。持票人提示承兑或付款被拒绝的，承兑人或付款人必须出具拒绝证明或退票理由书。若未出具拒绝证明或退票理由书，则应当承担由此产生的民事责任。

> **时事热点**
>
> 推荐观看“十万元的承兑汇票为何迟迟兑现不了”视频（2015 年 11 月 11 日钱江电视台“范大姐帮忙”片段），思考：在本案中因直接的前手在票据上签章的瑕疵，持票人应如何及时行使追索权？
>
> 

持票人不能出示拒绝证明、退票理由书或者未按照规定期限提供其他合法证明的，丧失对其前手的追索权；但是，承兑人或者付款人仍应对持票人承担责任。这里所说的其他合法证明包括：①医院或有关单位出具的承兑人、付款人死亡的证明；②司法机关出具的承兑人、付款人逃匿的证明；③公证机关出具的具有拒绝证明效力的文书。

关联案例

银行承兑汇票转让纠纷——追索权的行使

2015 年 3 月 20 日左右，乙公司欲将其持有的以甲公司为出票人、H 省某商业银行为承兑人的银行承兑汇票贴现，由孔某经办此事。此时，丙公司欲购买丁公司价值 30 万元的棉纶切片，但资金紧张。孔某找到丙公司法定代表人刘某，将乙公司持有的银行承兑汇票出借给丙公司。而后，乙公司直接将该汇票背书给丁公司，丙公司收到货物后，将现金 30 万元分两次交给孔某，孔某也以乙公司经手人的名义向丙公司出具了收条。孔某收款后，交给乙公司 10 万元，尚有 20 万元未交乙公司。

丁公司将乙公司背书给其银行承兑汇票背书转让给戊公司，戊公司向 H 省某商业银行提示收款时遭拒付。丁公司向其后手戊公司付清票款取得汇票后，于 2015 年 10 月 18 日诉至 A 市 B 区人民法院，向其前手主张银行承兑汇票票款。

问题：丁公司应行使何种权利以挽回自己的损失？如何行使？

解析：（1）丁公司应行使再追索权以挽回自己的损失。丁公司持有的银行承兑汇票真实，系可背书转让的汇票。丁公司在取得汇票后将汇票背书转让的行为是合法的，其后手戊公司在汇票被拒绝付款后，丁公司向其后手清偿了债务，并取得了追索权，可以行使再追索权。

（2）甲公司作为出票人、H省某商业银行作为承兑人、乙公司作为背书人，均是该汇票的债务人。《票据法》第68条规定："汇票的出票人、背书人、承兑人和保证人对持票人承担连带责任。持票人可以不按照汇票债务人的先后顺序，对其中任何一人、数人或者全体行使追索权。"在本案中，甲公司为出票人、H省某商业银行为承兑人、乙公司为背书人，各被告依法应当向合法持票人丁公司承担连带付款责任。

（3）丁公司再追索的金额和费用包括：①丁公司已经支付给戊公司的汇票票款30万元及逾期利息；②自己清偿票据债务之日起到丁公司支付有关金额给自己之日期间的利息；③丁公司向甲公司发出通知的有关费用。

（四）票据权利的时效

票据权利的时效是指票据权利在法律规定的时效期间内不行使权利，即引起票据权利丧失。我国《票据法》规定，票据权利在下列期限内不行使即消灭。

（1）持票人对票据的出票人和承兑人的权利（主要指商业汇票），自票据到期日起两年内。

（2）见票即付的汇票、本票（主要指银行汇票和银行本票）的权利，自出票日起两年内。

（3）持票人对支票的出票人的权利，自出票日起6个月内。

（4）持票人对前手的追索权，自被拒绝承兑或者被拒绝付款之日起6个月内。

（5）持票人对前手的再追索权，自清偿日或者被提起诉讼之日起3个月内。

提示：票据权利并不因超过票据的提示付款期而丧失。按照《支付结算办法》第36条的规定："银行汇票、银行本票的持票人超过规定期限提示付款的，丧失对出票人以外的前手的追索权，持票人在作出说明后，仍可以向出票人请求付款。"关于票据提示付款期分别在汇票、本票和支票中予以介绍。

二、票据的丧失与补救

票据丧失是指票据因灭失、遗失、被盗等原因而使票据权利人脱离其对票据的占有。票据丧失后的补救措施主要有三种形式，即挂失止付、公示催告、普通诉讼。无论是采取哪一种补救措施，均必须符合以下条件：第一，必须有丧失票据的事实；第二，失票人必须是真正的票据权利人；第三，丧失的票据必须是未获付款的有效票据。

1. 挂失止付

挂失止付是指失票人将丧失票据的情况通知付款人并由接受通知的付款人暂停支付。只有确定付款人或代理付款人的票据丧失时才可以进行挂失止付，具体包括已承兑的商业汇票、支票、填明"现金"字样和代理付款人的银行汇票以及填明"现金"字样的银行本票四种。挂失止付并不是票据丧失后采取的必要措施，而只是一种暂时的预防措施，最终要通过申请公示催告或提起普通诉讼。

挂失止付的具体程序如下。

（1）申请。失票人需要挂失止付的，应填写挂失止付通知书并签章。

（2）受理。付款人或者代理付款人收到挂失止付通知书后，若查明挂失票据确未付款，则应立即暂停支付。根据《票据管理实施办法》的规定，付款人或者代理付款人自收到挂失止付通知书之日起 12 日内没有收到人民法院的止付通知书的，自第 13 日起，挂失止付通知书失效。付款人或者代理付款人在收到挂失止付通知书之前，已经向持票人付款的，不再承担责任。但是，付款人或代理付款人以恶意或者重大过失付款的除外。

2. 公示催告

公示催告是指失票人向票据支付地的基层人民法院提出公示催告的申请，请求人民法院以公告方式通知不确定的利害关系人限期申报权利，逾期未申报者，则权利失效，而由法院通过除权判决宣告所丧失的票据无效的制度或程序。公示催告程序仅适用于可以背书转让的票据。

公示催告的具体程序见图 4.6。

（1）申请。失票人申请公示催告的，应填写公示催告申请书。

（2）受理。人民法院决定受理公示催告申请后，应当同时通知付款人及代理付款人停止支付，并自立案之日起 3 日内发出公告，催促利害关系人申报权利。

（3）公告。法院决定受理公示催告申请后发布的公告应张贴于人民法院公告栏内，并在全国性的有关报纸或其他宣传媒介上刊登；人民法院所在地有证券交易所的，还应张贴于该交易所。公告时间不得少于 60 大。

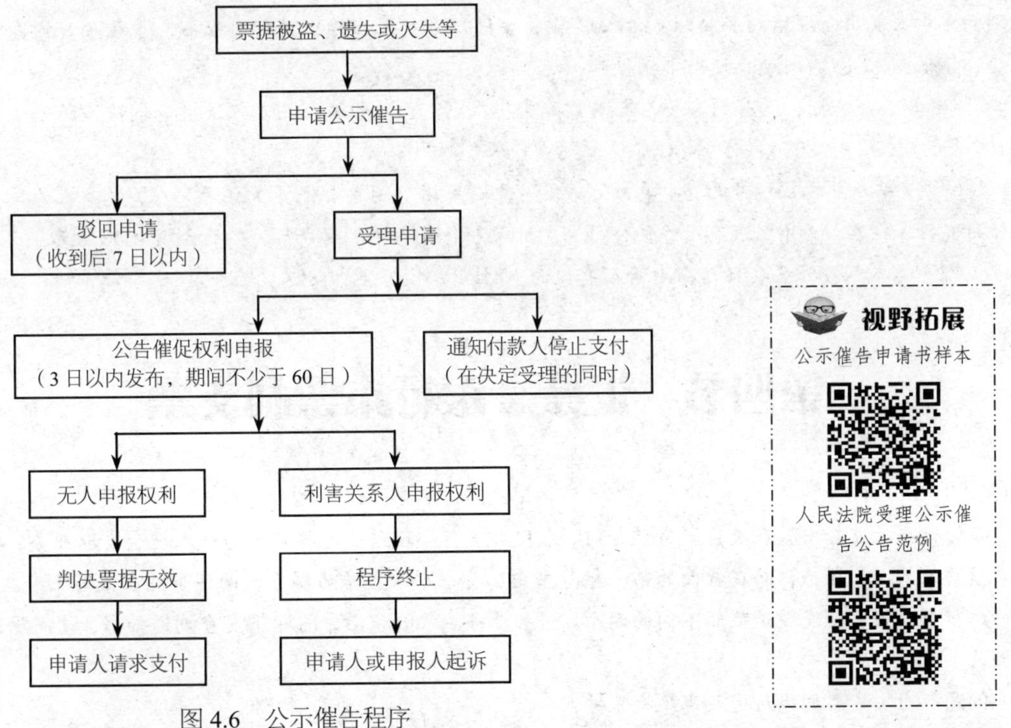

图 4.6　公示催告程序

（4）判决。利害关系人应当在公示催告期间向人民法院申报。人民法院收到利害关系人的申报后，应当裁定终结公示催告程序，并通知申请人和支付人。申请人或者申报人可以向人民法院起诉，以主张自己的权利。无人申报或者利害关系人的申报被人民法院驳回的，法院应当根据申请人的申请，作出除权判决，宣告票据无效。除权判决一经作出，立即生效，利害关系人不得上诉，并产生以下法律后果：①票据失去效力；②丧失票据的申请人可依此判决向票据义务人主张权利，实现票据权利；③公示催告程序即告终结。

3. 普通诉讼

普通诉讼是指以丧失票据的人为原告，承兑人或出票人为被告，请求法院判决其向失票人付款的诉讼活动。《票据法》第15条第3款规定：“失票人应当在通知挂失止付后3日内，也可在票据丧失后，依法向人民法院申请公示催告或者向人民法院提起诉讼。”

关联案例

丢失票据后通过公示催告救济票据权利

2016年3月21日，甲服装有限责任公司工作人员李华出差途经A市时，被他人盗走汇往B市采购原料的银行承兑汇票一张，汇票金额为30万元，出票人是某中国银行支行，持票人是甲服装有限责任公司，支付人是中国银行B市分行，承兑协议编号为1-1-4，交易合同号码06-110，未向任何单位背书转让。申请人于2016年3月26日向B市城区人民法院申请公示催告。

B市城区人民法院接到申请后，经审查认为符合《中华人民共和国民事诉讼法》第193条的规定，决定受理申请，并于接到申请的第二天，依照《中华人民共和国民事诉讼法》第194条的规定，分别向申请人发出受理通知书和向支付人中国银行B市分行发出停止支付通知书，并在3日内发出公告，催促利害关系人在60日内申报权利。

经60天公告期，没有利害关系人向该院申报权利。该院根据《中华人民共和国民事诉讼法》第197条的规定，于2016年5月30日作出判决。

（1）宣告承兑协议编号为1-1-4和交易合同号码为06-110的银行承兑汇票一张（发票人为某中国银行支行、持票人为甲服装有限责任公司、支付人为中国银行B市分行、票面金额为30万元）无效。

（2）自本判决公告之日起，申请人有权向支付人请求支付。

第四节　汇票、银行本票和支票

【引例】

某银行事后监督中心在进行日常监督时，发现某支行办理了一笔收款人为个人现金支取业务，票据上客户填写收款人为瞿平，而在背面的第一栏背书中，背书个人签章为翟平，两字虽然在书写上有些相近，但仔细审查票据就会发现是截然不同的两个字。经业务主管合议后，随即下发查询通知书，询问原因并限期整改。

问题：（1）支票的绝对记载事项有哪些？

（2）在绝对记载事项中对收款人的名称和支票金额有什么特别规定吗？

（3）本案中现金支票中客户填写收款人为瞿平，而背书个人签章为翟平反映出了一个什么问题？

一、汇票

汇票是指出票人签发的，委托付款人在见票时或指定日期无条件支付确定的金额给收款人或持票人的票据。

（一）汇票的绝对记载事项

汇票的绝对记载事项是指《票据法》规定必须在票据上记载的事项，若欠缺记载，票据即为无效。

汇票的绝对记载事项有：表明“汇票”的字样；无条件支付的委托；确定的金额；付款人名称；收款人名称；出票日期；出票人签章。

（二）汇票的分类

根据《票据法》的规定，汇票分为银行汇票和商业汇票。

1. 银行汇票

银行汇票是汇款人将款项交存当地银行，由银行签发给汇款人持往异地办理转账结算或支取现金的票据。汇款人可以是单位、个体经营户或者个人。在银行汇票中，出票人和付款人都只能由银行担任，由此被称为银行汇票。

银行汇票的提示付款期从出票日起 1 个月，为即期票据。

对于银行汇票（见图 4.7 和图 4.8），如果只记载了汇票金额而未记载实际结算金额，则并不影响该汇票的效力，而以汇票金额为实际结算金额。实际结算金额只能小于或等于汇票金额，如果实际结算金额大于汇票金额，则实际结算金额无效，而以汇票金额为付款金额（此规定只针对银行汇票，与商业汇票无关）。

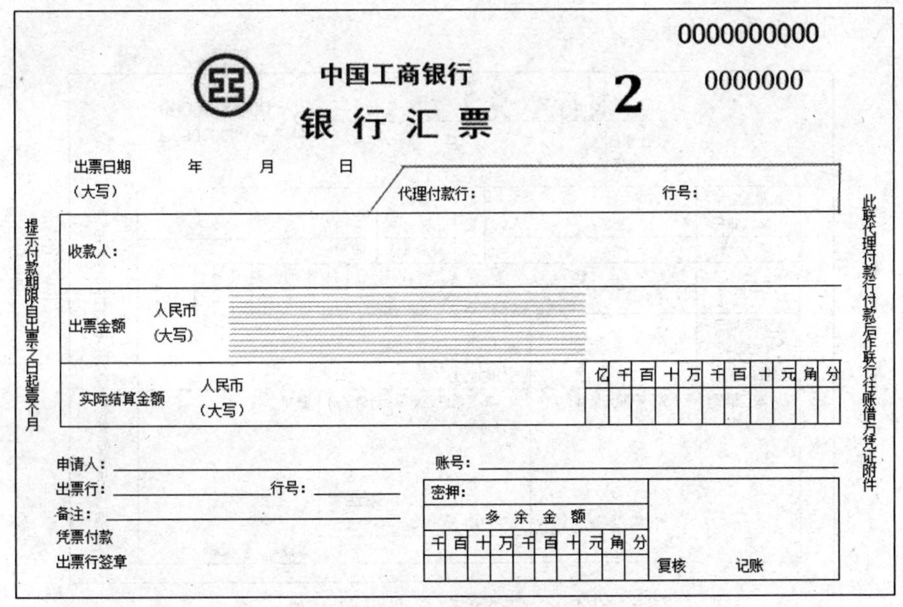

中国工商银行
银行汇票　2
0000000000
0000000

出票日期（大写）　年　月　日
代理付款行：　行号：
收款人：
出票金额　人民币（大写）
实际结算金额　人民币（大写）
亿 千 百 十 万 千 百 十 元 角 分
申请人：　账号：
出票行：　行号：
备注：
密押：
多余金额
千 百 十 万 千 百 十 元 角 分
凭票付款
出票行签章
复核　记账
提示付款期限自出票之日起壹个月
此联代理付款行付款后作联行往账借方凭证附件

图 4.7　银行汇票正面示例

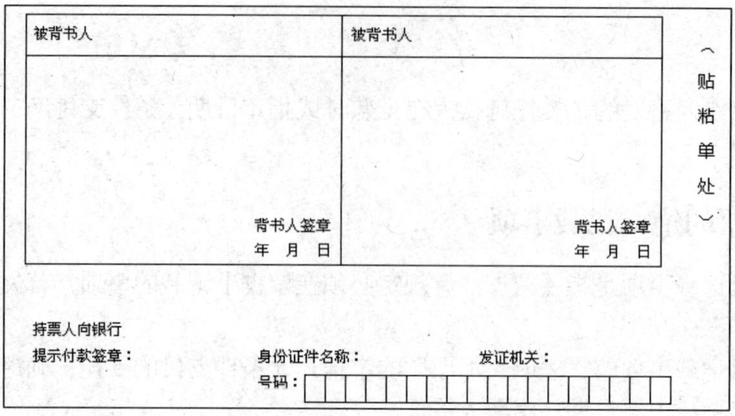

被背书人	被背书人	（贴粘单处）
背书人签章 年　月　日	背书人签章 年　月　日	

持票人向银行
提示付款签章：　　身份证件名称：　　发证机关：
号码：

图 4.8　银行汇票背面示例

2. 商业汇票

商业汇票是指银行和其他金融机构以外的工商企业签发的汇票，它是收款人或付款人（或承兑申请人）签发，由承兑人承兑，并于到期日向收款人或持票人支付款项的票据。

按承兑人属于工商企业还是银行，商业汇票可分为银行承兑汇票和商业承兑汇票（见图 4.9 和图 4.10）。商业承兑汇票是由收款人签发，经非金融机构的付款人承兑，或由付款人签发并承兑的票据；银行承兑汇票是由收款人或承兑申请人签发，并由承兑申请人向开户银行申请，经银行审查同意承兑的票据。

提示：票面上注明的到期日与出票日间隔最长为 6 个月，超过 6 个月为无效商业汇票。

商业汇票的付款期限，最长不得超过 6 个月；商业汇票的提示付款期限，自汇票到期日起 10 日。

注意：①如果持票人未在法定的提示付款期限内为付款提示，则丧失对其前手的追索权，但是在持票人作出说明后，承兑人或者付款人仍应继续对持票人承担付款责任；②付款人或者代理付款人在付款时应当尽审查义务。

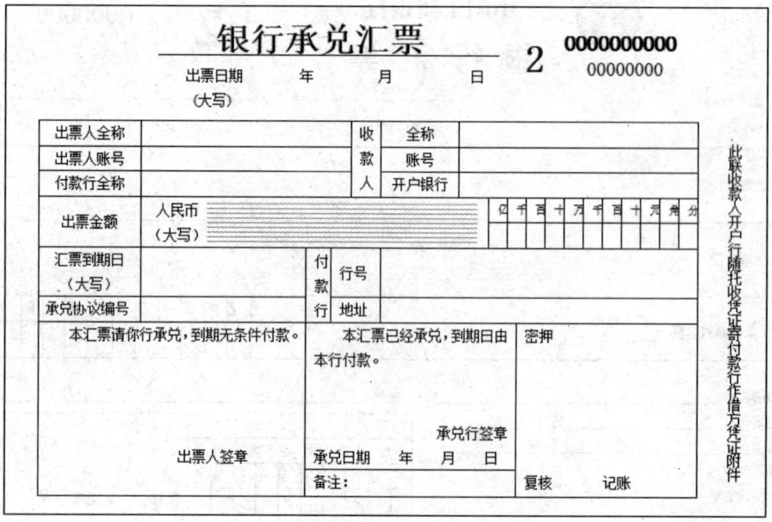

银行承兑汇票　2　0000000000
00000000

出票日期（大写）　年　月　日

出票人全称		收款人	全称	
出票人账号			账号	
付款行全称			开户银行	
出票金额	人民币（大写）			亿 千 百 十 万 千 百 十 元 角 分
汇票到期日（大写）		付款行	行号	
承兑协议编号			地址	
本汇票请你行承兑，到期无条件付款。 出票人签章		本汇票已经承兑，到期日由本行付款。 承兑行签章 承兑日期　年　月　日 备注：		密押 复核　记账

此联收款人开户行随托收凭证寄付款行作借方凭证附件

图 4.9　银行承兑汇票正面示例

商业承兑汇票　　2　　00000000　00000000

出票日期（大写）　　年　　月　　日

付款人	全　称		收款人	全　称	
	账　号			账　号	
	开户银行			开户银行	
出票金额	人民币（大写）				亿 千 百 十 万 千 百 十 元 角 分
汇票到期日（大写）		付款人开户行	行号		
交易合同号码			地址		
本汇票已经承兑，到期无条件付票款。 承兑人签章 承兑日期　年　月　日			本汇票请予以承兑于到期日付款。 出票人签章		

此联持票人开户行随托收凭证寄付款人开户行作借方凭证附件

图 4.10　商业承兑汇票正面示例

二、银行本票

本票是出票人签发的，承诺自己在见票时无条件支付确定的金额给收款人或者持票人的票据。我国的本票仅限于银行本票（见图 4.11 和图 4.12），即银行出票，银行付款。银行本票可以用于转账，注明“现金”字样的银行本票可以用于支取现金。单位和个人在同一票据交换区域需要支付各种款项，均可以使用银行本票。

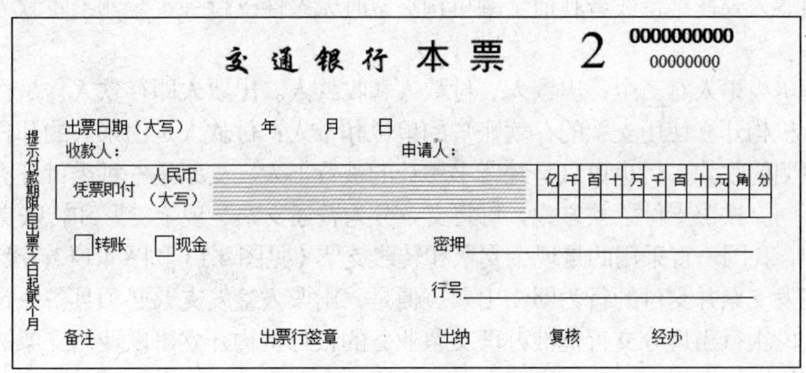

交通银行　本票　　2　　0000000000　00000000

提示付款期限自出票之日起贰个月

出票日期（大写）　　年　　月　　日

收款人：　　　　申请人：

凭票即付	人民币（大写）		亿 千 百 十 万 千 百 十 元 角 分

□转账　□现金　　密押

行号

备注　　出票行签章　　出纳　　复核　　经办

图 4.11　银行本票正面示例

被背书人：	被背书人：
背书人签章 年　月　日	背书人签章 年　月　日
持票人向银行 提示付款签章：	身份证件名称：　　发证机关： 号码

（贴粘单出）

图 4.12　银行本票背面示例

银行本票可分为定额银行本票和不定额银行本票。定额银行本票面额为1 000元、5 000元、1万元和5万元。

1. 本票的绝对记载事项

本票的绝对记载事项包括：表明“本票”的字样；无条件支付的承诺；确定的金额；收款人名称；出票日期；出票人签章。

2. 见票付款

银行本票是见票付款的票据，收款人或持票人在取得银行本票后，随时可以向出票人请求付款。本票自出票日起，付款期限最长不得超过两个月。如果持票人超过提示付款期限不获付款，则可在票据权利时效内向出票银行作出说明，并提供本人身份证件或单位证明，持银行本票向出票银行请示付款。由上可见，本票的出票人是票据的主债务人，负有向持票人绝对付款的责任。

在银行开立存款账户的持票人向开户银行提示付款时，应在银行本票背面“持票人向银行提示付款签章”处签章，签章须与预留银行签章相同，并将银行本票、进账单送交开户银行。银行审查无误后办理转账。

未在银行开立存款账户的个人持票人，凭注明“现金”字样的银行本票向出票银行支取现金的，应在银行本票背面签章，记载本人身份证名称、号码及发证机关，并交验本人身份证及其复印件。

三、支票

支票是出票人委托银行或者其他金融机构见票时无条件支付一定金额给收款人或者持票人的票据。

支票的基本当事人有三个：出票人、付款人和收款人。出票人即存款人，是在批准办理支票业务的银行机构开立使用支票的存款账户的单位和个人；付款人是出票人的开户银行；持票人是票面上填明的收款人，也可以是经背书转让的被背书人。支票是一种委付证券，与汇票相同，与本票不同。按照支付票款方式，可将支票分为普通支票、现金支票和转账支票。

在实践中，我国一直采用的是现金支票和转账支票（见图4.13和图4.14），没有普通支票。

出票人签发支票并交付的行为即为出票。但是，出票人签发支票必须具备一定的条件，即为在经中国人民银行当地分支行批准办理支票业务的银行机构开立可以使用支票的存款账户的单位和个人。

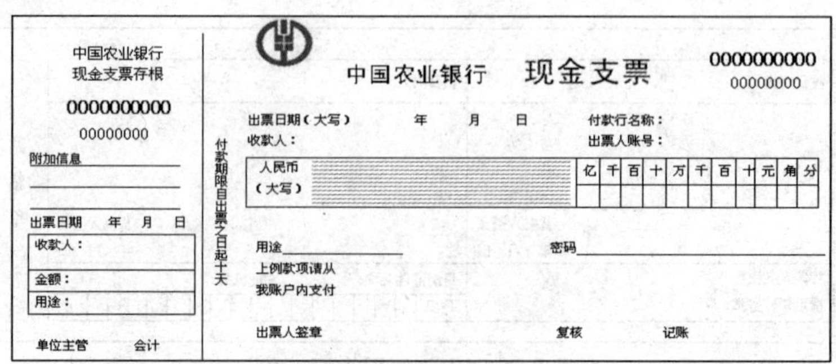
中国农业银行
现金支票存根
0000000000
00000000
附加信息
出票日期 年 月 日
收款人：
金额：
用途：
单位主管 会计

中国农业银行 现金支票
0000000000
00000000
付款期限自出票之日起十天
出票日期（大写） 年 月 日 付款行名称：
收款人： 出票人账号：
人民币（大写）

亿	千	百	十	万	千	百	十	元	角	分

用途 密码
上列款项请从
我账户内支付
出票人签章 复核 记账

图4.13 现金支票正面示例

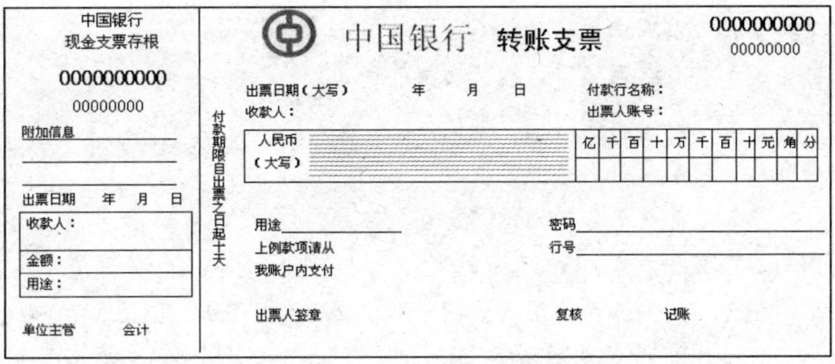

中国银行
现金支票存根
0000000000
00000000
附加信息
出票日期　年　月　日
收款人：
金额：
用途：
单位主管　会计

付款期限自出票之日起十天

中国银行　转账支票　0000000000
00000000
出票日期（大写）　年　月　日　付款行名称：
收款人：　出票人账号：
人民币（大写）　亿 千 百 十 万 千 百 十 元 角 分
用途　密码
上列款项请从　行号
我账户内支付
出票人签章　复核　记账

图 4.14　转账支票正面示例

1. 支票的格式

支票的绝对记载事项有：表明“支票”的字样；无条件支付的委托；确定的金额；付款人名称；出票日期；出票人签章。

支票的两项绝对记载事项可以通过授权补记的方式记载：一是支票上的金额可以由出票人授权补记，未补记的支票，不得使用；二是支票上未记载收款人名称的，经出票人授权，可以补记。

支票的相对记载事项有：付款地，支票上未记载付款地的，以付款人的营业场所为付款地；出票地，支票上未记载出票地的，以出票人的营业场所、住所或者经常居住地为出票地。

2. 支票的其他法定条件

支票的其他法定条件有以下几项。

（1）支票的出票人所签发的支票金额不得超过其付款时在付款人处实有的存款金额，否则，该支票为空头支票。依据《票据管理实施办法》第 31 条的规定，对签发空头支票或者签发与其预留的签章不符的支票，不以骗取财物为目的的，由中国人民银行处以票面金额 5%但不低于 1 000 元的罚款；持票人有权要求出票人赔偿支票金额 2%的赔偿金。签发空头支票是一种违法行为，对其责任人要给予严厉的处罚和制裁；构成犯罪的，要依法追究其刑事责任。

（2）支票的出票人不得签发与其预留本名的签名式样或者印鉴不符的支票。使用支付密码的，出票人不得签发支付密码错误的支票；否则，该支票即为无效。

（3）出票人必须按照签发的支票金额承担保证向该持票人付款的责任，出票人在付款人处的存款足以支付支票金额时，付款人应当在当日足额付款。

（4）支票限于见票即付，不得另行记载付款日期。另行记载付款日期的，该记载无效；支票的持票人应当自出票日起 10 日内提示付款，超过提示付款期限的，付款人可以不予付款；付款人不予付款的，出票人仍应当对持票人承担票据责任。

关联案例

因账户余额不足，工艺品公司开出的支票无法兑现

2016 年 5 月 30 日，D 市某工艺品有限公司向 D 市某信息技术有限公司购买计算机设备一批，未结清货款。当年 9 月 20 日，工艺品公司向信息公司开具了一张金额为 19 160 元的支票，用途为“计算机款”，加盖了该工艺品公司财务专用章。信息公司拿到这张支票后在银行却无法取款。9 月 25 日，银行出具了退票通知书，退票理由为“金额不足”。

问题：（1）D市某工艺品有限公司存在什么样的违法行为？

（2）D市某工艺品有限公司应承担什么责任？

（3）本案带给我们的启示是什么？

解析：（1）D市某工艺品有限公司属于签发空头支票的行为。

（2）根据《票据管理实施办法》第31条的规定，对签发空头支票或者签发与其预留的签章不符的支票，不以骗取财物为目的的，由中国人民银行处以票面金额5%但不低于1 000元的罚款，同时持票人有权要求出票人赔偿支票金额2%的赔偿金。

除了该公司应支付客户货款及利息22 560元外，还要按空头支票金额的2%即383.20元支付赔偿金给客户，中国人民银行D市支行还有权对D市某工艺品有限公司处以19 160元票面金额5%但不低于1 000元的罚款。

（3）现实生活中，当事人借空头支票拖延付款的情况时有发生。法律规定持票人可要求签发空头支票者承担赔偿责任。这加大了此类行为的违法成本，有利于促进市场诚信体系。

四、票据的伪造、变造、更改和涂销

票据的伪造和变造都是一种违法行为，违法者应当承担相应的违法行为后果。票据的更改是依照《票据法》的规定基于票据行为人的票据行为，由于某种特殊原因，需要将票据上记载的事项予以变更的行为。票据涂销是将原票据上的签名或其他记载事项加以涂抹消除的行为。这是一种广义的票据行为。实践中多表现为一种合法行为。

1. 票据的伪造

票据的伪造有两种情况：一是票据本身的伪造，也称狭义上的票据伪造；一是票据签名的伪造，也称广义上的票据伪造。票据本身的伪造如伪造出票人的签名或盗盖印章而进行的出票，是假冒他人名义进行的出票行为。票据签名的伪造是假借他人名义而为出票以外的票据行为，如背书签名的伪造、承兑签名的伪造等。票据的伪造必须是无权限之人假冒本人签名。

伪造的票据，没有法律上的效力，即使持票人是善意取得，也不能享有票据上的权利。由于伪造人没有在票据上签自己的名字，所以不负票据上的责任，但是要承担刑事责任。因伪造行为给他人造成经济损失的，应当对此承担民事责任。票据的伪造行为不影响真正签名人的票据行为的效力，签名人必须对票据的文义负责，对伪造人有赔偿请求权。对持票人（包括善意持票人）而言，不能取得票据权利，只能依民法的方法请求伪造者赔偿，或者向票据上真正的签名人行使追索权。付款人如果没能辨认出伪造票据，而对此票据付款，则付款人的付款行为有效。付款人由此遭受的损失也只能寻求民法上的解决方法来得到补偿。

时事热点

推荐观看“2万变22万男子变造承兑汇票诈骗上百万”视频（2015年9月15日无锡电视台“无锡新闻综合”片段），课下查阅资料区分伪造、变造票据侵犯的客体和侵害的对象有什么不同。

2. 票据的变造

票据变造是指无票据记载事项变更权的人，以实施票据行为为目的，对票据上除签章以外的记载事项进行变更，从而使票据权利义务关系内容发生改变的行为。行为人改变的是签章之外的票据记载事项，这是票据变造和票据伪造的根本区别。变造票据的，变造之前的签章人就原记载事项负责，变造之后的签章人对变造之后的记载事项负责；伪造票据的，真实签章人就要对票据文义负责而不论其签章于伪造之前后。变造人未签章的，不负票据责任，但应承担赔偿损失的民事责任；因其变造行为给其他票据当事人造成损失的，应由其向受损失的当事人负赔偿责任。不能辨别是在变造前还是变造后签章的，视同在变造前签章。

按照我国《刑法》第 177 条的规定，只要从事票据的变造行为，即构成犯罪，应依法追究其刑事责任；给他人造成经济损失的，还应承担民事责任。

3. 票据的更改

票据的更改是指票据的原记载人依照《票据法》的规定，改写票据上的记载事项的行为。更改是有更改权的人的行为，限于原记载人，无更改权的人的更改行为属于伪造和变造。原记载人只能更改票据法允许更改的记载事项，对票据金额、日期、收款人名称不得更改；否则，票据无效。原记载人须在更改处签章证明，否则，不发生变更的效力。

4. 票据的涂销

票据的涂销是指涂抹消除票据上的签名或其他记载事项的行为。票据的涂销行为人可以是有涂销权者，也可以是无涂销权者。有涂销权者的涂销，发生票据法规定的涂销的效力；故意涂销的，发生改变票据权利义务的效果；非故意涂销的，不能改变票据上原有的权利义务。例如，不小心将墨水滴在票据上，使文字模糊不清，即不能改变原有票据的权利义务。无涂销权者的涂销行为属于变造行为，按变造规则处理。

电子票据简介

电子票据的核心思想就是将实物票据电子化。电子票据可以如同实物票据一样进行转让、贴现、质押、托收等。电子票据对传统票据业务中的各项票据业务的流程均没有改变，只是每一个环节都加载了电子化处理手段，使我们业务操作的手段和对象发生了根本的改变。

企业电子票据的业务流程中主要包括以下几个类型的业务操作：①企业申请开办电子票据业务；②企业网上申请、签发电子票据；③企业电子票据背书转让；④企业网上申请电子票据贴现；⑤托收电子票据，出票行兑付；⑥追索、清偿。

电子票据银行方业务有转贴现（买断式与回购式）和再贴现（买断式与回购式）两种。

电子票据在《票据法》中的空缺

目前，我国票据市场法律、法规体系还不健全。我国要真正实现票据市场电子化，还需要相配套的法规来支持，包括电子签章法、电子票据规章和纸质票据登记、查询规章等。

《票据法》第 4 条规定："票据出票人制作票据，应当按照法定条件在票据上签章，并按照所记载的事项承担票据责任。持票人行使权利，应当按照法定程序在票据上签章，并出示票据。其他票据债务人在票据上签章的，按照票据所记载的事项承担票据责任。"

另外，第 7 条规定："票据上的签章，为签名、盖章或者签名加盖章。

推荐阅读票据的防伪及风险防范实践操作案例。这些资料是从票据审查实务的角度出发，有助于读者提高识别违法票据的能力。

法人和其他使用票据的单位在票据上的签章，为该法人或者该单位的盖章加其法定代表人或者其授权的代理人的签章。在票据上的签名，应当为该当事人的本名。”

由此可见，我国现行的《票据法》并不承认经过电子签名认证的非纸质的电子票据的支付和结算方式。由于票据的快速流通性和严格要式性，我国现行的《票据法》将签名这一形式要件严格限定在亲笔签名或签章的形式范围内，尚未明确规定其他的形式是否可以产生法律效力。因而可能造成经过电子签名的电子票据因不符合法律所规定的形式要件而导致票据行为无效的情况产生。

然而在实际操作过程中，电子票据的签发和流动，以及相应资金的划拨、结算都是在网上虚拟实现的，采用的是无纸化的电子交易方式，电子交易的签章只有通过电子签名的形式来实现。在此期间并不涉及任何行为主体的签字或盖章。

电子签名是否真正产生法律效力，在《票据法》中并没有严格规定。

【节前引例分析】

（1）绝对记载事项有：表明“支票”的字样；无条件支付的委托；确定的金额；付款人名称；出票日期；出票人签章。

（2）在绝对记载事项中对收款人的名称和支票的金额的特别要求是：对支票金额可以由出票人授权补记，未补记的支票，不得使用；对支票上未记载收款人名称的，经出票人授权，可以补记。

（3）按照《票据法》的规定，票据正面所填写的收款人的名称必须与票据背面第一栏背书中的背书人签章相符，而本案中支票正面记载的收款人名称为瞿平，背面第一栏背书中背书人的名称为翟平，看似相近，但是截然不同的两个字，因此导致该支票背书行为无效。

第五节　银行卡结算的法律规定

【引例】

韦某诉甲银行储蓄存款合同纠纷案

韦某在甲银行办理借记卡一张，未开通手机短信通知功能，但开通了网上银行功能（非U盾）。2014年4月25日17时56分韦某在上海消费1 500元，19时8分在上海取现金300元，但19时25分至27分该银行卡在广东湛江跨省转账和取现共计65 040元。4月27日、4月28日、5月1日、5月2日韦某还消费和取款4 992元。5月3日19时，韦某方发现卡内65 040元不见了（即2014年4月25日几笔跨省交易），告知银行后银行要求其报案。次日，韦某至派出所报案。韦某诉至法院要求甲银行支付存款65 040元及利息。

法院认为，根据韦某提供的ATM机取款记录显示，韦某于上海ATM机取现300元后20分钟内，远在广东湛江一男子使用相同账户信息的卡片在ATM机上进行了连续取现和转账操作。因韦某未开通手机短信通知功能，未在交易当时得知盗刷也属合理。由此可以证明，韦某并不存在人卡分离的情况，异地转账、取现属伪卡交易。甲银行无证据证明韦某未妥善保管银行卡及密码，且对于他人使用伪卡交易未能从技术上识别，存在过错。法院判决甲银行赔偿韦某65 040元。

一、银行卡的概念和种类

银行卡是指由商业银行向社会发行的具有消费信用、转账结算、存取现金等全部或部分功能的信用支付工具。

发行银行卡的主体为商业银行（包括外资银行、合资银行），并须经过中国人民银行的批准。

银行卡可依据功能、信誉等级、使用对象和信息载体的不同划分为不同的种类，见表4.4。《中国人民银行关于进一步加强银行卡风险管理的通知》中指出，自2017年5月1日起，全面关闭芯片磁条复合卡的磁条交易，并要求商业银行加快将存量磁条卡更换为金融IC卡的进度。

表4.4　银行卡的种类

<table>
<tr><td rowspan="5">按是否具有透支功能</td><td rowspan="2">信用卡（可以透支）</td><td>贷记卡</td><td>发卡银行给予持卡人一定的信用额度，持卡人可在信用额度内先消费、后还款的信用卡</td></tr>
<tr><td>准贷记卡</td><td>持卡人须先交存一定金额的备用金，当备用金账户余额不足支付时，可在发卡银行规定的信用额度内透支的信用卡</td></tr>
<tr><td rowspan="3">借记卡（不可以透支）</td><td>转账卡（含储蓄卡）</td><td>实时扣账的借记卡，具有转账结算、存取现金和消费功能</td></tr>
<tr><td>专用卡</td><td>具有专门用途，在特定区域使用；具有转账结算、存取现金功能</td></tr>
<tr><td>储值卡</td><td>发卡银行根据持卡人要求将其资金转至卡内储存，交易时直接从卡内扣款的预付钱包式借记卡</td></tr>
<tr><td rowspan="2">根据信誉等级</td><td>金卡</td><td colspan="2">商业银行向信誉等级较高的持卡人发行的银行卡</td></tr>
<tr><td>普通卡</td><td colspan="2">商业银行向信誉等级次之的持卡人发行的银行卡</td></tr>
<tr><td colspan="4">另外，银行卡按使用对象还分为单位卡和个人卡</td></tr>
</table>

二、银行卡的申领和使用

发卡银行应当本着权利与义务对等的原则制定银行卡申请表及信用卡领用合约。银行卡申请表、领用合约是发卡银行向银行卡持卡人提供的明确双方权责的契约性文件，持卡人签字，即表示接受其中各项约定。

根据《银行卡业务管理办法》和《支付结算办法》的有关规定，单位卡和个人卡的申请与使用不尽相同。

1. 单位卡

凡申领单位卡的单位，必须在中国境内金融机构开立基本存款账户，凭中国人民银行核发的开户许可证申领单位卡，并按规定填制申请表，连同有关资料一并送交发卡银行。该单位符合条件并按银行要求交存一定金额的备用金以后，银行为申领人开立银行卡存款账户，并发给银行卡。单位卡可以申领若干张，持卡人的资格由申领单位法定代表人或其委托的代理人书面指定和注销。

在单位卡的使用过程中，其账户的资金一律从其基本存款账户转账存入，不得交存现金，不得将销货收入的款项存入其账户。单位人民币卡可办理商品交易和劳务供应款项的结算，但不得用于10万元以上的商品交易、劳务供应款项的结算，并一律不得支取现金。如果需要向其账户续存资金，则单位卡的持卡人必须按前述转账方式转账存入。

2. 个人卡

凡具有完全民事行为能力的公民都可申领个人卡。个人申领银行卡（储值卡除外），应当向发卡银行提供本人有效身份证件，经发卡银行审查合格后，为其开立记名账户。申领人应按规定填制申请表，连同有关资料一并送交发卡银行。申领人符合条件并按银行要求交存一定金额的备用金之后，银行为申领人开立银行卡存款账户，并发给银行卡。个人卡的使用仅限于合法持卡人使用，不得转借或出租。

3. 银行卡法律关系的当事人

银行卡法律关系的当事人包括以下几类。

（1）持卡人：卡的合法持有人，即与卡对应的银行账户相联系的客户。

（2）特约商户：与收单行签有商户协议，受理银行卡的零售商、个人、公司或其他组织。

（3）发卡行：发行银行卡，维护与卡关联的账户，并与持卡人在这两方面具有协议关系的机构。

（4）收单行：指跨行交易中兑付现金或与商户签约进行跨行交易资金结算，并且直接或间接地使交易达成转接的银行。一般客户在刷卡消费后，商家会有一些交易的单据打印出来，一式三份，其中一联是交给银行的，该银行就是收单银行。

提示：发卡行与收单行为同一银行时，其资金清算为该银行内部清算；发卡行与收单行不为同一银行时，其资金结算通过银联清算平台实现。信用卡清算流程见图 4.15。

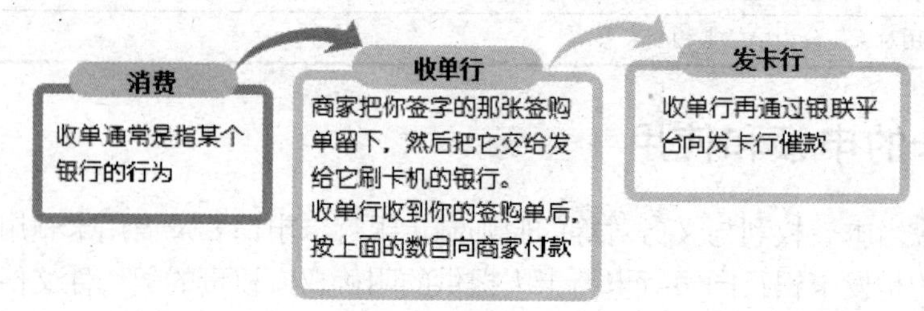

图 4.15　信用卡清算流程

4. 银行卡支付结算工具和信用手段

联网通用是指经中国人民银行批准、在中国境内经营银行卡业务的商业银行，利用自身的计算机网络系统、终端机具（主要是 ATM 和 POS）、特约商户以及技术服务手段等，以相应方式与银行卡跨行信息交换系统相连，实现银行卡业务的跨行通用。

三、银行卡交易的基本法律规定

在发卡银行向持卡人发行银行卡之后，持卡人依据其所持有的不同银行卡，按照与发卡银行的约定和相关的法律、规范的规定，合法、合规适用银行卡。

1. 对借记卡的规定

发卡银行应当对借记卡持卡人在自动柜员机取款设定交易上限，每卡每日累计提款不得超过 2 万元人民币，各发卡行可在 2 万元的限度内综合考虑客户的需要、服务能力和安全控制水平等因素，确定本行每卡单笔和每日累计提现金额。

2. 对信用卡的规定

中国人民银行 2016 年 4 月 15 日发布的并于 2017 年 1 月 1 日正式实施的《中国人民银行关

于信用卡业务有关事项的通知》（简称新规）中，从利率标准、免息还款期和最低还款额、违约金和服务费用、信用卡预借现金服务、信息披露义务、非本人授权交易的处理、利率信息送达以及信用卡业务自律管理九个方面对信用卡进行了规范。

（1）信用卡预借现金业务。信用卡预借现金业务包括现金提取、现金转账和现金充值，见表4.5。持卡人通过ATM等自助机具办理现金提取业务，每卡每日累计不得超过人民币1万元；持卡人通过柜面办理现金提取业务、通过各类渠道办理现金转账业务，每卡每日限额由发卡机构与持卡人通过协议约定。发卡机构可自主确定是否提供现金充值服务，并与持卡人协议约定每卡每日限额。发卡机构不得将持卡人信用卡预借现金额度内资金划转至其他信用卡，以及非持卡人的银行结算账户或支付账户。

视野拓展

中国人民银行关于信用卡业务有关事项的通知

表4.5　信用卡预借现金的种类

现金提取	持卡人通过柜面和自动柜员机（ATM）等自助机具，以现钞形式获得信用卡预借现金额度内资金
现金转账	指持卡人将信用卡预借现金额度内资金划转到本人银行结算账户
现金充值	指持卡人将信用卡预借现金额度内资金划转到本人在非银行支付机构开立的支付账户

（2）免息还款期和最低还款额。贷记卡持卡人进行“非现金交易”可享受免息还款期和最低还款额待遇（两者享受其一）。银行记账日到发卡银行规定的到期还款日之间为免息还款期，持卡人在到期还款日前偿还所使用全部银行款项有困难的，可按照发卡银行规定的最低还款额还款。持卡人透支消费享受免息还款期和最低还款额待遇的条件和标准等，由发卡机构自主确定。

（3）发卡银行对透支款项和诈骗的款项，可以通过扣减持卡人保证金、依法处理抵押物和质物、向保证人追索透支款项和损失、依法提起诉讼等途径进行追偿。

四、银行卡的计息和收费

1. 银行卡的计息

发卡银行对准贷记卡及借记卡（不含储值卡）账户内的存款，按照中国人民银行规定的同期同档次存款利率及计息办法计付利息，储值卡（含IC卡的电子钱包）内的币值不计付利息。对信用卡透支利率实行上限、下限区间管理，透支利率上限为日利率万分之五，下限为日利率万分之五的0.7倍。也就是说，新规实施后的透支利率在0.035%～0.05%。信用卡透支的计结息方式，以及对信用卡溢缴款是否计付利息及其利率标准，由发卡机构自主确定。

> **提示：**溢缴款指信用卡客户还款时多缴的资金或存放在信用卡账户内的资金，取出溢缴款需支付一定金额的费用。

发卡机构应在信用卡协议中以显著方式提示信用卡利率标准和计结息方式、免息还款期和最低还款额待遇的条件和标准，以及向持卡人收取违约金的详细情形和收取标准等与持卡人有重大利害关系的事项，确保持卡人充分知悉并确认接受。其中，对于信用卡利率标准，应注明日利率和年利率。发卡机构调整信用卡利率标准的，应至少提前45个自然日按照约定方式通知持卡人。持卡人有权在新利率标准生效之前选择销户，并按照已签订的协议偿还相关款项。

注意：新规取消信用卡滞纳金，对于持卡人违约逾期未还款的行为，发卡机构应与持卡人通过协议约定是否收取违约金，以及相关收取方式和标准。发卡机构向持卡人提供超过授信额度用卡服务的，不得收取超限费。

发卡机构对向持卡人收取的违约金和年费、取现手续费、货币兑换费等服务费用不得计收利息。

提示：收单机构是指与商户签有协议或为持卡人提供服务，直接或间接凭交易单据（包括电子单据或纸质单据）参加交换的清算会员单位。

2. 银行卡的收费标准

2016年8月，由中华人民共和国国家发展和改革委员会（以下简称《发改委》）和中国人民银行联合印发的《关于完善银行卡刷卡手续费定价机制的通知》中规定：①收单机构向商户收取的收单服务费由收单机构与商户协商确定具体费率；②发卡机构向收单机构收取的发卡行服务费不区分商户类别，实行政府指导价、上限管理，费率水平借记卡交易不超过交易金额的0.35%，单笔收费金额不超过13元，贷记卡交易不超过 0.45%；③对非营利性的医疗机构、教育机构、社会福利机构、养老机构、慈善机构刷卡交易，实行发卡行服务费、网络服务费全额减免；④自新规中规定的刷卡手续费调整措施正式实施起两年的过渡期内，按照费率水平保持总体稳定的原则，对超市、大型仓储式卖场、水电煤气缴费、加油、交通运输售票商户刷卡交易实行发卡行服务费、网络服务费优惠。

五、银行卡的销户和挂失

对于不再继续使用的银行卡，持卡人应持银行卡主动到发卡银行办理销户。持卡人办理销户时，如果账户内还有余额，属单位卡的，则应将该账户内的余额转入其基本存款账户，不得提取现金；个人卡账户可以转账结清，也可以提取现金。

持卡人丢失银行卡后，应立即持身份证件或其他有效证明，并按规定提供有关情况，向发卡银行或代办银行申请挂失。发卡银行或代办银行审核后办理挂失手续。如果持卡人不及时办理挂失手续而造成损失的，则应自行承担该损失；如果持卡人办理了挂失手续而因发卡银行或代办银行的原因给持卡人造成损失的，则应由发卡银行或代办银行承担该损失。

六、银行卡当事人之间的权利和义务

1. 发卡银行的权利和义务

根据法律规定，发卡银行的权利有以下几项。

（1）对申请人的审查权。发卡银行有权审查申请人的资信状况、索取申请人的个人资料，并有权决定是否向申请人发卡及确定信用卡持卡人的透支额度。

（2）对持卡人透支的追偿权。对持卡人不在规定期限内归还透支款项的，发卡银行有权申请法律保护并依法追究持卡人或有关当事人的法律责任。

（3）对持卡人的监督、管理权。发卡银行有权要求持卡人严格按照信用卡的规章使用信用卡，对不遵守其章程规定的持卡人，有权取消其持卡人资格，并可授权有关单位收回其银行卡。

（4）发卡银行对储值卡和IC卡内的电子钱包可不予挂失。

根据法律规定，发卡银行的义务有以下几项。

（1）说明义务。发卡银行应当向银行卡申请人提供有关银行卡的使用说明资料，包括章程、使用说明及收费标准，提示持卡人对信用卡使用过程中的随附义务的注意。发卡银行应当在有关卡的章程或使用说明中向持卡人说明密码的重要性及丢失的责任。

（2）建立投诉制度义务。发卡银行应当建立针对银行卡服务的公平、有效的投诉制度，并公开投诉程序和投诉电话。

（3）向持卡人提供对账服务义务。对账单应当至少包括交易日期、交易金额、交易币种、交易商户名称或代码、本期还款金额、本期最低还款金额、到期还款日、注意事项、发卡银行服务电话等要素。对账服务的具体形式由发卡银行和持卡人自行约定。

（4）挂失义务。发卡银行应当向持卡人提供银行卡挂失服务，设立 24 小时挂失服务电话，提供电话和书面两种挂失方式，书面挂失为正式挂失方式。发卡银行应在章程或有关协议中明确发卡银行与持卡人之间的挂失责任。

（5）保守客户秘密的义务。发卡银行对持卡人的资信资料负有保密的责任。

（6）信息披露义务。发卡机构应通过本机构网站等渠道，充分披露信用卡申请条件、产品功能、收费项目与标准、安全用卡知识和信用卡标准协议与章程等内容，并及时进行更新；在信用卡协议中以显著方式提示信用卡利率标准和计结息方式、免息还款期和最低还款额待遇的条件和标准，以及向持卡人收取违约金的详细情形和收取标准等与持卡人有重大利害关系的事项，确保持卡人充分知悉并确认接受；对调整信用卡利率标准的，应至少提前 45 个自然日按照约定方式通知持卡人。

（7）保证客户日常安全存取款的义务。银行应创建相关的安全防护措施，注意日常防范力度，尤其强化对自动柜员机的日常检查和监管，保证客户存取款的自由和安全。

2. 持卡人的权利和义务

根据法律规定，银行卡持卡人的权利有以下几项。

（1）持卡人享有发卡银行对其银行卡所承诺的各项服务的权利，有权监督服务质量并对不符服务质量进行投诉。

（2）申请人、持卡人有权知悉其选用的银行卡的功能、使用方法、收费项目、收费标准、适用利率及有关的计算公式。

（3）持卡人有权在规定时间内向发卡银行索取对账单，并有权要求对不符账务内容进行查询或改正。

（4）借记卡的挂失手续办妥后，持卡人不再承担相应卡账户资金变动的责任，司法机关、仲裁机关另有判决的除外。

（5）持卡人有权索取信用卡领用合约，并应妥善保管。

根据法律规定，银行卡持卡人的义务有以下几项。

（1）申请人应当向发卡银行提供真实的申请资料并按照发卡银行规定向其提供符合条件的担保。

（2）持卡人应当遵守发卡银行的章程及《领用合约》的有关条款。

（3）持卡人有保管自己的银行卡账户密码和相关信息的义务，存取款时应尽到合理的注意义务。

（4）持卡人或保证人通信地址、职业等发生变化，应当及时书面通知发卡银行。

（5）持卡人不得以和商户发生纠纷为由拒绝支付所欠银行款项。

关联案例

涉及ATM机的安全纠纷，银行是否应担责

2015年3月27日晚8时许，范某持A银行余额为12 064.52元的银行卡到该行的自动取款机上取款。插入卡后，既取不出现金，也退不出卡。此时她看到自动取款机上贴着一张纸条，上写“若机器出现故障，请拨打电话137……”。她当即拨通该手机号，接听电话的人询问其卡的密码，让其第二天上午带身份证到银行办理挂失手续。当晚10点多钟，范某感觉事情不对，就拨打了A银行客户服务统一咨询电话95533，接电话的银行工作人员让其报警。经查，范某账户上的存款已被他人从自动取款机上支取5 000元，通过转账方式支取6 500元。此案经公安机关立案侦查，在未将犯罪嫌疑人抓获归案之前，范某将银行告上法庭要求赔偿。

法院终审判决：原告在取款时应负有一般的注意与谨慎义务。这一附随义务要求原告注意ATM机屏幕上的提示，不能轻信任何ATM机外的告示或提示。但原告疏忽大意，轻信犯罪嫌疑人张贴在ATM机上的纸条内容，是导致其存款被犯罪嫌疑人盗取的主要原因，应对损失承担主要责任。被告银行对其设立的自动取款机在管理上也存在一定的疏漏，承担30%的责任。

解析：根据《商业银行法》以及相关规定和日常交易习惯，持卡人持卡到自动柜员机上取款也是向银行请求一种给付义务，银行应及时向储户支付相应款项。

银行在履行给付义务的同时，还应履行相应的附随义务，附随义务既是银行应履行的提示义务，也是持卡人应合理注意的义务。附随义务是从诚实信用原则中产生的义务，是指在法律无明文规定，当事人之间亦无明确约定的情况下，为了确保合同的实现并维护对方当事人的利益，遵循诚实信用原则，依据合同的性质、目的和交易习惯所承担的作为或不作为的义务。《合同法》第60条规定：“当事人应当遵循诚实信用原则，根据合同的性质、目的和交易习惯履行通知、协助、保密等义务。”本案中的随附义务应当是自动柜员机屏幕上的提示。

> 补充：推荐观看“银行卡内77万元被盗刷 女子这样做获得银行全额赔偿”视频（2016年6月17日中央电视台新闻频道片段），以进一步明确银行卡法律关系中的当事人的举证义务。
>
> 

本案中，银行除应在显著位置张贴安全提示，还应加强对自动柜员机的日常检查和监管。由于没有加大防范力度（尤其要加大傍晚、夜间等案件高发时段自动柜员机的巡查和监控），及时排除设备故障，消除隐患，从而导致范某的存款被他人取走，银行也应承担部分责任。

3. 银行卡纠纷的管辖

银行卡纠纷既可能属于合同纠纷，也可能属于侵权纠纷。纠纷发生后既适用于合同纠纷的管辖，也适用于侵权行为的管辖，当事人既以违约又以侵权起诉的，以当事人起诉状中在先的诉讼请求确定管辖（具体内容可参见第一章）。

七、违反银行卡法律规定的法律责任

在违反银行卡法律规定时，发卡银行需要承担的法律责任有以下几项。

（1）商业银行有下列情形之一者，中国人民银行应当责令改正，有违法所得的，处以违法所得1倍以上3倍以下的罚款，但最高不超过30 000元；没有违法所得的，按有关法律、规章处以罚款；情节严重的，应当追究直接负责的主管人员和有关直接责任人员的行政责任，以及有关领导人的责任。①擅自发行银行卡或在申请开办银行卡业务过程中弄虚作假的；②违反《支付结算管理办法》规定的计息和收费标准的；③违反《支付结算管理办法》规定的银行卡账户及交易管理规定的。

（2）发卡银行未遵守《支付结算管理办法》规定的风险管理措施和控制指标的，中国人民银行应当责令改正，并给以通报批评。

（3）银行违反《支付结算管理办法》的规定，未经批准发行信用卡的；帮助持卡人将其基本存款账户以外的存款或其他款项转入单位卡账户，将单位的款项转入个人卡账户的；违反规定帮助持卡人提取现金的，应按规定承担行政责任。

在违反银行卡法律规定时，持卡人需要承担的法律责任有以下几项。

（1）持卡人出租或转借其信用卡及其账户的，发卡银行应当责令其改正，并对其处以 1 000 元以内的罚款（由发卡银行在申请表、领用合约等契约性文件中事先约定）。

（2）持卡人将单位的现金存入单位卡账户或将单位的款项存入个人卡账户的，中国人民银行应责令改正，并对单位卡所属单位及个人卡持卡人处以 1 000 元以内的罚款。

（3）持卡人使用单位卡发生透支的，由其单位承担透支金额的偿还和支付透支利息的责任。持卡人使用个人卡附属卡发生透支的，由其主卡持卡人承担透支金额的偿还和支付透支利息的责任；主卡持卡人丧失偿还能力的，由其附属卡持卡人承担透支金额的偿还和支付透支利息的责任。

（4）持卡人办理挂失后，被冒用造成的损失，有关责任人按照信用卡章程的规定承担责任。

（5）持卡人违反《支付管理办法》规定使用信用卡进行商品交易、套取现金以及出租或转借信用卡的，应按规定承担行政责任。

（6）单位卡持卡人违反《支付结算管理办法》的规定，将基本存款账户以外的存款和销货款收入的款项转入其信用卡账户的；个人卡持卡人违反《支付结算管理办法》的规定，将单位的款项转入其信用卡账户的，应按规定承担行政责任。

在违反银行卡法律规定时，其他单位和个人需要承担的法律责任有以下几项。

（1）任何单位和个人有下列情形之一的，根据《中华人民共和国刑法》及相关法规进行处理：①骗领、冒用信用卡的；②伪造、变造银行卡的；③恶意透支的；④利用银行卡及其机具欺诈银行资金的。

（2）非金融机构、金融机构的代表机构经营银行卡业务的，由中国人民银行依法予以取缔。

> **视野拓展**
>
> 银监会关于保障金融消费者银行卡资金安全的风险提示

【节前引例分析】

该案件明确了克隆卡案件侵犯的是银行的财产权利，银行应为储户的财产损失承担责任。此案判决具有一定的司法导向性、示范性，应引起各家银行的高度重视。

审理法官认为：银行技术缺陷是其承担责任的主要理由。被告银行总行在全国范围内设置自助银行柜员机，是一项既能方便储户存取款，又能提高自身工作效率并增加市场竞争力的重要举措，其本身亦能从柜员机的设置行为中获取经营收益，因此，在人机交易中产生的交易风险，应当由设置柜员机的银行承担。尽管银行一再防范并增加取款机的技术含量，但类似的犯罪却有增无减。那么在储户不存在任何过错的情况下犯罪分子窃取了储户的资金，银行就应当承担储户的全部损失。

银行与储户之间形成合同关系，银行既然要设无人值守的自助取款机，那就必须确保储户的资金安全，而一旦储户在没有任何过错的情况下资金被人盗取，那么银行就得承担全部责任。

第六节　预付卡的法律规定

【引例】

（1）小杨从某支付机构购买了一张1 800元的预付卡，一次外出时预付卡丢失，小杨到发卡机构要求挂失，而支付机构却不予办理。

（2）小王到某支付机构购买预付卡1万元，支付机构要求小王提供身份证件。

（3）小张到某支付机构购买预付卡，一次性支付现金1万元，为单位购买了10张预付卡，每张面额1 000元。随后小张又通过信用卡支付2 000元，以个人名义购买一张预付卡。

问题：根据以上三种情况，分析支付机构的做法正确吗。

随着社会的进步，以及信息技术的不断发展和小额支付市场的不断创新，商业预付卡市场迅速发展起来。商业预付卡在减少现钞使用、便利公众支付、刺激消费等方面发挥了一定作用。同时，商业预付卡市场也出现了违反财务纪律、缺乏风险防范机制、公款消费和收卡受贿等问题，严重扰乱了税收和财务管理秩序，助长了腐败行为。

为规范支付机构预付卡业务管理，防范支付风险，维护持卡人的合法权益，2010年6月，中国人民银行发布了《非金融机构支付业务管理办法》，明确将非金融机构以营利为目的发行的，在发行机构之外购买商品或服务的预付卡纳入支付体系监管范围。2011年5月，国务院办公厅发布《国务院办公厅转发〈人民银行、监察部等部门关于规范商业预付卡管理意见〉的通知》，明确了多用途预付卡由中国人民银行负责监管，商业企业发行的单用途预付卡由商务部负责监管。2012年11月1日，中国人民银行公布实施《支付机构预付卡业务管理办法》，这标志着针对预付卡的监管制度体系基本形成。本节只就多用途预付卡予以介绍。

一、预付卡概述

预付卡是指发卡机构以特定载体和形式发行的，可在发卡机构之外购买商品或服务的预付凭证。预付卡不具有透支功能。

1. 预付卡的发卡机构及其法定义务

预付卡的发卡机构必须是经中国人民银行核准，取得《支付业务许可证》的支付机构。

支付机构应当依照《中华人民共和国中国人民银行法》和《非金融机构支付服务管理办法》从事预付卡业务，履行法定义务。具体规定为：①支付机构应当严格按照《支付业务许可证》核准的业务类型和业务覆盖范围从事预付卡业务；②发卡机构应当采取有效措施加强对购卡人和持卡人信息的保护，确保信息安全，防止信息泄露和滥用，未经购卡人和持卡人同意，不得用于与购卡人和持卡人的预付卡业务无关的目的；③支付机构应当严格执行中国人民银行关于支付机构客户备付金管理等规定，履行反洗钱和反恐怖融资义务；④发卡机构应当向购卡人公示、提供预付卡章程或签订协议的义务。

提示：预付卡实际上是一种辅助性货币。

（1）电信行业，如移动、联通的手机卡就是预付卡。

（2）银联与交通银行发行的太平洋世博非接触芯片预付卡。

（3）商家：商场、超市、餐饮、娱乐、美容、理发等各个行业的消费卡。

（4）第三方发卡机构：与众多商家签订协议，布放POS终端，发行一张跨行业消费的预付卡，可到众多联盟商户刷卡消费。

2. 预付卡的分类

预付卡可分为记名预付卡和不记名预付卡。记名预付卡是指预付卡业务处理系统中记载持卡人身份信息的预付卡，不记名预付卡是指预付卡业务处理系统中不记载持卡人身份信息的预付卡。

二、预付卡的发行与办理

预付卡主要由第三方发卡机构发行，而预付卡行业是一个新兴行业，有一定的暴利性，所以有必要对预付卡的规范发行和办理作严格的规定。

1. 预付卡的限额和期限

发卡机构发行的预付卡应当以人民币计价，单张记名预付卡资金限额不超过5 000元，单张不记名预付卡资金限额不超过1 000元。

预付卡的期限为预付卡卡面记载的有效期限或有效期截止日。

记名预付卡应当可挂失、可赎回，不得设置有效期；不记名预付卡不挂失、不赎回，有效期不得低于3年。超过有效期尚有资金余额的预付卡，发卡机构应当提供延期、激活、换卡等服务，保障持卡人继续使用。

2. 预付卡的办理

预付卡的办理有以下要求。

（1）个人或单位购买记名预付卡或一次性购买不记名预付卡1万元以上的，应当使用实名并提供有效身份证件：发卡机构应当对购卡人、单位经办人的身份和有效身份证件尽到审查义务，并登记身份基本信息，留存有效身份证件的复印件或影印件。代理他人购买预付卡的，发卡机构应当对代理人和被代理人的有效身份证件尽到审查义务，登记代理人和被代理人的身份基本信息，并留存代理人和被代理人的有效身份证件的复印件或影印件。使用实名购买预付卡的，发卡机构应当登记购卡人姓名或单位名称、单位经办人姓名、有效身份证件名称和号码、联系方式、购卡数量、购卡日期、购卡总金额、预付卡卡号及金额等信息。

（2）单位一次性购买预付卡5 000元以上，个人一次性购买预付卡5万元以上的，应当通过银行转账等非现金结算方式购买，不得使用现金。购卡人不得使用信用卡购买预付卡。

（3）采用银行转账等非现金结算方式购买预付卡的，付款人银行账户名称和购卡人名称应当一致。

三、预付卡的使用、充值和赎回

预付卡是对商品、服务具有索取权的预付凭证。使用预付卡的人必须在接受商品或服务之前购买预付卡，以此来代替现金支付进行结算。所以《支付机构预付卡业务管理办法》对预付卡使用等后续行为都做了较为严格的规定。

1. 预付卡的使用

预付卡不得用于或变相用于提取现金；不得用于购买、交换非本发卡机构发行的预付卡、单一行业卡及其他商业预付卡或向其充值；卡内资金不得向银行账户或非本发卡机构开立的网络支付账户转移。

2. 预付卡的充值

预付卡只能通过现金、银行转账方式进行充值，不得使用信用卡为预付卡充值。

（1）办理一次性金额5 000元以上预付卡充值业务的，不得使用现金。

（2）单张预付卡充值后的资金余额不得超过规定限额。

（3）预付卡现金充值应当通过发卡机构网点进行，但单张预付卡同日累计现金充值在200元以下的，可通过自助充值终端、销售合作机构代理等方式充值，收取的现金应当直接存入发卡机构备付金银行账户。

3. 预付卡的赎回

记名预付卡可在购卡3个月后办理赎回，赎回时，持卡人应当出示预付卡及持卡人和购卡人的有效身份证件。由他人代理赎回的，应当同时出示代理人和被代理人的有效身份证件。单位购买的记名预付卡，只能由单位办理赎回。

预付卡赎回应当使用银行转账方式，由发卡机构将赎回资金退至原购卡银行账户。用现金购买或原购卡银行账户已撤销的，赎回资金应当退至持卡人提供的与购卡人同名的单位或个人银行账户。单张预付卡赎回金额在100元以下的，可使用现金。

四、发卡机构对预付卡资金的管理

发卡机构接受的客户用于未来支付需要的预付卡资金，不属于发卡机构的自有财产，发卡机构不得挪用、挤占。发卡机构必须在商业银行开立备付金专用存款账户存放预付卡资金，并与银行签订存管协议，接受银行对备付金使用情况的监督。中国人民银行负责对发卡机构的预付卡备用金专用账户的开立和使用进行监督。

【节前引例分析】

（1）支付机构的做法是错误的。根据《支付机构预付卡业务管理办法》的规定，预付卡限额超过1 000元的为记名预付卡。记名预付卡丢失的，发卡机构应为持卡人办理挂失。

（2）支付机构的做法是正确的。根据《支付机构预付卡业务管理办法》的规定，个人或单位购买记名预付卡或一次性购买不记名预付卡1万元以上的，应当使用实名并提供有效身份证件。

（3）支付机构和小张的做法都是错误的。根据《支付机构预付卡业务管理办法》的规定，单位一次性购买预付卡5 000元以上的，应当通过银行转账等非现金结算方式购买，不得使用现金。购卡人不得使用信用卡购买预付卡。

第七节 银行其他结算方式的法律规定

【引例】

2015 年 7 月 21 日，某银行 A 市分行运行风险监控中心监测人员在对日常监测数据分析判断时，发现某支行的准风险事件中，有一笔 50 万元汇款逆向操作情况。经仔细核实，该起准风险事件是由于经办员在办理这起汇款业务的过程中未严格执行操作规定，没有先核实客户账户的汇款金额，造成了第一次汇款交易失败；第二次客户补足汇款金额后，经办员办理业务时注意力不集中，误将转账选择为现金，发现错误操作之后，又没有按制度要求进行反交易，而采取不该发生的逆向操作，用错误去改正错误，造成了该起风险事件。中心监测岗针对这种情况，下发风险事件查询查复通知书，对该逆向操作予以风险预警，提示、警告柜员的错误操作行为。

这起案例充分表明，经办柜员缺乏规范意识，对风险认识不足，造成这种一错再错的风险事件；基层临柜人员一定要熟练相关操作规程和规章制度来办理各类业务，不能因为客观因素而违背操作规程。

一、汇兑

汇兑是指汇款人委托银行将其款项支付给收款人的结算方式。企业、组织和个人的各种款项的结算，均可使用汇兑结算方式。汇兑便于汇款人向收款人主动、及时汇款。

汇兑可分为信汇和电汇两种。信汇是以邮寄方式将汇款凭证转给外地收款人指定的汇入行；而电汇则是以电报方式将汇款凭证转发给收款人指定的汇入行。后者的汇款速度比前者快，汇款人可根据实际需要选择。汇兑一般有四方当事人：汇款人、汇出银行、汇入银行和收款人。

（一）汇兑的办理程序

依法办理汇兑业务应遵循以下程序。

1. 汇款人签发汇兑凭证

汇款人签发汇兑凭证时，必须记载下列事项：表明“信汇”或“电汇”的字样；无条件支付的委托；确定的金额；收款人名称；汇款人名称；汇入地点、汇入行地点名称；汇出地点、汇出行地点名称；委托日期；汇款人签章。汇款人和收款人均为个人，需要在汇入银行支取现金的，应在信、电汇凭证的“汇款金额”大写栏先填写“现金”字样，后填写汇款金额。

2. 汇出银行审查

汇出银行受理汇款人签发的汇兑凭证，经审查无误后，应及时向汇入银行办理汇款，并向汇款人签发汇款回单。汇款回单只能作为汇出银行受理汇款的依据，不能作为该笔汇款已转入收款人账户的证明。

3.. 汇入处理

汇入银行接收汇出银行的汇兑凭证之后，应审查汇兑凭证上联行专用章与联行报单印章是否一致，无误后，根据收款人的不同情况进行审查并办理付款手续。汇入银行对开立存款账户的收款人，应将汇给其款项直接转入收款人账户，并向其发出收账通知。收账通知是银行将款项确已收入收款人账户的凭据。未在银行开立存款账户的收款人，凭信、电汇的取款通知或“留行待取”的，向汇入银行支取款项，必须交验本人的身份证件，在信、电汇凭证上注明证件名称、号码及发证机关，并在“收款人盖章”处签章。

（二）汇兑的撤销和退汇

汇兑的撤销是指汇款人对汇出银行尚未汇出的款项，向汇出银行申请撤销的行为。汇款人申请撤销汇款必须是该款项尚未从汇出银行汇出。在申请撤销时，汇款人应出具正式函件或本人身份证件及原信、电汇回单；汇出银行只有在查明确未汇出款项，并收回原信、电汇回单时，方可办理撤销手续。但转汇银行不得受理汇款人或汇出银行对汇款的撤销。

汇兑的退汇是指汇款人对汇出银行已经汇出的款项申请退回汇款的行为。汇款人申请退汇必须是该汇款已从汇出银行汇出。汇入银行对于收款人拒绝接收的汇款，应立即办理退汇。汇入银行对于向收款人发出取款通知，经过两个月无法交付的汇款，应主动办理退汇。

二、委托收款

委托收款是收款人委托银行向付款人收取款项的结算方式。无论是同城还是异地，都可进行委托收款。单位和个人凭已承兑的商业汇票、债券、存单等付款人债务证明办理款项的结算，均可以使用委托收款结算方式。

依法办理委托收款应遵循下列程序。

1. 托收凭证的签发

根据《支付结算办法》第202条的规定，当事人签发委托收款凭证时必须记载下列事项：表明“委托收款”的字样；确定的金额；付款人名称；收款人名称；委托收款凭据名称及附寄单证张数；委托日期；收款人签章。凡欠缺上列记载事项之一的，银行不予受理。此外，如果委托收款以银行以外的单位为付款人，则委托收款凭证必须记载付款人开户银行名称；以银行以外的单位或在银行开立存款账户的个人为收款人的，委托收款凭证必须记载收款人开户银行名称；以未在银行开立存款账户的个人为收款人的，委托收款凭证必须记载被委托银行名称。欠缺上述记载的，银行不予受理。

2. 委托

委托是指收款人向银行提交委托收款凭证和有关债务证明并办理委托收款手续的行为。

3. 付款

付款是指银行在接到寄来的委托收款凭证及债务证明，并经审查无误后向收款人办理付款的行为。

（1）以银行为付款人的，银行应在当日将款项主动支付给收款人。

（2）以单位为付款人的，银行应及时通知付款人，按照有关办法规定，需要将有关债务证明交给付款人的应交给付款人，并签收。

三、违反汇兑、委托收款的法律责任

违反汇兑、委托收款的法律责任形式包括承担赔偿责任、行政责任等，具体表现在以下几个方面。

（1）付款单位对收款单位托收的款项逾期付款，应按照规定承担赔偿责任；付款单位变更开户银行、账户名称和账号，未能及时通知收款单位，影响收取款项的，应由付款单位承担逾期付款赔偿责任。

（2）单位和个人办理支付结算，未按照《支付结算管理办法》的规定填写结算凭证或者填写有误，影响资金使用或造成资金损失的；票据或印章丢失，造成资金损失的，由其自行负责。

（3）单位和个人违反《支付结算管理办法》的规定，银行停止其使用有关支付结算工具，因此造成的后果，由单位和个人自行负责。

（4）付款单位到期无款支付，逾期不退回托收承付有关单证的，应按规定承担行政责任。

（5）收款人或持票人委托的收款银行的责任，限于收到付款人支付的款项后按照票据和结算凭证上记载的事项将票据或结算凭证记载的金额转入收款人或持票人账户。

（6）付款人委托的付款银行的责任，限于按照票据和结算凭证上记载事项从付款人账户支付金额。但托收承付结算中的付款人开户银行，应按照托收承付结算方式的有关规定承担责任。

（7）银行办理支付结算，因工作差错发生延误，影响客户和他行资金使用的，按中国人民银行规定的同档次流动资金贷款利率计付赔偿金。

（8）银行违反《支付结算管理办法》的规定将支付结算的款项转入储蓄和信用卡账户的，应按规定承担行政责任。

（9）银行未按规定通过人民银行办理大额转汇的，应按规定承担行政责任。

（10）不准在支付结算制度之外规定附加条件，影响汇路畅通；不准拒绝受理、代理他行正常结算业务；不准放弃对企事业单位和个人违反结算纪律的制裁；不准逃避向中国人民银行转汇大额汇划款项。

对单位和个人承担行政责任的处罚，由中国人民银行委托商业银行执行。

小　结

票据、银行卡等结算方式作为金融活动的重要组成部分，其主要功能是完成资金从一方当事人向另一方当事人的转移。随着社会经济和金融的发展，单位、个人之间的经济往来日益频繁，对资金到账的及时性提出了更高的要求。与此同时，安全、高效、快捷的支付结算方式促进了社会经济和金融的发展。本章内容既涉及基本法律规范，又涉及相关的行政法规和行政规章。

1．票据的基本理论和票据结算的法律要求是本章的一个重点，目的在于通过学习掌握基本理论知识和强化实践能力，以减少实务中违规、违法操作，避免票据结算中的法律风险。

2．对银行卡、预付卡、其他支付工具和结算方式的主要法律规范和运用的介绍也是本章的主要内容，对这部分的学习，不强调理论学习的重要性，重点在于在实务操作中对法律和规范的理解和运用。

知识点测试

一、单项选择题

1．信用卡持卡人通过 ATM 等自助机具办理现金提取业务，每卡每日累计不得超过人民币（　　）。

A．1 万元　　B．2 万元　　C．5 万元　　D．10 万元

2．下列关于银行卡申领、使用的说法中，正确的是（　　）。

A．持卡人在还清全部交易款项、透支本息和有关费用后，可申请办理销户。销户时，单位人民币卡账户的资金应当转入其基本存款账户，单位外币卡账户的资金应当转回相应的外汇账户，不得提取现金

B．个人申领信用卡时，发卡银行可以根据其资信程度要求其提供相应的担保，担保的方式必须是保证方式

C．个人取得银行卡的，可以出租或转借

D．单位人民币卡账户的资金可以从其基本存款账户转账存入，也可以将销货收入存入单位卡账户

3．下列关于汇兑的特征的表述中，不符合法律规定的是（　　）。

A．单位和个人各种款项的结算，均可使用汇兑结算方式

B．汇款回单作为该笔汇款已转入收款人账户的证明

C．汇款人对汇出银行尚未汇出的款项可以申请撤销

D．汇入银行对于收款人拒绝接收的汇款，应立即办理退汇

4．预付卡发卡机构取得的客户预付资金不是其自有资金，应开立（　　），并与开户银行签订存管协议，接受银行监管。

A．基本存款账户　　B．一般存款账户　　C．专用存款账户　　D．临时存款账户

5．空头支票罚款的标准是（　　）

A．票面金额5%但不高于1 000元　　B．票面金额5%但不低于1 000元

C．票面金额3%但不高于1 000元　　D．票面金额3%但不高于1 000元

6．关于票据结算的相关规定，下列说法中不正确的是（　　）。

A．票据有支付、汇兑、信用、结算、融资功能

B．票据的当事人分为基本当事人和非基本当事人

C．票据权利包括追索权和付款请求权。追索权是第一顺序的权利，付款请求权是第二顺序的权利

D．出票人在票据上的签章不符合规定的，票据无效

7．下列有关票据特征的说法中，错误的是（　　）。

A．票据必须由持有人证明其取得票据的原因后才取得票据权利

B．票据上体现的权利性质是财产权而不是其他权利

C．票据上的一切票据权利义务必须严格依照票据记载的文义而定，文义之外的任何理由、事项均不得作为根据

D．票据权利的产生必须通过做成票据，是一种“设权证券”

8．下列关于银行本票性质的表述中，不正确的是（　　）。

A．银行本票的付款人见票时必须无条件付款给持票人

B．持票人超过提示付款期限不获付款的，可向出票银行请求付款

C．银行本票不可以背书转让

D．注明“现金”字样的银行本票可以用于支取现金

9．根据《票据法》的规定，汇票上可以记载非法定事项。下列各项中，属于不发生票据法上的效力的事项是（　　）。

A．出票人签章　　B．出票地　　C．付款地　　D．签发票据的用途

10．背书人甲将一张100万元的汇票分别背书转让给乙和丙各50万元，下列有关该背书效力的表述，正确的是（ ）。

A．背书无效

B．背书有效

C．背书转让给乙50万元有效，转让给丙50万元无效

D．背书转让给丙50万元无效，转让给乙50万元有效

二、多项选择题

1．票据的（ ）不得更改，更改的票据无效。

A．金额 B．日期 C．收款人名称 D．付款地

2．下列银行卡中属于信用卡的有（ ）。

A．贷记卡 B．转账卡 C．专用卡 D．准贷记卡

3．票据权利丧失与补救的措施有（ ）。

A．挂失止付 B．公示催告 C．普通诉讼 D．提起仲裁

4．下列属于委托收款凭证必须记载的事项是（ ）。

A．确定的金额和付款人名称 B．委托收款凭据名称和附寄单证张数

C．收款人名称和收款人签章 D．收款日期

5．下列各项中，属于票据关系中的基本当事人的是（ ）。

A．出票人 B．保证人 C．收款人 D．背书人

6．下列选项中，可以不支付对价而取得票据权利的有（ ）。

A．甲公司因退税从税务机关取得的支票

B．乙公司接受购买货物一方开出的用于支付定金的支票

C．丙公司因与其他公司合并取得的支票

D．丁公司因接受赠与取得的支票

7．2016年1月1日，甲向乙签发了一张出票后3个月付款的银行承兑汇票。该汇票已经依法由A银行承兑，乙于2016年4月21日向A银行提示付款。下列说法中正确的是（ ）。

A．乙提示付款时间已经超出了法律规定的期限

B．乙提示付款时间符合规定

C．在乙作出说明后，A银行仍应承担付款责任

D．A银行和甲不再承担票据责任

8．甲签发一张汇票给乙，并约定由丙作为保证人（已在汇票上加以记载并签章）。乙依法承兑后将该汇票背书转让给丁，丁又将该汇票背书转让给戊。戊在法定期限内向付款人请求付款，不获付款。根据规定，下列各项中，应承担该汇票债务责任的有（ ）。

A．甲 B．乙 C．丙 D．丁

9．下列关于支票的说法中，错误的是（ ）。

A．支票的提示付款期限自出票日起10日

B．支票的出票人预留银行签章是银行审核支票付款的依据，出票人不得签发与其预留银行签章不符的支票

C．支票的金额、收款人名称、出票日期，可以由出票人授权补记

D．出票人签发支票的金额超过其签发时在付款人处实有的存款金额，为空头支票

10．票据行为包括（　　）。

A．出票　　B．背书　　C．承兑　　D．保证

E．付款

三、判断题

1．个人或单位购买记名预付卡或一次性购买不记名预付卡1万元以上的，应当使用实名并向发卡机构提供有效身份证件。（　　）

2．持有单位卡的信用卡用户不能向单位卡账户交存现金，但可以从单位卡账户中支取现金。（　　）

3．信用卡透支的计结息方式，以及对信用卡溢缴款是否计付利息及其利率标准，由发卡机构自主确定。（　　）

4．预付卡可以通过现金、银行转账方式进行充值，也可以使用信用卡为预付卡充值。（　　）

5．付款人或者代理付款人自收到挂失止付通知书之日起12日内没有收到人民法院的止付通知书的，自第13日起，持票人提示付款并依法向持票人付款的，不再承担责任。（　　）

6．汇票的保证人对合法取得汇票的持票人所享有的汇票权利承担保证责任，但被保证人的债务因汇票记载事项欠缺而无效的除外。（　　）

7．保证不得附有条件；附有条件的，不影响对汇票的保证责任。（　　）

8．张某明知李某向其转让的支票是偷来的，却欣然接受。此种情况下取得的票据，张某仍享有票据权利。（　　）

9．支票的出票人于2015年9月9日出票时，在票面上记载“到期日为2015年9月18日”，该记载有效。（　　）

10．承兑附条件的，视为拒绝承兑。（　　）

四、案例分析题

案例一

为向甲公司支付购买化工产品的货款，乙公司向自己开户的丙银行申请开具银行承兑汇票。丙银行审核同意后，乙公司依约存入丙银行300万元保证金，并签发了以自己为出票人、甲公司为收款人、丙银行为承兑人、金额为1 000万元的银行承兑汇票，丙银行在该汇票上作为承兑人签章。乙公司将上述汇票交付甲公司以支付货款。

甲公司收到汇票后，在约定的期限向乙公司交付完毕化工产品。为向丁公司支付采购原料价款，甲公司又将该汇票背书转让给丁公司。

乙公司收到甲公司交付的化工产品后，经过检验，发现产品存在重大质量问题，在与甲公司多次交涉无果后，解除了合同，并将收到的化工产品全部退还甲公司。甲公司承诺向乙公司返还货款，但未能履行。乙公司在解除合同后，立即将该事实通知丙银行，要求该银行不得对其开出的汇票付款。直到该汇票到期日，乙公司也未依约定将剩余汇票金额存入丙银行。

丁公司在该汇票到期时，持票请求丙银行付款，丙银行以乙公司已经解除与甲公司的合同以及乙公司未将剩余汇票金额存入账户为由，拒绝了丁公司的付款请求。

要求：根据本题所述内容，分别回答下列问题。

（1）丙银行拒绝丁公司付款请求的两个理由是否能够成立？并分别说明理由。

（2）丁公司是否有权向乙公司追索？并说明理由。

（3）如果甲公司应丁公司的要求，支付了全部被追索金额，转而作为持票人向乙公司再追索，乙公司是否有权拒绝其请求？并说明理由。

案例二

A 公司为支付货款，向 B 公司签发一张由甲银行承兑的汇票。B 公司取得汇票后，将汇票背书转让给 C 公司。C 公司在汇票的背面记载“不得转让”字样后，将汇票背书转让给 D 公司。其后，D 公司将汇票背书转让给 E 公司，但背书签章颠倒了位置，后 E 公司又将汇票背书转让给 F 公司。汇票到期后，F 公司持汇票向甲银行提示付款，甲银行以背书不连续为由拒绝。

F 公司取得拒绝证明后，向 A、B、C、D、E 公司同时发出追索通知。B 公司以 F 公司应先向 C、D、E 公司追索为由拒绝；C 公司以自己在背书时记载“不得转让”字样为由拒绝。

要求：根据以上事实并结合法律规定，分别回答下列问题。

（1）甲银行拒绝付款的理由是否正确？简要说明理由。

（2）B 公司拒绝承担责任的理由是否符合法律规定？简要说明理由。

（3）C 公司拒绝承担责任的理由是否符合法律规定？简要说明理由。

案例三

天辉公司于 2016 年 2 月 10 日向李某签发一张金额为 10 万元的转账支票，付款人为甲银行。天辉公司的财务人员在出票时，未记载收款人名称，授权李某补记。李某补记后向其开户银行乙银行委托收款，将款项转入其个人银行结算账户。在提示付款时，甲银行发现该支票账户余额为 8 万元，遂予以退票，并对天辉公司处以 1 万元罚款。李某要求天辉公司赔偿 2 000 元赔偿金。

要求：根据支付结算法律制度的规定，分别回答下列问题。

（1）李某能使用该支票支取现金吗？并说明理由。

（2）天辉公司在出票时，出票日期 2 月 10 日应如何记载？

（3）天辉公司在出票时，未记载收款人名称，授权李某补记。该支票是否有效？并说明理由。

（4）甲银行对天辉公司签发空头支票处以 1 万元罚款是否符合法律规定？简要说明理由。

（5）李某能否以天辉公司签发空头支票为由要求其支付 2 000 元赔偿金？简要说明理由。

课外实训

背景资料

2015 年，某机械公司与三帝材料公司（简称三帝公司）签订了一份材料买卖合同。合同约定，6 月 7 日三帝公司向该机械公司提供一批价款为 200 万元的金属材料，材料运到后，双方约定用银行承兑汇票支付货款，承兑付款人为 G 银行某支行，付款期为两个月。三帝公司按月供货，当日该机械公司签发了一张承兑付款人为 G 银行某支行、金额为 200 万元的银行承兑汇票。

该机械公司在汇票的出票人栏仅盖了本单位的财务专用章而无法定代表人的签名，出票地、收款人一栏均未填写，称由三帝公司自己填写。三帝公司在承兑前，在收款人一栏填写了董事长的笔名并加盖了单位公章，然后到承兑银行提示承兑。承兑银行经审查后，以汇票记载事项有问题为由拒绝承兑。

根据上述案例给出咨询意见。

实训知识领域	实训方式	实训步骤	实训提示
出票的记载事项。	课堂讨论并提出咨询意见。	案例展示→分组讨论→选派代表给出咨询意见→教师总结。	

第五章

商业银行担保法律规范

【学习指导】

学习要点

1．掌握贷款担保类型，实现商业银行经营的安全性。

2．掌握贷款保证、贷款抵押、贷款质押的法律规定，有效避免各种法律风险，保护商业银行的利益。

3．掌握银行保函、备用信用证各方当事人之间的法律关系，了解银行作为保证人的风险和法律责任，强化从业人员的法律意识和规范意识。

衔接的主要核心专业课程

金融基础、商业银行业务、信贷管理与实务、房地产学、金融企业会计、金融创新等。

课外要求

关注银行贷款担保业务宣传册中所涉及的内容和所学课程之间的联系。

知识结构

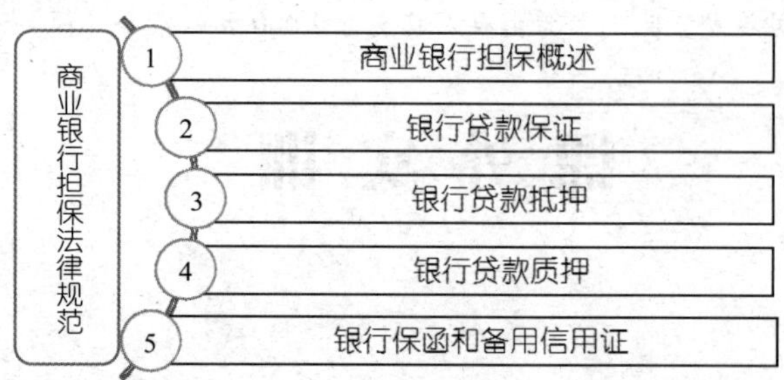

《商业银行法》规定："商业银行贷款，借款人应当提供担保。商业银行应当对保证人的偿还能力、抵押物、质物的权属和价值以及实现抵押权、质权的可行性进行严格审查。"之所以以法律形式将贷款担保作为一种强制性规定，是因为其在控制、防范贷款风险方面发挥着重要的作用。

本章立足于《担保法》《中华人民共和国物权法》（简称《物权法》）中与担保活动相关的法律条款的规定，着眼于对法律条款的理解与适用，着重介绍在商业银行贷款业务活动中贷款的担保形式以及在担保过程中与之相关的法律行为。

第一节　商业银行担保概述

【问题导入】

1．如果有朋友找你做担保人，你会考虑哪些问题？你同意或不同意的理由是什么？

2. 商业社会对担保的需求从来没有像今天这样急切，以至于给人们留下这么一个印象："无担保就无交易"。分析确立担保制度在当今经济生活中发挥着怎样的作用?

一、商业银行担保的性质和功能

商业银行担保是指银行为了保障贷款合同的履行，在向借款人发放贷款时，要求以借款人或第三人的财产确保债务人履行债务的行为。

1. 商业银行担保的性质

商业银行担保具有平等性、自愿性、从属性和保障性。

（1）平等性。担保关系中当事人（债权人与担保人）地位平等，担保法律关系中的权利义务是双方平等协商的结果。

（2）自愿性。我国《合同法》设立了担保制度，但并未规定当事人必须设立担保。

（3）从属性。被担保之债是主债，担保之债是从债，主债无效或消灭，从债也随之无效或消灭。主债务有效，从债可能有效，也可能无效，从债此时的效力，要取决于是否符合其自身的生效要件。担保合同被确认无效后，债务人、担保人、债权人有过错的，应根据其过错各自承担相应的民事责任。

（4）保障性。担保合同保障主合同的履行是担保的最根本的特征。

2. 商业银行担保的功能

商业银行担保所具有的社会经济作用，即能促进资金融通和商品流通，保障债权的实现。

（1）通过担保救济债权损失。作为借出货币的银行（债权人），可以通过发放担保贷款，来利用保证、抵押权、质权等手段救济债权损失。在物的担保的情况下，由于债权会受到担保的有力保护，债权人在发放贷款时势必会要求贷款人提供物的担保，以便于在担保的债权出现风险时，可以通过行使担保物权，从特定担保物中实现优先受偿。

（2）满足急需资金的生产经营者。作为借入资金的经营者（债务人），在借入一定资金后，原则上并不因为设立担保就使他失去了对其担保物的用益权或所有权。在保证中，保证人不会因为替他人作保而使其生产经营活动受到影响；在抵押、质押等物的担保中，情况有些区别，但总体上来说，担保物的所有权仍留于担保人手中。因此，通过设立债权担保，债务人不但可以如愿取得贷款，而且仍旧可以使用担保物并获得收益，即物的价值和使用价值都起到了应有的作用。资金融通的双重意义在这里得以充分显示。

二、商业银行担保的种类

根据《担保法》的规定，担保的种类有保证、抵押、质押、留置、定金五种。而在金融活动中，担保贷款的形式主要是保证、抵押、质押三种。

1. 保证

保证是指保证人和债权人约定，当债务人不履行债务时，保证人按照约定履行债务或者承担责任的行为。

2. 抵押

抵押是指债务人或者第三人不转移对财产的占有，将该财产作为债权的担保。债务人不履行债务时，债权人有权依照法律的规定以该财产折价或者以拍卖、变卖该财产的价款优先受偿。

3. 质押

质押是指债权人与债务人或债务人提供的第三人以协商订立书面合同的方式，移转债务人或者债务人提供的第三人的动产或权利的占有，在债务人不履行债务时，债权人有权以该财产价款优先受偿。

4. 留置

留置是指债权人按照合同约定占有债务人的动产，债务人不按照合同约定的期限履行债务的，债权人有权依照法律规定留置该财产，以该财产折价或者以拍卖、变卖该财产的价款优先受偿。

同一担保物既存在抵押权或质押权又存在留置权的，依据《物权法》第 239 条的规定，同一动产上已设立抵押权或者质权，该动产又被留置的，留置权人优先受偿。

关联案例

留置权中的优先受偿

2016 年 3 月，A 公司将其存放在 B 公司的精煤抵押给 C 银行办理融资贷款业务。A 公司向 C 银行提供了租赁 B 公司场地的租赁合同。该租赁合同中约定："A 公司租赁 B 公司场地存放原煤，同时委托 B 公司对原煤进行洗选，支付给 B 公司有关加工费用，B 公司完成加工后，A 公司销售精煤直接从 B 公司出库"。2017 年 9 月还款期到，A 公司无力清偿 C 银行的贷款本金和利息。为此，C 银行向法院起诉，法院依法查封了 A 公司存放在 B 公司仓库里的精煤，而 A 公司还尚欠 B 公司的加工费 6 万多元。B 公司得知其为 A 公司保管的精煤被查封后，即找到 A 公司追讨加工费，但该公司已无偿还能力。

问题：B 公司能收回加工费吗？法律依据是什么？

解析：B 公司能依法收回加工费。法律依据：关于适用《最高人民法院〈中华人民共和国担保法〉若干问题的解释》第 79 条第 2 款明确规定："同一财产抵押权和留置权并存时，留置权优先于抵押权受偿。"依据《物权法》第 239 条的规定，同一动产上已设立抵押权或者质权，该动产又被留置的，留置权人优先受偿。因此，无论抵押权、质押权和留置权的设立时间谁在前，留置权一律优先于抵押权、质押权受偿。之所以规定留置权优先于抵押权，首先是由于留置权为法定担保物权，法定担保物权具有对抗其他担保物权的效力。

5. 定金

定金是指当事人可以约定一方向对方给付定金作为债权的担保。债务人履行债务后，定金应当抵作价款或者收回。给付定金的一方不履行约定的债务的，无权要求返还定金；收受定金的一方不履行约定的债务的，应当双倍返还定金。定金的数额由当事人约定，但不得超过主合同标的总额的 20%。

三、反担保

以担保设定的目的不同可以分为本担保和反担保。本担保是指以保障主债权的实现为目的设定的担保。反担保是指在本担保设定后，为了保障担保人在承担担保责任后，其对被担保人的追偿权得以实现而设定的担保，即指第三人为债务人向债权人提供担保时，债务人应第三人的要求为第三人提供的担保。如银行对借款人发放保证贷款时，因保证人要承担风险，故要求借款人为自己再提供担保，借款人为保证人所提供的担保即属反担保。签订的合同即为反担保合同。

《物权法》第 17 条规定："债权人在借贷、买卖等民事活动中，为保障实现其债权，需要担保的，可以依照本法和其他法律的规定设立担保物权。第三人为债务人向债权人提供担保的，可以要求债务人提供反担保。反担保适用本法和其他法律的规定。"这里所说的其他法律主要是指《担保法》。

关联案例

信贷消费中的反担保

2016 年 8 月，A 汽车销售商与 B 银行联合推出一种分期付款购车的消费信贷。

李某的朋友杨某与 A 汽车销售商签订了《汽车分期付款购销合同》，约定杨某以分期付款方式购买价值 20 万元的汽车一辆。根据 A 销售商与 B 银行联合推出的贷款购车方式，客户支付首付款 40% 后，由 B 银行审查客户资质，然后将余款打入 A 销售商账户。购车当日，李某应杨某的请求为其提供担保，并与 A 销售商签署了担保书。担保书内容为：根据购车合同，如果购车人不能按照贷款协议偿还银行的借款本金及利息，或其不具有偿还能力时，担保人自愿为购车人承担还款责任。该担保书作为购车合同的附件，存放在 A 汽车销售商处。同时，杨某又与 B 银行签订了贷款合同，A 销售商与 B 银行签订了担保合同，为杨某承担连带担保责任。

购车后数月，杨某因生意破产而自杀，汽车也被拍卖，至此车款还有 10 万元未还。A 销售商承担连带责任向银行支付了欠款后，要求李某对其承担反担保责任。但李某认为自己是向 B 银行承担担保责任。不得已 A 销售商将李某诉至法院。

问题：李某签订的担保合同是对销售商的反担保吗？

解析：李某与 A 销售商签订的担保合同，基本符合反担保的要件。

第一，本案涉及的是两个担保合同：一是 A 销售商为保证杨某与 B 银行之间签订的贷款合同的履行而由 A 汽车销售商与 B 银行之间签订的担保合同，该担保合同是本担保；二是 A 销售商为使自己作为贷款合同的担保人将来追偿权的实现，而又要求购车人杨某的朋友李某与 A 汽车销售商签署担保书，该担保书即为反担保。第二，本案中杨某既是购车合同中的债务人又是贷款合同中的债务人，A 销售商为杨某向 B 银行承担了担保责任以后有权向债务人杨某的担保人李某行使追偿权。

因此，该担保合同应认定为反担保。所以，李某应当向 A 销售商履行偿还车款的责任。

四、《公司法》对担保的规定

《公司法》的总则和分则中分别就公司的担保行为做了强制性规定，这些规定已不仅是对公司内部决策机关行为的约束，而是直接决定公司对外担保的效力，即合法通过的股东会（大会）决议或董事会决议成为公司为股东或其他个人债务担保的生效要件。

（1）根据《公司法》和公司章程的规定，公司章程规定公司转让、受让重大资产或者对外提供担保等事项必须经股东大会作出决议的，董事会应当及时召集股东大会会议，由股东大会就前述事项进行表决。

（2）公司向其他企业投资或者为他人提供担保，依照公司章程的规定，由董事会或者股东会、股东大会决议；公司章程对投资或者担保的总额及单项投资或者担保的数额有限额规定的，不得超过规定的限额。

（3）公司为公司股东或者实际控制人提供担保的，必须经股东会或者股东大会决议。被担保的股东或者实际控制人支配的股东，不得参加对这一事项的表决。该项表决由出席会议的其他股东所持表决权的过半数通过。

（4）上市公司在一年内购买、出售重大资产或者担保金额超过公司资产总额 30%的，应当由股东大会作出决议，并经出席会议的股东所持表决权的三分之二以上通过。

（5）董事、高级管理人员不得违反公司章程的规定，未经股东会、股东大会或者董事会同意，将公司资金借贷给他人或者以公司财产为他人提供担保。

第二节　银行贷款保证

【引例】

甲公司向乙银行贷款 50 万元，约定 3 个月内还清，并由丙公司提供担保，但未约定保证范围。一个月后，甲公司在征得乙银行同意后，将 30 万元债务转移给尚欠其 30 万元货款的丁公司。对此，丙公司完全不知情。至债务清偿期届满时，乙银行要求丁公司偿还 30 万元货款及其利息，而丁公司因为违法经营被依法查处，法定代表人不知去向，公司的账户被冻结。于是，乙银行找到丙公司，要求其承担保证责任。丙公司至此才知道甲公司已将其债务转让给丁公司，遂以此为由拒绝承担责任。双方为此发生争议，乙银行诉至法院。

问题：（1）丙公司保证担保的范围应如何确定？

（2）甲公司转让债务的行为是否有效？为什么？

（3）丙公司是否继续承担保证责任？为什么？

一、银行贷款保证概述

银行贷款保证是指银行向借款人发放贷款时，和第三人订立保证合同，由第三人承诺在借款人不能偿还贷款时，由其按约定承担一般保证责任或连带保证责任。保证债务履行的第三人称为保证人；被保证债务履行的债务人称为被保证人。

保证具有以下特征。

（1）保证的从属性。保证与所担保的债形成主从关系，保证所担保的债为主债，保证之债为从债，因此订立的保证合同是主合同的从合同。保证是以被担保的债的成立为前提；保证担保的范围不得超越被保证人的债务；被担保的债务解除，保证债务随之解除。

（2）保证的相对独立性。保证债务是独立于主债务的单独债务。保证合同的效力，要依从于自身的生效要件。保证债务虽不能大于或强于主债务，但却可以与主债务不同。例如，保证人可就一部分债务成立保证；主债务不附条件的，保证债务可以附条件。而且主合同有效，保证合同未必有效。

（3）保证的信用性。保证属于人保，即保证人以自己的名义和资产进行担保，而且保证人的资产在保证期间具有浮动性，因此，保证人良好的商业信誉是保证成立并且取得债权人信任的关键。

二、保证人的资格和保证合同

在银行贷款中，保证人以自己的信用和财产来为银行贷款的实现提供担保，并通过保证人与贷款人之间订立的保证合同，实现借款人不能履行义务还款时，由保证人代为履行债务或者承担责任，这样就必然要求保证人必须有代为清偿债务的能力。

时事热点

推荐观看“说说担保人”视频（2015 年 9 月 17 日北京电视台科教频道“法治中国 60 分”栏目片段），思考担保期限的效力。

1. 保证人的资格

保证人的资格即保证人的条件，是指民事主体成为保证人所应当具备的行为能力和清偿债务的能力，是在订立保证合同时首先应考虑的一个问题（见表 5.1）。倘若保证人不适格，将直接导致合同的无效。

表 5.1　保证人的资格

可以为保证人	不得为保证人
1. 具有完全民事行为能力并具有清偿能力的自然人。 2. 具有代为清偿能力的法人。一般情况下，多为企业法人。 3. 具有代为清偿能力的其他组织。其他组织是指合法成立、有一定的组织机构和财产，但又不具备法人资格的组织。例如，依法登记领取营业执照的私营独资企业、合伙组织等	1. 国家机关不得为保证人。经过国务院批准为使用外国政府或者国际经济组织贷款进行转贷的除外。这类贷款一般具有援助性而非商业性，贷款期限长，利率低。为获得这种贷款，国务院一般指定财政部或中国人民银行担当保证人。 2. 学校、医院、幼儿园等以公益为目的的事业单位、社会团体，不得作为保证人。 3. 企业法人的分支机构、职能部门不得为保证人。对企业法人的分支机构有法人书面授权的，可以在授权范围内提供保证。 4. 无民事行为能力和限制民事行为能力的自然人

2. 保证合同

保证合同应由保证人与贷款人以书面形式订立，其表现形式既可以为单独订立的书面保证合同，也可以为在主合同中写明保证人的保证责任和担保期限的条款，并由保证人签名盖章。

保证合同的内容应当包括：①被保证的主债权种类、数额；②债务人履行债务的期限；③保证的方式；④保证担保的范围；⑤保证的期间；⑥双方认为需要约定的其他事项。

三、保证方式

根据《担保法》第 16 条的规定，保证的方式包括一般保证和连带责任保证（见图 5.1）。

1. 一般保证

当事人在保证合同中约定，债务人不能履行债务时，由保证人承担保证责任的为一般保证。根据《担保法》第 17 条第 2 款的规定，一般保证的保证人享有先诉抗辩权，即保证人在主合同纠纷未经审判或者仲裁，并就债务人财产依法强制执行仍不能履行债务前，对债权人可以拒绝承担保证责任。

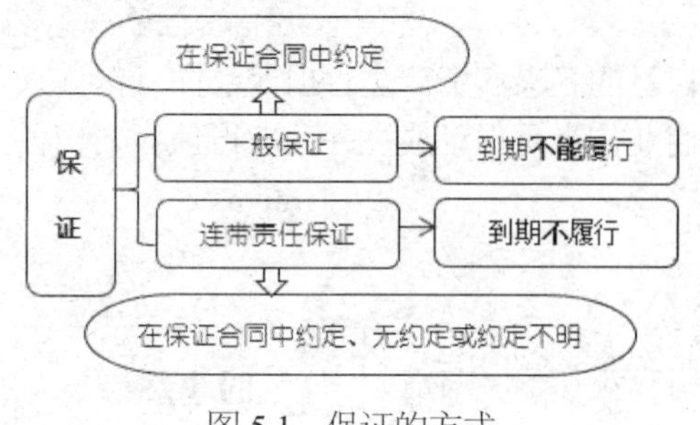

图5.1 保证的方式

对一般保证，当主债务履行期限届满时，债权人应首先向债务人主张履行债务或赔偿损失的请求，只有当债务人履行不能时，债权人才能向保证人请求。所以一般保证人所承担的保证责任具有从属性和补充性的特征，在债务清偿顺序上是第二顺序的债务人。在审判实践中，如果债权人以债务人和一般保证人为共同被告提起诉讼，则法院不能允许一般保证人以顺序利益为由退出诉讼，但在判决书中应明确在对债务人财产依法强制执行后仍不能履行债务时，由一般保证人承担保证责任。

一般保证的保证人权利受到一定限制。虽然《担保法》赋予了一般保证的保证人享有先诉抗辩权，但根据《担保法》第17条第3款的规定，有下列情形之一的，保证人不得行使上述规定的权利：①债务人住所变更，致使债权人要求其履行债务发生重大困难的；②人民法院受理债务人破产案件，中止执行程序的；③保证人以书面形式放弃前款规定的权利的。

2. 连带责任保证

当事人在保证合同中约定保证人与债务人对债务承担连带责任的，为连带责任保证。连带责任保证的债务人在主合同规定的债务履行期届满没有履行债务的，债权人可以要求债务人履行债务，也可以要求保证人在其保证范围内承担保证责任。如果当事人之间就保证责任没有约定或者约定不明，依照《担保法》第19条的规定，保证人应承担连带保证责任。

在连带责任保证中，保证人和主债务人是同一顺序的债务偿还人。债权人单独起诉连带责任保证人时，法院一般不因保证人与债务人之间有连带责任的约定而不支持债权人的请求，而是在判决保证人承担保证责任或赔偿责任后，在判决书中明确保证人享有追偿权。

注意：一般保证或连带责任保证是由债权人与保证人在保证合同中约定的保证担保方式。在实践中，保证合同当事人的约定往往并不明显地表述为一般保证或连带保证，而以其他方式加以表述，对此应作具体分析。

关联案例

一字之差担保方式不同

案例一 2017年6月，甲公司向A银行申请贷款100万元，期限一年，由乙公司担保。A银行与乙公司签订的保证合同约定，“甲公司到期不能偿还贷款，由乙公司承担偿还责任”。还款期限届满，甲公司借故不还。A银行遂起诉乙公司，请求乙公司承担连带责任。

案例二 2017年10月，丙企业向A银行申请贷款200万元，期限一年，由丁企业担保。A银行与丁企业签订的保证合同约定，“丙企业到期不偿还贷款，由丁企业承担偿还责任”。还款期限届满，丙企业借故不还。A银行遂起诉丁企业，请求丁企业承担连带责任。

问题：在案例一、案例二中两份保证合同均未以“一般保证”或“连带保证”字样对保证责任方式进行直接明确的表述，而A银行分别请求乙公司、丁企业承担的均是连带责任。那么案例一、案例二中A银行的诉求是否成立呢？

解析：《担保法》第17条第1款规定，“当事人在保证合同中约定，债务人不能履行债务时，由保证人承担保证责任的，为一般保证”。

案例一中保证合同约定“甲公司到期不能偿还贷款，由乙公司承担偿还责任”。显然，这一约定与《担保法》第 17 条第 1 款规定完全一致，因此，保证责任方式为一般保证。因此，从案例一中可看出，一般保证的保证人是在债务人客观上不能履行债务，或者说客观上履行不能时才承担保证责任，其享有先诉抗辩权，承担的责任是一种补充责任。因此，A 银行起诉乙公司，请求乙公司承担连带责任不能成立，乙公司可依据《担保法》第 17 条提出抗辩。

案例二中保证合同约定，“丙企业到期不偿还贷款，由丁企业承担偿还责任”。这与案例一保证合同相比较，“不”与“不能”仅一字之差，按通常理解，“不能”指债务人客观上不具备履行能力，其评价标准是客观的；而“不”字的含义从通常意义理解，指债务人客观上有履行能力而主观上不愿履行，则是一个主观的评价标准。因此，案例二中保证合同的约定就不符合《担保法》第 17 条第 1 款的规定，根据《担保法》第 19 条的规定，案例二中保证合同关于保证责任方式的约定是不明确的，该保证责任方式应为连带保证。所以，A 银行根据《担保法》第 18 条第 2 款规定起诉丁企业，请求丁企业承担连带责任的诉求依法成立。

四、共同保证

时事热点

推荐观看“欠款人销声匿迹 担保人自讨苦吃”视频（北京电视台科教频道法制进行时片段），思考在共同保证中，如何理解担保人的连带责任。

共同保证是指数人共同担保同一债务人的同一债务履行而进行的保证，可分为按份保证和连带保证。

1. 按份保证

共同保证的保证人与债权人约定保证份额的，为按份保证。按份保证的每个保证人仅就其约定的份额向债权人承担保证责任，保证人在承担保证责任后，也只能就其清偿的债务份额向主债务人追偿。

2. 连带保证

共同保证的保证人未与债权人约定保证份额或者约定不明确的，为连带保证。连带保证的每个保证人都有义务向债权人承担全部保证责任，在保证债务未全部清偿前，各保证人的保证责任都不能免除。连带保证的各保证人虽然向债权人负连带保证责任，但在保证人内部之间仍可依一定的份额承担保证责任。所以，连带保证人向债权人承担保证责任后，可以向主债务人追偿，也可以要求其他保证人清偿其应当承担的份额。各保证人应当承担的保证份额，依共同保证人之间的约定而定；保证人之间没有约定或者约定不明确的，应当视为各保证人平均分担保证责任。

注意：如果保证份额的约定只发生在保证人之间，而不是保证人与债权人之间，则这种约定对债权人不具有按份承担保证责任的效力。

五、保证担保的范围和保证期间

保证担保的范围和保证期间实际上就是保证责任的空间范围和时间范围，对于保证关系中的当事人是否应当在保证合同中约定保证担保的范围和保证期间，《担保法》并不作强制性的要求。根据民法中意思自治的原则，在符合法律原则的前提下，对保证担保的范围和保证期间当事人之间有约定的，依照约定；无约定的，则依照法律的规定。

（一）保证担保的范围

保证担保的范围首先依照保证合同中当事人的约定，在当事人对保证担保范围无约定或约定不明时，应依照《担保法》第21条的规定加以确定，包括主债权及利息、违约金、损害赔偿金和实现债权的费用。

（二）保证期间

保证期间为保证责任的存续期间。如果债权人没有在保证期间主张权利，则可免除保证人的保证责任。

1. 保证期间的起算和界定

保证期间从主债务履行期届满之日起算。

当事人对保证期间可以进行约定；当事人未约定保证期间的，或虽有约定，但早于或等于主债务履行期限的，视为无约定，推定为6个月的保证期间。

2. 保证期间与保证债务的诉讼时效

如果债权人没有在保证期间“主张权利”，则保证人免除保证责任。由于保证方式的不同，债权人在保证期间“主张权利”的法律要求也不同。

保证期间是债权人向保证人行使追索权的期间，债权人没有在保证期间主张权利的，保证人免除保证责任。但是一旦债权人在保证期间主张权利，保证期间的未经过的部分则不再计算。这时开始计算保证的诉讼时效期间。

保证债务的诉讼时效指在保证期间内，债权人向保证人主张权利的，保证责任确定，开始计算诉讼时效。一般保证，在对债务人提起诉讼或者申请仲裁的判决或者仲裁裁决生效之日起计算保证的诉讼时效；连带保证从确定保证责任时起开始计算保证的诉讼时效。

六、主合同变更对保证责任的影响

在存在保证合同的情况下，无论是主合同主体的变更还是内容的变更，都会影响到保证人在主合同变更前已经承担的权利和义务。因此，基于保证的从属性，我国《担保法》对主合同的变更究竟会对保证人的责任产生怎样的影响作出了以下几项明确的规定。

（1）主合同债权转让（债权人变更）。保证期间，债权人依法将主债权转让给第三人的，保证人在原保证担保的范围内继续担保保证责任。保证合同另有约定的，按照约定执行。

（2）主合同债务转让（债务人变更）。保证期间，债权人许可债务人转让债务的，应当取得保证人书面同意，保证人对未经其同意转让的债务，不再承担债务。

（3）主合同内容变更。对于主合同的数量、价款、币种、利率变更的，而没有经过保证人书面同意，如果是减轻了保证责任，则保证人在减轻的范围内承担责任；如果是加重了，则保证人对加重债务人债务的部分不承担保证责任。

关联案例

变更借款合同中的借款金额对保证人保证责任的影响

2016年1月初，由甲公司为乙公司担保在信用社贷款200万元，借款期限为10个月，保证期间为1年。在合同履行过程中，乙公司根据需要在银行贷款220万元。借款到期后，乙公司无力偿还，信用社遂于2017年5月起诉到法院，要求乙公司偿还借款本息，甲公司承担连带责任保证。甲公司辩称，乙公司变更了借款合同的内容，即变更了借款金额，未经其书面同意，因此，应免除保证责任。

问题：主合同内容的变更是否对保证人的保证责任产生影响？

解析：未经保证人甲公司书面同意，将乙公司与信用社的借款合同中借款金额由约定的200万元变更为220万元，无疑加重了保证人甲公司的保证责任。根据《担保法》的规定，保证人甲公司对加重部分不承担保证责任，即甲公司仍应当按照合同的约定对200万元本息承担保证责任。

七、保证人的追偿权

保证人追偿权是指保证人在履行保证债务后，有请求主债务人偿还的权利。保证人所享有的追偿权，在本质上是一种代位请求权，也就是保证人在清偿债务后，代替原债权人的地位，在其与债务人之间形成一种债权债务关系。

一般，保证人追偿权的范围包括两部分：一部分是保证人为主债务人向债权人清偿的债务额，但以主债务人因其清偿受免责的数额为限，例如，债务人因自己的清偿行为而免责时，即使保证人履行了保证债务，保证人也不享有向债务人追偿的权利，在此种情况下，保证人只能依不当得利的规定请求债权人返还；另一部分是保证人履行保证债务所支出的必要费用，但因保证人的过错而多付出的费用不在此列。

注意：被担保的债权既有物的担保又有人的担保的，债务人不履行到期债务或者发生当事人约定的实现担保物权的情形，债权人应当按照约定实现债权；没有约定或者约定不明确，债务人自己提供物的担保的，债权人应当先就该物的担保实现债权；第三人提供物的担保的，债权人可以就物的担保实现债权，也可以要求保证人承担保证责任。提供担保的第三人承担担保责任后，有权向债务人追偿。

关联案例

物的担保和人的担保并存，乙银行如何实现担保债权

甲公司向乙银行借款100万元，乙银行要求甲公司提供担保，丙公司以一套设备（价值约80万元）为该债务提供抵押担保，并签订了抵押合同，办理了抵押登记；同时，丁公司也为这笔借款提供了保证担保。但当事人对保证担保和物保的范围均未作约定。后因甲公司无力还款，乙银行要求丙公司和丁公司承担担保责任而引起纠纷。

问题：（1）乙银行可否任意选择丙公司或者丁公司承担担保责任？为什么？

（2）若乙银行选择丁公司承担担保责任，则丁公司承担责任后，可否要求丙公司承担相应的份额？为什么？

解析：（1）可以。依据《物权法》第176条的规定，同一债权既有保证人又有第三人提供物保的，债权人可以请求保证人或者物的担保人承担担保责任。本案中，丙公司作为第三人为该债务提供抵押担保，丁公司为该债务提供保证担保，虽未约定担保范围，担保物权人乙银行可以选择丙或丁承担担保责任。故乙银行可要求丙公司或丁公司承担担保责任。

（2）不可以。根据《物权法》第176条的规定，提供担保的第三人承担担保责任后，有权向债务人追偿。所以丁公司承担责任后，只能向债务人甲公司追偿，而不可要求丙公司承担相应的份额。

【节前引例分析】

（1）根据法律规定，双方当事人未约定担保范围的，保证人担保全部债务。本案例中，乙银行与保证人丙公司未约定担保范围，丙公司的担保范围应是全部债务，包括主债权（50 万元）及利息、违约金、损害赔偿金和实现债权的费用。

（2）根据法律规定，债务人得到债权人同意后可以转让债务。本案例中，甲公司转让债务于丁公司的行为得到债权人乙银行的同意，因此转让有效。

（3）根据法律规定，债务人转让债务除非得到保证人的书面同意继续担当保证人；否则，保证人免除保证责任。本案例中，甲公司转让债务的行为没有告知保证人丙，更未得到丙的书面同意，所以丙不再承担保证责任。

第三节　银行贷款抵押

【引例】

2014 年 1 月 1 日，红帆贸易公司从某市建设银行（下称建行）贷款 100 万元，约定 2015 年 6 月 2 日还本付息。建行要求红帆贸易公司提供担保，红帆贸易公司提出以位于某区的办事处房屋抵押，作为贷款担保。2015 年 5 月，因业务需要，红帆公司又在紧邻办事处旁边增建一排平房，作为仓库。清偿期届满时，红帆公司无力还贷，建行数次催告，红帆公司仍不能清偿。

问题：（1）红帆公司以其办事处的房屋设定抵押时，该房屋占用范围内的国有土地使用权是否要一并设定抵押？为什么？

（2）红帆公司紧临办事处新建的一排平房是否属于抵押的财产？为什么？

（3）在红帆公司无力偿还贷款的情况下，建行可以什么方式来实现其债权？

（4）如红帆公司与建行的抵押合同中记载的房屋为 4 间，而房产抵押登记簿中记载的房屋为 5 间，则建行实现抵押权时应以哪一个为准？

（5）如红帆公司抵押的房屋后来被有关机关确认为违章建筑，建行能否对房屋行使抵押权？为什么？

（6）假设红帆公司抵押的房屋是经依法批准正在建造中的房屋，当事人办理了抵押登记后，建行能否对房屋行使抵押权？

（7）如红帆公司用于抵押的房屋中包括几间值班室，而这几间值班室属于红帆公司的子公司宏达公司（享有独立的法人资格）所有，那么，建行能否对值班室行使抵押权？为什么？

（8）如红帆公司的办事处擅自用自己的业务章为他人贷款作保证，该保证合同是否有效？为什么？

一、银行贷款抵押概述

银行贷款抵押是指商业银行在发放贷款时，要求借款人以自己或者第三人的财产作为担保，当债务人不履行债务时，银行有权依法以该财产折价或者以拍卖、变卖该财产的价款优先受偿，以保障银行贷款的债权得到最大限度的实现。

因抵押而依法享有的权利为抵押权。在抵押权关系中，享有抵押权的债权人称为抵押权人；提供担保财产的债务人或第三人称为抵押人；抵押人提供的担保财产称为抵押物或抵押财产。

抵押权具有以下特征。

（1）抵押权是意定担保物权。抵押权通过抵押人和抵押权人订立抵押合同来实现。

（2）抵押权的标的物主要是债务人或第三人提供担保的不动产，但是在我国动产也可以用作抵押。

（3）抵押权不移转标的物占有。一方面抵押人可以以抵押的财产用作担保进行融资；另一方面抵押人在抵押期间自己可以继续对抵押物进行占有、使用和受益，使抵押物的使用价值得以充分发挥。

二、抵押物的范围

抵押权的实现最终是通过依法将抵押的财产进行处分的价款优先受偿，因此能够设定抵押的标准是该项财产依法可以转让，不可转让的财产不能设定抵押。我国《物权法》从正反两个方面规定了可以抵押的财产和不可以抵押的财产。

1. 依法可以抵押的财产

依据《物权法》第180条的规定，债务人或者第三人有权处分的下列财产可以抵押。

（1）建筑物和其他土地附着物。

（2）建设用地使用权。

（3）以招标、拍卖、公开协商等方式取得的荒地等土地承包经营权。

（4）生产设备、原材料、半成品、产品。

（5）正在建造的建筑物、船舶、航空器。

（6）交通运输工具。

（7）法律、行政法规未禁止抵押的其他财产。

对于上述财产，抵押人可以分别为债权人设定抵押权，也可以将其一并抵押。

> **注意：**依据《担保法》第55条规定，以建筑物抵押的，该建筑物占用范围内的建设用地使用权一并抵押。以建设用地使用权抵押的，该土地上的建筑物一并抵押。抵押人未依照前述规定一并抵押的，未抵押的财产视为一并抵押。

2. 依法禁止抵押的财产

根据《物权法》第184条的规定，下列财产不得抵押。

（1）土地所有权。

（2）耕地、宅基地、自留地、自留山等集体所有的土地使用权，但法律规定可以抵押的除外。法律规定的除外情形包括：①抵押人依法承包并经发包方同意抵押的荒山、荒沟、荒丘、荒滩等荒地的土地使用权，可以抵押；②乡（镇）、村企业的土地使用权不得单独抵押，但是以乡（镇）、村企业的厂房等建筑物抵押的，其占用范围内的土地使用权可同时抵押，但在未来仍不能改变土地使用权的性质。

（3）学校、幼儿园、医院等以公益为目的的事业单位和社会团体的教育设施、医疗卫生设施和其他社会公益设施。需要注意的是，依据《最高人民法院关于适用〈中华人民共和国担保法〉若干问题的解释》（简称《担保法司法解释》）第53条的规定，学校、幼儿园、医院等以公益为目的的事业单位、社会团体，以其教育设施、医疗卫生设施和其他社会公益设施以外的财产为自身债务设定抵押的，人民法院可以认定抵押有效。

（4）所有权、使用权不明或有争议的财产。

（5）依法被查封、扣押、监管的财产。

（6）以法定程序确认为违法、违章的建筑物抵押的，抵押无效。

（7）当事人以农作物和与其尚未分离的土地使用权同时抵押的，土地使用权部分的抵押无效。但农作物抵押有效。

注意：根据《全国人民代表大会常务委员会关于授权国务院在北京市大兴区等232个试点县（市、区）、天津市蓟县等59个试点县（市、区）行政区域分别暂时调整实施有关法律规定的决定》，在试点地区名单中的地区暂时调整实施《中华人民共和国物权法》《中华人民共和国担保法》关于集体所有的耕地使用权不得抵押的规定；在天津市蓟县等59个试点县（市、区）行政区域暂时调整实施《中华人民共和国物权法》《中华人民共和国担保法》关于集体所有的宅基地使用权不得抵押的规定。该调整在2017年12月31日前试行。因此，在此期限内，试点地区的农村宅基地使用权及其地上房屋可以依照《农民住房财产权抵押贷款试点暂行办法》第2条的规定来申请贷款。该条规定具体为："在不改变宅基地所有权性质的前提下，以农民住房所有权及所占宅基地使用权作为抵押、由银行业金融机构（以下称贷款人）向符合条件的农民住房所有人（以下称借款人）发放的、在约定期限内还本付息的贷款。"

三、最高额抵押

最高额抵押是指抵押人与抵押权人协议，在最高债权额度内，以抵押物对一定时间内连续发生的债权作担保的抵押形式。我国的最高额抵押仅适用于借款合同和债权人与债务人就某项商品在一定期间内连续发生交易而签订的合同。例如，甲企业与乙银行达成协议，规定未来3年内乙银行每月贷款给甲企业1 000万元，总额不超过3.6亿元，丙企业以高级大酒店提供抵押并登记。三年后，甲企业欠乙银行的贷款余额为2.8亿元，到期不能清偿。乙银行申请拍卖大酒店，用于清偿所欠债务。

最高额抵押具有下列特征。

（1）抵押担保的是将来的债权，现在尚未发生。

（2）抵押担保的债权额不确定，但设有最高额限制。最高额限制并非债权的实际最高额。

（3）实际发生的债权是连续的、不确定的，即债权人不规定对方实际发生债权的次数和数额。

（4）债权人只可以对抵押财产行使最高限额内的优先受偿权。

（5）最高额抵押只需一次登记即可设置。

四、浮动抵押

浮动抵押是指经当事人书面协议，企业、个体工商户、农业生产经营者可以将现有的以及将有的生产设备、原材料、半成品、产品抵押，债务人不履行到期债务或者发生当事人约定的实现抵押权的情形时，债权人有权就实现抵押权时的动产优先受偿。

1. 浮动抵押的特征

相对其他抵押形式，浮动抵押有以下两个特征。

（1）浮动抵押设定后，抵押的财产不断发生变化，直到约定或者法定的事由发生，抵押财产才确定。抵押权设定后，抵押人可以将抵押的原材料投入成品生产，也可以卖出抵押的财产。当发生债务履行期届满未清偿债务、抵押人被宣告破产或者被撤销、当事人约定的实现抵押权的情形出现或者严重影响债权实现的情形时，抵押财产确定。也就是说，此时企业有什么财产，这些财产就是抵押财产。

（2）浮动抵押期间，抵押人处分抵押财产不必经抵押权人同意，抵押权人对抵押财产无追及的权利，只能就约定或者法定事由发生后确定的财产优先受偿。抵押财产确定前抵押人卖出的财产不追回，买进的财产算作抵押财产。抵押人以其全部财产设定浮动抵押的，只需要在登记时注明以全部财产抵押，即对抵押财产作概括性描述，不必详列抵押财产清单。以部分财产抵押的，则需要列明抵押财产的类别。

2. 设立浮动抵押应当符合的条件

设立浮动抵押应当符合以下条件。

（1）设立浮动抵押的主体限于企业、个体工商户、农业生产经营者。

（2）设立浮动抵押的财产限于生产设备、原材料、半成品、产品。除此以外的动产不得设立浮动抵押，不动产也不得设立浮动抵押。

（3）设立浮动抵押应当订立书面协议。该协议一般包括担保债权的种类和数额、债务履行期间、抵押财产的范围、实现抵押权的条件等。抵押财产的范围并不要求详细列明。例如，以全部财产抵押的，可以写“以现有的或者将有的全部动产抵押”；以部分财产抵押的，可以写“以现有的和将有的机床、电机、原材料抵押”。

（4）实现抵押权的条件是不履行到期债务或者出现当事人约定的实现抵押权的事由。

（5）债权人有权就实现抵押权时的动产优先受偿。

关联案例

约定事由出现，依法就浮动抵押实现债权

甲企业欲设立一个生产电力设备的工厂，但是缺乏资金，因此向乙银行贷款。甲乙双方签订了一个贷款协议。协议约定，乙银行向甲企业提供1 000万元的借款。甲企业将其建设中的项目现有和未来取得的全部资产作为借款的担保，并约定如果在三年内因经营问题，项目工程不能正常运营，则银行有权实现抵押权。此后，乙银行按协议分两次向甲企业发放贷款。当项目建设三年期满时，因甲企业的经营问题而发生严重的财务困难，项目建设就此停滞。同时，乙银行认为双方约定的实现抵押权的事由已经出现，于是要求甲企业偿还所借款项。

问题：（1）甲企业与乙银行之间的约定属于什么担保？

（2）事实上甲企业已无能力偿付乙银行的借款，则乙银行该如何实现其债权？

解析：（1）本案中，因双方的贷款协议已经明确规定，甲企业将建设中的项目现有和未来取得的全部资产作为借款的担保，所以本案涉及的是典型的浮动担保方式。

（2）本案中，甲乙之间约定的实现抵押权的事由已经出现，事实上甲企业因财务状况危机，项目建设停滞，已经无法在三年期满时正常运营，进而无法获取收益以清偿银行的贷款。因此，乙银行在主债务不能受偿时，有权行使贷款协议约定的浮动抵押的权利。

五、抵押合同

抵押合同是抵押权人（通常是债权人）与抵押人（既可以是债务人，也可以是第三人）签订的担保性质的合同。抵押人以一定的财物（既可以是不动产，也可以是动产）向抵押权人设定抵押担保，当债务人不能履行债务时，抵押权人可以依法以处分抵押物所得价款优先受偿。

1. 抵押合同的形式

抵押合同是抵押权人和抵押人协商一致并且经过双方当事人签字盖章的书面协议，所以抵押合同的订立必须采取书面的形式。

2. 抵押合同的内容

根据《担保法》的规定，抵押合同的内容包括：①被担保的主债权种类、数额；②债务人履行债务的期限；③抵押物的名称、数量、质量、状况、所在地、所有权权属或者使用权权属；④抵押担保的范围；⑤当事人认为需要约定的其他事项。

3. 禁止订立流押条款

抵押权人在债务履行期届满前，不得与抵押人约定债务人不履行到期债务时抵押财产归债权人所有。在设立抵押权时，抵押人处于资金需求者的地位，往往出于急需，不惜以价值非常大的抵押物担保数额较小的债权。如果允许当事人设立流押条款，首先，当债务人到期不能清偿债务时，债权人将获得抵押物的所有权，债务人的利益将受到极大的损失，也违反了民法规定的公平、等价、有偿原则。其次，在抵押人没有足够的财产来满足其他债权人的债权时，抵押人可能会与抵押权人恶意串通，通过签订流押条款这种方式来逃避对其他债权人的债务，从而给其他债权人造成损害。

六、抵押登记

抵押登记是指抵押权人向法律规定的有关部门将其在特定物上所设定的抵押权的事项予以记载的事实。

1. 登记作为抵押权生效要件，不登记抵押权不成立

以建筑物或者建设用地使用权等不动产进行担保的，抵押权从登记时设立。但是需要注意的是，不登记只是抵押权不成立，不影响抵押合同的法律效力。具体包括：①建筑物和其他土地附着物；②建设用地使用权；③以招标、拍卖、公开协商等方式取得的荒地等土地承包经营权；④正在建造的建筑物。

提示：《担保法》第 41 条规定："当事人以本法第 42 条规定的财产抵押的，应当办理抵押物登记，抵押合同自登记之日起生效。"《物权法》第 15 条规定："当事人之间订立有关设立、变更、转让和消灭不动产物权的合同，除法律另有规定或者合同另有约定外，自合同成立时生效;未办理物权登记的，不影响合同效力。"《物权法》第 187 条规定："以本法第 180 条第 1 款第 1 项至第 3 项规定的财产或者第 5 项规定的正在建造的建筑物抵押的，应当办理抵押登记。抵押权自登记时设立。"显然，两部法律对抵押权成立时间规定一致，即自登记时设立，但对抵押合同的法律效力却有截然不同的规定。根据新法优于旧法的法律适用原则，抵押合同成立生效的时间应遵从《物权法》的相关规定，即自合同成立时即生效，抵押物是否办理抵押登记只是抵押权所衍生的对抵押物是否享有优先受偿权问题而不影响抵押合同的效力。

2. 动产抵押不以登记为生效要件，而以登记为对抗要件

以动产进行抵押的均自抵押合同生效时设立，未登记只是不得对抗善意第三人。具体包括：①生产设备、原材料、半成品、产品；②船舶、航空器；③交通运输工具；④其他法律、行政法规未禁止抵押的动产。

3. 登记具有绝对效力

依据2000年9月29日发布于12月13日起施行的《最高人民法院关于适用〈中华人民共和国担保法〉若干问题的解释》第61条的规定。登记的内容与抵押合同的约定不一致的，应当以抵押登记为准。

七、抵押权的效力

1. 抵押担保债务的范围

当事人在抵押合同中约定抵押担保债务的范围的，按照合同约定办理。如果当事人对此没有约定，则依照法定抵押担保债务的范围来界定，具体为：主债权以及利息、违约金、损害赔偿金和实现抵押权费用。

注意：《物权法》第191条的规定中强调了抵押期间转让抵押物“应经抵押权人的同意”，而不是如《担保法》中规定的“通知抵押权人并告知受让人”。

2. 抵押权对抵押人转让权的限制

依据《物权法》第191条的规定，抵押期间，抵押人经抵押权人同意转让抵押财产的，应当将转让所得的价款向抵押权人提前清偿债务或者提存。转让的价款超过债权数额的部分归抵押人所有，不足部分由债务人清偿。抵押期间，抵押人未经抵押权人同意，不得转让抵押财产，但受让人代为清偿债务消灭抵押权的除外。

关联案例

未经抵押权人同意转让不动产是否有效

D市A房地产开发公司竞拍取得三块土地，共计100亩。为了获得资金启动项目，A房地产公司将该土地使用权抵押给了G银行用于贷款担保，抵押期限自2015年1月至12月，并办理了抵押登记。

2015年3月，A房地产公司与B投资公司签订了《国有土地使用权转让合同》。合同约定：A房地产公司在符合土地使用权出让合同规定的期限和条件后，以每亩60万元的价格将该土地转让给B投资公司；同时约定，B投资公司代A房地产公司偿还G银行贷款本息2 000万元，余款4 000万元于土地过户后一次付清。G银行得知这一消息后致函A房地产公司，认为双方未经G银行同意，擅自转让抵押物的行为无效，且严重侵害了G银行的抵押权。要求A房地产公司必须立即停止转让行为。

问题：如果A房地产公司就此事进行咨询，请从《物权法》的角度提供法律意见。

解析：根据《物权法》第191条的规定，抵押期间，抵押人未经抵押权人同意，不得转让抵押财产，但受让人代为清偿债务消灭抵押权的除外。《物权法》的这一规定既是为了保障抵押权人的利益不受侵害，同时又不绝对限制财产的流转，使抵押物的效益充分发挥。

本案中，A房地产公司和B投资公司在土地使用权转让合同中明确约定，由受让人B投资公司代为清偿银行贷款本息，符合《物权法》第191条“受让人代为清偿债务消灭抵押权”的规定，因此，A房地公司和B投资公司的土地使用权转让合同并没有使抵押权人G银行的利益受到任何损害。只要B投资公司能按合同约定履行代偿义务以消灭抵押权，A房地产公司与B投资公司之间的土地使用权转让合同就有效并可以继续履行。

3. 抵押权是否及于抵押物的孳息

抵押物的孳息是指抵押物所产生的收益，包括天然孳息和法定孳息。天然孳息是指依自然规律所产生的收益，如植物结的果实、母牛生下的小牛。法定孳息是指依法律关系所产生的收益，如房屋出租产生的租金、存款产生的利息。

《物权法》确定了抵押权的实现与抵押物的孳息的关系，主要指：债务人不履行到期债务或者发生当事人约定的实现抵押权的情形，致使抵押物被人民法院依法扣押的，自扣押之日起抵押权人有权收取该抵押物的天然孳息或法定孳息。同时，抵押权人应当将扣押抵押物的事实通知应当清偿法定孳息的义务人，没有通知的，抵押权人无权收取该孳息。“收取”的含义是占有而非所有。收取的孳息有三种作用：①冲抵收取费用；②用于清偿债务；③余者返还给抵押人。

4. 抵押权的物上代位性

抵押期间，抵押物毁损、灭失的，如果抵押人有过错，抵押权人有权要求抵押人恢复抵押财产的价值，或者提供与减少的价值相应的担保。抵押人不恢复抵押财产的价值也不提供担保的，抵押权人有权要求债务人提前清偿债务；如果抵押人没有过错，则抵押人不承担补充担保的责任，抵押权随着抵押物的灭失而消灭。

抵押期间，抵押物毁损、灭失或者被征收等，抵押权人可以就获得的保险金、赔偿金或者补偿金等优先受偿；如果抵押担保的债权履行期未届满，则抵押权人可以提存该保险金、赔偿金或者补偿金等。

5. 抵押权与租赁权

订立抵押合同前抵押财产已出租的，原租赁关系不受该抵押权的影响。这就是通常意义上的“买卖不破租赁”的原则。

抵押权设立后抵押财产出租的，该租赁关系不得对抗已登记的抵押权。一方面，如果将办理了抵押登记的财产出租，实现抵押权后，抵押财产的买受人可以解除原租赁合同，承租人不能要求继续承租抵押的房屋。这是因为，抵押财产办理了登记的，承租人可以从抵押财产登记中查询租赁财产已抵押的情形，就应当对未来实现抵押权而带来的风险有预见。另一方面，如果将没有办理登记的抵押财产出租，承租人不知道也不需要知道财产已抵押的情况，抵押权就不能对抗租赁权，仍应当适用“买卖不破租赁”的原则。

八、抵押权的实现

1. 抵押权实现的方式

在债权履行期届满抵押权人未受清偿时，双方可以依法达成协议，按照所达成的协议实现抵押权；未达成协议的，抵押权人可以请求人民法院拍卖、变卖。抵押权人可以与抵押人协议以抵押物折价或者拍卖、变卖该抵押物所得的价款优先受偿。抵押物折价或者拍卖、变卖后，所得的价款中超过债权数额的部分归抵押人所有；价款低于债权数额的，不足清偿的部分，由债务人清偿。

2. 抵押权实现的期限

根据《物权法》第202条的规定，抵押权人应当在主债权诉讼时效期间行使抵押权；未行使的，人民法院不予保护。例如，甲公司向乙银行贷款1 000万元，约定2015年12月2日一次性还本付息。丙公司以自己的一栋房屋作抵押。到期甲没有清偿债务，乙银行每个月都向其催收，但均无效果，最后一次催收的时间是2017年11月2日。那么从2017年11月2日起算，乙银行的诉讼时效期间应为3年，所以乙银行应在主债务的诉讼时效期间，即2020年11月2日前行使抵押权，才能得到法院的保护。

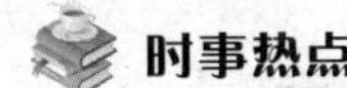

时事热点

推荐观看"按揭房还能抵押吗？记者暗访8家银行揭秘'二次贷'"视频（2017年6月14日广东电视台经济科教频道"南方财经报道"片段）。思考从抵押权实现的角度，怎样来看待还款风险。

3. 抵押权实现的顺序

根据《物权法》第199条的规定，同一财产向两个以上债权人抵押的，拍卖、变卖抵押财产所得的价款依照下列规定清偿。

（1）抵押权已登记的，按照登记的先后顺序清偿；顺序相同的，按照债权比例清偿。

（2）抵押权已登记的先于未登记的受偿。

（3）抵押权未登记的，按照债权比例清偿。

注意：针对上述情况涉及的抵押权实现的顺序，在办理了抵押登记的情况下，《物权法》与《担保法》作出了相同的规定，即对于已登记的抵押权，按登记的先后顺序清偿，顺序相同的，按债权比例清偿；已登记的抵押权优先于未登记的受偿。在未办理抵押权登记的情况下，《物权法》与《担保法》作出了不同的规定，即《物权法》统一规定为按债权比例清偿，而并不考虑抵押设立的先后时间。而按照《担保法》第54条的规定，抵押物未登记的，按抵押合同生效的先后顺序清偿；顺序相同的，按债权比例清偿。

关联案例

同一财产多家抵押，如何实现抵押权

因业务发展需要，A机械工业公司以一套价值1 000万元的进口机械设备为抵押向当地银行借款，分别从甲银行、乙银行、丙银行和丁信用社各借250万元。甲银行于9月5日和A公司签订抵押合同，9月9日办理了抵押登记；乙银行于9月6日和A公司签订抵押合同，并于当天办理抵押登记；丙银行于9月1日和A公司签订抵押合同，约定两天后办理抵押登记，但随后不了了之；丁信用社于9月3日和A公司签订抵押合同，并约定丁的债权优先于另外几家银行受偿。后来，A公司无力偿还到期贷款。

四家银行诉诸法院，法院拍卖抵押的设备，得款700万元。

问题：甲银行、乙银行、丙银行和丁信用社对拍得的价款如何分配？

解析：抵押权的标的物主要是债务人或第三人提供担保的不动产，但是在我国动产也可以用作抵押。本案中，抵押物是一套机械设备，属动产抵押。

依照《物权法》第 199 条的规定，同一财产向两个以上债权人抵押的，对于已登记的抵押权，按登记的先后顺序清偿，顺序相同的，按债权比例清偿；已登记的抵押权优先于未登记的受偿。在未办理抵押权登记的情况下，《物权法》与《担保法》作出了不同的规定，即《物权法》统一规定为按债权比例清偿，而并不考虑抵押设立的先后时间。

本案中，就一项财产设定了四个抵押权，甲银行和乙银行的抵押权进行了登记，优先于未登记的丙银行和丁信用社的抵押权。又因为乙银行的抵押权登记在先，乙银行的抵押权顺位在甲之前。故乙得以就抵押物价款先受偿，甲其次。未登记的抵押权彼此不产生对抗效力，丙、丁之间按照债权比例平等受偿。故乙、甲先后受偿 250 万元，丙、丁各得 100 万元。

这里，丁信用社和 A 公司的优先受偿的约定只是双方的内部约定，不产生对外的排斥效力。该约定不能使丁信用社的债权取得优先于其他债权人。

【节前引例分析】

（1）一并抵押。根据《担保法》第 36 条的规定，以依法取得的国有土地上的房屋抵押的，该房屋占有范围内的土地使用权同时抵押。

（2）不属于抵押财产。根据《担保法》第 55 条的规定，房屋抵押合同签订后，土地上新增的房屋不属于抵押财产。

（3）以设定抵押权的房屋折价或者拍卖、变卖该房屋所得价款优先受偿。

（4）根据《担保法司法解释》第 61 条，抵押物登记记载的内容与抵押合同约定的内容不一致的，以登记记载的内容为准。

（5）不能行使抵押权。根据《担保法司法解释》第 48 条的规定，以法定程序确认为违法、违章建筑物抵押的，抵押无效。

（6）可以。根据《担保法司法解释》第 47 条的规定，以依法获准尚未建造的或者正在建造中的房屋或者其他建筑物抵押的，当事人办理了抵押物登记，人民法院可以认定抵押有效。

（7）不能行使。因为值班室的产权属于子公司所有，而子公司与母公司是两个互相独立的法人，母公司在子公司财产上设定抵押的行为，属于无权处分，因此，抵押无效。

（8）保证合同无效。未经授权的分支机构签订的保证合同无效。

第四节　银行贷款质押

【引例】

为解决流动资金短缺的问题，甲工厂向某市乙合作银行（以下简称乙银行）申请流动资金贷款 1 200 万元。经双方协商后，乙银行同意发放借款 260 万元、期限 6 个月的借贷款，但要求甲工厂提供担保。甲工厂以其一处建设用地使用权为抵押，并将《建设用地使用权证》交由银行保管，同时又把一定数额的记账式国库券、财产保险单也交由银行保管。6 个月期满，甲工厂未能如期归还银行贷款本金和利息，银行决定行使担保权。

问题：结合前面所学知识和本节的学习，分析本案中的担保有哪些问题。

一、银行贷款质押概述

银行贷款质押是指商业银行在发放贷款时，依据《担保法》和《物权法》规定的质押方式，要求借款人或第三人以某种动产和权利作为质物，来担保贷款债权的实现。

在传统民法中质押担保被称为“质权”。根据《担保法》的规定，按照质物的不同种类，可将质押分为动产质押和权利质押。在质押担保的情况下，出质人要将动产或某种权利凭证交付给发放贷款的商业银行，由商业银行占有；在贷款未被清偿前，商业银行有权占有质物。如果借款人到期不清偿贷款，商业银行可以将质物折价或者拍卖、变卖质物的价款优先受偿。

质押具有以下特征。

（1）质权的标的是动产和可转让的权利，不动产不能设定质权。因此，质权分为动产质权和权利质权。

（2）质权是转移质物的占有权的担保物权。质权的产生必须要求出质人交付质物于质权人。

二、动产质押

动产质押是指债务人（借款人）或者第三人将其动产移交债权人（商业银行）占有，将该动产作为贷款债权的担保。债务人不履行债务时，债权人有权依法以该动产折价或者以拍卖、变卖该动产的价款优先受偿。债务人或者第三人为出质人，债权人为质权人，移交的动产为质物。

设定动产质押，出质人和质权人应当以书面形式订立质押合同。

1. 动产质押合同

签署动产质押合同有以下几项要求。

（1）质押合同的形式。质押合同是质权人和出质人协商一致并且经过双方当事人签字盖章的书面协议。

（2）动产质押合同的主要内容。质押合同应包括：①被担保的主债权种类、数额；②债务人履行债务的期限；③质物的名称、数量、质量、状况；④质押担保的范围；⑤质物移交的时间；⑥当事人认为需要约定的其他事项。

（3）动产质押合同生效与质权的生效。质押合同自双方当事人签字盖章时生效，属诺成性合同，质权自出质人将质物交付质权人时生效。

2. 动产质押担保的范围

质押担保的范围，原则上应当由当事人自由约定。如果没有约定或约定不明时，应当适用法定质押担保的范围，即主债权及利息、违约金、损害赔偿金、质物保管费用和实现质权的费用。质物保管费用是指质权人占有质物，在保管质物期间所支出的费用。例如，对质物进行必要维护所需费用，对质物（如动物）进行饲养所支出的费用。

3. 禁止订立流质条款

同抵押合同一样，订立质押合同时，质权人与出质人不得约定债务人不履行到期债务时质押财产归债权人所有。但该内容无效不影响其他部分内容的效力。

4. 动产质权人的权利与义务

动产质权人的具体权利如下。

（1）占有质物的权利。在债务人清偿债务之前，债权人有占有质物的权利，以待债权的实现。

（2）收取孳息的权利。质权人有权收取质押财产的孳息，质押合同另有约定的，按照约定执行。孳息应当先充抵收取孳息的费用，然后充抵主债权的利息和主债权。

（3）保全质押权。因不能归责于质权人的事由可能使质押财产毁损或价值明显减少，足以危害质权人权利的，质权人有权要求出质人提供相应的担保；出质人不提供的，质权人可以拍卖、变卖质押财产，并与出质人通过协议将拍卖、变卖所得价款提前清偿债务或者提存。

（4）优先受偿权。债务履行期届满质权人未受清偿的，可以与出质人协议以质押财产折价，也可以依法拍卖、变卖质押财产所得价款优先受偿。

动产质权人的具体义务如下。

（1）保管质物的义务。质权人占有质物，应负妥善保管的义务。因保管不善致使质押财产损毁、灭失的，应当承担赔偿责任；质权人的行为可能使质押财产损毁、灭失的，出质人可以要求质权人将质押财产提存，或者要求提前清偿债务并返还质押财产。

（2）返还质物的义务。质权人返还质物的义务表现在两个方面：一是债务人履行到期债务的，或者出质人提前清偿所担保的债权的，质权人应当返还质物；二是质权人不能妥善保管质物可能致使其灭失或者毁损的，出质人可以要求质权人将质物提存，或者要求提前清偿债权并返还质物。

5. 动产出质人的权利与义务

动产出质人的具体权利如下。

（1）质押存续期间质物损害的，出质人的赔偿请求权。质权人在质权存续期间，未经出质人的同意，擅自使用、处分质押的财产，给出质人造成损害的，出质人有权要求质权人予以赔偿。

（2）质权实现后，出质人对债务人的追偿权。为债务人质押担保的第三人，在质权人实现质权后，有权向债务人追偿。

时事热点

推荐观看“女子存款1 000万被银行质押——2099年才能取”视频（2017年8月11日大连电视台“新闻大连”片段），结合第三章商业银行的经营原则以及对个人存款的保护原则，梳理本案中的法律关系，可得到哪些启示？

（3）债务履行期届满而债务人未清偿债务时，出质人请求质权人及时行使质权的权利。由于市场价格的变化，质物也存在着价格下跌或意外灭失的风险，所以一旦债务履行期届满而债务人未清偿债务时，质权人应及时行使质权，以免给出质人造成损失。一方面，出质人首先要求质权人及时行使质权；另一方面，有证据证明损害是由于质权人怠于行使质权造成的，质权人则应承担赔偿责任。

动产出质人的具体义务如下。

（1）出质人转移质物于质权人占有的义务，质权生效。

（2）出质人提供补充担保的义务。如果质物有损坏或者价值明显减少的可能，则出质人有义务提供相应的补充担保，保证质权的完整性。

三、权利质押

权利质押为质押的一种，它是以所有权以外的可让与的财产权作为质权的标的，以担保银行贷款债权实现的一种担保方式。

1. 权利质押的特征

与动产质押相比较，权利质押具有以下特征。

（1）权利质权的标的为所有权以外的可让与的财产权；动产质权的标的则为动产。

（2）权利质押通常依权利凭证的交付、质权设定的登记或者其他方法，发生占有转移的效力；动产质押则以动产的交付发生转移质物占有的效力。

2. 可以出质的权利及质权的设立

债务人或者第三人以《物权法》第223条规定的有权处分的权利出质的，以依法有处分权的权利出质的，应订立质押合同。出质的权利有的有权利凭证，有的没有权利凭证，因此其质权设立的条件也有所区别，如表5.2所示。

表5.2 可以出质的权利范围一览表

可以出质的权利范围	质权的设立	出质登记部门
汇票	交付	
本票	交付	
支票	交付	
存款单	交付	
有权利凭证债券	交付	
没有权利凭证债券	出质登记	记账式国库券——中央国债登记结算公司
		上市交易的公司债券——证券登记结算机构
仓单	交付	
提单	交付	
可以转让的基金份额	出质登记	证券登记结算机构
证券登记结算机构登记的股权		
可以转让的股权	出质登记	工商行政管理部门
可以转让的注册商标专用权、专利权	出质登记	主管部门
著作权等知识产权中的财产权	出质登记	主管部门
应收账款	出质登记	信贷征信机构

（1）以汇票、支票、本票、债券、存单、仓单、提单出质的，有权利凭证的，质权自权利凭证交付质权人时设立；没有权利凭证的，质权自办理出质登记时设立。

（2）以存款单出质的，依据由银监会2006年12月发布的《个人定期存单质押贷款办法》的规定，存单质押担保的范围包括贷款本金和利息、罚息、损害赔偿金、违约金和实现质权的费用。存单质押贷款金额原则上不超过存单本金的90%，贷款人也可以根据存单质押担保的范围合理确定贷款金额，但存单金额应能覆盖贷款本息。

存单质押贷款期限不得超过质押存单的到期日。若为多张存单质押，以距离到期日时间最近者确定贷款期限，分笔发放的贷款除外。

以第三人存单作质押的，贷款人应制定严格的内部程序，认真审查存单的真实性、合法性和有效性，防止出现权利瑕疵的情形。

（3）以证券登记结算机构登记的股权出质的，质权自证券登记结算机构办理出质登记时设立。

注意：2004年11月2日，中国人民银行、银监会和证监会联合下发的《证券公司股票质押贷款管理办法》中第28条规定："贷款人应在证券交易所开设股票质押特别席位（以下简称特别席位），用于质物的存放和处分；在证券登记结算机构开设特别资金结算账户（以下简称资金账户），用于相关的资金结算。借款合同存续期间，存放在特别席位下的股票，借款人不得转让，但本办法第33条规定以及借款人和贷款人协商同意的情形除外”。依据该规定可以看出，在证券交易所开设股票质押特别席位只是出于便于质物管理和处分的需要，而不是质权成立的要件之一。

（4）以有限责任公司的股权、非公开发行的股东在200人以下的股份有限公司的股权出质的，质权自工商行政管理部门办理出质登记时设立。

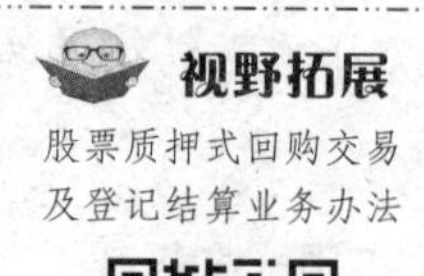

视野拓展

股票质押式回购交易及登记结算业务办法

（5）以应收账款出质的，质权自中国人民银行征信中心的信贷征信机构办理出质登记时设立。

注意：这里所说的应收账款，是指未被证券化的（即不以流通票据或者债券为代表的）、以金钱为给付标的的现有以及将来的合同债权。如卖方销售货物后形成的对卖方的价金债权、出租人出租房屋后对承租人的租金债权、借款人对贷款人的借款债权等；收费公路的收费权，农村电网收费权以及城市供水、供热、公交、电信等基础设施项目的收益权，景点、风景区门票等经营性服务收费权等。

关联案例

股权质押合同纠纷

2015年9月，A证券公司从B银行借款3 100万元，担保方式为以在证券登记结算机构登记的股票质押。双方签订质押合同后将上述股票在证券登记结算机构办理了出质登记，并存放于B银行在证券交易所开设的股票质押贷款业务特别席位（以下简称特别席位）。之后，该笔贷款在2016年3月全部还清。

2016年11月，A公司又从B银行办理了8 000万元的质押贷款，并向B银行出具了《承诺函》，承诺仍以存放于特别席位的股票所代表的股权为该笔贷款提供质押担保，B银行又先后分四笔向A公司发放全部贷款，但未就上述股票再次办理出质登记。还款期到，A公司并未清偿贷款本金和利息。在此期间存放于特别席位的股票市值跌至平仓线（融资贷款本息的120%），B银行根据规定及时通过特别席位实施平仓，以清偿全部借款本息。

不久，A公司诉至法院认为双方之间的质押关系并未成立，B银行无权处分存放于特别席位的股票，要求B银行承担因此造成的损失。

问题：怎样看待A公司与B银行之间的两次质押贷款？

解析：A公司于2015年以证券登记结算机构登记的股票出质的方式第一次向B银行办理融资贷款，并在证券登记结算机构办理了质押登记，此时质权设立，质押担保合法有效，因此B银行享有质权。2016年3月还清贷款时，质押担保的债权消灭，质权也消灭。所以当A公司上述债务于2016年3月清偿完毕时，B银行享有的质权也随之消灭。

A公司在2016年11月向B银行第二次融资贷款时，虽出具了单方承诺，但未签订质押合同，也未在证券登记结算机构重新办理质押登记，因此质权尚未成立，B银行并不是法律意义上质押股票的权利人，无处分权。虽然第一次质押的股票继续存放在B银行在证交所开设的股票质押贷款业务特别席位，但该特别席位只是用于质物的存放和处分，并不是质权成立的要件之一。因此，在贷款本息未经清偿的情况下，若 B 银行未经 A 公司的同意，则无权通过处分存放于特别席位的股票来清偿贷款债权。

所以，对 A 公司所欠 B 银行贷款本息不能通过行使质押权的途径实现，只能通过普通债权的途径实现。

3. 权利质押的实现

对于权利质押的实现，需注意以下几个条件。

（1）汇票、支票、本票、债券、存款单、仓单、提单兑现或者提货日期先于债务履行期的，质权人不经过出质人同意，有权将汇票、支票、本票、债券、存款单上所载款项兑现，有权将仓单、提单所载货物提取，但质权人兑现款项或者提取货物后不能占为已有，必须通知出质人，与出质人协商，或者用兑现的款项、提取的货物提前偿还债务，或者将兑现的款项、提取的货物向与出质人约定的第三人提存。出质人只能在提前清偿债权和向约定第三人提存中选择，不能既不同意提前清偿债权，也不同意向第三人提存。这里的第三人是指质权人和出质人约定的任何公民、法人或者其他组织。

（2）汇票、支票、本票、债券、存款单、仓单、提单兑现或者提货日期后于债务履行期的，若债务履行届至时债务人未清偿担保的债权，则质权人有权实现其债权；若汇票、支票、本票、债券、存款单、仓单、提单所载的兑现或提货日期尚未届至，则提前兑现或提货是加重了第三债务人的义务，是违反法律有关规定的。因此，质权人只能在汇票、支票、本票、债券、存款单兑现日期届至时兑现其上所载的款项，在仓单、提单提货日期届至时提取其上所载的货物。

（3）股票出质后不能转让，但出质人与质权人协商一致，都同意转让的除外。合法转让股票所得的价款应当先向质权人提前偿付所担保的债权，或者向与质权人约定的第三人提存。

【节前引例分析】

本案中既有抵押担保又有质押担保。

（1）依据《物权法》第 180 条的规定，以建筑物或者建设使用权等不动产进行担保的，抵押权从登记时设立。本案中以建设用地使用权为抵押，并未办理抵押登记，所以抵押权并未设立。而甲工厂将《建设用地使用权证》交由银行保管并不能产生抵押的效力。

（2）根据《物权法》的规定，以汇票、支票、本票、债券、存单、仓单、提单出质的，有权利凭证的，质权自权利凭证交付质权人时设立；没有权利凭证的，质权自办理出质登记时设立。以记账式国库券质押担保的，由于没有权利凭证，所以应到中央国债登记结算公司办理出质登记，这样质押权才能设立。

（3）财产保险单不属于《担保法》和《物权法》规定的法定权利质押的范围，因此该质押担保无效。

第五节　银行保函和备用信用证

【引例】

G 银行于 2016 年 3 月 1 日开立一份以 B 为受益人的备用信用证，规定于当年 4 月 1 日生效。当年 3 月 14 日，申请人指示开证行撤销备用信用证。

问题：依据《ISP 98》(《国际备用信用证惯例》) 的规定，分析上述做法是否可行。

在国际经济贸易活动中，交易双方往往缺乏了解和信任，这给达成交易和履行合同造成一定的障碍。为解决这些问题，出现了由信誉卓著的银行以及其他金融机构开具的银行保函或备用信用证，以担保保证申请人履行双方签订的商务合同或其他合同项下的某种责任或义务。

一、银行保函

保函（letter of guarantee，L/G）又称保证书，是指银行、保险公司、担保公司或担保人应申请人的请求，向受益人开立的一种书面信用担保凭证，保证在申请人未能按双方协议履行其责任或义务时，由担保人代其履行一定金额、一定时限范围内的某种支付或经济赔偿责任。

银行保函是指国际间银行办理代客担保业务时，应申请人的要求，向受益人开出的保证文件。银行保函的基本当事人为申请人、受益人、担保人；其他可能涉及的当事人为通知行、转开行、保兑行、反担保人。

1. 银行保函的法律特征

对于银行应申请人的申请而开立的有担保性质的书面承诺文件，一旦申请人未按其与受益人签订的合同的约定偿还债务或履行约定义务时，由银行履行担保责任。银行保函有以下两个特征。

（1）银行保函依据商务合同开出，但不依附于商务合同，具有独立法律效力。当受益人在保函项下合理索赔时，担保行就必须承担付款责任，而不论委托人是否同意付款，也不管合同履行的实际事实。

（2）以银行信用作为保证，更易于为合同双方接受。

2. 银行保函当事人之间的法律关系

银行保函业务中涉及的主要当事人有三个：申请人、受益人和担保银行。此外，往往还有反担保人、通知行及保兑行等。

（1）申请人与受益人之间基于彼此签订的合同而产生的债权债务关系或其他权利义务关系。此合同是它们之间权利和义务的依据，相对于保函协议书和保函而言是主合同。它是其他两个合同产生和存在的前提。如果此合同的内容不全面，则会给银行的担保义务带来风险。因而银行在接受担保申请时，应要求申请人提供其与受益人之间签订的合同。

（2）申请人与银行之间的法律关系是基于双方签订的《保函委托书》而产生的委托担保关系。《保函委托书》中应对担保债务的内容、数额、担保种类、保证金的交存、手续费的收取、银行开立保函的条件及时间、担保期间、双方违约责任、合同的变更、解除等内容予以详细约定，以明确委托人与银行的权利义务。《保函委托书》是银行向申请人收取手续费及履行保证责任后向其追偿的凭证。因此，银行在接到申请人的担保申请后，应对申请人的资信、债务及担保的内容和经营风险进行认真的评估审查，以最大限度降低自身风险。

（3）担保银行和受益人之间的法律关系是基于保函而产生的保证关系。保函是一种单务合同，受益人可以以此享有要求银行偿付债务的权利。在大多数情况下，保函一经开立，银行就要直接承担保证责任。

3. 见索即付保函

银行保函是由银行开立的承担付款责任的一种担保凭证，银行根据保函的规定承担绝对付款责任。银行保函大多属于“见索即付”（无条件保函），是不可撤销的文件。

见索即付保函是指对由银行出具的，以书面形式表示在受益人交来符合保函条款的索赔书或保函中规定的其他条件时，承担无条件的付款责任。银行保函的当事人有委托人（要求银行开立保证书的一方）、受益人（收到保证书并凭以向银行索偿的一方）、担保人（保函的开立人）。见索即付保函一经开立，银行将成为第一付款人，会承担很大的风险。因此，为降低风险，银行在开立见索即付保函时应注意以下问题。

（1）保函应将赔付条件具体化，应有具体担保金额、受益人、委托人、保函有效期限等。

（2）银行应要求委托人提供相应的反担保或一定数量的保证金，银行在保证金的额度内出具保函。

（3）银行向境外受益人出具保函，因属对外担保，所以还必须注意诸如报经外汇管理局批准等对外担保的法律规定。

（4）银行开立保函，还应该对基础合同的真实性进行认真审核，以防诈骗。

二、备用信用证

备用信用证（standby letters of credit，SBLC）又称担保信用证、履约信用证、商业票据信用证，是开证行根据申请人的请求，对受益人开立的，承诺承担某项义务的凭证。开证行保证在开证申请人未履行其应履行的义务时，受益人只要按照备用信用证的规定向开证银行开具汇票（或不开汇票），并提交开证申请人未履行义务的声明或证明文件，即可取得开证行的偿付。备用信用证的基本当事人为申请人、开证行、受益人；其他可能涉及的当事人为通知行、保兑行、议付行。

1. 备用信用证的法律特征

备用信用证具有以下几个特点。

（1）不可撤销性。备用信用证在开立后即是一个不可撤销的、独立的、跟单的及具有约束力的承诺。除非在备用信用证中另有规定，或经对方当事人同意，开证人不得修改或撤销其在该信用证下的义务。

（2）跟单性。开证人的义务要取决于单据的提示，以及对所要求单据的表面审查。

（3）独立性。备用信用证下开证人义务的履行并不取决于：①开证人从申请人那里获得偿付的权利和能力；②受益人从申请人那里获得付款的权利；③备用信用证中对任何偿付协议或基础交易的援引；④开证人对任何偿付协议或基础交易的履约或违约的了解与否。

（4）强制性。备用信用证在开立后即具有约束力，无论申请人是否授权开立，开证人是否收取了费用，或受益人是否收到或因信赖备用信用证而采取了行动，它对开证行都是有强制性的。

2. 备用信用证的适用条款

1995 年 12 月，联合国大会通过了由联合国国际贸易法委员会起草的《独立担保和备用信用证公约》；1999 年 1 月 1 日，国际商会的第 590 号出版物《国际备用信用证惯例》（简称《ISP 98》）作为专门适用于备用信用证的权威国际惯例，正式生效实施。

根据《国际备用信用证惯例》所界定的“备用信用证在开立后即是一项不可撤销的、独立的、要求单据的、具有约束力的承诺”。作为专门规范备用信用证的《国际备用信用证惯例》，除了让其独立存在之外，修订时要考虑的反而是《跟单信用证统一惯例》（2007 年修订版，简称《UCP 600》）是否仍有必要涉及备用信用证。最终多数意见是备用信用证仍然可以继续适用《UCP 600》。

三、银行保函与备用信用证的比较

银行保函与备用信用证是两种最常见的涉外担保方式，它们的相同之处有以下几点。

（1）定义和法律当事人基本相同。二者基本上都是由银行应申请人的请求或指示，向受益人开立的书面担保文件，承诺对提交的符合其条款规定的书面索赔声明或其他单据予以付款。二者的法律当事人一般包括申请人、开证人（或担保人）、受益人。

（2）性质基本相同。国际经济交易中广为使用的见索即付保函吸收了备用信用证的特点，备用信用证与见索即付保函在性质上日趋相同。

（3）用途基本相同。备用信用证和银行保函都是国际结算和担保的重要形式。

（4）在要求提交的单据方面，都要求提交索偿声明。

银行保函与备用信用证的不同之处有以下几点。

（1）银行保函与备用信用证受到不同的国际惯例的约束。银行保函的国际惯例有《见索即付保函统一规则》（国际商会 458 号出版物）。备用信用证的国际惯例是《国际备用信用证惯例》。

（2）《见索即付保函统一规则》（国际商会 458 号出版物）规定，保函项下受益人索赔的权利不可转让；而《国际备用信用证惯例》中有备用信用证受益人的提款权利转让办法的有关条款，意味着备用信用证是允许转让的。

（3）银行保函有反担保作保证，备用信用证方式下无此项目。

（4）银行保函有负第一性付款责任的，也有负第二性付款责任的；而备用信用证总是负第一性付款责任的。

（5）单据要求不同。备用信用证一般要求受益人在索赔时提交即期汇票和证明申请人违约的书面文件，而银行保函则不要求受益人提交汇票。

【节前引例分析】

尽管备用信用证是为担保申请人和受益人之间的基础合同而开立，且备用信用证条款中常引述基础合同，但备用信用证一经开立，即独立于基础合同。也就是说，开证人对受益人的付款责任是以受益人提交的与备用信用证条款表面相符的“单据”为依据，而不介入确定申请人是否违约的事实。可见，“凭单付款”这一“单据化”特征，是包括备用信用证在内的所有跟单信用证的共同本质。G 银行必须拒绝该项指示。因此，备用信用证自 3 月 1 日开立后即不可撤销，而备用信用证的生效日，即 4 月 1 日代表的是可凭备用信用证提出索款要求的最早日期。

小　结

金融担保是金融机构经营活动中的重要业务之一，它是以债务人或第三人一定的信用、财产为基础，保障债权实现的手段和方法，在现代金融业中发挥着重要作用。

1. 通过本章的学习，应明确金融活动中主要运用的担保形式和法律依据，即《担保法》和《物权法》。

2．在学习保证担保时应掌握两点：一是保证人的法律资格；二是保证形式及其法律责任。

3．抵押和质押是本章的两个主要内容，学习者应明确抵押和质押的区别，结合案例重点掌握抵押物和权利质押的范围以及抵押权和质权的实现。

4．本章对涉外担保也作了阐述，本部分内容既有法律内容，又有专业知识，与国际金融方面的知识有一定的关联。介绍本部分知识的目的在于，让学习者从法律知识的角度去认识专业知识的学习。

知识点测试

一、单项选择题

1．甲企业与乙银行签订借款合同，借款金额为10万元人民币，借款期限为1年，由丙企业作为借款保证人。合同签订3个月后，甲企业因扩大生产规模急需资金，遂与乙银行协商，将贷款金额增加到15万元，甲企业和乙银行通知了丙企业，丙企业未予答复。后甲企业到期不能偿还债务。该案中的保证责任应为（　　）。

A．丙企业不再承担保证责任，因为甲企业、乙银行变更合同条款未得到企业的同意

B．丙企业对10万元应承担责任，增加的5万元不再承担保证责任

C．丙企业应承担15万元的保证责任，因为丙企业对于甲企业和乙银行的通知未予答复，视为默认

D．丙企业不再承担保证责任，因为是甲企业、乙银行变更了合同的数额条款而导致保证合同无效

2．甲向乙借款20万元做生意，由丙以价值15万元的房屋作抵押，并订立了抵押合同。因办理登记手续费过高，经乙同意甲未办理登记手续。甲又将自己的一辆价值6万元的车质押给乙，双方订立了质押合同。乙认为将车放在自家附近不安全，逐决定仍放在甲处。一年后，甲因亏损无力还债，乙诉至法院要求行使抵押权、质权。本案中抵押权和质权的效力是（　　）。

A．抵押权、质权均具有法律上的效力　　B．抵押权、质权不具有法律上的效力

C．抵押权有效、质权无效　　D．质权有效、抵押权无效

3．依照我国《担保法》的规定，下列可以抵押的财产是（　　）。

A．自留山　　B．某中学的小汽车　　C．某大学的办公楼　　D．宅基地使用权

4．甲居于某城市，因业务需要，以其坐落在市中心的一处房产（价值460万元）作抵押，分别从乙银行和丙银行各贷款200万元。甲与乙银行于6月5日签订了抵押合同，6月10日办理了抵押登记；甲与丙银行于6月8日签订了抵押合同，同日办理了抵押登记。后因甲无力还款，乙银行、丙银行行使抵押权，对甲的公寓依法拍卖，只得价款350万元。乙银行、丙银行对拍卖款应如何分配？（　　）

A．乙、丙各175万元　　B．乙200万元、丙150万元

C．丙200万元、乙150万元　　D．丙180万元、乙170万元

5．某银行与甲公司签订贷款合同，由甲公司向某银行借款100万元，乙公司为上述贷款合同提供连带责任的保证。合同签订后，某银行按约向甲公司发放了贷款。但甲公司在贷款期限届满后未履行还款责任，乙公司也未履行担保责任。此后，某银行与丙公司签订了一份债权转让协议，约定：某银行将上述贷款合同产生的债权全部转让给丙公司。债权转让协议签订后，丙公司支付给某银行100万元。下列所述正确的是（　　）。

A．该债权发生移转，保证人乙公司免除了保证责任

B．该债权发生移转，保证人乙公司应在原保证担保的范围内继续承担保证责任

C．该债权移转必须得到保证人乙公司的同意，保证人乙公司才在原保证担保的范围内继续承担保证责任

D．该债权移转如果不通知保证人乙公司，则乙公司不再承担保证责任

6．在抵押期间，由（　　）收取孳息。

A．债权人　　B．债务人　　C．抵押人　　D．抵押权人

7．下列可以抵押的财产是（　　）。

A．国有土地所有权　B．耕地　　C．公益单位的公益设施　D．尚在建造的建筑物

8．（　　）出质需登记才能生效。

A．应收账款　　B．票据　　C．存单　　D．仓单

9．甲欠乙10万元，甲将一批化工原料出质给乙。乙将原料置于院内，任由风吹日晒雨淋，有致化工原料逐渐变质的风险。甲见状，不可提出（　　）请求。

A．解除质押合同　　B．提存化工原料

C．提前清偿债务　　D．要求乙加强保护措施

10．甲公司向银行贷款，并以所持乙上市公司股份用于质押。根据《物权法》的规定：质押合同的生效时间是（　　）。

A．借款合同签订之日　　B．质押合同签订之日

C．向证券登记机构申请办理出质登记之日　　D．证券登记机构办理出质登记之日

二、多项选择题

1．甲向乙信用社贷款12万元，丙、丁、戊为连带保证人。借款期届满，甲无力偿还债务，丙代为偿还12万元。对此，丙可以取得下列（　　）权利。

A．可以请求甲偿还12万元

B．可以请求丁、戊偿还各自应负担的4万元

C．可以请求甲偿还，不足部分再向丁、戊请求偿还

D．可以请求丁、戊偿还各自应负担的4万元，并可同时请求甲偿还4万元

2．一般保证的保证人在主合同纠纷未经审判或仲裁，并就债务人财产依法强制执行仍不能履行债务前，对债权人可以拒绝承担保证责任。在下列情形中，保证人不得行使上述权利的有（　　）。

A．债务人住所变更，致债权人要求其履行债务发生重大困难的

B．人民法院受理债务人破产案件，中止执行程序的

C．保证人放弃债务人对债务的抗辩权的

D．保证人以书面形式放弃上述规定权利的

3．甲公司向乙银行贷款，丙公司作为甲公司的连带责任保证人，同时甲公司将自己所有的办公楼作为抵押，丁公司也以自己所有的厂房作为抵押担保乙银行对甲公司的债权。甲公司、丙公司和丁公司未与乙银行约定它们之间的担保顺序和比例。甲公司到期无力还本付息。乙银行应如何实现自己的债权？（　　）

A．乙银行应当先就甲公司提供的办公楼行使抵押权

B．仍有未实现的债权的，乙银行可以就丁公司提供的厂房行使抵押权

C．可以要求丙公司承担保证责任

D．同时就丁公司的厂房行使抵押权和要求丙公司承担保证责任来实现自己的债权

4．根据《物权法》的规定，下列可以作为质押贷款出质的有（　　）。

A．应收账款　　B．汇票、支票、本票、仓单、提单

C．可以转让的基金份额、股权　　D．可以转让的注册商标专用权、专利权

5．和兴公司从银行贷款 1 000 万美元，由中实公司为保证人，双方在保证合同中约定“还款期届满，和兴公司不能偿还银行贷款本金和利息，则由中实公司承担偿还责任”，但没有对保证担保的范围进行约定。下列表述中正确的是（　　）。

A．本案为连带责任保证，还款期届满和兴公司不清偿借款债务的，则由中实公司承担保证责任

B．本案关于保证担保的方式约定不明，应认为属于连带责任保证

C．本案属于一般保证，中实公司享有先诉抗辩权

D．本案中双方没有对保证担保的范围进行约定，则应确定保证担保的范围为：主债权及利息、违约金、损害赔偿金和实现债权的费用

6．下列属于法定孳息的是（　　）。

A．植物结的果实　　B．房屋出租的租金　　C．本金存入银行的利息　D．母牛生下的小牛

7．甲公司向乙银行借款，以自己所有的办公楼抵押，甲公司是否有权将办公楼卖给丙公司？下列说法错误的是（　　）。

A．如果乙银行同意，甲公司可以将办公楼卖给丙公司

B．如果丙公司代甲公司清偿债务消灭乙银行的抵押权，甲公司不经乙银行同意也可以将办公楼卖给丙公司

C．甲公司无权将办公楼卖给丙公司

D．甲公司可不经乙银行同意，将办公楼卖给丙公司

8．关于保证期间，下列说法正确的有（　　）。

A．保证期间从主债务履行期届满之日起算

B．当事人对保证期间可以进行约定，但最长不得超过两年

C．当事人未约定保证期间的，或虽有约定，但早于或等于主债务履行期限的，视为无约定，推定为 6 个月的保证期间

D．保证期间应从保证人在保证合同中签章之日起计算

9．可以作为权利质押的标的的是（　　）。

A．存款单　　B．票据　　C．可以转让的股权　　D．仓单

10．下列哪项出质需登记才能生效？（　　）

A．应收账款　　B．汇票　　C．本票　　D．股权

三、判断题

1．动产质押质权自出质人将质物交付质权人时生效。（　　）

2．国家机关在任何情况下都不能充当保证人。（　　）

3．不动产抵押合同需要登记才能生效。（　　）

4．只要在保证合同中约定保证方式为“一般保证”，则保证人在任何情况下都享有先诉抗辩权。（　　）

5．在未办理抵押权登记的情况下，按债权比例清偿。（　　）

6．抵押物未登记的，按抵押合同生效的先后顺序清偿，顺序相同的，按债权比例清偿。（　　）

7．以汇票、本票、支票出质的质押合同，需登记才能生效。（　　）

8．抵押和质押的主要区别体现在是否转移对担保物的占有。（　　）

9．抵押物被人民法院扣押后，由抵押人收取孳息。（　　）

10．担保合同无效，主债权债务合同必然无效。（　　）

四、案例分析题

案例一

甲向乙银行借款两万元，并由丙从中作保，三人均在借款合同上签字。后甲请求乙银行推迟还款期限1年，乙银行同意，但提出推迟1年期间的利息为30%，甲同意，并签订了变更合同协议。甲、乙将变更合同的内容告知了丙。丙当时碍于情面，口头表示同意。后因甲到期不能还款，遂发生纠纷。

问题：丙应承担什么责任？

案例二

2014年8月，甲厂向A银行借款20万元，期限一年，以本厂的一辆价值40万元的轿车作抵押，并到车辆管理部门办理了抵押登记；同年9月，甲厂又以该轿车作抵押物，向B银行借款15万元，期限为半年，双方也到车辆管理部门办理了抵押登记手续。2015年2月，甲厂用来抵押的轿车因火灾被烧毁，获保险公司赔偿金40万元。2015年3月，甲厂向B银行的借款到期，B银行向甲厂追讨15万元借款；否则，便拍卖被抵押的轿车。A银行获悉后，认为甲厂未经其同意便将抵押给该厂的轿车抵押给B银行，侵犯了其抵押权。甲厂答复说汽车已被烧毁，抵押权没了标的物，自然也没了抵押权。

问题：（1）甲厂用已作抵押的汽车再次抵押是否有效？

（2）汽车被毁，抵押权人如何实现其抵押权？

案例三

小陈为向建设银行申请个人消费贷款，用其一辆夏利轿车作抵押。该车价值15万元。借款合同签订当日，双方就该车办理了抵押登记手续。后小陈在驾车外出途中，被一辆货车追尾，造成夏利车严重损坏，价值减至9万元。经查，造成该起交通事故的全部责任在货车司机。此外，货车司机已准备赔偿小陈经济损失5万元。

问题：（1）如果建设银行要求小陈另外提供担保，以确保其到期还本付息，那么这种要求是否合理？

（2）对于赔偿费5万元，建设银行能否用其作为担保？为什么？

课 外 实 训

背景资料

离婚夫妻的借款偿还

傅先生、陈女士夫妻俩购买商品房一套，从甲银行取得期限为20年的按揭贷款20万元。2014年12月，傅先生与陈女士经法院调解离婚，调解书约定：傅先生、陈女士共同购买的商品房归陈女士所有，按揭贷款也由陈女士负责偿还。后因陈女士不能偿还贷款，甲银行起诉了傅先生和陈女士，要求他们偿还欠款。傅先生辩称，双方离婚时已对财产和债务进行了分割，房屋归女方所有，借款由女方负责偿还理所当然。人民法院的调解书对此已确认。傅先生坚持认为，购买商品房的按揭贷款应当由女方负责偿还。离婚时，男女双方对财产和债务进行了分割，债权人就不能要求另一方承担还款责任吗？

实训方式

实训方式采用课堂讨论，讨论方向的提示如下。

（1）结合第三章的所学知识，讨论傅先生、陈女士离婚时债务转移的协议对债权人银行是否发生法律效力。

（2）结合本章知识，讨论银行办理房屋按揭贷款应审核哪些内容，需不需要审核贷款人的婚姻状况。

（3）银行面对案例中的问题应该如何处理？

实训步骤

案例展示→分组讨论→查找相关法律依据→选派代表提出分析意见→教师总结。

实训目的

（1）明确法律意识与规范意识在生活中的重要性。

（2）分析和总结按揭贷款中的法律风险。

（3）使读者能够灵活处理实践中的具体法律问题。

第六章

证券业法律规范

【学习指导】

学习要点	衔接的主要核心专业课程	课外要求
1．掌握证券的概念和种类、证券法的基本原则。 2．明确股票和债券发行的条件。 3．熟悉证券上市的条件与审核制度，以及禁止的交易行为。 4．了解证券交易所、证券公司的设立条件以及业务范围。	金融基础、金融创新、证券投资学、证券市场基础、证券交易实务等。	到证券公司进行实地观摩和调查，并通过网络或其媒体关注股票或债权的相关知识和涉法问题。

知识结构

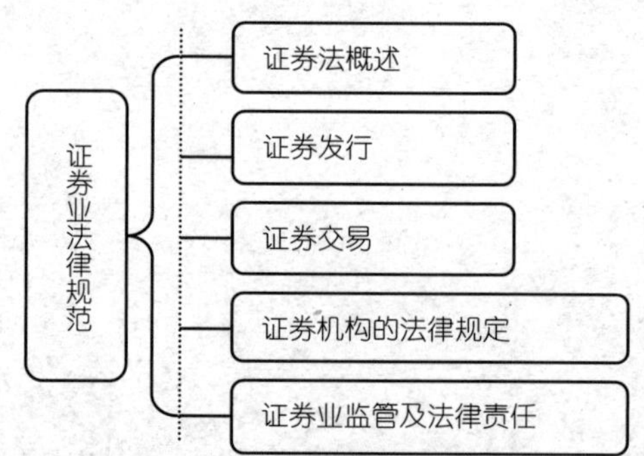

以《证券法》为核心的证券法律制度是现代金融业法律规范的重要组成部分，为证券行业市场的规范运行并充分发挥积极作用提供了法律上的保障。本章从证券法律法规的角度，结合证券从业对实践的要求，主要介绍证券法的基本原则、调整对象；证券发行中的法律制度；证券交易中的一般性法律规定、证券上市的法定条件、交易程序、持续信息公开、禁止交易行为、上市公司收购的规定；对证券公司的资格、经营行为的法律规定以及对证券业的监管等。

第一节　证券法概述

【引例】

王大妈投资国债，几年下来有了一定的收益，最近又听从友人的建议投资了股票。有人告诉王大妈，她买卖的股票实际上就是一种合同。

问题："股票就是一种合同"这种说法对吗？

一、证券和证券法

将证券活动纳入法治行列，既有利于保护投资者的利益，又有利于促进证券市场的良性循环。

（一）证券概述

证券活动是金融投资市场的一种重要形式，国家通过将证券活动纳入立法范畴，从法律角度对它的概念和种类进行规范化，从而使它区别于传统意义上对证券的理解和研究。

1. 证券的概念和种类

我国《证券法》上的证券是指股票、公司债券和国务院依法认定的债券，也就是指按《证券法》的规定发行的具有一定财产价值的，可以进入证券市场流通转让的有价证券，其含义体现在以下两个方面。

（1）它的法律依据是《证券法》。

（2）它的财产价值表现在：①持有人可以得到一定的收益，取得一定的财产；②可以依法进入流通市场，进行有偿转让，即可以自由买卖；③可以作为质押权的标的，即具有有价性。

按照不同的标准可将证券划分为不同的种类，如表6.1所示。

表6.1　证券分类

划分标准	按照发行主体	按照证券是否上市	按照证券的功能
种类	政府证券 金融证券 公司证券	上市证券 非上市证券	股票 债券 投资基金凭证

2. 债券和股票的关系

我国《证券法》所调整的证券主要为股票和债券两种形式。债券与股票为两种最基本的有价证券，它们之间既有相同点又有区别。

两者的相同点是：都是筹资工具和投资工具；都具有一定的流动性；都是虚拟资本等。

两者也存在明显的差异，主要表现在以下几个方面。

（1）性质不同。股票是一种所有权证书，所筹资金构成公司资本；债券是一种借款凭证，所筹资金构成公司债务。前者的购买人是股东，后者的购买人则是债权人。

（2）风险与收益不同。债券一般有偿还义务，到期收回本金，债息一般固定；而股票一般不退还本金，故股票风险与收益均高于债券。

（3）发行主体范围不同。股票发行一般只限于股份有限公司；而债券可由政府、金融机构及各类企业、公司发行，范围较宽。

（二）证券的法律本质

证券是各类财产所有权或债权凭证的通称，是用来证明证券持有人有权依票面所载内容，取得相关权益的凭证。所以，从法律意义上来说，证券本质上是一种交易契约或合同，该契约或合同赋予合同持有人根据该契约或合同的规定，对契约或合同规定的标的采取相应的行为，并获得相应的收益的权利。

二、证券法的概念及调整对象

《证券法》作为调整证券活动的基本法律形式，确立了我国证券市场法律法规的基本纲领，是我国证券市场管理的根本大法，完善了我国证券法制建设的基本框架。

（一）证券法的概念

证券法指调整证券发行、交易和证券监管过程中发生的各种社会关系的法律规范的总称，是由不同层次、具有相互交错关系构成的法律体系。该体系大体上由以下三部分组成。

1．证券基本法

《证券法》自1998年颁布和实施以来，根据证券市场发展的需求进行了三次修订。现行《证券法》于2014年8月31日修订，共12章240条。作为国家重要的法律之一，是证券交易法律体系的核心，是证券交易管理的基本法律规范。

全国人民代表大会财政经济委员会（以下简称全国人大财经委）于2013年启动了对《证券法》的修订。2015年4月，《证券法》修订草案提请全国人大常委会初审，截至本书出版《证券法》修订尚未完成。

证券法修订补充资料

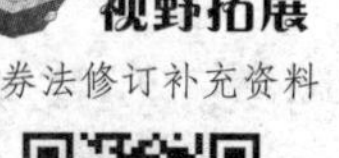

2．证券规则

证券规则是根据证券交易法而制定的有关法规、规则。这些法规、规则对证券交易法的基本规定进行了补充，具有实用性和可操作性，也是进行证券管理的重要法律文件。

3．与证券交易法相关的其他法律

与证券交易法相关的其他法律包括其他的国家基本法、某些部门法和其他法律文件。它们的内容与证券交易法有密切关系，如《中华人民共和国刑法》中有关打击证券犯罪的规定，《公司法》中关于设立股份有限公司及发行股票和公司债券的规定等。

（二）证券法的调整对象

证券法调整的对象是证券发行和交易以及对证券市场监管所产生的法律关系。

（1）证券发行关系，是指证券发行人因证券募集、发售有价证券而与投资人及其相对人之间形成的一种权利义务关系。证券发行是证券交易的前提。

（2）证券交易关系，是指证券持有人在证券市场转让证券，与其他证券买受人所发生的权利义务关系。证券法最主要的任务是规范证券交易活动，确定证券交易的基本规则。

（3）证券监督管理关系，主要表现在两个方面：一是根据证券监督管理机构对证券发行人、证券经营机构、证券投资者、证券交易所等证券市场参与者的活动监督管理关系；二是证券业协会自律管理关系。

三、证券法的基本原则

证券法的基本原则贯穿于证券法律关系始终，构成证券法基础的法律原则。

（一）公开、公正、公平原则

我国《证券法》总则第3条明文指出，“证券的发行、交易活动，必须实行公开、公平、公正的原则”。这是证券法的基本原则。

1. 公开原则

美国法官布兰戴斯有句名言：“阳光是最好的防腐剂，街灯是最好的警察”，强调了公开原则的重要性。公开原则也称信息披露原则，是指证券的发行和交易必须由证券发行人向公众披露有关信息资料，即证券发行人应及时、真实、准确、充分、完整地向社会公开能够影响投资者作出投资决定的一切信息资料。具体内容如下。

（1）发行人初次发行证券时，应将相关信息按照《证券法》的规定给予披露。

（2）证券发行后，发行人对募集资金情况、公司经营情况和财务情况给予持续性披露。

（3）发行人以外的有关人员和机构的信息公开，如内部持有股份的人员持股情况的变动等。

2. 公正原则

公正原则是指在证券发行和交易中，应制定和遵守公正规则，按照同一规则对所有的当事人进行证券的发行和交易，在同一次证券发行和交易中，对所有的投资者的条件、机会都是相同的，不得因人而异。禁止任何人在证券发行或交易中以其特权或优势获得不公正利益。

3. 公平原则

公平原则是指在证券发行和交易活动中双方当事人的法律地位是平等的，双方当事人要按照平等、自愿、公平、有偿的原则进行证券发行和交易，即平等地享有民事权利、履行民事义务，公平地开展竞争。

（二）政府监管与自律管理相结合原则

政府监管是指国家通过立法对证券市场业务和从事证券业的机构或个人的监管。根据我国证券立法的规定，政府对证券市场的监管主要是从证券业务的资格审查、证券信息的公开、证券交易管理等方面进行监管。

自律性监管是指依靠证券交易所、各类协会、委员会等组织机构和这些机构制定的业务规则、从业准则等进行的自我监督和管理。我国证券业自律性组织主要有上海证券交易所、深圳证券交易所、中国证券业协会。

第二节　证 券 发 行

【引例】

某股份有限公司是一家上市公司，为筹集资金发行新股，招股说明书中写明所筹集资金的用途是更新一条自动化生产线，新股顺利上市。但是股东却发现公司将这笔资金用于办公大楼的建造，遂向董事会提出异议。董事会认为，改变资金的用途是董事会的正式决议，监事会也同意，上级部门也批准了，是合法、有效的决议。

问题：（1）董事会的决议的效力如何？

（2）这一行为对公司股票的发行有何影响？

（3）该公司对这一行为应承担何种责任？

证券发行是指经批准符合条件的证券发行人，按照一定程序将有关证券发售给投资者的行为。由于新发行的证券是初次面市，所以有时也将证券发行市场称为“一级市场”，比如首次公开募股（initial public offerings，IPO）。与此相对应，证券流通市场被称为“二级市场”。

一、证券发行的特征

证券发行市场是证券市场的基础环节，它与证券流通市场共同构成统一的证券市场整体。证券发行具有以下特征。

1. 直接融资性

证券发行的最大功能是以筹集资金为目的，直接联结资金需求者和供给者，迅速地将社会闲散资金转化为生产建设资金。与银行系统的间接融资活动相比，证券发行的直接融资更能为资金缺少者提供具有长期性、持续性的生产经营资金。同时，证券发行的直接融资性也表现出其大众化、社会化的特点。

2. 商业性

证券的发行行为是一种商业行为。从法律角度上讲，证券发行是一种民事行为，是证券发行人向社会投资者出售证券的要约。从法律关系上看，证券发行人通过发行各种证券品种，取得资金的使用权，成为投资收益请求权的相对人；证券投资人通过购买证券，出让其资金使用权，取得与证券相关的权益，如股票所代表的股东权，债券所代表的债务清偿请求权等。

3. 规范性

证券发行是发行人向社会公众进行集资的行为。为保护社会公众的利益，我国证券法对证券发行的准备、证券发行的参与人和证券发行行为设有严格的程序、规则。

二、证券发行的相关法律制度

证券发行是证券交易的首要环节，《证券法》及相关法律和法规对证券发行中的各个环节都做了规范化的要求。具体如下。

1. 预披露制度

《公司法》《证券法》《企业债券管理条例》等法律法规均确定了证券发行的信息披露制度。例如，《公司法》第 154 条规定：“发行公司债券的申请经批准后，应当公告公司债券募集办法。”《证券法》第 21 条规定：“发行人首次公开发行股票的，在提交申请文件后，应当按照国务院证券监督管理机构的规定预先披露有关申请文件。”

2. 保荐人制度

发行人申请公开发行股票、可转换为股票的公司债券，依法采取承销方式的，或者公开发行法律、行政法规规定实行保荐制度的其他证券的，应当聘请具有保荐资格的机构担任保荐人，即证券公司，它既是担保人又是推荐人。保荐人应当遵守业务规则和行业规范，诚实守信，勤勉尽责，对发行人的申请文件和信息披露资料进行审慎核查，督导发行人规范运作。

3. 审核制度

《证券法》所确定的股票发行审核主体是证券监督管理机构设立的发行审核委员会。发行审核委员会由证券监督管理机构的专业人员和所聘请的有关专家组成，以投票方式对股票发行申请进行表决，提出审核意见。《证券法》所确定的我国债券发行审批机构为国务院授权的部门。

三、证券发行的审核制度

我国《证券法》第10条规定："公开发行证券，必须符合法律、行政法规规定的条件，并依法报经证券监督管理机构或者国务院授权的部门核准；未经依法核准，任何单位和个人不得公开发行证券。"可见，我国《证券法》对证券发行采用了核准制的做法。

核准制是指发行人拟发行证券，不仅要真实公开其全部的可供认购者判断的资料，且必须符合法律规定的实质条件，证券主管机关有权对发行人提出的发行申请进行实质性审查，并作出准予发行或上市的决定。核准制的核心在于证券主管机关有权对不符合规定条件的证券发行申请给予否定，把一些不符合发行条件、低质量的发行人拒之于证券发行市场之外，但核准制在使投资者获得投资安全的同时，也使投资者产生依赖心理，并误认为政府已对证券品质作出了判断，不利于投资者投资理性的培养，一旦发行人以欺诈手段获得核准或审核机关价值判断有误时，则会使投资者处于不设防状态；同时核准制赋予了审核机关较大的核准权，易造成权力"寻租"现象，导致腐败。所以《证券法》的修订草案中指出：推进股票发行注册制改革，其本质是以信息披露为中心，由市场参与各方对发行人的资产质量、投资价值作出判断，明确注册程序，取消股票发行审核委员会制度。

时事热点

2015陆家嘴论坛：股票发行注册制，以信息披露为中心（2015年6月27日中央电视台新闻频道片段）

视野拓展

注册制改革法律授权先行，《证券法》修订仍待三审

据一财网2018年3月12日报道（杜卿卿　袁子懿）　2015年4月全国人大财经委将《证券法》修订案提请全国人大常委会初审，但是随后出现的股市异常波动打乱了修法节奏。为了积极稳妥地推进这项改革，全国人大常委会于2015年12月授权国务院在实施股票发行注册制改革中，调整适用《证券法》的有关规定，授权期限为两年。2018年2月，上述授权到期，证监会主席受国务院委托，向全国人大常委会汇报股票发行注册制改革的情况，建议股票发行注册制授权决定期限延长两年至2020年2月29日。对于申请延长时间的原因，目前还存在不少与实施注册制改革不完全适应的问题，需要进一步探索完善。

经过两年的发展，资本市场许多条件已经明显改善，比如，首次公开募股"堰塞湖"[①]消解，发行节奏逐步市场化；对违法违规行为的监管加强，严厉打击欺诈发行和虚假信息披露等各类违法违规行为；上市公司信息披露增强等。

① 是指因股市行情低迷，管理层放缓首次公开募股审批速度，而企业上市热情持续高涨，导致待批的上市申请大量积压。

按照《立法法》第 10 条的规定，授权决定应当明确授权的目的、事项、范围、期限等。授权的期限不得超过五年；但是，授权决定另有规定的除外。也就是说，若无意外，这次延长之后，在 2020 年 3 月之前，股票发行制度改革应正式启动。但具体在 A 股市场实行注册制的时间点，依然还需要根据改革的进程来决定。

据 2018 年 2 月 24 日《新京报》社论，发行注册制的本质，是以信息披露为核心、淡化行政审批。因此，如果没有法律制度的保障，就贸然推行注册制，恐怕会为诈骗者提供公开且合法的行骗机会。因此，要解决股票市场顽疾，非常急迫地需要完善相应的司法配套制度。

四、股票发行

股票发行是指符合条件的发行人以筹资或实施股利分配为目的，按照法定的程序，向投资者或原股东发行股份或无偿提供股份的行为。

（一）股票发行的条件

股票发行是指符合股票发行条件的股份有限公司以筹集资金为直接目的，依照法律规定的条件和程序，向社会投资人要约出售代表一定股东权利的股票的行为。股票的发行必须依据我国《公司法》《证券法》的有关新股发行的规定。

公司公开发行新股应当符合以下条件：①具备健全且运行良好的组织机构；②具有持续赢利能力，财务状况良好；③最近三年财务会计文件无虚假记载，无其他重大违法行为；④经国务院批准的证券监督管理机构规定的其他条件。

关联案例

欣泰电气欺诈发行及信息披露违法违规案——欺诈发行强制退市第一案

综合证监会相关新闻　欣泰电气为实现在创业板发行上市的目的，报送包含虚假财务报告的发行申请材料，骗取发行核准；上市后，2013 年 12 月至 2014 年 12 月，该公司继续披露虚假财务报告，构成欺诈发行、虚假陈述。据查：欣泰电气通过外部借款、使用自有资金或伪造银行单据的方式虚构应收账款的收回，在年末、半年末等会计期末冲减应收款项，致使其在向证监会报送的首次公开募股申请文件中相关财务数据存在虚假记载。欣泰电气将包含虚假财务数据的首次公开募股申请文件报送证券监督管理机构并获得证券监督管理机构核准的行为，违反了《证券法》第 13 条和第 20 条第 1 款的规定，构成《证券法》第 189 条所述“发行人不符合发行条件，以欺骗手段骗取发行核准”的行为，直接负责的主管人员为温德乙、刘明胜。

本案件系“2015 证监法网”专项行动第五批部署查处的案件之一，也被列入“2016 年证监稽查 20 大典型违法案例”，后者可通过扫描以下二维码阅读。

证券监督管理机构依法对欣泰电气及其 17 名现任或时任董监高及相关人员进行行政处罚，并对欣泰电气实际控制人、董事长温德乙，时任总会计师刘明胜采取终身证券市场禁入措施。深圳证券交易所随即对欣泰电气启动重大违法强制退市程序。兴业证券主动出资 5.5 亿元设立投资者先行赔付专项基金。此外，证券监督管理机构依法向公安机关移送欣泰电气涉嫌犯罪案件，并对欣泰电气首发上市保荐机构兴业证券、审计机构北京兴华会计师事务所、法律服务机构北京市东易律师事务所依法查处。

点评：本案中监管部门综合运用行政、民事和刑事手段，严惩首次公开募股欺诈发行，对市场形成有力震慑，有利于净化市场环境。

上市公司非公开发行新股，应当符合经国务院批准的证券监督管理机构规定的条件，并报证券监督管理机构核准。

公司对公开发行股票所募集资金，必须按照招股说明书所列资金用途使用。改变招股说明书所列资金用途，必须经股东大会作出决议。擅自改变用途而未作纠正的，或者未经股东大会认可的，不得公开发行新股。

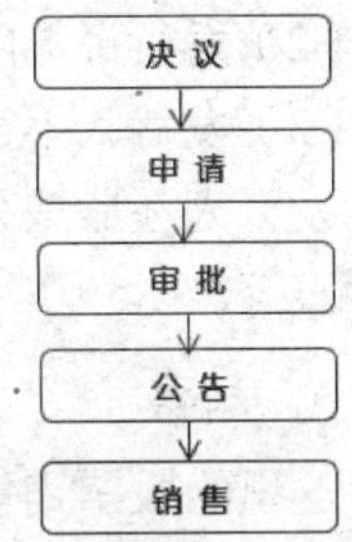

图 6.1　股票发行程序

（二）股票发行的程序

根据《证券法》和《公司法》的规定，申请公开发行股票的程序见图 6.1。

1. 决议

股份有限公司发行新股是公司的增资行为，应当由股东大会作出决议，经出席股东大会的股东所持表决权的 2/3 以上通过。

2. 申请

股东大会作出发行新股的决议后，董事会应聘请会计师事务所、资产评估机构、律师事务所等专业机构，对公司做尽职调查，包括对公司的资信、财务状况进行评估，并就有关事项出具尽职调查报告。然后，向证券监督管理机构递交募股申请，并报送下列主要文件：批准设立公司的文件；公司章程；经营估算书；发起人姓名或者名称，发起人认购的股份数、出资种类及验资证明；招股说明书；代收股款银行的名称及地址，承销机构名称及有关的协议。

时事热点

推荐观看“监管部门严防IPO造假——财务审核五大新原则亮相”视频（2016年9月23日中金在线“财经早视”片段），从保护投资者的角度思考申请公开募股与监管之间的关系。

3. 审批

审批包括预审、发行委审核、证券监督管理机构审核。

（1）预审。预审是由证券监督管理机构发行部的工作人员进行的初步审查。审查发行申请文件的真实性、完整性和准确性。当股票发行申请人的发行申请通过初步审查后，由初审人员报送证券监督管理机构发行审核委员会。

（2）发行审核委员会审核。审核是由证券监督管理机构设立审核委员会中的专业人员和所聘请的该机构外的有关专家以投票方式对股票发行申请进行表决，提出审核意见。

（3）证券监督管理机构核准。证券监督管理机构依照法定条件负责核准。核准程序应当公开，依法接受监督。参与审核和核准股票发行申请的人员，不得与发行申请人有利害关系，不得直接或者间接接受发行申请人的馈赠，不得持有所核准的发行申请的股票，不得私下与发行申请人进行接触。

4. 公告

发行人的股票发行申请被核准后，不能马上进行向社会投资人的公开销售，而必须在公开销售前，做好下列一系列销售准备工作。

（1）证券发行申请经核准，发行人应当依照法律、行政法规的规定，在证券公开发行前，公告公开发行募集文件，并将该文件置备于指定场所供公众查阅。比如，刊登在至少一种证券监督管理机构指定的报刊，同时将其全文刊登在证券监督管理机构指定的互联网网站。

（2）发行证券的信息依法公开前，任何知情人不得公开或者泄露该信息。

（3）发行人不得在公告公开发行募集文件前发行证券。

发行人在股票公开发行前应当公告的相关文件包括上市公告书、招股说明书、公司财务会计报表等。

5. 销售

这里的股票销售就是证券的承销，是指股票的公开销售。股票的公开销售是指发行人的股票，按照法律规定的销售方式，向社会不特定的投资者公开出售，并将代表一定股东利益的凭证即股票交付给投资者的行为。依照《证券法》第28条的规定：发行人向不特定对象发行的证券，法律、行政法规规定应当由证券公司承销的，发行人应当同证券公司签订承销协议。

证券承销业务采取代销和包销两种方式，见图6.2。

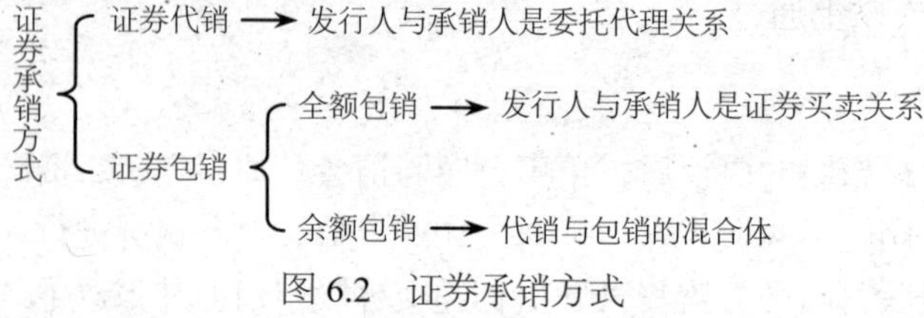

图6.2 证券承销方式

证券代销是指证券公司代理发行人发售证券，在承销期结束时，将未售出的证券全部退还给发行人的承销方式。发行人与承销人是委托代理关系，行为后果归于发行人。因此，承销人仅为证券的推销者，不垫付资金，对不能售出的证券也不承担责任，证券发行风险由发行人自行承担。与包销相比，承销人所收取的费用较少。

证券包销是指证券公司将发行人的证券按照协议全部购入或者在承销期结束时将售后剩余证券全部自行购入的承销方式，分为全额包销和余额包销。全额包销是指证券承销人依约将发行人的证券全部购入的承销方式。此时，证券承销人与发行人属于证券买卖关系，承销人支付对价，取得证券的所有权。余额包销指证券承销人依约在证券承销期届满后，将尚未售出的证券全部购入的承销方式。它是代销与包销的混合体。无论是全额包销还是余额包销，证券承销人均承担证券发行风险，故包销费用高于代销。

（三）股票的发行价格

我国《证券法》对股票发行价格有所限定：禁止以低于股票票面金额的价格发行，故股票发行价格只能是平价发行和溢价发行两种。

（1）平价发行。它是指发行人以股票票面金额作为发行价格。新创立的公司通常采取这种发行价格，以保证公司能够筹得足额的资金。由于股票上市后其交易价格要高于发行价格，面额发行价格较为投资者所认同，但发行人筹资的金额较小，因而在实践中较少采用此种价格。

（2）溢价发行。它是指以超出股票票面金额的价格进行的发行。溢价发行一般发生在新股发行中。我国《证券法》第34条规定，股票发行采取溢价发行的，其发行价格由发行人与承销的证券公司协商确定，以防止定价不适当而影响投资者的利益。同时，证券管理部门还要对股票的发行价格的确定进行适当的监管。

五、债券发行

债券发行是发行人以借贷资金为目的，依照法律规定的程序向投资者要约发行代表一定债权和兑付条件的债券的法律行为。根据不同的债券种类，债券发行可以分为公司债券发行、企业债券发行、金融债券发行、国债发行和公司可转换债券发行等。

1. 公司债券、企业债券的发行

根据《公司法》的规定，我国债券发行的主体主要是公司制企业和国有企业。无论是公司债券还是企业债券，都是指依照法律所规定的条件和程序发行的，约定在一定期限内还本付息的有价证券。

根据《证券法》第16条的规定，公开发行公司债券应当符合下列条件。

（1）股份有限公司的净资产不低于人民币3 000万元，有限责任公司的净资产不低于人民币6 000万元。

（2）累计债券余额不超过公司净资产的40%。

（3）最近3年平均可分配利润足以支付公司债券1年的利息。

（4）筹集的资金投向符合国家产业政策。

（5）债券的利率不超过国务院限定的利率水平。

（6）国务院规定的其他条件。

公开发行公司债券筹集的资金，必须用于核准的用途，不得用于弥补亏损和非生产性支出。

2. 金融债券的发行

金融债券是指中国境内设立的金融机构法人在全国银行间债券市场发行的、按约定还本付息的有价证券。

商业银行发行金融证券，应具有良好的公司治理机制；核心资本充足率不低于4%；最近3年连续赢利；贷款损失准备计提充足；风险监管指标符合监管机构有关规定；最近3年没有重大违法、违规行为；其他条件。

根据商业银行申请，中国人民银行可对前款条例进行豁免。

其他金融机构发行金融债券的条件由中国人民银行另行规定。

> **提示：**2002年4月2日，中国人民银行制定了《贷款损失准备计提指引》，其中第2条规定：银行应当按照谨慎会计原则，合理估计贷款可能发生的损失，及时计提贷款损失准备。

3. 国债的发行

国债，又称国家公债，是国家以其信用为基础，按照债券的一般原则发行的一种政府债券。发行国债的目的一般是筹集财政资金。由于国债的发行主体是国家，所以它具有最高的信用度，被认为是最安全的投资工具。

4. 可转换公司债券的发行

可转换公司债券是指可以在特定的时间、按照特定的条件转换成普通股票的特殊公司债券。可转换公司债券具有债券和股票的双重特点，因而它既有公司债券的特点，如债权性，也具有股票的特点，如股权性，同时还具有可转换性的特点。

根据《证券法》的规定，上市公司发行可转换为股票的公司债券，除应当符合《证券法》关于证券发行规定的条件外，还应当符合《证券法》关于公开发行股票的条件，并报国务院证券监督管理机构核准。

【节前引例分析】

（1）董事会的决议是无效的。根据《证券法》第15条的规定：公司对公开发行股票所募集资金，必须按照招股说明书所列资金用途使用。若改变招股说明书所列资金用途，则必须经股东大会作出决议。本案对改变所筹资金的用途并未经过公司的股东大会进行表决通过。

（2）这一行为对公司股票的发行的影响，依据《证券法》第15条的规定：擅自改变用途而未作纠正的，或者未经股东大会认可的，不得公开发行新股，上市公司也不得非公开发行新股。

（3）根据《证券法》第194条的规定：发行人、上市公司擅自改变公开发行证券所募集资金的用途的，责令改正，对直接负责的主管人员和其他直接责任人员给予警告，并处以3万元以上30万元以下的罚款。发行人、上市公司的控股股东、实际控制人指使从事前款违法行为的，给予警告，并处以30万元以上60万元以下的罚款。对直接负责的主管人员和其他直接责任人员依照前款的规定处罚。

第三节 证券交易

【引例】

证监会对五宗案件作出行政处罚

据中国证监网站2017年4月14日报道，证监会依法对五宗案件作出行政处罚，其中包括：三宗信息披露违法违规案，一宗操纵市场案，一宗内幕交易案。

三宗信息披露违法违规案具体为，一是吉林成城集团股份有限公司（简称成城股份）未按相关规定披露重大诉讼、仲裁、对外担保，披露的对外投资金额存在虚假记载，未及时披露重大协议终止信息，以及虚增收入和利润，证监会决定对成城股份责令改正、给予警告，并处以60万元罚款；对实际控制人、董事长等其他14名责任人员给予警告，并分别处以3万元到90万元不等的罚款；同时对实际控制人、董事长分别采取10年、5年证券市场禁入措施。二是成城股份未按期披露2013年年度报告，证监会决定对成城股份责令改正，给予警告，并处以40万元罚款；对10名责任人员给予警告，并分别处以3万元到15万元不等的罚款。三是成城股份未按规定披露重大协议，未及时披露商业承兑汇票开具事宜，证监会决定对成城股份责令改正，给予警告，并处以50万元罚款；对10名责任人员给予警告，并分别处以3万元到20万元不等的罚款。

一宗操纵市场案中，王某某于2014年9月至11月期间，控制使用“王某某”等6个证券账户，利用资金优势，连续交易“双林股份”等5只股票，推高股价直至涨停，且以涨停价大笔申报买入维持涨停，次一交易日通过连续申报、大笔申报、高价申报和撤销申报等手段影响开盘价，随后反向卖出，获利共计约 1 249 万元。王某某的上述行为违反了《证券法》第 77 条的规定，依据《证券法》第 203 条的规定，证监会决定没收王某某违法所得约 1 249 万元，并处以约 2 498 万元罚款。

一宗内幕交易案中，李某某是潍坊亚星化学股份有限公司（简称亚星化学）股权转让及重大资产重组事项这一内幕信息的知情人。在内幕信息的敏感期内，李某某控制使用其本人证券账户交易“亚星化学”，没有违法所得。李某某的上述行为违反了《证券法》第 73 条、第 76 条的规定，依据《证券法》第 202 条的规定，山东证监局决定对李某某处以 3 万元罚款。

点评：证券市场秩序是证券市场存在和发展的前提，信息披露违法违规、操纵市场、内幕交易等行为违反了证券期货法律法规、破坏了市场秩序，是监管机构严厉查处的行为。

证券交易也称证券转让，是证券转让的特殊形式，是证券合法持有人依照法定程序，将证券转让给其他投资人的法律行为。

一、证券交易的一般规定

证券交易是指证券发行人公开发行的证券在证券交易所挂牌进行集中交易的法律行为。证券交易形成的市场为证券的交易市场，或称为证券的二级市场。

1. 证券交易的对象

证券交易的对象首先必须是合法的证券，即证券交易当事人依法买卖的证券；必须是依法发行并交付的证券，非依法发行的证券不得买卖。

《证券法》还规定，依法发行的股票、公司债券及其他证券，法律对其转让期限有限制性规定的，在限定的期限内，不得买卖。这表明，合法发行但处于法定限制交易期间的证券仍然不能进行交易。

《证券法》关于证券交易的一般规定内容如下。

（1）证券交易所、证券公司和证券登记结算机构的从业人员、证券监督管理机构的工作人员以及法律、行政法规禁止参与股票交易的其他人员，在任期或者法定限期内，不得直接或者以化名、借他人名义持有、买卖股票，也不得收受他人赠送的股票。任何人在成为前述所列人员时，其原已持有的股票，必须依法转让。

（2）为股票发行出具审计报告、资产评估报告或者法律意见书等文件的证券服务机构和人员，在该股票承销期内和期满后 6 个月内，不得买卖该种股票。

（3）为上市公司出具审计报告、资产评估报告或者法律意见书等文件的证券服务机构和人员，自接受上市公司委托之日起至上述文件公开后 5 日内，不得买卖该种股票。

（4）持有一个股份有限公司已发行股份 5%的股东，应当在其持股数额达到该比例之日起 3 日内向该公司报告，公司必须在接到报告之日起 3 日内向证券监督管理机构报告；属于上市公司的，应当同时向证券交易所报告。

属于上述规定的股东，将其所持有的该公司的股票在买入后 6 个月内卖出，或者在卖出后 6 个月内又买入，由此所得收益归该公司所有，公司董事会应当收回该股东所得收益。但是，证券公司因包销购入售后剩余股票而持有 5%以上股份的，卖出该股票时不受 6 个月时间限制。公司董事会不按照规定执行的，其他股东有权要求董事会执行。公司董事会不按照规定执行，致使公司遭受损害的，负有责任的董事依法承担连带赔偿责任。

2. 证券交易的地点、方式和原则

《证券法》规定，经依法核准的上市交易的股票、公司债券及其他证券，应当在证券交易所挂牌交易。

为了合理地确定证券交易的价格，公平地进行证券交易，《证券法》规定，证券在证券交易所挂牌交易，应当采用公开的集中竞价交易的方式。所谓集中竞价，是指两个以上的买方和卖方通过公开竞价形式来确定证券买卖价格的情形。

在证券交易所集中竞价时，应当采用价格优先、时间优先的原则。

二、证券上市

证券上市是指发行人的股票、债券等按照法定条件和程序，在证券交易所或其他依法设立的证券交易所公开挂牌交易的行为，是连接证券发行与证券场内交易的桥梁。

证券上市还确立了证券交易所与上市公司之间的自律性的监管关系。

（一）股票上市交易

股票上市是指已经发行的股票依照《证券法》的规定，经证券交易所批准后，在交易所公开挂牌交易的法律行为，是连接股票发行和股票交易的“桥梁”。

在我国，股票的公开发行就意味着发行股票的公司即获得上市资格。上市后，公司将能获得巨额资金的投资，有利于公司的发展。但为了保护证券投资者的利益，《证券法》对股票上市规则中的信息披露等作了更为严格的规定，增强了信息披露的透明性。

1. 股票上市交易的条件

《证券法》第50条规定股票上市交易的条件如下：①股票经国务院证券监督管理机构核准已公开发行。②公司股本总额不少于人民币3 000万元。③公开发行的股份达到公司股份总数的25%以上；公司股本总额超过人民币4亿元的，公开发行股份的比例为10%以上。④公司最近3年无重大违法行为，财务会计报告无虚假记载。

2. 股票上市交易的程序

《证券法》规定，股份公司申请其股票上市交易，必须报经证券监督管理机构核准，该机构也可以授权证券交易所核准。

股票上市交易须经以下程序。

（1）核准。公司向核准机构申请核准时，应提交上市报告书、申请上市的股东大会决议、公司章程、公司营业执照、经法定验证机构验证的公司最近3年的或者公司成立以来的财务会计报告、法律意见书、证券公司的推荐书、最近一次的招股说明书等文件。

（2）安排上市。股票上市交易申请经核准后，其发行人应当向证券交易所提交核准文件和上述申请时提交的文件，证券交易所应当自接到这些文件之日起6个月内，安排该股票上市交易。

（3）公告有关文件和事项。上市交易申请经证券交易所同意后，上市公司应当在上市交易5日前公告经核准的股票上市的文件，并将该文件置备于指定场所供公众查阅；同时还须公告有关事项，包括股票获准在证券交易所交易的日期、持有公司股份最多的前10名股东的名单和持股数额等。

3. 暂停、终止股票上市

证券的暂停上市是指因法定事由的出现，证券监督管理机构或证券交易所决定暂时停止上市公司证券上市交易的行为。证券上市暂停分为股票的上市暂停和债券上市的暂停。

证券上市的终止上市是因发生法定事由，证券监督管理机构或证券交易所决定终止上市公司证券上市交易的行为。

证券上市的暂停和证券上市的终止的重大区别是：证券上市的暂停在具备法定条件时，经核准可恢复证券上市交易；证券上市的终止则不能恢复证券的上市交易。

《证券法》第55条规定，上市公司有下列情形之一的，由证券交易所决定暂停其股票上市交易：①公司股本总额、股权分布等发生变化不再具备上市条件；②公司不按照规定公开其财务状况，或者对财务会计报告作虚假记载，可能误导投资者；③公司有重大违法行为；④公司最近3年连续亏损；⑤证券交易所上市规则规定的其他情形。

《证券法》第56条规定，上市公司有下列情形之一的，由证券交易所决定终止其股票上市交易：①公司股本总额、股权分布等发生变化不再具备上市条件，在证券交易所规定的期限内仍不能达到上市条件；②公司不按照规定公开其财务状况，或者对财务会计报告作虚假记载，且拒绝纠正；③公司最近3年连续亏损，在其后一个年度内未能恢复赢利；④公司解散或者被宣告破产；⑤证券交易所上市规则规定的其他情形。

视野拓展

上市公司重大违法强制退市实施办法

（二）公司债券上市交易

公司债券上市是指证券交易所承认并接纳某种债券在交易所市场上交易的行为。

债券上市除了应遵循《证券法》，还必须符合证券交易所和政府有关部门制定的上市制度。与股票不同，企业债券有一个固定的存续期限，而且发行人必须按照约定的条件还本付息，因此，债券上市的条件与股票有所差异。

1. 公司债券上市交易的条件

《证券法》第57条规定，公司申请其公司债券上市交易必须符合以下条件：①公司债券的期限为1年以上；②公司债券实际发行额不少于人民币5 000万元；③公司申请债券上市时仍符合法定的公司债券发行条件。

2. 公司债券上市交易的程序

《证券法》规定，公司申请其发行的公司债券上市交易，必须报经证券监督管理机构核准，该机构也可以授权证券交易所核准。

公司债券上市交易须经以下程序。

（1）核准。公司向核准机构申请核准时，应提交上市报告书、申请上市的股东大会决议、公司章程、公司营业执照、公司债券募集办法、公司债券的实际发行数额等文件。

（2）安排上市。公司债券上市交易申请经核准后，其发行人应当向证券交易所提交核准文件和上述申请时提交的文件，证券交易所应当自接到这些文件之日起3个月内，安排该债券上市交易。

（3）公告有关文件。上市交易申请经证券交易所同意后，发行人应当在上市交易的5日前公告公司债券上市报告、核准文件及有关上市申请文件，并将该文件置备于指定场所供公众查阅。

3. 暂停、终止公司债券上市

根据《证券法》的规定，公司有下列情形之一的，由证券监督管理机构决定暂停其公司债券上市：①公司有重大违法行为；②公司情况发生重大变化不符合公司债券上市条件；③发行公司债券所募集的资金不按照核准的用途使用；④未按照公司债券募集办法履行义务；⑤公司最近两年连续亏损。

公司有上述第①④项所列情形之一经查实后果严重的，或者有前条第②③⑤项所列情形之一，在限期内未能消除的，由证券交易所决定终止其公司债券上市交易。

公司解散或者被宣告破产的，由证券交易所终止其公司债券上市交易。

对证券交易所作出的不予上市、暂停上市、终止上市决定不服的，可以向证券交易所设立的复核机构申请复核。

三、持续信息公开制度

持续信息公开制度又称持续信息披露制度，指申请证券上市的证券发行人，在证券上市前后依法将其经营和财务信息予以充分、完整、准确、及时的披露，以供证券投资者作投资决策的制度。

（一）持续信息公开的内容

持续信息公开的内容，主要包括证券发行时初次信息披露和证券交易中的信息披露。

1. 上市报告

经证券监督管理机构核准依法发行股票，或者经国务院授权的部门批准依法发行公司债券，应当公告招股说明书、公司债券募集办法。依法发行新股或者公司债券的，还应当公告财务会计报告。

2. 中期报告

股票或者公司债券上市交易的公司，应当在每一会计年度的上半年结束之日起2个月内，向证券监督管理机构和证券交易所提交中期报告，并予以公告。

3. 年度报告

股票或者公司债券上市交易的公司，应当在每一会计年度结束之日起4个月内，向证券监督管理机构和证券交易所提交年度报告，并予以公告。

4. 临时报告

发生可能对上市公司股票交易价格产生较大影响的重大事件，投资者尚未得知时，上市公司应当立即将有关该重大事件的情况向证券监督管理机构和证券交易所报送临时报告，并予以公告，说明事件的起因、目前的状态和可能产生的法律后果。

（二）持续信息公开的要求和管理规定

一般来说，投资者通过较为详细地了解上市公司的经营状况来作出持有或抛售的投资策略，所以为了保护投资者的利益，《证券法》对上市公司必须持续地进行信息披露进行了严格的要求并作出了管理规定。

1. 要求

《证券法》对上市公司持续信息披露有如下要求。

（1）如实信息公开。发行人、上市公司依法披露的信息，必须真实、准确、完整，不得有虚假记载、误导性陈述或者重大遗漏。

（2）违反持续信息公开给他人造成损失的，应承担赔偿责任。发行人、上市公司公告的招股说明书、公司债券募集办法、财务会计报告、上市报告文件、年度报告、中期报告、临时报告以及其他信息披露资料，有虚假记载、误导性陈述或者重大遗漏，致使投资者在证券交易中遭受损失的，发行人、上市公司应当承担赔偿责任；发行人、上市公司的董事、监事、高级管理人员和其他直接责任人员以及保荐人、承销的证券公司，应当与发行人、上市公司承担连带赔偿责任，但是能够证明自己没有过错的除外；发行人、上市公司的控股股东、实际控制人有过错的，应当与发行人、上市公司承担连带赔偿责任。

（3）公告公开的场所。公告应当在国家有关部门规定的报刊上或者在专项出版的公告上刊登，同时将其置备于公司住所、证券交易所，以供社会公众查阅。

（4）其他规定。证券监督管理机构、证券交易所、保荐人、承销的证券公司及有关人员，对公司依照法律、行政法规规定必须作出的公告，在公告前不得泄露其内容。

2. 管理规定

《证券法》规定，证券监督管理机构对上市公司年度报告、中期报告、临时报告以及公告的情况进行监督，对上市公司分派或者配售新股的情况进行监督。

关联案例

虚假、误导性财务会计报告被处罚

某实业公司控股的某科技软件有限公司（简称软件公司）依据其与某外贸公司于2015年8月签订的出口协议，将某化工品公司在2015年12月支付的9 600万元计入当年收入，并向某化工品公司开具软件销售发票，但此时软件公司所销售的软件产品才开始开发。该软件公司在尚未完全履行合同约定义务、商品所有权还没有转移的情况下，违反了收入确认原则。同时，该软件公司于2015年11月向某国某公司购买了供开发使用的共计4 180万元的软件、硬件，与某网络有限公司签订了人工费用包干协议书，向其支付包干人工费用320万元，以上两笔费用共计4 500万元，计入2015年度销售成本。

上述行为使软件公司年度经营利润虚增5 100万元，导致其母公司某实业公司2015年度会计合并报表中利润虚增900余万元，从根本上改变了某实业公司的经营业绩。

解析： 这是一种典型的违反如实信息公开，构成严重的虚假、误导性陈述和遗漏重大信息的行为。证券监督管理机构有权对该公司及该公司董事长王某（法定代表人）进行处罚，并将已涉嫌刑事犯罪的某实业公司财务会计负责人刘某等移送司法机关。

四、禁止的交易行为

根据《证券法》规定，禁止的交易行为包括内幕交易行为、操纵证券市场行为、制造虚假信息行为和欺诈客户行为。

（一）内幕交易

所谓内幕交易，又称内线交易或知情交易，是指知悉证券交易内幕信息的知情人员，利用内幕信息自己买卖证券、建议他人买卖证券，或者泄露内幕信息使他人利用该信息买卖证券，从中牟利或者避免损失的行为。内幕交易行为必然会损害证券市场的秩序，因此，《证券法》明文规定禁止这种行为。

1. 内幕人员

内幕人员是指知悉证券交易内幕信息的知情人员。具体包括以下几类：①发行人的董事、监事、高级管理人员；②持有公司5%以上股份的股东及其董事、监事、高级管理人员，公司的实际控制人及其董事、监事、高级管理人员；③发行人控股的公司及其董事、监事、高级管理人员；④由于所任公司职务可以获取公司有关内幕信息的人员；⑤证券监督管理机构工作人员以及由于法定职责对证券的发行、交易进行管理的其他人员；⑥保荐人、承销的证券公司、证券交易所、证券登记结算机构、证券服务机构的有关人员；⑦证券监督管理机构规定的其他人员。

时事热点

推荐观看视频“打击内幕交易行动——‘通信少帅’内幕交易一审获刑”（2017年9月28日中央电视台新闻频道“新闻直播间”片段），试分析：本案涉及的是什么样的内幕信息？为什么会认定“通信少帅”犯内幕交易罪？

2. 内幕信息

所谓内幕信息，是指在证券交易中，涉及公司的经营、财务或者对该公司证券的市场价格有重大影响的尚未公开的信息。

根据《证券法》的规定，内幕信息包括以下内容：①上市公司作临时报告所依据的所有重大事件；②公司分配股利或者增资的计划；③公司股权结构的重大变化；④公司债务担保的重大变更；⑤公司营业用主要资产的抵押、出售或者报废一次超过该资产的30%；⑥公司的董事、监事、经理、副经理或者其他高级管理人员的行为可能依法承担重大损害赔偿责任；⑦上市公司收购的有关方案；⑧证券监督管理机构认定的对证券交易价格有显著影响的其他重要信息。

关联案例

金某和余某内幕交易案

2014年年底，金某所在证券公司的大股东计划收购一家上市公司，并通过资产重组实现证券公司借壳上市。经过前期筹备，2015年1月18日，证券公司大股东和中介机构确定了拟收购上市公司的目标和方案，通知证券公司总裁助理金某联系目标上市公司的相关人员。1月19日（星期五）和22日（星期一）两个交易日，目标上市公司的股票连续涨停。1月23日，上市公司停牌，宣布公司有重大事项正在沟通磋商。

《证券法》规定，上市公司收购的有关方案属于内幕信息。本案内幕信息形成于2015年1月18

日，价格敏感期为2015年1月18日至22日，金某于1月18日获悉该信息，为内幕信息知情人。

金某用其岳母名义开立证券账户，开户资料显示该户代理人为金某，该账户资金来源于其配偶余某银行存款账户，余某自称为该账户的操作人。该账户于2015年1月19日通过网上交易买入拟收购上市公司股票5万股，1月22日全部卖出并获利2万余元。

金某和配偶余某为夫妻关系，拥有共同的财产和利益，虽然证券账户以金某岳母的名义开立，但是开户代理人、资金来源以及交易操作等相关证据均证明金某和余某是账户的实际操作人。

解析：金某和余某的行为违反了《证券法》第73条“禁止证券交易内幕信息的知情人和非法获取内幕信息的人利用内幕信息从事证券交易活动”的规定，构成了《证券法》第202条所述的内幕交易行为。

上市公司并购重组过程中，相关公司的高管人员和其他内幕信息知情人利用重组消息进行内幕交易，违背了“三公”原则，破坏了市场诚信，是证券监督管理机构一直以来重点打击的违法行为。证券市场参与者，特别是并购重组的参与人员，要遵纪守法，严格自律，远离内幕交易。

（二）操纵市场

所谓操纵市场，又称操纵行情，是指操纵人利用掌握的资金、信息等优势，采用不正当手段，人为地制造证券行情，操纵或影响证券市场价格，以诱导证券投资者盲目地进行证券买卖，从而为自己谋取利益或者转嫁风险的行为。操纵证券市场行为给投资者造成损失的，行为人应当依法承担赔偿责任。

根据《证券法》第77条的规定，操纵市场的行为包括以下内容。

（1）单独或者通过合谋，集中资金优势、持股优势或者利用信息优势联合或者连续买卖，操纵证券交易价格或者证券交易量。

（2）与他人串通，以事先约定的时间、价格和方式相互进行证券交易，影响证券交易价格或者证券交易量。

（3）在自己实际控制的账户之间进行证券交易，影响证券交易价格或者证券交易量。

（4）以其他手段操纵证券市场。

关联案例

张某操纵证券市场案

张某通过控制“徐某某”等19个证券账户在2016年4月2日至7月28日期间操纵某股票价格，至12月23日，合计买卖股票1.2亿余股，违法所得1.68亿余元。

2016年4月2日至7月28日共72个交易日中，张某有70个交易日交易某股票，交易量排名第一的占52个交易日，交易数量占该股市场成交量比例超过20%的有10个交易日，6月24日，其交易量占市场成交量比例达50.14%。张某在自己实际控制的证券账户之间交易该股票，致使该股票价格从2016年4月1日的14.09元（收盘价）上升至2016年7月28日的19.54元。其中，2016年6月10日，该股价格达20.51元。

2016年6月11日至7月28日共25个交易日中，张某有16个交易日在自己实际控制的证券账户之间交易该股票，总量达657万余股，交易数量占市场成交量比例超过10%的有9个交易日，7月6日，该比例达32.06%。

问题：张某的行为属于什么性质的行为？

解析：张某的上述行为违反了《证券法》第77条关于禁止操纵股票价格的规定，构成操纵股票价格行为。证券监督管理机构依法有权没收张某违法所得并处以罚款。

（三）虚假陈述

证券市场虚假陈述，是指信息披露义务人违反证券法律规定，在证券发行或者交易过程中，对重大事件作出违背事实真相的虚假记载、误导性陈述，或者在披露信息时发生重大遗漏、不正当披露信息的行为。虚假陈述共包括虚假记载、误导性陈述、重大遗漏、不正当披露信息四种类型。

对于重大事件，应当结合《证券法》第59～62条、第72条及相关规定的内容认定。具体包括以下几个方面。

（1）虚假记载是指信息披露义务人在披露信息时，将不存在的事实在信息披露文件中予以记载的行为。虚假记载的方式很多，尤其在财务报表中经常出现。财务报表虚构事实主要有以下几类：①虚增资产负债比例，虚构公司偿债能力；②虚构投资者权益，夸大公司实力；③虚报利润、虚构资产价值；④虚构成本费用率，夸大公司效益。

（2）误导性陈述是指虚假陈述行为人在信息披露文件中或者通过媒体，作出使投资人对其投资行为发生错误判断并产生重大影响的陈述。

（3）重大遗漏是指信息披露义务人在信息披露文件中，未将应当记载的事项完全或者部分予以记载。如某股份公司对其涉及的对公司有重大影响的诉讼案件在招股说明书上只字不提，使投资者难以了解资金投向的风险，这种行为就属于重大遗漏。

（4）不正当披露是指信息披露义务人未在适当期限内或者未以法定方式公开披露应当披露的信息。

关联案例

违反职业操守进行虚假陈述

某股份有限公司为上市公司。该公司公布的财务报告谎称上年度“公司实现利润5.7亿元，资本公积金增加6.57亿元”。据此计算，该公司利益比上一年增加了1 000倍。对于此财务报告，甲会计师事务所事先出具了该公司的资产评估报告，同时甲、乙会计师事务所事先都出具了无保留意见的审计报告。

证券监督管理机构当地派出机构在对该公司进行了认真调查后，认定该公司及甲和乙会计师事务所已经违反了证券法律、法规及《会计法》的有关规定，构成了严重的虚假陈述行为，因此作出了具体的处罚决定；同时将已明显触犯《刑法》的主要责任人员移交司法机关予以处理。

（四）欺诈客户

所谓欺诈客户，是指在证券交易中，证券经营机构、证券登记机构和清算机构及证券发行人或者发行代理人等在证券发行、交易及相关活动中诱使投资者买卖证券以及其他违背客户真实意愿、损害客户利益的行为。

根据《证券法》的规定，欺诈客户的行为如下。

（1）违背客户的委托为其买卖证券。这种行为的构成有三个要件：第一，客户发出了买入或卖出证券的委托；第二，证券公司为客户买入或者卖出了证券；第三，证券交易结果不符合委托的内容。

（2）不在规定时间内向客户提供交易的书面确认文件。这主要是指买卖成交后，证券公司没有在规定时间内制作买卖成交报告单并交付客户。

（3）挪用客户所委托买卖的证券或者客户账户上的资金。这主要是指证券公司或者其从业人员擅自将客户账户上的证券或资金挪作他用，如将客户账户上的证券用于质押，将客户账户上的资金用于自营或者转借给他人等。

（4）未经客户的委托，擅自为客户买卖证券，或者假借客户的名义买卖证券。擅自为客户买卖证券是指证券公司或者其从业人员未经客户委托授权，擅自为客户买入证券或者卖出客户账户上的证券。假借客户的名义买卖证券，是指不动用客户账户上的证券和资金，而是借客户的账户为自己或者他人进行证券买卖。

（5）为牟取佣金收入，诱使客户进行不必要的证券买卖。所谓不必要的交易，是指对客户的经济利益来说没有什么必要，既不能获得多少利润，也不能减少多少损失的交易。

（6）利用传播媒介或者通过其他方式提供、传播虚假或者误导投资者的信息。

（7）其他违背客户真实意思表示，损害客户利益的行为。因为实践中证券欺诈行为多样，情况复杂，《证券法》难以一一列举，所以行政法规和证券监督管理机构可以对此作出补充规定，以有效防止和打击各种欺诈客户的行为。

五、上市公司收购

我国上市公司收购可以采取要约收购或者协议收购的方式。

（一）上市公司收购的法律关系

上市公司收购的法律关系包括主体、客体和内容。

1. 上市公司收购的主体

本质上上市公司收购为证券买卖，具有证券交易的性质。公司收购通常涉及三方利益关系人，即收购方、出售者及目标公司或上市公司。

2. 上市公司收购的客体

上市公司发行在外的股票，即公司发行在外而且被投资者持有的公司股票，不包括公司库存股票和公司以自己名义直接持有的本公司发行在外的股票。

公司收购客体不包括公司债券。公司债券是债券持有人合法拥有的、公司债券发行人承诺到期还本付息的债权凭证。债券持有人可到期要求债券发行人还本付息，但对债券发行人内部事务没有表决权。投资者即使大量持有某种公司债券，也不足以影响公司的股本结构和公司决策权。但若投资者收购在未来可以转换为公司股票的公司债券，且公司债券持有人申请将所持公司债券转换为股票时，债券持有人即转变为股票持有人，可直接参与公司事务。所以，可转换公司债券也可视为公司收购的特殊客体。

3. 上市公司收购的内容

上市公司收购须借助证券交易场所完成。证券交易场所是依法设立、经批准进行证券买卖或交易的场所，可分为集中交易场所（即证券交易所）和场外交易场所。前者如上海和深圳证券交易所，后者如以前运营的全国证券交易自动报价系统（STAQ）和全国电子交易系统（NET）两个交易系统及现在合法运营的证券登记结算公司柜台。证券交易所和场外交易场所的运行规则不尽相同，但均属证券交易的合法场所。

《证券法》确立了上市公司收购的法定条件。根据《证券法》的规定，持有公司股份5%以上的股东，通过证券交易所买进或卖出上市公司股票达到一定比例的，要受上市公司收购规则的约束。持有上市公司5%的股份，在商业上通常尚未构成对上市公司的实际控制，但属于《证券法》规范的上市公司收购行为。

（二）要约收购程序及其规则

要约收购是指通过证券交易所的买卖交易使收购者持有目标公司股份达到法定比例(《证券法》规定该比例为30%)，若继续增持股份，必须依法向目标公司所有股东发出全面收购要约。

1. 持股5%报告制度

通过证券交易所的证券交易，投资者持有一个上市公司已发行股份5%时，应当在该事实发生之日起3日内向证券监督管理机构、证券交易所作出书面报告，通知该上市公司并予以公告。在上述规定的期限内，不得再行买卖该上市公司的股票。投资者持有一个上市公司已发行股份的5%后，通过证券交易所的证券交易，其所持该上市公司已发行的股份比例每增加或者减少5%，应依照前款之规定进行报告和公告。在报告期限内和作出报告、公告后2日内，不得再行买卖该上市公司的股票。

关联案例

甲公司于2017年1月21日至2月27日期间，利用65个个人股东账户大量买进乙实业股票，截至2017年2月27日，甲公司共计持有乙实业股票7 345 566股，占该支股票总股本的7.08%。但是，甲公司未就上述事实向证券交易所和证券监督管理机构作出书面报告，也未通知乙上市公司并予以公告。

问题：甲公司的行为违反了《证券法》的哪些规定？

解析：按照《证券法》的规定，通过证券交易所的证券交易，投资者持有一个上市公司已发行股份的5%时，应当在该事实发生之日起3日内向证券监督管理机构、证券交易所作出书面报告，通知该上市公司并予以公告；在上述规定的期限内，不得再自行买卖该上市公司的股票。

本案中，甲公司的行为违反了这一规则，即当该公司持有乙实业股份达到5%时，没有向被收购公司、证券交易所和证券监督管理机构作出书面报告，同时也没有进行公告。

2. 持股30%继续收购时的要约

根据《证券法》的规定，通过证券交易所的证券交易，投资者持有一个上市公司已发行的股份的30%时，继续进行收购的，应当依法向该上市公司所有股东发出收购要约。收购人必须事先向证券监督管理机构报送上市公司收购报告书，还应当同时提交证券交易所。收购人在报送上市公司收购报告书之日起 15 日后，公告其收购要约。收购要约的期限不得少于 30 日，并不得超过 60 日。

3. 终止上市

收购要约的期限届满，收购人持有的被收购上市公司的股份数达到该公司已发行的股份总数的 75%以上的，该上市公司的股票应当在证券交易所终止上市。

4. 股东可要求收购人收购未收购的股票

收购要约的期限届满，收购人持有的被收购公司的股份达到该公司已发行的股份总数的 90%以上时，其余仍持有被收购公司股票的股东，有权向收购人以收购要约的同等条件出售其股票，收购人应当收购。收购行为完成后，被收购公司不再具备《公司法》规定的条件的，应当依法变更其企业形式。

5. 要约收购期间排除其他方式收购

采取要约收购方式的，收购人在收购要约期限内，不得采取要约规定以外的形式和条件买卖被收购公司的股票。

6. 股票更换

通过要约收购方式获取被收购公司股份并将该公司撤销的，视为公司合并；被撤销公司的原有股票，由收购人依法更换。

7. 收购结束的报告

收购上市公司的行为结束后，收购人应在 15 日内将收购情况报告证券监督管理机构和证券交易所，并予以公告。

（三）协议收购程序及其规则

协议收购是收购者在证券交易所之外以协商的方式与被收购公司的股东签订收购其股份的协议，从而达到控制该上市公司的目的。收购人可依照法律、行政法规的规定同被收购公司的股东以协议方式进行股权转让。

1. 订立协议

采取协议收购方式的，收购人可以依照法律、行政法规的规定同被收购公司的股东以协议方式进行股权转让。

2. 报告与公告

以协议方式收购上市公司时，达成协议后，收购人必须在 3 日内将该收购协议向证券监督管理机构及证券交易所作出书面报告，并予以公告。在未作出公告前不得履行收购协议。

3. 保管股票与存放资金

采取协议收购方式的，协议双方可以临时委托证券登记结算机构保管协议转让的股票，并将资金存放于指定的银行。

协议收购完成后，更换股票和收购结束报告同要约收购。

（四）法律后果

收购行为完成后，被收购公司不再具有《公司法》规定的条件的，如股份被收购者一人全部持有，应当依法变更其企业形式。在上市公司收购中，收购人对所持有的被收购的上市公司的股票，在收购行为完成后的 6 个月内不得转让。

第四节　证券机构的法律规定

【引例】

中德证券财务顾问业务未勤勉尽责案——推动财务顾问归位尽责

据中国证监会行政处罚决定书〔2017〕18 号，2015 年 11 月 10 日，沈机集团与紫光卓远正式签署了关于昆明机床股份转让协议，沈机集团拟将持有的昆明机床 25.08%股份全部转让给紫光卓远，该协议比以前的版本增加了协议的解除和生效条款。该月 12 日，紫光卓远通过昆明机床披露了《详式权益变动报告书》，但未披露《股份转让协议》中增加的协议解除和生效全部条款。同日，中德证券出具《财务顾问声明》随《详式权益变动报告书》一并公告，并出具《详式权益变动报告书之财务顾问核查意见》，认为信息披露义务人已经依照相关的规定和规范的要求履行了信息披露义务，信息披露内容真实、准确、完整。

2016 年 2 月，云南证监局经调查发现，中德证券在出具上述核查意见和声明时，未取得沈机集团和紫光卓远正式签署的《股份转让协议》，未通过核查发现该协议文本中的新增条款。财务顾问核查意见存在重大遗漏，属于未尽勤勉职责。为此，证监会做出以下决定：责令中德证券改正，没收业务收入 300 万元，并处以 300 万元罚款；对责任人李某某、王某给予警告，并分别处以 5 万元罚款。

问题：本案中，中德证券作为证券服务机构存在的违法行为是什么？

在我国，证券机构包括证券交易所、证券公司、证券登记结算机构、证券业协会及证券监督管理机构（关于证券监督机构在本章第五节中介绍）。

一、证券交易所

证券交易所是为证券集中交易提供场所和设施，组织和监督证券交易，实行自律管理的法人。我国的证券交易所是不以营利为目的，仅为证券的集中和有组织的交易提供场所、设施，并履行国家有关法律、法规、规章、政策规定的职责，实行自律性管理的会员制的事业法人。目前，我国有两家证券交易所，即 1990 年 12 月设立的上海证券交易所和 1991 年 7 月设立的深圳证券交易所。

《证券法》通过对证券交易所的职能的规定，使证券交易所创造出公开、公平的市场环境，为市场投资者提供便利条件，从而保证股票交易的正常运行。具体来说其职能体现在以下几个方面。

（1）为组织公平的集中竞价交易提供保障，公布证券交易即时行情，并按交易日制作证券市场行情表，予以公布。

（2）依照法律、行政法规的规定，办理股票、公司债券的暂停上市、恢复上市或者终止上市的事务。

（3）因突发性事件而影响证券交易正常进行时，证券交易所可以采取技术性停牌的措施；因不可抗力的突发性事件或者为维护证券交易的正常秩序，证券交易所可以决定临时停市；证券交易所采取技术性停牌或者决定临时停市，必须及时向证券监督管理机构报告。

（4）对在交易所进行的证券交易实行实时监控，并按照证券监督管理机构的要求，对异常的交易情况提出报告；对上市公司披露信息进行监督，督促上市公司依法及时、准确地披露信息。

（5）依照证券法律、行政法规制定证券集中竞价交易的具体规则，以及证券交易所的会员管理规章和证券交易所从业人员业务规则，并报证券监督管理机构批准。

（6）对违反证券交易所交易规则的证券交易人给予纪律处分；对情节严重的，可撤销其交易资格，禁止其入场进行证券交易。

视野拓展

证券交易所

二、证券公司

证券公司是指依照《公司法》的规定并经证券监督管理机构审查批准而成立的专门经营证券业务，具有独立法人地位的金融机构。

（一）证券公司的设立

证券公司的设立或撤销分支机构、变更业务范围或者注册资本、变更公司章程、合并、分立、变更公司形式或解散，需要经证券监督管理机构批准。

设立证券公司，应当具备下列条件：①有符合法律、行政法规规定的公司章程；②主要股东具有持续赢利能力，信誉良好，最近3年无重大违法违规记录，净资产不低于人民币2亿元；③有符合《证券法》规定的注册资本；④董事、监事、高级管理人员具备任职资格，从业人员具有证券从业资格；⑤有完善的风险管理与内部控制制度；⑥有合格的经营场所和业务设施；⑦法律、行政法规规定的和经国务院批准的证券监督管理机构规定的其他条件。

（二）证券公司的组织形式及主要业务范围

证券公司的组织形式为有限责任公司或者股份有限公司，证券公司必须在其名称中标明“证券有限责任公司”或者“证券股份有限公司”字样。国家对证券公司实行分类管理，分为综合类证券公司和经纪类证券公司，并且由证券监督管理机构按照其类别颁发业务许可证。

1. 综合类证券公司的业务

经证券监督管理机构批准，综合类证券公司可以经营以下业务：①证券经纪；②证券投资咨询；③与证券交易、证券投资活动有关的财务顾问；④证券承销与保荐；⑤证券自营；⑥证券资产管理；⑦其他证券业务。

证券公司经营上述第①～③项业务的，注册资本最低限额为人民币5000万元；经营第④～⑦项业务之一的，注册资本最低限额为人民币1亿元；经营第④～⑦项业务中两项以上的，注册资本最低限额为人民币5亿元。证券公司的注册资本应当是实缴资本。

（1）证券自营业务，是指综合类证券公司以自己的名义运用自有资金和依法筹集的资金，开设证券账户买卖有价证券并获取收益的行为。具体方式包括在二级市场上买卖、在一级市场上申购后再到二级市场上卖出。证券自营业务的经营范围包括上市证券的自营买卖、承销业务中的自营业务、场外市场的自营业务。证券经营机构自营业务可以投资的证券包括：在证券交易所挂牌交易的A股股票、投资基金、认股权证、国债、企业债券、可转换企业债券等。

（2）证券经纪业务，是指证券公司通过其设立的营业场所和在证券交易所的席位，基于有关法律法规的规定和公司与投资者之间的契约，按照投资者的合理要求代理投资者买卖证券并收取一定比例佣金的活动。由于在证券交易所内交易的证券种类繁多、数额巨大，而交易厅内席位有限，一般投资者不能直接进入证券交易所进行交易，因此只能通过特许的证券经纪商作为中介来促成交易的完成。

（3）证券承销业务，是指证券公司接受发行人的委托，代理发行人向投资者推销证券。实际上，证券公司发挥的是证券推销的职能。公开发行证券的发行人有权依法自主选择有资质的证券公司承销。

（4）依法经证券监督管理机构批准的其他业务。

2. 经纪类证券公司的业务

在我国，经纪类证券公司是指只能从事单一的经纪业务的证券公司。经纪类证券公司可以从事下列业务：证券的代理买卖；代理证券的还本付息、分红派息；证券代保管、鉴证；代理登记开户。

经纪类证券公司主要从事证券经纪业务，因此必须严格执行交易规则，为投资者分别开立证券和资金账户，对投资者交付的证券和资金按户分别管理，对投资者的账户号码、密码、资金状况、证券买卖情况以及证券持有状况等信息严格保密，如实记录交易行为，不得作虚假记载。

（三）证券公司的董事、监事、高级管理人员的任职资格

证券公司的董事、监事、高级管理人员，应当正直诚实、品行良好，熟悉证券法律、行政法规，具有履行职责所需的经营管理能力，并在任职前取得证券监督管理机构核准的任职资格。

有《公司法》第147条规定的情形或者下列情形之一的，不得担任证券公司的董事、监事、高级管理人员。

（1）因违法行为或违纪行为被解除职务的证券交易所、证券登记结算机构的负责人或者证券公司的董事、监事、高级管理人员，自被解除职务之日起未逾5年。

（2）因违法行为或违纪行为被撤销资格的律师、注册会计师或投资咨询机构、财务顾问机构、资信评级机构、资产评估机构、验证机构的专业人员，自被撤销资格之日起未逾5年。

因违法行为或者违纪行为被开除的证券交易所、证券登记结算机构、证券服务机构、证券公司的从业人员和被开除的国家机关工作人员，不得招聘为证券公司的从业人员。

国家机关工作人员和法律、行政法规规定的禁止在公司中兼职的其他人员，不得在证券公司中兼任职务。

（四）证券公司的交易规则

证券公司的交易规则是指证券公司在证券交易过程中依照证券法律、法规及行政规章所应

当遵循的交易规则，主要包含安全交易规则、内部控制制度实施规则和证券经纪禁止性规则三个方面。

1. 安全交易规则

证券公司安全交易规则包括以下几项内容。

（1）投资者保护基金规则。证券投资者保护基金由证券公司缴纳的资金及其他依法筹集的资金组成，目的是加强对投资者的保护。

（2）风向控制指标规则。证券监督管理机构对证券公司的净资本、净资本与负债比例、净资本与净资产的比例，净资本与自营、承销、资产管理等业务规模的比例，负债与净资产的比例、流动资产与流动负债的比例等风险控制指标作了规定，以避免和减少证券公司经营的风险，保护投资者的合法权益。

（3）交易风险准备金规则。为保证证券经营机构的偿付能力，使投资者获得足够的赔偿，规定证券公司应从每年的税后利润中提取一定的交易风险准备金，用于弥补证券交易的损失。

（4）最低资本额限制规则。法律规定证券公司在设立时应符合最低的资本额，如果低于此限额，则不得注册或不得获得经营许可。

2. 内部控制制度实施规则

证券公司应当建立健全有效隔离措施，防范公司与客户之间、不同客户之间的利益冲突；证券公司必须将其证券经纪业务、证券承销业务、证券自营业务和证券资产管理业务分开办理，不得混合操作以维护证券市场秩序，降低市场经营风险。

3. 证券经纪禁止性规则

证券公司证券经纪禁止性规则包括以下几项内容。

（1）禁止全权委托。证券公司办理经纪业务，不得接受客户的全权委托而决定证券买卖、选择证券种类、决定买卖数量或者买卖价格。

（2）禁止不当承诺。证券公司不得以任何方式对客户证券买卖的收益或者赔偿证券买卖的损失作出承诺。

（3）禁止私下委托。证券公司及其从业人员不得未经过其依法设立的营业场所私下接受客户委托买卖证券。

关联案例

违反承诺擅自挪用共管账户资金被告上法庭

甲证券公司因擅自挪用一笔委托理财资产而被告上法庭。据乙公司的公告，该公司曾与丙投资管理咨询有限公司（以下简称丙公司）签订《合作投资管理合同》，合同金额为 5 000 万元，期限为 9 个月，承诺年收益率不低于 15%；此后又与丙公司签订《合作投资管理合同》，合同金额为 500 万元，期限为半年，未约定保底收益。上述资金投入后，甲证券公司上海陕西北路营业部违反有关规定和承诺，在未取得乙公司代表签字同意的情况下，擅自挪用了乙公司与丙公司双方的共管账户资金 3 400 万元，造成了该笔资金无法收回。

问题：甲证券公司的违法行为有哪些？

解析：该案一是违反了《证券法》关于禁止不当承诺的规定，即证券公司不得以任何方式对客户证券买卖的收益或者赔偿证券买卖的损失作出承诺；二是构成擅自挪用客户资金的行为，即违反规定擅自挪用客户账户上的资金，给客户造成了损失。

三、证券登记结算机构

证券登记结算机构是为证券交易提供集中登记、存管与结算服务，不以营利为目的的法人。证券登记结算机构应履行下列职能：①证券账户、结算账户的设立；②证券的托管和过户；③证券持有人名册登记；④证券交易所上市证券交易的清算和交收；⑤受发行人的委托派发证券权益；⑥办理与上述业务有关的查询；⑦证券监督管理机构批准的其他业务。

四、证券业协会

1991 年 8 月 28 日，我国成立了中国证券业协会。它是中国证券发展史上第一个全国性的证券行业自律性管理组织，是证券经营机构依法自行组织的自律性会员组织，具有独立的社团法人资格。

依据《证券法》的规定，证券业协会应当履行以下职责：①教育和组织会员遵守证券法律、行政法规；②依法维护会员的合法权益，向证券监督管理机构反映会员的建议和要求；③收集整理证券信息，为会员提供服务；④制订会员应遵守的规则，组织会员单位的从业人员的业务培训，开展会员间的业务交流；⑤对会员之间、会员与客户之间发生的证券业务纠纷进行调解；⑥组织会员就证券业的发展、运作及有关内容进行研究；⑦监督、检查会员行为，对违反法律、行政法规或者协会章程的，按照规定给予纪律处分；⑧证券业协会章程规定的其他职责。

【节前引例分析】

依据我国《证券法》的规定，对于证券服务机构未勤勉尽责，所制作、出具的文件有虚假记载、误导性陈述或者重大遗漏的，由证券监督管理机构责令改正，没收业务收入，暂停或者撤销证券服务业务许可，并处以业务收入 1 倍以上 5 倍以下的罚款。对直接负责的主管人员和其他直接责任人员给予警告，撤销证券从业资格，并处以 3 万元以上 10 万元以下的罚款。

中德证券的行为违反了《证券法》第 173 条和《上市公司收购管理办法》第 9 条第 2 款的规定，构成《证券法》第 223 条所述“证券服务机构未勤勉尽责，所制作、出具的文件有虚假记载、误导性陈述或者重大遗漏的行为”。

第五节　证券业监管及法律责任

【引例】

弥达斯编造、传播“招商银行喊国家队还钱”虚假信息案

——证监会处罚自媒体编造、传播虚假信息第一案

据证监会行政处罚决定书〔2016〕113 号，2016 年 10 月 13 日，证监会针对李某编造虚假信息、中融汇智传播虚假信息的行为依法作出了行政处罚。

2016 年 2 月 24 日，微信公众号“弥达斯”发布了题为《国家队：招商银行副行长喊你还钱了》的文章，引发市场关注，随后又发布勘误道歉声明。“弥达斯”总编辑李某为吸引眼球，采用不符合实际的标题，其部分报道内容断章取义，为主观臆测。而该微信公众号“弥达斯”实际由中融汇智运营。

该虚假信息通过微信、转载等多种方式广泛传播，给市场造成较大影响。深圳证监局调查组从蛛丝马迹入手，顺藤摸瓜地获悉了“弥达斯”的真正运营地，第一时间奔赴现场掌握关键证据。2016 年 10 月 13 日，证监会作出行政处罚，责令中融汇智、李某改正，并分别处以 20 万元罚款。虚假信息借助自媒体交互强、扩散快的特性广泛传播，极易误导投资者，并对股市产生负面影响。

思考：通过上述案例，思考在网络化高度发达的今天，如何科学正确的分辨网络信息。

一、我国证券业监管概述

证券市场监管是证券市场监管机构根据证券法律法规对证券发行、交易以及证券经营机构等市场主体及其行为实施的监督与管理活动。

1. 我国证券监管机构

根据我国《证券法》的规定，证券监督管理机构依法对全国证券市场实行集中统一的监督管理。证券监督管理机构根据需要可以设立派出机构，按照授权履行监督管理职责，其在依法履行职责，进行监督检查或者调查时，有关部门应当予以配合。证券监督管理机构应当与其他金融监督管理机构建立监督管理信息共享机制。

2. 证券监管职责

证券监管机构在对证券市场实施监督管理中应履行以下职责：①依法制定有关证券市场监督管理的规章、规则，并依法行使审批或者核准权；②依法对证券的发行、上市、交易、登记、存管、结算进行监督管理；③依法对证券发行人、上市公司、证券公司、证券投资基金管理公司、证券服务公司机构、证券交易所、证券登记结算机构的证券业务活动进行监督管理；④依法制定从事证券业务人员的资格标准和行为准则，并监督实施；⑤依法监督检查证券发行、上市和交易的信息公开情况；⑥依法对证券业协会的活动进行指导和监督；⑦依法对违反证券市场监督管理法律、行政法规的行为进行查处；⑧法律、行政法规规定的其他职责。证券监督管理机构可以和其他国家或地区的证券监督管理机构建立监督管理合作机制，实施跨境监督管理。

二、违反证券监管的法律责任

违反证券监管的法律责任是指证券活动中的各方当事人因违反证券法律、法规规定的义务所应承担的法律责任。

（一）监管主体的法律责任

监管主体即监督管理机构及其工作人员。证券监督管理机构的工作人员和发行审批审核委员会的组成人员，不履行《证券法》规定的职责，滥用职权、玩忽职守，利用职务便利牟取不正当利益，或者泄露所知悉的有关单位和个人的商业秘密的，应依法承担法律责任。证券监督管理机构工作人员进行内幕交易的，应从重处罚。

（二）违反证券发行规定的法律责任

违反证券发行规定的法律责任表现为以下五个方面。

1. 擅自发行证券的责任

未经法定机关核准，擅自公开或者变相公开发行证券的，责令停止发行，退还所募资金并加算银行同期存款利息，并由证券监督管理机构处以非法所募资金1%以上5%以下的罚款。对擅自公开或者变相公开发行证券设立的公司，由证券监督管理机构会同县级以上地方人民政府予以取缔。对直接负责的主管人员和其他直接责任人员给予警告，并处以3万元以上30万元以下的罚款。

2. 骗取发行核准的责任

发行人不符合发行条件，以欺骗手段骗取发行核准，尚未发行证券的，由证券监督管理机构处以30万元以上60万元以下的罚款；已经发行证券的，处以非法所募资金金额1%以上5%以下的罚款。对直接负责的主管人员和其他直接责任人员处以3万元以上30万元以下的罚款。

发行人的控股股东、实际控制人指使从事上述违法行为的，依照上述规定处罚。

3. 违反承销业务规定的责任

证券公司承销或者代理买卖未经核准擅自公开发行证券的，由证券监督管理机构责令停止承销或者代理买卖，没收违法所得，并处以违法所得1倍以上5倍以下的罚款；没有违法所得或者违法所得不足30万元的，处以30万元以上60万元以下的罚款。给投资者造成损失的，应当与发行人承担连带赔偿责任。对直接负责的主管人员和其他直接责任人员给予警告，撤销任职资格或者证券从业资格，并处以3万元以上30万元以下的罚款。

证券公司承销证券，有下列行为之一的，由证券监督管理机构责令改正，给予警告，没收违法所得，可以并处30万元以上60万元以下的罚款；情节严重的，暂停或者撤销相关业务许可。给其他证券承销机构或者投资者造成损失的，依法承担赔偿责任。对直接负责的主管人员和其他直接责任人员给予警告，可以并处3万元以上30万元以下的罚款；情节严重的，撤销任职资格或者证券从业资格。①进行虚假的或者误导投资者的广告或者其他宣传推介活动；②以不正当竞争手段招揽承销业务；③其他违反证券承销业务规定的行为。

4. 保荐人的法律责任

保荐人出具有虚假记载、误导性陈述或者重大遗漏的保荐书，或者不履行其他法定职责的，责令改正，给予警告，没收业务收入，并处以业务收入1倍以上5倍以下的罚款；情节严重的，暂停或者撤销相关业务许可。对直接负责的主管人员和其他直接责任人员给予警告，并处以3万元以上30万元以下的罚款；情节严重的，撤销任职资格或者证券从业资格。

5. 发行人、上市公司或者其他信息披露义务人的法律责任

（1）发行人、上市公司或者其他信息披露义务人未按照规定披露信息，或者所披露的信息有虚假记载、误导性陈述或者重大遗漏的，责令改正，给予警告，并处以30万元以上60万元以下的罚款。对直接负责的主管人员和其他直接责任人员给予警告，并处以3万元以上30万元以下的罚款。

（2）发行人、上市公司或者其他信息披露义务人未按照规定报送有关报告，或者报送的报告有虚假记载、误导性陈述或者重大遗漏的，责令改正，给予警告，并处以 30 万元以上 60 万元以下的罚款。对直接负责的主管人员和其他直接责任人员给予警告，并处以 3 万元以上 30 万元以下的罚款。

（3）发行人、上市公司或者其他信息披露义务人的控股股东、实际控制人指使从事上述违法行为的，依照上述规定处罚。

（4）发行人、上市公司擅自改变公开发行证券所募集资金的用途的，责令改正，对直接负责的主管人员和其他直接责任人员给予警告，并处以 3 万元以上 30 万元以下的罚款。

（5）发行人、上市公司的控股股东、实际控制人指使从事前述违法行为的，给予警告，并处以 30 万元以上 60 万元以下的罚款。对直接负责的主管人员和其他直接责任人员依照前述规定处罚。

（三）违反证券交易规范的法律责任

违反证券交易规范的法律责任表现为以下四个方面。

1. 违反内幕交易规则的责任

证券交易内幕信息的知情人或者非法获取内幕信息的人，在涉及证券的发行、交易或者其他对证券的价格有重大影响的信息公开前，买卖该证券，或者泄露该信息，或者建议他人买卖该证券的，责令其依法处理非法持有的证券，没收违法所得，并处以违法所得 1 倍以上 5 倍以下的罚款；没有违法所得或者违法所得不足 3 万元的，处以 3 万元以上 60 万元以下的罚款。单位从事内幕交易的，还应当对直接负责的主管人员和其他直接责任人员给予警告，并处以 3 万元以上 30 万元以下的罚款。证券监督管理机构工作人员进行内幕交易的，从重处罚。

2. 操纵证券市场的责任

违反《证券法》的相关规定，操纵证券市场的，责令依法处理非法持有的证券，没收违法所得，并处以违法所得 1 倍以上 5 倍以下的罚款；没有违法所得或者违法所得不足 30 万元的，处以 30 万元以上 300 万元以下的罚款。单位操纵证券市场的，还应当对直接负责的主管人员和其他直接责任人员给予警告，并处以 10 万元以上 60 万元以下的罚款。

3. 证券欺诈责任

违反《证券法》的相关规定，在证券交易活动中作出虚假陈述或者信息误导的，责令改正，处以 3 万元以上 20 万元以下的罚款；属于国家工作人员的，还应当依法给予行政处分。

4. 其他法律责任

除了上述主要的法律责任外，《证券法》还规定了其他违法行为的法律责任，主要表现在以下四个方面。

（1）违反法律规定，在限制转让期限内买卖证券的，由证券监督管理机构责令改正，给予警告，并处以买卖证券等值以下的罚款。对直接负责的主管人员和其他直接责任人员给予警告，并处以 3 万元以上 30 万元以下的罚款。

（2）违反《证券法》的相关规定，扰乱证券市场的，由证券监督管理机构责令改正，没收违法所得，并处以违法所得1倍以上5倍以下的罚款；没有违法所得或者违法所得不足3万元的，处以3万元以上20万元以下的罚款。

（3）违反《证券法》的相关规定，法人以他人名义设立账户或者利用他人账户买卖证券的，由证券监督管理机构责令改正，没收违法所得，并处以违法所得1倍以上5倍以下的罚款；没有违法所得或者违法所得不足3万元的，处以3万元以上30万元以下的罚款。对直接负责的主管人员和其他直接责任人员给予警告，并处以3万元以上10万元以下的罚款。

证券公司从事上述规定的违法行为提供自己或者他人的证券交易账户的，证券监督管理机构除依照上述的规定处罚外，还应当撤销直接负责的主管人员和其他直接责任人员的任职资格或者证券从业资格。

（4）为股票的发行、上市、交易出具审计报告、资产评估报告或者法律意见书等文件的证券服务机构和人员，违反《证券法》的规定买卖股票的，由证券监督管理机构责令依法处理非法持有的股票，没收违法所得，并处以买卖股票等值以下的罚款。

（四）证券机构的法律责任

根据违法主体的不同，可将证券机构的法律责任分为证券公司的法律责任、证券交易所的法律责任和其他证券机构的法律责任三个方面。

1. 证券公司的法律责任

（1）证券公司违反《证券法》的规定，为客户买卖证券提供融资融券的，由证券监督管理机构没收违法所得，暂停或者撤销相关业务许可，并处以非法融资融券等值以下的罚款。对直接负责的主管人员和其他直接责任人员给予警告，撤销任职资格或者证券从业资格，并处以3万元以上90万元以下的罚款。

（2）证券公司违反法律规定，假借他人名义或者以个人名义从事证券自营业务的，证券监督管理机构责令改正，没收违法所得，并处以违法所得1倍以上5倍以下的罚款；没有违法所得或者违法所得不足30万元的，处以30万元以上60万元以下的罚款；情节严重的，暂停或者撤销证券自营业务许可。对直接负责的主管人员和其他直接责任人员给予警告，撤销任职资格或者证券从业资格，并处以3万元以上10万元以下的罚款。

（3）证券公司违背客户的委托买卖证券、办理交易事项，或者违背客户真实意思，办理交易以外的其他事项的，由证券监督管理机构责令改正，处以1万元以上10万元以下的罚款。给客户造成损失的，依法承担赔偿责任。

（4）证券公司办理经纪业务，接受客户的全权委托买卖证券的，或者证券公司对客户买卖证券的收益或者赔偿证券买卖的损失作出承诺的，由证券监督管理机构责令改正，没收违法所得，并处以5万元以上20万元以下的罚款，可以暂停或者撤销相关业务许可。对直接负责的主管人员和其他直接责任人员给予警告，并处以3万元以上10万元以下的罚款，可以撤销任职资格或者证券从业资格。

（5）证券公司违反规定，未经批准而经营非上市证券交易的，由证券监督管理机构责令改正，没收违法所得，并处以违法所得1倍以上5倍以下的罚款。

（6）证券公司对其证券经纪业务、证券承销业务、证券自营业务、证券资产管理业务不依法分开办理，混合操作的，由证券监督管理机构责令改正，没收违法所得，并处以30万元以上

60 万元以下的罚款；情节严重的，撤销相关业务许可。对直接负责的主管人员和其他直接责任人员给予警告，并处以 3 万元以上 10 万元以下的罚款；情节严重的，撤销任职资格或者证券从业资格。

2. 证券交易所的法律责任

证券交易所对不符合法定条件的证券上市予以审核同意的，由证券监督管理机构给予警告，没收业务收入，并处以业务收入 1 倍以上 5 倍以下的罚款。对直接负责的主管人员和直接责任人员给予警告，并处以 3 万元以上 30 万元以下的罚款。

3. 其他证券机构的法律责任

其他证券机构的法律责任主要是指上市公司、证券公司、证券交易所、证券登记结算机构、证券服务机构等违反《证券法》规定所应承担的法律责任，主要表现为行政责任。

（1）证券服务机构未勤勉尽责，所制作、出具的文件有虚假记载、误导性陈述或者重大遗漏的，由证券监督管理机构责令改正，没收业务收入，暂停或者撤销证券服务业务许可，并处以业务收入 1 倍以上 5 倍以下的罚款。对直接负责的主管人员和其他直接责任人员给予警告，撤销证券从业资格，并处以 3 万元以上 10 万元以下的罚款。

（2）上市公司、证券公司、证券交易所、证券登记结算机构和证券服务机构未按照有关规定保存有关文件和资料的，由证券监督管理机构责令改正，给予警告，并处以 3 万元以上 30 万元以下的罚款；隐匿、伪造、篡改或者毁损有关文件和资料的，给予警告，并处以 30 万元以上 60 万元以下的罚款。

（五）其他规定

1. 刑事、民事和行政责任

因违反《证券法》构成犯罪的，依法追究刑事责任；对于因违法造成的损害，根据《证券法》的规定，应承担民事赔偿责任和缴纳罚款、罚金的，其他财产不足以同时支付时，先承担民事赔偿责任。

2. 证券市场禁入责任

证券市场禁入责任是指在一定期限内直至终身不得从事证券业务或者不得担任上市公司董事、监事、高级管理人员的制度，情节严重的，证券监督管理机构可以对有关责任人员采取证券市场禁入的措施。

小　结

《证券法》是金融法律体系的重要组成部分。

1．通过本章的学习，应先对证券法的原则有一个基本了解，在此基础上重点掌握证券发行中相关的法律制度以及涉及的法律关系。

2．证券交易的法律规范是本章的重点之一，不仅应了解和熟悉证券交易的法律规范和《证券法》对证券交易的禁止性规范，还应掌握在证券实务中的运用。

3．在本章的学习中还应重点掌握上市公司收购中的法律关系，并结合《合同法》知识，理解要约收购和协议收购的规则并熟悉在实务中的运用。

4．本章在最后对证券业的监管和相关的法律责任进行了阐述。学习者通过学习，应明确证券监管的法律意义，从预防风险的角度，重点理解哪些是合法合规的行为，哪些是违法违规的行为，应承担何种法律责任。

知识点测试

一、单项选择题

1．证券的代销、包销期最长不得超过（　　）日。

A．30　　B．60　　C．90　　D．15

2．投资者持有一个上市公司已发行股份的5%以后，通过证券交易所的证券交易，其所持该上市公司已发行的股份的比例每增加或减少（　　）时，应当依法进行报告和公告。

A．2%　　B．3%　　C．4%　　D．5%

3．依照《证券法》，以下关于公司公开发行新股的条件的叙述，正确的是（　　）。

A．前一次发行的股份已募足，并间隔一年以上　B．公司预期利润率可达同期银行存款利率

C．最近3年连续赢利，并可向股东支付股利　D．最近3年内财务会计文件无虚假记载

4．根据我国《证券法》的规定，下列哪项说法正确？（　　）

A．证券公司均可以从事证券自营业务

B．证券公司均不得从事证券自营业务

C．证券公司只能从事由包销产生的证券自营业务

D．一部分证券公司可以从事证券自营业务

5．根据我国《证券法》的规定，证券在证券交易所挂牌交易，应当采用（　　）方式。

A．拍卖　　B．公开竞价

C．集中交易　　D．公开的集中竞价交易

6．因违法行为或违纪行为被解除职务的证券交易所、证券登记结算机构的负责人或者证券公司的董事、监事、高级管理人员，自被解除职务之日起未逾（　　）年不能担任证券公司高级管理职务。

A．5　　B．3　　C．1　　D．10

7．在上市公司收购中，收购人对所持有的被收购的上市公司的股票，下列说法正确的是（　　）。

A．在收购行为完成后的3个月内不得转让　B．在收购行为完成后的1年内不得转让

C．在收购行为完成后的6个月内不得转让　D．在收购行为完成后即可转让

8．公司对公开发行股票所募集资金，必须按照招股说明书所列资金用途使用。改变招股说明书所列资金用途，必须经（　　）。

A．董事会表决　　B．半数以上的股东表决通过

C．股东大会作出决议　　D．2/3以上多数持表决权的股东表决通过

9．甲证券公司借用客户王某的账户为自己买入某公司股票10万股，对该行为应定性为（　　）。

A．欺诈行为　　B．内幕交易　　C．操纵市场　　D．误导行为

10．未经客户的委托，擅自为客户买卖证券，或者假借客户的名义买卖证券，属于（　　）。
　　A．欺诈客户　　B．操纵市场　　C．内幕交易　　D．虚假交易

二、多项选择题

1．下列哪项行为属于内幕交易？（　　）
　　A．内幕人员利用内幕信息买卖证券
　　B．内幕人员根据内幕信息建议他人买卖证券
　　C．内幕人员向他人泄露内幕信息，使他人利用该信息进行内幕交易
　　D．非内幕人员根据其获得的内幕信息买卖证券或建议他人买卖证券

2．下列关于上市公司收购的说法正确的有（　　）。
　　A．上市公司收购可以采取要约收购或者协议收购的方式
　　B．投资者持有一个上市公司已发行股份的5%时，应当在该事实发生之日起3日内，向证券监督管理机构、证券交易所作出书面报告，通知该上市公司，并予以公告
　　C．收购要约的期限不得少于20日，并不得超过1年
　　D．在收购要约的有效期限内，收购人不得撤回其收购要约

3．证券交易所（　　）。
　　A．是自负盈亏的独立法人　　B．有权对透支者强制平仓
　　C．有权对违规的上市公司停牌　　D．其工作人员不得买卖股票

4．在我国，依法设立的可经营证券业务的证券公司的主要业务有（　　）。
　　A．代理证券发行　　B．代理证券买卖　　C．自营买卖　　D．其他咨询业务

5．证券交易中，证券公司及其从业人员从事损害客户利益的欺诈行为包括（　　）。
　　A．不在规定时间内向客户提供交易的书面确认文件
　　B．挪用客户所委托买卖的证券或者客户账户上的资金
　　C．私自买卖客户账户上的证券
　　D．假借客户名义买卖证券

6．下列哪项所得的收益归该公司所有？（　　）
　　A．上市公司董事、监事、高级管理人员将其持有的该公司的股票在买入后六个月内卖出
　　B．持有上市公司股份5%以上的股东将其持有的该公司的股票在买入后六个月内卖出
　　C．持有上市公司股份5%以上的股东将其持有的该公司的股票在卖出后六个月内又买入
　　D．证券公司因包销购入售后剩余股票而持有5%以上股份的，在六个月内卖出该股票

7．公司公开发行新股，应当符合下列哪个条件？（　　）
　　A．具备健全且运行良好的组织机构
　　B．具有持续赢利能力，财务状况良好
　　C．最近两年财务会计文件无虚假记载，无其他重大违法行为
　　D．最近三年财务会计文件无虚假记载，无其他重大违法行为

8．《证券法》规定禁止任何人操纵证券市场，其中，操纵证券市场的手段包括（　　）。
　　A．单独或者通过合谋，集中资金优势、持股优势或者利用信息优势联合或者连续买卖，操纵证券交易价格或者证券交易量
　　B．与他人串通，以事先约定的时间、价格和方式相互进行证券交易，影响证券交易价格或者证券

交易量

C．以其他手段操纵证券市场

D．在自己实际控制的账户之间进行证券交易，影响证券交易价格或者证券交易量

9．按照《证券法》的规定，（　　）以及法律、行政法规禁止参与股票交易的其他人员，在任期或者法定限期内，不得直接或者以化名、借他人名义持有、买卖股票，也不得收受他人赠送的股票。

A．证券监督管理机构的工作人员　　B．证券交易所的从业人员

C．证券登记结算机构的从业人员　　D．证券公司的从业人员

10．公司申请其公司债券上市交易必须符合（　　）条件。

A．信息公开透明公司

B．公司债券实际发行额不少于人民币5 000万元

C．公司申请债券上市时仍符合法定的公司债券发行条件

D．债券的期限为1年以上

三、判断题

1．证券公司的证券自营业务和证券资产管理业务必须分开办理。（　　）

2．证券公司可以将其自营账户借给他人使用。（　　）

3．证券公司办理经纪业务，可以接受客户的全权委托而决定证券买卖价格。（　　）

4．证券公司违反《证券法》规定，超出业务许可范围经营证券业务的，如没有违法所得，可免以罚款。（　　）

5．证券业协会是证券业的自律性组织，是社会团体法人。（　　）

6．通过证券交易所的证券交易，投资者持有一个上市公司已发行股份的10%时，应当在该事实发生之日起3日内，向证券监督管理机构、证券交易所作出书面报告，通知该上市公司，并予以公告。（　　）

7．持续信息公开的内容，主要包括证券发行时初次信息披露和证券交易中的信息披露。（　　）

8．某上市公司在证券发行和证券交易过程中对重要信息披露时，因疏忽没有在招股说明书上提到对公司有重大影响的诉讼案件，但并非主观上的故意，因此不属于虚假陈述行为。（　　）

9．对证券业的监管，政府监管并不是唯一的途径，还应当与证券行业的自律性监管相结合。（　　）

10．股份有限公司发行新股是公司的增资行为，应当由股东大会作出决议，经出席股东大会的股东人数的2/3以上通过。（　　）

四、案例分析题

2016年4月，甲省甲市发起设立一家综合类证券公司（以下简称甲证券）。在公司董事会成员中，张某为甲市经委工作人员；李某原为甲省某会计事务所高级会计师，但因2014年为一家上市公司办理有关会计事务有重大违法违纪行为被吊销会计师资格；吕某现同时兼任另一家证券公司的监事。这些情况没有向证券监督管理机构报告。公司成立后，为了自营购买某股票，于2016年10月10日至10月25日，动用资金520万元，其中绝大部分是占用客户存入的保证金。这些情况被证券监督管理机构发现。

问题：（1）张某、李某、吕某是否可以担任证券经营机构的高级管理人员？试说明理由。

（2）综合类证券公司可以经营哪些业务？

（3）甲证券的行为是否构成了欺诈客户？

（4）甲证券将自营业务和经纪业务混合操作是否违反了法律规定？

（5）甲证券必须具备哪些条件，才可以获准设立综合类证券公司？

课外实训

背景资料

某股份公司内幕信息泄露案

2017 年 2 月 8 日，某股份有限公司与某有限公司，就某公房项目经多轮谈判，签订了总金额约 300 亿元的产品销售和施工合同。

2017 年 2 月 11 日，该股份公司原证券办主任陈某从他人处得到该公司公房项目的消息后，当即将此消息电话告知与他合作炒股的王某。按照陈某的指令，王某于 2 月 12 日一早买入该股份公司 2 776 996 股股票。当日下午，陈某进一步向该股份公司证券办副主任、证券事务代表罗某了解“该公房项目”信息。罗某违反《证券法》的有关规定，将自己所知悉的项目信息泄露给陈某。次日上午，王某按照陈某的指令买入该股份公司股票 2 398 600 股。

同年 2 月 13 日下午，罗某将合同已草签的情况泄露给陈某。随后，陈某将此信息告诉王某。2 月 14 日，王某再次以涨停价买入该股份公司 1 787 300 股股票。3 月 15 日，陈某从罗某处得知证券监管机构要调查该股份公司。3 月 16 日，王某按照指令将该股份公司股票共计 696 万股全部卖出，非法获利 4 037 万元。

实训知识领域

（1）内幕交易的含义和范围。

（2）内幕信息的知情人。

（3）禁止内幕交易。

实训方式

课堂案例讨论。

实训目的

（1）加强对法律概念的理解。

（2）熟练解读法条。

第七章

保险业法律规范

【学习指导】

学习要点	衔接的主要核心专业课程	课外要求
1. 明确保险法的基本原则对保险活动的意义。 2. 掌握保险业经营规则。 3. 熟悉保险合同法律关系的构成。 4. 知晓保险合同的订立、履行、变更与终止的法律后果。 5. 理解保险业监管对保险经营活动的法律意义。	金融基础、保险学概论、保险代理、保险经营管理、保险市场营销等。	注意收集目前市场上出现的各种保险的险种及相应的合同，并结合新《保险法》对其条款内容进行分析和理解。

知识结构

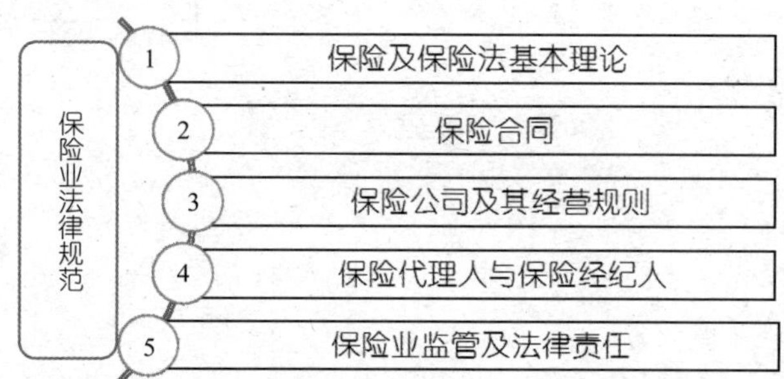

保险业法律规范是现代金融业法律规范的重要组成部分，在市场经济法律体系中占有重要地位。本章围绕《保险法》和相关的民事法律规范，在介绍保险法基本理论的基础上，基于职业教育对保险实践的需要，主要介绍保险合同的要素、订立、履行以及变更和解除，保险法对保险公司的法律资格以及经营规则的规定，保险法对保险代理人与保险经纪人的从业条件及其责任的规定，保险法对保险监管的规定。

第一节　保险及保险法基本理论

【引言】

保险就像雨伞一样，不下雨时可以放在家里不用，下雨的时候能帮我们遮风挡雨。但是对于客户来说，在投资后能否得到一把合格的“雨伞”——保单，那就要看如何规范“雨伞”的生产厂家——保险公司及其“生产、经营行为”。这个能规范“雨伞生产厂家”的权威性文件就是《保险法》。

一、保险概述

保险作为一个分散风险的经济制度与法律行为，是保险公司通过保险合同建立起来的与投保人、被保险人、受益人的法律关系，并通过保险合同收取保险费，建立起保险基金，运用保险基金分散被保险人的风险。

《保险法》第2条指出，保险是指投保人依合同约定，向保险人支付保险费，保险人对于合同约定的可能发生的事故因其发生所造成的财产损失承担赔偿保险金责任，或者当被保险人死亡、伤残、疾病或者达到合同约定的年龄、期限等条件时承担给付保险金责任的商业保险行为。可见，《保险法》中所指的保险是一种与社会保险性质不同的商业行为。

从不同的角度，按照不同的依据可将保险划分为不同的类型①，如表7.1所示，由此也可将保险合同划分为不同的类型。

表7.1 保险的类型

划分依据	表现种类
根据保险标的不同	财产保险、人身保险
根据保险人承担保险责任的次序不同	原保险、再保险
根据实施的形式不同	强制保险、自愿保险
根据创立保险事业目的不同	商业保险、社会保险
根据保险人的人数不同	单保险、重复保险
根据保险的目的和功能	补偿性保险、给付性保险

二、保险法的基本原则

《保险法》是调整商业保险关系的法律规范的总称。我国《保险法》自颁布以后进行了多次修订，以适应经济环境的变化和满足深化市场改革、简政放权放管结合的需求。修订后的《保险法》对投保人、被保险人和受益人的权益起到了更好的保护作用。

我国《保险法》体现了以下四个方面的基本原则。

1. 最大诚信原则

为了维护保险活动当事人的利益和防止保险欺诈，我国《保险法》第5条规定，保险活动当事人行使权利、履行义务应当遵循诚实信用原则。善意是一切合同有效的必要条件。然而，基于保险关系的特殊性，法律对于善意程度的要求远远大于其他合同，理论上称保险合同为“最大善意合同”。

诚实信用原则要求，在订立保险合同时，保险人就保险标的或者被保险人的有关情况提出询问的，投保人应当如实告知；而采用保险人提供的格式条款的，保险人向投保人提供的投保单应当附格式条款，保险人应当向投保人说明合同的内容。如果保险人在合同订立时已经知道投保人未如实告知的情况，保险人不得解除合同；发生保险事故的，保险人应当承担赔偿或者给付保险金的责任。

① “保险类型的划分”的详细内容可通过“保险学原理”等课程了解相关知识。

关联案例

保险公司大意核保，责任自负

生病在家的王先生与上门推销保险的业务员签订了保险合同。王先生请业务员代填投保书。投保书健康询问栏的事项为 0：健康；1：残疾；2：低能；3：癌症、肝硬化、癫痫病、严重脑震荡、精神病、心脏病、高血压。业务员觉得这些与王先生情况不符，就留了空白，没有填写。王先生阅后，没有异议，签了字。保险公司在核对时，也没有注意这点，就签发了保险单。

不久，王先生因病亡故，受益人向保险公司申请给付保险金。保险公司在审核时发现，王先生在投保时就已经重病在家，而王先生没有将真实情况告知保险公司，因此保险公司拒付。受益人要求未果，遂起诉至法院。

法院审理后认为：投保书要求投保人告知的事项，都与王先生的情况不符，王先生无法告知；如果有过错，则错在保险公司。保险公司在核保后签发保险单，可以看作保险公司放弃告知权利，于是丧失了解除合同的权利。所以保险公司应该给付保险金，于是判保险公司给付保险金。

补充：推荐观看“最高法出台保险法司法解释 投保人仅对明知事项存告知义务”视频（2013 年 6 月 8 日吉林卫视“新闻早报”片段），关注其中投保人说明义务的含义。

2. 保险利益原则

保险利益原则又称可保利益原则或可保权益原则。保险利益是指投保人或被保险人对其所保标的具有法律所承认的权益或利害关系，即在保险事故发生时可能遭受的损失或失去的利益。

3. 损失补偿原则

损失补偿原则是保险基本职能的体现。它是指由保险危险造成保险标的发生损失，其补偿不能超出损失。此原则主要是财产保险合同的赔偿原则。

4. 近因原则

损失结果的形成只有与危险事故的发生有直接的因果关系，保险人才负赔偿责任。法律上用以判定较为复杂的因果关系的案件时，通常采用近因原则。所谓近因，是指直接促成结果的原因，效果上有支配力或有效的原因，而并非指时间上最接近损失的原因。在损失的原因有两个以上，且各个原因之间的因果关系尚未中断的场合，其最先发生并造成一连串事故的原因即为近因。近因原则是保险补偿应遵循的重要原则之一。

（1）单一原因造成损失。如果造成损失的原因（危险）是单一的，且其属于保险合同约定的承保风险，即为近因，保险人应负保险给付义务；如果该事故的近因不属于保险合同约定的承保风险，那么保险人就不负赔偿责任。例如，某房屋所有人将其房屋进行了财产保险，当发生地震造成房屋倒塌时，该事故的近因显然是地震。

（2）多种原因造成损失。如果在多种原因致损的情况下，一般而言，持续地起决定或支配作用的原因是近因。

关联案例

以近因原则判断承保责任

某面粉厂向某保险公司投保了企业财产险，在保险期内的某日，由于天降大雨，且伴有大风，该面粉厂某车间厂房的一角被大风破坏，雨水由破口处淌进厂房，致使厂房内的三台电机因灌入雨水而被烧坏造成损失。根据气象部门对当天天气的测定，出险当日降雨量为 1 小时降雨量 8 毫米，风力为 8～9 级。

解析：从近因原则来判断，当保险标的发生损失时，应当找出保险事故的近因。本案中，保险标的损失是由多种近因引起的，即暴雨和暴风。由于暴风和暴雨的同时作用致使厂房漏进雨水，但是造成电机损坏主要是由于雨水进入厂房进而灌入电机内使电机损坏。因此，在暴雨和暴风两种近因中造成电机损失的原因主要是暴雨，而暴雨与暴风之间不存在因果关系，但同时对保险标的起作用，在两者间又是雨水对电机的损坏起着更重要的作用。

根据多种近因造成保险标的物损坏的原则，如果其中一种原则起主要作用，那么该近因是否为承保责任就对赔偿起决定作用：如果该近因属于承保责任，则保险人对损坏予以赔偿；如果该近因属于除外责任或者未保责任，则保险人对损坏不承担赔偿责任。而本案中，恰恰是雨水为主要原因，由于当日的降水不属于暴雨的降雨量标准（每小时降雨量达到 10 毫米以上为暴雨），则不构成暴雨，而暴雨才是该企业财产保险合同中的承保责任，故保险人不应承担保险责任。

第二节 保险合同

【引例】

最近，小李买了一辆新车，在缴纳了机动车交通事故责任强制保险后，打算向保险公司再投保商业险。在对保险合同的条款进行了解的过程中，因有很多看不明白的条款，尤其是免责条款，于是，小李要求经办人予以解释。

问题：对于保险合同条款的解释，《保险法》都有哪些规定？通过下面的学习，了解《保险法》对保险合同的具体规定。

一、保险合同的一般规定

《保险法》第 10 条规定，保险合同是投保人与保险人约定保险权利义务关系的协议。投保人是指与保险人订立保险合同，并按照合同约定负有支付保险费义务的人。保险人是指与投保人订立保险合同，并按照合同约定承担赔偿或者给付保险金责任的保险公司。

（一）保险合同的特征

保险合同是一种以分散、转移危险为目的的特殊合同类型，因此它除了具有合同的一般特征之外，还具有一些自身的特征。

1. 保险合同是最大诚信合同

诚实守信应该是所有商业行为的准则，也是所有商业合同的基础。所以，各国的《合同法》都规定，以欺诈手段达成的合同是无效的。不过，这里所说的诚实守信是相对的，对于一般商业行为而言，在合同自由的原则下买方必须自己当心，不存在绝对诚实守信的要求。保险合同则不同，保险合同所要求的不是一般的、相对的诚实守信，而是最大限度的诚实守信，即保险合同的签订需建立在最大诚信原则的基础之上。

2. 保险合同是附合合同

附合合同是指合同的一方只限于接受或拒绝另一方提出的条件，对合同的内容不是经过双方充分商议而订立的。实际上，保险合同作为附合合同也是一种格式合同。由于保险业技术要求较高，对费率要进行科学的计算和统计，责任范围又与保险人偿还能力关系密切，保险合同的基本条款多由保险人提出，或经由法律认可。对此，投保人一般没有讨价还价的余地，只能表示附随，或者拒绝；保险业要遵循大多数原则，依赖多数经济单位或个人为合同对象，出于节约缔约成本的考虑，也往往采取格式条款的形式订立合同。一般地，保险合同都是经过保险行政机关审批的统一格式的标准化保险单。

视野拓展

保险格式条款应作有利于被保险人的解释

保险合同的这一性质对保险合同的解释原则产生了重大影响，由于保险合同中的条款和条款中的措辞的选择及制订对保险人与被保险人来说是在不平等的基础上进行的，所以当保险合同双方对保险条款和措辞产生争议的时候，一项条款或词语可以作出两种或两种以上的解释时，应当作出对被保险人有利的解释。

3. 保险合同是射幸合同

在《民法总则》中，与射幸合同（射幸，即侥幸、碰运气）相对立的是交换合同。交换合同中一方给予对方的报酬应基本上与所得到的具有相等的价值。保险合同的射幸性是基于保险事故的偶然性。保险合同中，投保人给付保险费的义务在合同成立时即已确定，但保险人的给付义务（给付保险金）、应给付的具体数额却取决于偶然事件的发生。

（二）保险合同关系的要素

保险合同的要素包括主体、客体和内容。

1. 保险合同的主体

保险合同的主体仅指订立保险合同，享有合同权利并承担合同义务的当事人。

至于被保险人或受益人，其只是保险合同的关系人，除非其与投保人身份合一。此外，还有保险代理人、保险经纪人等保险合同辅助人。

（1）保险合同当事人，包括保险人与投保人。保险人是指与投保人订立保险合同，并按照合同约定承担赔偿或者给付保险金责任的保险公司。投保人是指与保险人订立保险合同，并按照合同约定负有支付保险费义务的人。

（2）保险合同关系人，包括被保险人与受益人。保险合同关系人指虽非保险合同主体，但因保险合同的订立而有利害关系的人。被保险人是指其财产或者人身受保险合同保障，享有保险金请求权的人。投保人可以为被保险人。受益人仅是指人身保险合同中由被保险人或者投保人指定的享有保险金请求权的人。投保人、被保险人可以为受益人。财产保险中没有独立的受益人，通常投保人与受益人身份合一，只有在人身保险中才会出现第三人为合同受益人的情况。

（3）保险合同辅助人，是指保险活动的其他参加者，其以专门知识和技术协助保险合同的订立和履行，为当事人提供协助。他不是保险合同的主体，对合同不享有权利亦无义务。具体包括保险代理人、保险经纪人和保险公估人。

2. 保险合同的客体——保险利益

保险利益是保险合同的客体，也是保险合同的要件之一。它是指投保人或被保险人对保险标的具有的法律上承认的可用经济价值衡量的利益。投保人因保险标的发生保险事故而遭受损失，因保险事故的不发生而继续享有相关经济利益。如果保险事故发生，投保人的经济利益受到损害，则表明他对保险标的具有保险利益；如果保险事故发生，其不但未遭受损害反而得到了一定的利益，则表明其无保险利益。我国《保险法》明确规定，人身保险的投保人在保险合同订立时，对被保险人应当具有保险利益，不具有保险利益的，合同无效。财产保险的被保险人在保险事故发生时，对保险标的应当具有保险利益。

根据保险立法及保险实务，构成保险利益必须具备三个要件。

（1）必须是合法利益。即必须是法律上能够主张或承认的利益。故非法所得不能作为保险标的而进行投保。同样地，对自己不能主张权利的标的即便是出于善意也不能进行投保，如将他人财产或公共财产进行投保。

（2）必须是能够确定的利益。所谓能够确定的利益是指被保险人或投保人对保险标的现有利益或因现有利益而产生的将来预期利益可以确定。保险标的必须在保险事故发生前或发生时能够确定它的价值，如果不能确定其价值，则遭受了损失，保险方补偿多少难以确定。

（3）保险利益必须是金钱上的利益。保险是以补偿损失为目的，以支付货币为补偿方式的制度。若损失不是经济上的利益，即不能用金钱来计算，则损失无法补偿。

保险利益的移转随着保险标的的继承或转让而随之转移。保险利益附属于保险标的之上，故在通常情况下，保险标的转移时，保险利益也随之转移。保险利益的转移有以下几种情况。

（1）法定转移。法定转移不影响保险合同的效力。如原所有人死亡，其物因继承或遗嘱而转移于继承人；又如因破产、公司合并发生物权转移。财产保险中，除另有约定外，保险利益转移给继承人；人身保险一般不存在转移问题。

（2）合同转移。除法律规定外，应征得保险人同意，否则保险合同失去其效力。根据我国《保险法》第49条的规定，保险标的转让的，保险标的的受让人承继被保险人的权利和义务。

注意：保险标的转让的，被保险人或者受让人应当及时通知保险人，但货物运输保险合同和另有约定的合同除外。因保险标的转让导致危险程度显著增加的，保险人自收到转让通知之日起30日内，可以按照合同约定增加保险费或者解除合同。保险人解除合同的，应当将已收取的保险费，按照合同约定扣除自保险责任开始之日起至合同解除之日止应收的部分后，退还投保人。被保险人、受让人未履行《保险法》第49条第2款规定的通知义务的，因转让导致保险标的危险程度显著增加而发生的保险事故，保险人不承担赔偿保险金的责任。

关联案例

保险利益随保险标的转移的效力

原告甲某与被告乙某口头达成车辆买卖协议，被告将自己的一辆宝来轿车转让给原告，原告给付了被告购车款人民币 73 400 元，被告出具了收条。之后，被告将该车交给原告。双方到有关部门办理了该车辆的过户登记手续，车辆所有人变更为原告。

不久，原告驾驶该轿车外出，途中因避让一辆大货车碰撞在马路边的水泥块上，致车前灯等车头部位多处受损。因被告购买的商业保险合同中含有车损险，原告当即向保险公司报案，并向保险公司工作人员陈述乙某是被保险人，自己是驾驶人。车辆修复花了原告 3 800 元，为了拿到保险公司的理赔款，原告电话联系被告后，被告写了一份《授权委托书》，全权委托甲某向中国人民财产保险股份有限公司 A 市某分公司领取这次交通事故赔偿金。同时，被告在《赔款委托书》被保险人处签了名。据此，中国人民财产保险股份有限公司 A 市某分公司将理赔款人民币 3 800 元汇至被告的账户。但之后，被告未将该款付给原告。原告不得已诉至法院。

法院审理后认为，保险事故发生时，被保险人对保险标的必须具有保险利益。原告买受取得宝来轿车所有权后，依附于该车的保险利益亦应同时移转于原告。而被告在转让车辆后，对该车不再享有保险利益。因此，被告在收到保险人中国人民财产保险股份有限公司 A 市某分公司的保险理赔款后，应当给付原告。据此，A 市法院于一审宣判被告乙某给付甲某人民币 3 800 元。

提示：在日常生活中，很多车主将车辆过户后，经常会忘了到保险公司办理保单变更或原保单批注手续，一旦出了交通事故就会碰到原车主与保险公司约定各种险种的保险合同是否继续在新车主与保险公司之间存在效力的问题。

保险利益的法律意义在于，由保险根本性质所决定的对保险利益坚持的原则有以下三项。

（1）防止道德风险的发生。如果投保人以没有保险利益的保险标的投保，则有可能出现投保人为获得保险赔偿而任意购买保险，并盼望事故发生的情况；更有甚者，为了获得巨额赔偿或给付，采用纵火、谋财害命等手段，故意制造保险事故，增加了道德风险事故发生的概率。

（2）避免赌博行为的发生。在保险业刚刚兴起的时候，有人以与自己毫无利害关系的远洋船舶与货物的安危为赌注，向保险人投保：若船货安全抵达目的地，则投保人丧失少量已付保费；若船货在航行途中灭失，他便可获得高于所交保险费几百倍甚至上千倍的额外收益，这种收益不是对损失的补偿，是以小的损失谋取较大的经济利益的投机行为。于是，人们就像在赛马场上下赌注一样买保险，严重影响了社会的安定。英国政府于 18 世纪通过立法禁止了这种行为，维护了正常的社会秩序，保证了保险事业的健康发展。保险利益原则规定，投保人的投保行为必须以保险利益为前提，一旦保险事故发生，投保人获得的就是对其实际损失的补偿或给付，这就从本质上将保险与赌博区分开来。

（3）便于衡量损失赔偿金额，避免保险纠纷的发生。保险人对被保险人的保障，不是保障保险标的本身不遭灾受损，而是保障保险标的遭受损失后被保险人的利益，补偿的是被保险人的经济损失；而保险利益以投保人对保险标的的现实利益以及可以实现的预期利益为限，因此是保险人衡量损失及被保险人获得赔偿的依据。保险人的赔付金额不能超过保险利益，否则被保险人将因此获得额外利益，这有悖于损失补偿原则。再者，如果不以保险利益为原则，还容易引起保险纠纷。例如，借款人以价值 30 万元的房屋做抵押向银行贷款 15 万元，银行将此抵押房屋投保，房屋因保险事故全损，银行作为被保险人其损失是 15 万元还是 30 万元呢？保险人应赔付 15 万元还是 30 万元？如果不根据保险利益原则来衡量，银行的损失就难以确定，就可能引起保险双方在赔偿数额上的纠纷。而以保险利益原则为依据，房屋全损只会导致银行贷款本金加利息的难以收回，因此，银行最多损失 15 万元及利息，保险公司不用赔付 30 万元。

二、保险合同的订立

投保人和保险人订立保险合同，应当协商一致，遵循公平原则确定各方的权利和义务。除法律、行政法规规定必须保险的外，保险合同自愿订立。

关联案例

捆绑销售保险单损害旅客利益

旅客在某长途汽车站购买的车票，都会捆绑销售一张保险单，保险单费用是一块钱，保险单上注明：这是人寿保险公司专门为出行旅客推出的一种新型保险产品，保险有效期是从旅客上车到旅客到达目的地后下车为止，旅客在车上发生意外时，赔付 10 000 元。

问题：捆绑销售保险单违反了《保险法》的哪些规定？

解析：本案中，车票和保险单捆绑出售属于重复性购买。《保险法》第 56 条规定："重复保险的投保人应当将重复保险的有关情况通知各保险人。"其实，这种和车票一起捆绑销售的是商业保险，属于重复性购买，乘客在不知情的情况下"被保险了"。因为每一张车票、每一个座位都已经买过保险，汽车站在售票过程中附带销售保险产品属于代理行为，也就是说，汽车站代理保险公司与乘客签订保险合同。售票员在每卖出一张保单之前，都应该征得乘客的同意，否则就是侵权。

根据《保险法》第 11 条的规定，订立保险合同，应当协商一致，遵循公平原则确定各方的权利和义务；除法律、行政法规规定必须保险的外，保险合同自愿订立。车站捆绑和附带销售的保险属于商业保险，而不是法律、行政法规规定必须购买的，乘客在购票时对是否购买保险有选择的权利，在没有征得乘客同意之前，任何人都不能将这种保险强加给乘客。

1. 保险合同订立的程序

订立保险合同的程序主要为投保和承保两个步骤。投保是指投保人提出保险请求并提交投保单的行为，其实质为保险要约；承保是指保险人同意接受投保人投保请求的行为，亦即保险承诺。实践中，保险合同的订立一般须经以下程序。

（1）投保人提出申请，索取并填写投保单。

（2）投保人与保险人商定支付保险费的方法。

（3）承保。保险人审查投保单，向投保人询问、了解保险标的的各种情况和被保险人的身体状况，决定接受投保后即在投保单上签章。

（4）出具保险单。既可以是保险单，也可以是暂保单，还可以是其他保险凭证。

2. 保险合同的形式

保险合同的形式包括保险单、保险凭证、暂保单、投保单以及法律认可的其他书面形式。

（1）保险单即“保单”，是投保人与保险人订立保险合同的正式书面凭证。由保险人或其他代理人制作并签发给投保人。保险单中一般印有保险条款。当保险标的遭受损失后，保险单就成为被保险人向保险人索赔的主要凭证，同时也是保险人向被保险人理赔的主要依据。

（2）保险凭证是一种内容和格式简化了的保险单。它一般不列明具体的保险条款，只记载投保人和保险人约定的主要内容。保险凭证上记载的内容虽然不是保险合同的全部内容，但与保险单具有同等的法律效力。例如，对于机动车辆第三者责任险，一般实行强制保险。为了便于被保险人随身携带以供有关部门检查，保险人通常出具保险凭证。

（3）暂保单又称“临时保单”，是正式保险单签发之前的代替物，其效力与正式保险单相同，有效期一般为30天。例如，保险代理人获得保险业务而保险人未正式签发保险单之前，向投保人所签发的凭证。

（4）投保单是保险人预先备制的以供投保人提出保险要约时使用的格式文书。投保单本身不是保险合同，也非保险合同的正式组成部分。但投保单经投保人如实填写，并由保险人签章承保后，就成为保险合同的组成部分之一。

时事热点

推荐观看“购买保险产品，一字之差起纠纷”（河北经视频道今日法治栏目片段，2017年2月11日）。了解保险合同的表现形式，并分析本案中保险人对保险合同免责条款的说明义务。

（5）法律认可的其他书面形式指投保人和保险人以上述四种方式以外的书面形式订立的保险合同，比如投保人和保险人约定特殊事项的并经过公证的保险合同。

3. 保险合同的内容

保险合同的内容指保险合同当事人的权利和义务。由于保险合同一般都是依照保险人预先拟定的保险条款订立的，所以保险合同成立后，双方的权利义务主要体现在这些条款之中。根据我国《保险法》第18条的规定，保险合同应当包括下列事项。

（1）保险人的名称和住所。保险人是指经营保险业务，与投保人订立保险合同并承担赔偿或者给付保险金责任的保险公司。我国法律规定保险人是保险公司，而保险公司又是法人，所以保险人的名称应当使用经过工商行政管理机关核准登记的名称。保险人的住所应为其主要办事机构所在地为。

（2）投保人、被保险人的姓名或者名称、住所，以及人身保险的受益人的姓名或者名称、住所。投保人、被保险人、受益人为自然人的，应当使用身份证或者户口簿所记载的姓名，并以其户籍所在地为住所；经常居住地与住所不一致的，以经常居住地为住所。

（3）保险标的。保险标的是指作为保险对象的财产及其有关利益或者人的寿命和身体。保险标的必须明确记载于合同，据以判断投保人对其有无保险利益，并确定保险人的保险责任范围。

（4）保险责任和责任免除。保险责任是指保险单上记载的危险发生造成保险标的损失或约定人身保险事故发生时，保险人所承担的赔偿或给付责任。责任免除是指依法或合同约定，保险人可以不负赔偿或给付责任的范围。依据《保险法》第17条的规定，保险合同采用保险人提供的格式条款的，保险人向投保人提供的投保单应当附格式条款，保险人应当向投保人说明合同的内容。对保险合同中免除保险人责任的条款，保险人在订立合同时应当在投保单、保险单或者其他保险凭证上作出足以引起投保人注意的提示，并对该条款的内容以书面或者口头形式向投保人作出明确说明；未作提示或者明确说明的，该条款不产生效力。

（5）保险期间和保险责任开始时间。保险期间即保险合同的有效期间。只有在保险期间发生保险事故或出现保险事件时，保险人才承担赔偿或给付责任。保险责任开始的时间即保险人开始履行保险责任的时间。

（6）保险金额。保险金额是指保险人承担赔偿或者给付保险金责任的最高限额。对财产保险的保险金额，新修订的《保险法》第55条规定“保险金额不得超过保险价值。超过保险价值的，超过部分无效，保险人应退还相应的保险费”；对人身保险的保险金额，就是保险事故发生时，保险人实际所要付给的保险金。

（7）保险费以及支付办法。保险费简称“保费”，是投保人应该向保险人支付的费用。保险金额是计算保险费的基数，保险费的多少，取决于保险金额的大小、保险费率的高低和保险期限的长短。保险合同应该约定保险费的支付办法。

（8）保险金赔偿或者给付办法。保险金赔偿或者给付办法是指保险人在保险事故发生造成保险标的损失时，向被保险人或受益人赔偿或者给付保险金的方式和时间等，应由投保人和保险人依法约定，并在保险合同中载明。一般而言，以金钱给付为原则。

（9）违约责任和争议处理。违约责任是指合同当事人因其过错致使合同不履行或者不完全履行时，基于法律规定或者合同约定应当承担的法律后果。在保险合同中规定违约责任条款，可以保证合同的顺利履行。争议处理是指保险合同当事人在合同履行过程中发生争议时的处理办法，应当在保险合同中加以约定，以利于争议的解决。

（10）订立合同的时间。记载订立保险合同的时间，对于确定投保人是否具有保险利益、保险合同是否有效、保险责任的开始时间以及计算保险期间等都具有重要作用。

（11）投保人和保险人可以约定与保险有关的其他事项。

三、保险合同的履行

保险合同是双务合同，合同成立后双方当事人均应依据合同的约定承担相应的义务。从内容上看，履行包括投保人、被保险人和保险人的合同义务的履行。从程序上看，履行还包括索赔、理赔、代位求偿三个环节。

（一）投保人、被保险人和保险人的义务

投保人、被保险人的义务有以下几项：①投保人按照约定交付保险费的义务；②投保人、被保险人应履行出险通知、预防危险、索赔举证的义务；③被保险人应履行危险增加通知、施救的义务。

保险人的义务有以下几项：①承担保险责任的义务，即在保险事故发生后或保险合同规定的事项发生后，对损失给予赔偿或向受益人支付约定的保险金；②保守个人隐私和保守秘密的义务，即保险人或者再保险接受人对在办理保险业务中知悉的投保人、被保险人、受益人或者再保险分出人的业务和财产情况及个人隐私，负有保密的义务。

关联案例

投保人的通知义务

王某新建楼房竣工，到保险公司为该楼房投保了家庭财产保险，保险金为60万元。此后，王某

将该楼房出租给谢某，谢某用该楼房储存化学药品。王某没有将此情况通知保险公司。不久，化学药品起火，该楼房全部烧毁，谢某逃走。王某要求保险公司赔偿损失。经核实，保险公司发出拒绝赔偿通知。

问题：保险公司的做法正确吗？

解析：本案涉及投保人（被保险人）在保险标的危险程度增加的时候需履行通知义务。

在投保人与保险人签订保险合同时，保险人是依据当时的保险标的危险状态和危险程度收取保费，承担保险责任的。如果事后保险标的危险程度增加了，就意味着保险人所承担的风险随之增加，在这种情况下，保险人有权要求增加保险费或不再继续承保；否则，保险人的利益就会受到损害。

被保险人承担危险增加通知义务的责任，一般应具备如下条件。

（1）有危险增加的事实。

（2）被保险人明知或应知危险增加的事实。

（3）被保险人未及时通知保险人关于危险增加的事实。

被保险人不履行危险增加的通知义务的法律后果如下。

（1）在保险事故发生前，保险人有权要求增加保险费，或解除保险合同。

（2）在保险事故发生以后，如果所发生的保险事故是由新增加的危险引起的，保险人不承担赔偿责任。如果所发生的保险事故与新增加的危险没有联系，则保险人不得免除责任。

在本案中，王某没有尽到通知义务，同时，火灾是由化学药品起火引起的，所以，保险人不承担赔偿责任。

（二）索赔、理赔与代位求偿权

索赔、理赔与代位求偿权是投保人与保险人通过订立保险合同，在约定的保险事故发生后，实现保险利益的手段。

1. 索赔与理赔

索赔是被保险人或受益人在保险事故发生后或保险合同中约定的事项出现后，按照保险合同的规定，在法定期限内向保险人要求赔偿损失的行为。理赔是指保险人应索赔请求人的请求，根据保险合同的规定，审核保险责任并处理保险赔偿的行为。

2. 索赔时效

《保险法》第26条规定，人寿保险以外的其他保险的被保险人或者受益人，向保险人请求赔偿或者给付保险金的诉讼时效期间为自其知道或者应当知道保险事故发生之日起两年。人寿保险的被保险人或者受益人向保险人请求给付保险金的诉讼时效期间为自其知道或者应当知道保险事故发生之日起5年。

3. 代位求偿权

代位求偿权又称代位追偿权，是指当保险标的因遭受保险责任事故而造成损失，依法应当由第三者承担赔偿责任时，保险人自支付保险赔偿金之日起，在赔偿金额的限度内，相应取得向对此损失负有责任的第三者请求赔偿的权利。通常认为保险代位权的实质是《民法》清偿代位制度在保险法领域的具体运用。依据《保险法》第60条的规定，因第三者对保险标的的损害而造成保险事故的，保险人自向被保险人赔偿保险金之日起，在赔偿金额范围内代位行使被保险人对第三者请求赔偿的权利。代位求偿权只存在于财产保险中，人身保险中不存在代位求偿权。

关联案例

保险公司的代位求偿权

某果品经销部（以下简称经销部）由A县火车站托运花生果800麻袋，共计价值85 412元，到站为B市火车站北站，共缴纳运费6 884元。同时，经销部向中国人民保险公司A县支公司火车站代理处投保了运输综合险，保险金额为7.5万元，并按约定交纳了300元保险费。在该批货物到达B市火车站西站（以下简称B市西站）后，由于停车在八车道的油罐车漏油而引起火灾，致使停在六车道装运该批货物的几节车厢起火，除了抢救出部分残货花生果外，其余货物均被烧毁。

B市保险支公司某区办公室接到报案后，勘察了事故现场，并出具了国内货物运输保险勘察报告，为承保公司作了查勘定损工作。

此后，经销部多次要求承运人B市西站赔偿其所遭受的损失及支付的费用，B市西站都以托运人已向保险公司投保了运输险，因而发生保险事故后应由保险公司负责赔偿为由拒绝赔偿。无奈，经销部便根据保险合同向承保该批货物运输险的A县保险公司提出索赔。保险公司却认为，B市西站的货运记录、人保公司B市支公司某办事处出具的国内货物运输保险查勘报告等都已证实了本案事故是由承运人重大过失造成的，应由B市西站负责赔偿经销部所托运的货物的实际损失，从而拒绝赔偿。

分析思路：（1）本案的基本事实是，被保险人（投保人）经销部的保险货物发生火灾事故是由第三者（也是该批货物的承运人）B市西站的重大过失造成的。

（2）本案中，经销部既可以根据运输合同向负有责任的B市西站要求赔偿，也可以作为被保险人根据保险合同向承保货物运输综合险的A县保险公司索赔。

（3）如果经销部选择了民法上的方式，则与保险赔偿无关；如果选择了保险索赔的方式，则会引发一个代位求偿权的问题。

（4）本案争议的关键问题是，在被保险人向第三者索赔未果而向保险公司请求赔偿的情况下，保险公司应否先予赔偿？

法理分析：根据《中华人民共和国财产保险合同条例》第19条的规定："标的发生保险责任范围的损失，应当由第三方要求赔偿。如果投保方向保险方提出赔偿要求时，保险方可以按照保险合同规定，先予赔偿。"根据《保险法》的规定："因第三者对保险标的的损害而造成保险事故的，保险人自向被保险人赔偿保险金之日起，在赔偿金额范围内代位行使被保险人对第三者请求赔偿的权利。"

按照上述规定，当保险标的发生的保险事故是由第三者造成的，而在第三者不能赔偿或被保险人直接向保险人提出索赔的情况下，保险方应先予赔偿。法律之所以这样规定，其目的在于充分保障投保方遭受的损失能够得到及时、完全的补偿，使投保方的利益切实得到"保险"。本案所涉及的法律问题实质是财产保险中保险人的代位求偿权问题。

四、保险合同的变更、解除

保险合同订立后，可能会因为这样或那样的法律认可的情形，使合同发生变更或解除，由此也使法律关系和法律责任发生变更，产生不同的法律后果。

（一）保险合同的变更

保险合同变更是指在保险合同有效期内，经当事人双方协商一致，以法定的形式，对除保险标的更替以外的保险合同的内容所作的修改或补充。例如，增减保额和保费，延长或缩减保险期间，修改保险责任范围等。保险合同的变更有主体的变更、内容的变更和效力的变更三种。

1. 主体的变更

主体的变更即保险合同的转让，是指保险合同当事人和关系人的变更。一般是投保人或被保险人的变更，而不是保险人的变更。保险合同的转让，通常是由于保险标的所有权的转让而引起的。依照《保险法》第49条的规定，保险标的转让的，被保险人或者受让人应当及时通知保险人，但货物运输保险合同和另有约定的合同除外。

2. 内容的变更

保险合同内容的变更是指在主体不变的情况下，保险标的的数量、品种、价值或存放地点发生变化，或货物运输合同中的航程变化、航期变化以及保险期限、保险金额的变更等。保险合同的内容变更，一般应有保险人的同意，依据《保险法》第20条的规定，投保人和保险人可以协商变更合同内容。变更保险合同的，应当由保险人在保险单或者其他保险凭证上批注或者附贴批单，或者由投保人和保险人订立变更的书面协议。

3. 效力的变更

保险合同效力的变更主要是指保险合同中止后又复效的情况。依据《保险法》第36条的规定，合同约定分期支付保险费，投保人支付首期保险费后，除合同另有约定外，投保人自保险人催告之日起超过30日未支付当期保险费，或者超过约定的期限60日未支付当期保险费的，合同效力中止，或者由保险人按照合同约定的条件减少保险金额。第37条规定，依照规定，合同效力中止的，经保险人与投保人协商并达成协议，在投保人补交保险费后，合同效力恢复。

（二）保险合同的解除

保险合同的解除是指在保险合同有效期内，当事人双方通过协议或者一方行使解除权向他方作意思表示，提前终止合同关系的行为。

1. 投保人的解除权

保险合同的解除权一般由投保人行使，因为保险合同从根本上说是为分担投保人的损失而设，故赋予投保人以保险合同解除权可以很好地维护其利益。《保险法》第15条规定："除本法另有规定或者保险合同另有约定外，保险合同成立后，投保人可以解除合同，保险人不得解除合同。"

2. 保险人的解除权

保险人是保险合同这一格式合同的制订者，各国立法都规定保险人不得随意解除保险合同，除非投保人一方有违约或违法行为。保险合同一旦解除，视为自始不发生效力，当事人所受领的利益应当返还；但法律另有规定，或者保险合同另有约定不予返还的，不在此限。

五、财产保险合同和人身保险合同

财产保险合同和人身保险合同是我国《保险法》根据保险对象的不同对保险合同所做的分类。

（一）财产保险合同

财产保险合同是以财产及其有关利益为保险标的的保险合同。财产保险合同一般分为企业财产保险合同、家庭财产保险合同、运输工具保险合同、货物运输保险合同及农业保险合同。

1. 财产保险合同的主要特征

财产保险合同既有一般合同的法律特征，也具有保险合同的一些特殊法律特征。具体表现为以下几个方面。

（1）财产保险合同中的标的表现为特定的财产以及与财产有关的利益。财产保险合同的标的既可以是有形的物质财富，也可以是无形的与财产有关的利益。

（2）财产保险合同是一种填补损失的合同。财产保险合同以补偿被保险人的实际财产损失为其唯一目的。这就是财产保险合同的损害填补原则。这种原则具体表现为：保险事故发生后，被保险人仅可按其实际所受的损害请求保险人赔偿，不得获取超过实际损失的赔偿。

（3）财产保险合同实行保险责任限定制度。在财产保险合同中，保险人的保险责任以保险合同约定的保险金额为限，超过合同约定的保险金额的损失，保险人不负保险责任。为了防止被保险人获得超额赔偿，法律对重复保险实行责任分摊原则。

《保险法》第 56 条规定，重复保险是指投保人对同一保险标的、同一保险利益、同一保险事故分别与两个以上保险人订立保险合同，且保险金额总和超过保险价值的保险。重复保险的投保人应当将重复保险的有关情况通知各保险人。重复保险的各保险人赔偿保险金的总和不得超过保险价值。除合同另有约定外，各保险人按照其保险金额与保险金额总和的比例承担赔偿保险金的责任。重复保险的投保人可以就保险金额总和超过保险价值的部分，请求各保险人按比例返还保险费。

（4）财产保险实行保险代位的原则。在财产保险中，如果事故的发生是由第三人造成的，则被保险人有权向该责任者请求损害赔偿。为了避免被保险人获得双重赔偿，被保险人只能获得选择权，即是说，或者被保险人可以请求保险人予以赔偿，或者被保险人可以请求第三人赔偿。如果被保险人从保险人那里获得了赔偿，那么，他必须将对第三人的求偿权让渡给保险人。具体地说，对被保险人发生的保险责任范围内的损失应当负损害赔偿责任的第三人，保险人对其有代位求偿权。

时事热点

推荐观看“上海首例网约车保险理赔案开庭，一审原告败诉”视频（上海电视台看看新闻片段，2017 年 3 月 31 日）。思考：网约车的新型领域行业规范的意义，投保人的诚信义务。

2. 被保险人的义务

被保险人的义务主要包括：①应当遵守国家有关消防、安全、生产操作、劳动保护等方面的规定，维护保险标的的安全；②在合同有效期内，保险标的的危险程度显著增加的，被保险人应当按照合同约定及时通知保险人；③保险事故发生时，被保险人有责任尽力采取必要的措施，防止或者减少损失。

3. 保险人的权利和义务

保险人的权利和义务主要有：①保险人可以按照合同约定对保险标的的安全状况进行检查，及时向投保人、被保险人提出消除不安全因素和隐患的书面建议；②为维护保险标的的安全，经被保险人同意，保险人可以采取安全预防措施；③在据以确定保险费率的有关情况发生变化，保险标的的危险程度明显减少或者保险标的的保险价值明显减少的情况下（除合同另有约定外），保险人应当降低保险费，并按日计算退还相应的保险费；④因第三者对保险标的的损害而造成保险事故的，保险人自向被保险人赔偿保险金之日起，在赔偿金额范围内代位行使被保险人对第三者请求赔偿的权利。

（二）人身保险合同

人身保险合同是指以人的生命和健康为保险标的，以影响人类生命健康的事件或行为为保险事件的保险合同。一般地，人身保险合同分为人寿保险合同、健康保险合同和伤害保险合同。

1. 人身保险合同的主要特征

（1）保险标的人格化。人身保险合同的保险标的是被保险人的寿命或者身体，以被保险人的寿命或者身体为存在形式的保险利益，属于被保险人的人格利益或者人身利益。

（2）保险金定额支付。保险标的的人格化，使得人身保险的保险标的不能用具体的金钱价值予以确定，从而不存在确定保险金额的实际价值标准，所以，各类人身保险的保险金额只能由投保人和保险人协商确定一个固定的数额，以此作为保险人给付保险金的最高限额。除非保险人限定或者法律规定人身保险合同的最高保险金额，否则，投保人可以投保任何金额的人身保险，而不发生像财产保险中的超额保险的问题。

（3）保险期限的特殊性，一般表现为长期险，受多种因素的影响。

（4）不适用代位求偿权。人身保险的被保险人因第三者的行为而发生死亡、伤残或者疾病等保险事故的，保险人向被保险人或者受益人给付保险金后，不得享有向第三人追偿的权利。应注意的是，被保险人或者受益人仍有权向第三人请求赔偿。

2. 投保利益

依据《保险法》第31条的规定，具有投保利益的人员首先包括：本人、配偶、子女、父母以及前述人员以外与投保人有抚养、赡养或者扶养关系的家庭其他成员、近亲属。除此之外，被保险人同意投保人为其订立合同的，视为投保人对被保险人具有保险利益。

针对现实的需要，同时规定“与投保人有劳动关系的劳动者”也具有投保利益。这一规定的意义在于：虽然有工伤保险为工伤劳动者提供保障，但工伤保险赔付的范围和限额都有限，不能完全补偿工伤劳动者的损失，作为用人单位对工伤保险不能赔付的部分仍应承担赔偿责任，故很多用人单位为那些经常出差或风险较大岗位的职工另行购买了意外险。当然，有的企业把为员工购买商业保险作为企业的福利形式，以激励员工为企业创造更多价值。

3. 投保人、被保险人的权利和义务

投保人、被保险人的权利和义务主要包括：①投保人应如实申报，投保人不得为无民事行为能力人投保以死亡为给付保险金条件的人身保险，但父母为其未成年子女投保的人身保险除外；②投保人可以按照合同约定向保险人一次性支付全部保险费或者分期支付保险费；③被保险人或者投保人可以指定一人或者数人为受益人，并且经被保险人同意，投保人可以变更受益人。

4. 保险人的权利和义务

保险人的义务主要包括：①保险人对人寿保险的保险费，不得用诉讼方式要求投保人支付；②被保险人死亡后，没有指定受益人，或者受益人指定不明无法确定的，受益人先于被保险人死亡，没有其他受益人的，受益人依法丧失受益权或者放弃受益权，没有其他受益人的情况下，保险金作为被保险人的遗产，由保险人依照《中华人民共和国继承法》的规定履行给付保险金的义务。

保险人享有不承担给付保险金权利的情形主要包括：①投保人、受益人故意造成被保险人死亡、伤残或者疾病的；②以被保险人死亡为给付保险金条件的合同，被保险人自杀的；③因被保险人故意犯罪或者抗拒依法采取的刑事强制措施导致其伤残或者死亡的。

关联案例

兴盛建筑公司为职工投保了意外伤害保险，保期1年，保险金10万元。受益人栏目为空白。

某日，建筑工地发生事故，被保险人架子工赵某当场死亡。建筑公司向被保险人家属一次性支付15万元的工伤赔偿，但没有提及保险合同的10万元保险金。之后，建筑公司代理人刘某向保险公司提出理赔申请，并向保险公司提交了被保险人伪造赵某继承人的授权委托书，从保险公司领取了10万元保险金。被保险人赵某的继承人得知此情况后，向法院提起诉讼。

被保险人赵某的继承人诉称：保险金应当由自己领取，建筑公司无权获取。

法庭经审理认为：建筑公司与保险公司签订的保险合同有效，被保险人因为意外事故死亡，属于保险责任范围，保险公司应当支付10万元保险金。

由于保险合同没有指定受益人，所以，保险金应当由被保险人赵某的继承人领取。

建筑公司领取保险金，既没有法律依据，又出具了虚假授权委托书，应当将保险金返还被保险人赵某的继承人。

参考结论：被保险人架子工赵某没有指定受益人，保险金应该作为被保险人的遗产，由保险人向被保险人的继承人履行给付保险金的义务。

【节前引例分析】

对于小李的疑问，依据《保险法》和《合同法》对格式条款的规定，对保险合同的条款的解释应注意以下两点。

（1）当保险合同双方对保险条款和措辞产生争议，一项条款或词语可以作出两种或两种以上的解释时，应当作出对被保险人有利的解释。

（2）保险合同规定有关保险人责任免除条款的，保险人在订立保险合同时应当向投保人明确说明；未明确说明的，该条款不产生效力。

第三节　保险公司及其经营规则

【引例】

保险监督管理机构对甲保险公司进行了现场检查。检查发现，2014年12月22日，甲保险公司任命武某等4人任该保险公司副总经理，口头同意杨某等2人为总经理助理。确定分工之后，武某等即开始实际履行高管职责。2015年3月12日，甲保险公司召开第一届董事会第七次全体会议，通过该6人任职议案。截至检查日，甲保险公司也未向保险监督管理机构申报武某等3人的任职资格核准。

保险监督管理机构认为未经批准擅自任命高管的行为违反了《保险公司董事和高级管理人员任职资格管理规定》第46条的规定，于是决定对甲保险公司作出给予警告、罚款1万元的行政处罚。

一、保险公司概述

我国的保险业采取公司形式，适用《公司法》承认有限责任公司的形式。

（一）保险公司的设立

设立保险公司除了要符合《公司法》对公司设立的一般要求外，还必须符合《保险法》对保险公司设立所规定的条件和程序。

1. 保险公司的设立条件

根据《保险法》第68条的规定，设立保险公司应当具备下列条件。

（1）主要股东具有持续赢利能力，信誉良好，最近3年内无重大违法违规记录，净资产不低于人民币2亿元。

（2）有《保险法》和《公司法》规定的章程。

（3）有符合法定的注册资本。《保险法》第69条规定，设立保险公司，其注册资本的最低限额为人民币2亿元。保险公司的注册资本必须为实缴货币资本。

（4）有具备任职专业知识和业务工作经验的董事、监事和高级管理人员。《保险法》第81条规定，保险公司的董事、监事和高级管理人员，应当品行良好，熟悉与保险相关的法律、行政法规，具有履行职责所需的经营管理能力，并在任职前取得保险监督管理机构核准的任职资格。

（5）有健全的组织机构和管理制度。保险公司的组织机构，适用《公司法》的规定。根据《公司法》的规定，股份有限公司应有股东大会、董事会和监事会。

（6）有符合要求的营业场所和与经营业务有关的其他设施。

（7）法律、行政法规和保险监督管理机构规定的其他条件。

2. 申请和审批

设立保险公司，必须经保险监督管理机构批准。申请设立保险公司，应当向保险监督管理机构提出书面申请，并提交下列材料。

（1）设立申请书。申请书应当载明拟设立的保险公司的名称、注册资本、业务范围等。

（2）可行性研究报告。

（3）筹建方案。

（4）投资人的营业执照或者其他背景资料，经会计师事务所审计的上一年度财务会计报告。

（5）投资人认可的筹备组负责人和拟任董事长、经理名单及本人认可证明。

（6）保险监督管理机构规定的其他材料。

保险监督管理机构应当对设立保险公司的申请进行审查，自受理之日起 6 个月内作出批准或者不批准筹建的决定，并书面通知申请人。决定不批准的，应当书面说明理由。若决定批准筹建，申请人应当自收到批准筹建通知之日起 1 年内完成筹建工作；筹建期间不得从事保险经营活动。

筹建工作完成后，申请人具备《保险法》第 68 条规定的设立条件的，可以向保险监督管理机构提出开业申请。保险监督管理机构应当自受理开业申请之日起 60 日内，作出批准或者不批准开业的决定。决定批准的，颁发经营保险业务许可证；决定不批准的，应当书面通知申请人并说明理由。

3. 办理工商登记

经批准设立的保险公司及其分支机构，凭经营保险业务许可证向工商行政管理机关办理登记，领取营业执照。保险公司及其分支机构自取得经营保险业务许可证之日起 6 个月内，无正当理由未向工商行政管理机关办理登记的，其经营保险业务许可证失效。

4. 缴存保证金

为了确保保险公司经营稳健和具有偿付能力，保障被保险人的利益，我国《保险法》第 97 条规定，保险公司应当按照其注册资本总额的 20%提取保证金，存入保险监督管理机构指定的银行，除保险公司清算时用于清偿债务外，不得动用。

（二）保险公司的变更

根据《保险法》第 84 条的规定，保险公司变更名称；变更注册资本；变更公司或者分支机构的营业场所；撤销分支机构；公司分立或者合并；修改公司章程；变更出资额占有限责任公司资本总额 5%以上的股东，或者变更持有股份有限公司股份 5%以上的股东等，应当经保险监督管理机构批准。

（三）保险公司的终止

1. 保险公司终止的原因

根据《保险法》的规定，保险公司终止的原因有以下几个。

（1）解散。《保险法》第 89 条规定，保险公司因分立、合并需要解散，或者股东会、股东大会决议解散，或者公司章程规定的解散事由出现，经保险监督管理机构批准后解散。经营有人寿保险业务的保险公司，除因分立、合并或者被依法撤销外，不得解散。保险公司解散，应当依法成立清算组进行清算。

（2）被撤销。这是指保险公司的行为严重违反了法律法规，依法被吊销了经营保险业务的许可证。此时，由保险监督管理机构依法及时组织清算组，进行清算。

（3）依法被宣告破产。这是指保险公司不能清偿到期债务，应债权人请求而使其强制偿还债务的一种司法程序。破产宣告应由法院作出，依据是债务人不能清偿到期债务。

2. 保险公司终止的法律后果

保险公司终止其业务活动的，应当注销其经营保险业务许可证。经营有人寿保险业务的保险公司被依法撤销或者被依法宣告破产的，其持有的人寿保险合同及责任准备金，必须转让给其他经营有人寿保险业务的保险公司；不能同其他保险公司达成转让协议的，由保险监督管理机构指定经营有人寿保险业务的保险公司接受转让。转让或者由保险监督管理机构指定接受转让上述规定的人寿保险合同及责任准备金的，应当维护被保险人、受益人的合法权益。

二、保险公司的经营

《保险法》将保险公司的经营纳入法制轨道，保证了保险公司的合法合规经营，使其在经营过程中将社会责任结合到经营目标中，从而最大化地实现其在金融领域中的价值。

1. 保险公司的业务范围

保险公司的业务范围是指由法律规定的对保险公司承保险种的明确限制和界定。保险公司应当依法在国务院保险监督管理机构批准的业务范围内从事保险经营活动。

保险公司业务范围[①]主要包括三大类业务：财产保险业务、人身保险业务和再保险业务。具体内容如表 7.2 所示。

注意，《保险法》第 95 条第 2 款规定，保险人不得兼营人身保险业务和财产保险业务。但是，经营财产保险业务的保险公司经保险监督管理机构批准，可以经营短期健康保险业务和意外伤害保险业务。

表 7.2 保险公司业务范围

保险业务范围	财产保险业务	人身保险业务	再保险业务
分类和说明	财产损失 保险业务 责任保险业务 信用保险业务	人寿保险业务 健康保险业务 意外伤害保险业务	再保险为保险的保险，其作用在于减轻原保险人的责任，使其经营稳定性增强

2. 保险公司的经营规则

我国《保险法》第 4 章就保险公司的保险经营规则作了专章规定，其主要内容如下。

（1）责任准备金规则。保险公司应当根据保障被保险人利益、保证偿付能力的原则，提取各项责任准备金。保险公司提取和结转责任准备金的具体办法，由保险监督管理机构制定。

（2）未决赔款准备金规则。保险公司应当按照已经提出的保险赔偿或者给付金额，以及已经发生保险事故但尚未提出的保险赔偿或者给付金额，提取未决赔款准备金。

（3）公积金制度。保险公司应当依法提取公积金。

（4）保险保障基金规则。保险公司应当依照《保险法》的规定缴纳保险保障基金。保险保障基金应当集中管理，在保险公司被撤销或者被宣告破产时，向投保人、被保险人或者受益人

① “保险公司的业务范围”的详细内容可通过“保险原理与实务”课程了解相关知识。

提供救济或者在保险公司被撤销或者被宣告破产时，向依法接受其人寿保险合同的保险公司提供救济的情况下统筹使用。

（5）最低偿付能力要求规则。保险公司应当具有与其业务规模和风险程度相适应的最低偿付能力。保险公司的认可资产减去认可负债的差额不得低于保险监督管理机构规定的数额；低于规定数额的，应当按照保险监督管理机构的要求采取相应措施达到规定的数额。

（6）自留保险费限制规则。经营财产保险业务的保险公司当年自留保险费，不得超过其实有资本金加公积金总和的 4 倍。

（7）单次危险限制规则。保险公司对每一危险单位，即对一次保险事故可能造成的最大损失范围所承担的责任，不得超过其实有资本金加公积金总和的 10%；超过的部分应当办理再保险。

（8）危险单位的划分方法和巨灾风险的计划安排符合规定规则。保险公司对危险单位的划分应当符合保险监督管理机构的规定。

（9）再保险规则。保险公司应当按照保险监督管理机构的规定办理再保险，并审慎选择再保险接受人。

（10）资金运用规则。保险公司的资金运用必须稳健，遵循安全性原则。保险公司的资金运用限于在银行存款，买卖债券、股票、证券投资基金份额等有价证券，投资不动产和国务院规定的其他资金运用形式。

（11）保险公司及其工作人员禁止性行为规则。保险公司及其工作人员禁止性行为规则参见本章第五节中关于保险公司及其工作人员的法律责任的规定。

第四节　保险代理人与保险经纪人

【引例】

上海：携程保险代理公司因违规违法被警告并处罚款 10 万元

据上海保监局发布行政处罚决定书（沪保监罚〔2017〕33 号）2016 年度携程保险代理有限公司通过携程旅行网销售保险产品过程中存在如下违法违规行为：①未明确披露承保公司、代理销售主体。在通过携程旅行网销售保险产品过程中，未明确列明承保主体和代理销售主体，未具体告知消费者承保公司、代理销售公司名称。②未明确披露产品条款信息及批备编号。在保险订单确认环节，罗列了全部合作的多家保险公司产品条款链接和备案号，未具体披露消费者所投保的保险产品适用哪家公司条款及相应备案号。

对于上述未对承保公司、代理销售主体信息作准确披露以及对所售保险产品的合同条款、批备编号信息披露不明确的行为，上海保监局认为违反了《保险法》第 131 条第 2 项的规定，根据《保险法》第 171 条的规定，决定给予携程保险代理有限公司警告，并处罚款 10 万元。

信息披露对消费者有何意义？推荐观看“小心‘搭售’陷阱　携程保险代理公司违规被罚 40 万”视频（2017 年 5 月 5 日江苏卫视新闻眼栏目片段）。

一、保险代理人和保险经纪人的概念

保险代理人和保险经纪人是主要的保险中介人。为保护被保险人的合法权益，通过保险法律或行政法规的特别规定、行业的自律性规则以及保险中介合同等来规范保险代理人和保险经纪人的行为。

1. 保险代理人

保险代理人是指根据保险人的委托，向保险人收取佣金，并在保险人授权的范围内代为办理保险业务的机构或者个人。保险代理机构包括专门从事保险代理业务的保险专业代理机构和兼营保险代理业务的保险兼业代理机构以及个人保险代理人，见图7.1。

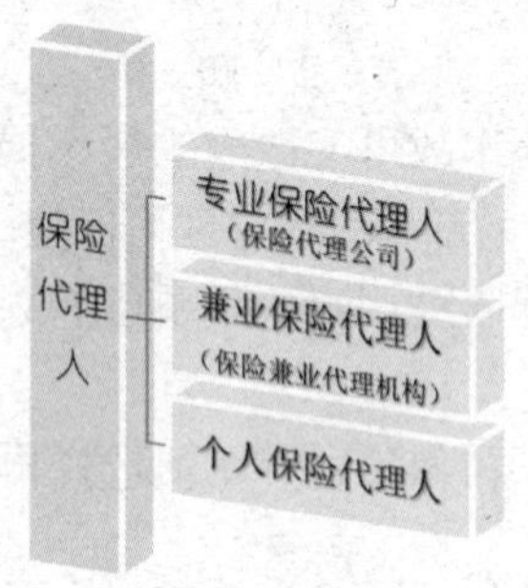

图7.1 保险代理人的分类

专业保险代理人是指专门从事保险代理业务的保险代理公司。兼业代理人是指受保险人委托，在从事自身业务的同时，指定专人为保险人代办保险业务的单位，主要是代理销售保险单，比如银行代理。个人保险代理人是指根据保险人委托，向保险人收取代理手续费，并在保险人授权的范围内代为办理保险业务的人。

应从以下几点来理解保险代理人的含义。

（1）保险代理制度究其本质，属于民事代理制度的一种。所以，完全适用民法关于民事代理的规定，即代理人必须以被代理人的名义代替被代理人实施民事法律行为；代理人必须在代理权限内实施民事法律行为；代理人在代理权限内独立为意思表示；代理行为所产生的法律后果直接由被代理人承担。

（2）保险代理人必须与保险人订立委托代理协议。订立协议的目的是保险代理人接受保险人的委托代为办理保险业务，并依法约定双方的权利和义务及其他代理事项。

（3）保险代理人向保险人收取保险代理费。保险代理费是保险代理人代保险人办理保险业务所应当获得的报酬。

视野拓展

保险代理人与保险公司之间是劳动关系吗？推荐阅读“保险代理人与保险公司之间的纠纷是否属于劳动争议”。

2. 保险经纪人

保险经纪人是基于投保人的利益，为投保人与保险人订立保险合同提供中介服务，并依法收取佣金的机构。

应从以下几点来理解保险经纪人的含义。

（1）保险经纪人代表的是投保人的利益。保险经纪人是接受投保人的委托，应当按照投保人的指示和要求行事。

（2）保险经纪人是为投保人与保险人订立保险合同提供中介服务之人。保险经纪人以自己的名义独立进行保险中介行为，对自己的行为承担完全责任。

（3）保险经纪人可以依法收取佣金。佣金是保险经纪人为投保人与保险人订立保险合同提供中介服务的报酬。

（4）保险经纪人必须是机构。保险监督管理机构依法对保险经纪人进行监督管理。在我国境内经营保险经纪业务必须经保险监督管理机构批准，未经保险监督管理机构批准，任何单位和个人不得在我国境内从事保险经纪活动。

保险代理人和保险经纪人的区别见表7.3。

二、保险代理人和保险经纪人的从业条件及其责任

对保险代理机构、保险经纪人的从业，应当具备保险监督管理机构规定的条件，取得保险

监督管理机构颁发的经营保险代理业务许可证、保险经纪业务许可证，并缴存保证金或者投保职业责任保险，方可开展业务。

表 7.3　保险代理人和保险经纪人的区别

主体	独立代理人（保险代理公司）	专属代理人（保险公司业务员）	保险经纪人（保险经纪公司）
代表利益	代表保险公司的利益	代表保险公司的利益	代表客户（投保人）的利益
立场	保险公司的代理人	保险公司的代理人	投保人的代理人
存在形式	机构	个人	机构
承担的法律责任	其行为后果由保险公司承担相关的法律责任	其行为后果由保险公司承担相关的法律责任	因为经纪人的过错造成客户损失，经纪人独立承担相应的赔偿责任

（一）保险代理人的义务和责任

从法律角度讲，强化保险代理人的法律义务并追究其违反义务的法律责任是保险代理法律完善的重要内容。保险代理人的义务主要包括保险代理人的基本义务、依照诚实信用原则应当履行的义务、代理人知晓的重要事项的通知义务。

1. 保险代理人的义务

第一，依照保险代理合同应履行的义务。

（1）订约说明的义务。基于投保单的事先拟定性与保险条款的专业性，保险代理人应当对保险条款作出明确说明，尤其是保险人的责任免除条款与投保人的主要权利限制条款，应当提请投保人足够注意。

（2）如实传达知悉事项的义务。在缔约过程中，投保方应当把保险标的或被保险人的情况如实告知保险人，供其决定是否承保以及保险费率的高低。代理人对于知悉的投保方的告知事项，要如实传达给保险人，如果代理人知悉而未告知保险人，则视为保险人已知悉且不得以此为由拒绝承担保险责任。

（3）危险及时通知的义务。代理人有义务把保险事故发生前的危险增加和保险事故发生的有关情形通知保险人，以便于其及时采取相应措施，减少损失。

（4）及时转交单据的义务。代理人应当及时转交有关单据，尤其是投保单。因为投保单的交付时间决定着合同成立的时间及其效力的认定，从而决定着保险责任开始的时间。

（5）代理收缴保险费的义务。代理人受保险人委托可以在业务范围内代收保险费，并有义务将收取的所有款项全部移交给保险人，实现保险人在保险契约中的主要权利。

第二，依照诚实信用原则应履行的义务。

（1）代理人的如实告知义务。保险代理人应当将足以影响投保人订立保险契约的有关情况予以告知，比如保险人的信誉度、业务情况，所提供险种的利弊及存在的风险等专业性、技术性较强的信息，真诚考虑投保人的利益，帮助其作出客观、理性的选择。

（2）代理人的保密义务。保险契约订立中，投保人为履行如实告知义务，将不愿外人得知的自己的财产、人身健康状况告诉代理人，代理

推荐观看“人身保险代理的夸大宣传”视频（阳光宽频网 2017 年 10 月 26 日）。思考视频中的保险代理人主要违反了什么原则。

人有义务为其保密，这是诚实信用的基本要求。同样，职业道德也要求代理人不得泄露其在开展业务中不可避免知晓的保险人的商业秘密，避免给保险人造成损失。

第三，代理人知晓的重要事项的通知义务。

保险契约履行过程中，保险人的经营状况可能会由于某种原因而发生变动，如果此变动会影响投保人保险契约目的的实现，则代理人对此负有通知义务，因为代理人相比投保人，可以更加便利地、全方位地了解保险人的情况。

2. 保险代理人的责任

保险代理人根据保险人的授权代为办理保险业务的行为，由保险人承担责任。保险代理人没有代理权、超越代理权或者代理权终止后以保险人名义订立合同，使投保人有理由相信其有代理权的，该代理行为有效。保险人在对投保人承担责任后，可以依法追究越权的保险代理人的责任。

关联案例

保险公司代理人的表见代理

注意：保险关系中的表见代理。

乙有限责任公司（以下称乙公司）向某保险公司投保了企业财产险，保险期为1年。保险期届满后，乙公司提出续保，向保险公司代理人甲递交了投保单，缴纳了保险费，财产保险金额为100万元。因特殊原因，甲未及时向保险公司交付保费和投保单，保险公司也没有签发保险单。

此后不久，乙公司发生火灾，库房及大部分物资烧毁，价值90万元。火灾后，乙公司及时通知了保险公司，并提出索赔要求。保险公司认为：因为自己既没有收到保险费，也没有核保、签发保险单，所以拒绝承担赔偿责任。乙公司不服，起诉于法院。

对此出现以下两种意见。

第一种意见认为：乙公司虽然向保险公司代理人甲递交了投保单，缴纳了保险费，但是，保险公司没有收到保险费，也没有核保、签发保险单，保险合同尚未成立。因此，保险公司不应当承担保险责任。

第二种意见认为：甲是保险公司的代理人，代理人接受投保单和保险费的行为，应视为保险公司自己的行为。该接受行为是对订立保险合同的要约行为的承诺，是有效的，表明保险合同已经成立。保险公司应当承担保险责任。

法院认为：某乙公司有理由认为甲具有代理权，作为被代理人的保险公司应当依照保险合同的约定承担赔偿责任，于是判决保险公司赔偿乙公司保险金90万元。

（二）保险经纪人的责任

保险经纪人承担的责任主要表现为对委托人的责任，具体如下。

（1）遵从保险委托人的指示。保险经纪人必须在授权范围内为意思表示，遵照委托人的指示，并对未严格服从保险委托人的指示而产生的损害承担赔偿责任。

（2）善意地为委托人服务。保险经纪人必须善意地为保险委托人服务，避免采取与委托人利益相冲突的行为。保险经纪人往往代表一个以上的委托人，在存在利益冲突的前提下，保险经纪人不能将一个委托人的信息不经该委托人的同意给予另一委托人。在保险经纪人同时为保险人处理业务的情况下，由于利益冲突无法履行义务时，他必须承担赔偿责任。无论何时保险经纪人必须最大诚信地为保险委托人处理保险事宜，给予保险委托人客观独立的建议。如果保险经纪人提供了错误的建议或未能提供合理审慎的建议，导致委托人受到损失，则应当承担赔偿责任。

（3）照管委托人的利益。保险经纪人照管委托人的利益必须具有相应的专业知识。必须符合委托人的利益，应该按照保险委托人的要求为其安排保险；选择保险公司时必须注意经营范围和经营许可，偿付能力等。

因保险经纪人过错给投保人、被保险人造成损失的，依法承担赔偿责任。

第五节　保险业监管及法律责任

【引例】

据保监会行政处罚决定书（保监罚〔2017〕45号），经查，招商信诺北京电销中心存在电话销售欺骗投保人的违法行为。

2015 年招商信诺北京电销中心在开展电话销售业务经营中，公司销售人员存在电话销售欺骗投保人的违法行为，主要表现为向客户提供不实市场信息；夸大或虚假陈述本公司产品；对与保险业务相关的法律、法规、政策作不实宣传；对产品销售门槛条件和价格变动作不实宣；回避客户问题或未正确说明保险产品属性等。时任招商信诺北京电销中心负责人冯辉对上述违法行为负有直接责任。

上述电话销售欺骗投保人的行为，违反了《保险法》第 116 条的规定，根据该条之规定，保险监督管理机构于 2017 年 11 月 28 日决定对招商信诺北京电销中心予以罚款 20 万元；根据《保险法》第 71 条，决定对冯辉予以警告并罚款 6 万元。

一、保险业监管机构及其职责

我国的保险监管制度通常由两大部分构成：一是国家通过制定保险法律法规，对保险业进行宏观指导与管理；二是设立专门的保险监管职能机构，依据法律或行政授权对保险业进行监督和管理，以保证保险法规的贯彻执行。

（一）保险业监管机构

在 2018 年 3 月之前，保险业监督管理机构即中国保险监督管理委员会（简称“保监会”），于 1998 年 11 月 18 日成立，是全国商业保险的监管部门，根据国务院授权履行行政管理职能，依照法律、法规统一监督管理全国保险市场，维护保险业的合法、稳健运行。2018 年 3 月，保监会、银监会合并为银保监会。

银监会和保监会合并后有什么好处？推荐阅读《银监会保监会合并将强化金融监管统一性》一文。

保险监督管理机构可以根据履行职责的需要设立派出机构。派出机构按照保险监督管理机构的授权履行监督管理职责。

（二）保险业监管机构的主要职责

保险监督管理机构作为全国商业保险的法定监管机构。是国务院直属事业单位，根据国务院授权对保险市场实施监督管理。其主要职责包括以下两个方面。

1. 机构审批权

设立保险公司，必须经保险监督管理机构批准；经批准设立的保险公司，由批准部门颁发经营保险业务许可证。保险公司在中华人民共和国境内外设立分支机构，须经保险监督管理机构批准。保险公司有重大变更事项的，须经保险监督管理机构批准。保险公司因分立、合并或者公司章程规定的解散事由出现，经保险监督管理机构批准后解散。

2. 业务审批权

关系社会公众利益的保险险种、依法实行强制保险的险种和新开发的人寿保险险种等的保险条款和保险费率，应当报保险监督管理机构审批。其他保险险种的保险条款和保险费率应当报保险监督管理机构备案。保险公司应当按照保险监督管理机构的有关规定办理再保险。

二、我国保险业监管的主要内容

《保险法》第6章对“保险业监督管理”作了专门规定，构成了我国保险监管的主要法律制度。

（一）对保险公司业务的监管

《保险法》对保险公司业务监管的规定，目的是更好地保护与保险活动相关的行业和公众利益的需要。

1. 对保险条款的使用和保险费率的规定进行监管

根据《保险法》第137条的规定，保险公司使用的保险条款和保险费率违反法律、行政法规或者保险监督管理机构有关规定的，由保险监督管理机构责令停止使用，限期修改；情节严重的，可以在一定期限内禁止申报新的保险条款和保险费率。

2. 对保险公司的偿付能力进行监管

保险公司的偿付能力，是指保险公司以资产偿付到期债务和承担未来责任的能力。对于偿付能力不足的保险公司，保险监督管理机构应当将其列为重点监管对象，并可根据具体情况采取下列措施：①责令增加资本金、办理再保险；②限制业务范围，限制向股东分红；③限制固定资产购置或者经营费用规模；④限制资金运用的形式、比例；⑤限制增设分支机构；⑥责令拍卖不良资产、转让保险业务；⑦限制董事、监事、高级管理人员的薪酬水平；⑧限制商业性广告，责令停止接受新业务。

3. 保险监督管理机构的监督检查权的行使

保险监督管理机构依照法律、行政法规制定并发布有关保险业监督管理的规章。关系社会公众利益的保险险种、依法实行强制保险的险种和新开发的人寿保险险种等的保险条款和保险费率，应当报保险监督管理机构批准。保险监督管理机构审批时，应当遵循保护社会公众利益和防止不正当竞争的原则。其他保险险种的保险条款和保险费率，应当报保险监督管理机构备案。

（二）对保险公司的整顿监管

对保险公司的整顿是保险监督管理机构纠正保险公司的违法行为，恢复其正常经营状况的一种较温和的措施。整顿组织并不直接介入保险公司的日常经营，而是监督该保险公司的日常业务。

保险公司未依照《保险法》规定提取或者结转各项责任准备金，或者未依照《保险法》规定办理再保险，或者严重违反《保险法》关于资金运用的规定的，由保险监督管理机构责令限期改正，并可以责令调整负责人及有关管理人员。作出限期改正的决定后，保险公司逾期未改正的，保险监督管理机构可以决定选派保险专业人员和指定该保险公司的有关人员组成整顿组，对公司进行整顿。整顿决定应当载明被整顿公司的名称、整顿理由、整顿组成员和整顿期限，并予以公告。

整顿过程中，被整顿保险公司的原有业务继续进行。但是，保险监督管理机构可以责令被整顿公司停止部分原有业务、停止接受新业务，调整资金运用。被整顿保险公司经整顿已纠正其违反《保险法》规定的行为，恢复正常经营状况的，由整顿组提出报告，经保险监督管理机构批准，结束整顿，并由保险监督管理机构予以公告。

（三）对保险公司的接管监管

对保险公司的接管，是指由保险监督管理机构指派接管组织直接介入保险公司的日常经营管理，并由接管组织负责保险公司的全部经营的监管活动。

保险公司偿付能力严重不足的，或者保险公司违反《保险法》规定，损害社会公共利益，可能严重危及或者已经严重危及公司的偿付能力的，保险监督管理机构可以对其实行接管，被接管的保险公司的债权债务关系不因接管而变化。对接管组的组成和接管的实施办法，由保险监督管理机构决定，并予以公告。接管期限届满，保险监督管理机构可以决定延长接管期限，但接管期限最长不得超过两年。接管期限届满，被接管的保险公司已恢复正常经营能力的，由保险监督管理机构决定终止接管，并予以公告。

（四）对保险公司档案的监管

保险公司应当按照保险监督管理机构的规定妥善保管业务经营活动的完整账簿、原始凭证和有关资料。这里所说的账簿、原始凭证和有关资料的保管期限，自保险合同终止之日起计算，保险期间在 1 年以下的不得少于 5 年，保险期间超过 1 年的不得少于 10 年。

三、违反保险法的法律责任

违反《保险法》的法律责任包括民事责任、行政责任和刑事责任。

1. 投保人、被保险人或者受益人的法律责任

投保人、被保险人或者受益人有下列行为之一，进行保险诈骗活动，尚不构成犯罪的，依法给予行政处罚；给他人造成损害的，依法承担民事责任。

时事热点

推荐观看"为骗16万保险金，开车直撞信号杆"视频（2017年6月18日湖南电视台经济频道经视播报片段）。思考：本案属于保险诈骗中的哪一种行为？违反了保险法的哪一个原则？

（1）投保人故意虚构保险标的，骗取保险金的。

（2）编造未曾发生的保险事故，或者编造虚假的事故原因或者夸大损失程度，骗取保险金的。

（3）故意造成保险事故，骗取保险金的。

（4）保险事故的鉴定人、评估人、证明人故意提供虚假的证明文件，为投保人、被保险人或者受益人进行保险诈骗提供条件的。

2. 保险公司及其工作人员的法律责任

（1）保险公司违反《保险法》规定，超出批准的业务范围经营的，由保险监督管理机构责令限期改正，没收违法所得，并处违法所得1倍以上5倍以下的罚款；没有违法所得或者违法所得不足10万元的，处10万元以上50万元以下的罚款。逾期不改正或者造成严重后果的，责令停业整顿或者吊销业务许可证。

（2）保险公司违反《保险法》规定，有下列行为之一的，由保险监督管理机构责令改正，处5万元以上30万元以下的罚款：①超额承保，情节严重的；②为无民事行为能力人承保以死亡为给付保险金条件的保险的。

（3）保险公司违反《保险法》规定，有下列行为之一的，由保险监督管理机构责令改正，处5万元以上30万元以下的罚款；情节严重的，可以限制其业务范围、责令停止接受新业务或者吊销业务许可证：①未按照规定提存保证金或者违反规定动用保证金的；②未按照规定提取或者结转各项责任准备金的；③未按照规定缴纳保险保障基金或者提取公积金的；④未按照规定办理再保险的；⑤未按照规定运用保险公司资金的；⑥未经批准设立分支机构或者代表机构的；⑦未按照规定申请批准保险条款、保险费率的。

（4）保险公司及其工作人员在保险业务活动中有以下行为的，由保险监督管理机构责令改正，处5万元以上30万元以下的罚款；情节严重的，限制其业务范围、责令停止接受新业务或者吊销业务许可证：①欺骗投保人、被保险人或者受益人；②对投保人隐瞒与保险合同有关的重要情况；③阻碍投保人履行《保险法》规定的如实告知义务，或者诱导其不履行《保险法》规定的如实告知义务；④给予或者承诺给予投保人、被保险人、受益人保险合同约定以外的保险费回扣或者其他利益；⑤拒不依法履行保险合同约定的赔偿或者给付保险金义务；⑥故意编造未曾发生的保险事故、虚构保险合同或者故意夸大已经发生的保险事故的损失程度进行虚假理赔，骗取保险金或者牟取其他不正当利益；⑦挪用、截留、侵占保险费；⑧委托未取得合法资格的机构或者个人从事保险销售活动，或者利用开展保险业务的机会为其他机构或者个人牟取不正当利益；⑨利用保险代理人、保险经纪人或者保险评估机构，从事以虚构保险中介业务或者编造退保等方式套取费用等违法活动；⑩以捏造、散布虚假事实等方式损害竞争对手的商业信誉，或者以其他不正当竞争行为扰乱保险市场秩序，或者泄露在业务活动中知悉的投保人、被保险人的商业秘密。

（5）保险公司违反《保险法》规定，未经保险监督管理机构批准有以下行为的，由保险监督管理机构责令改正，处1万元以上10万元以下的罚款：①变更名称，或者注册资本；②变更公司或者分支机构的营业场所；③撤销分支机构；④公司分立或者合并；⑤修改公司章程；⑥变更出资额占有限责任公司资本总额5%以上的股东，或者变更持有股份有限公司股份5%以上的股东。

3. 保险代理人或者保险经纪人的法律责任

（1）保险代理人、保险经纪人及其他从业人员在办理保险业务活动中有下列行为的，由保险监督管理机构责令改正，处5万元以上30万元以下的罚款；情节严重的，吊销业务许可证：①欺骗保险人、投保人、被保险人或者受益人；②隐瞒与保险合同有关的重要情况，阻碍投保人履行本法规定的如实告知义务，或者诱导其不履行《保险法》规定的如实告知义务；③给予或者承诺给予投保人、被保险人或者受益人保险合同约定以外的利益；④利用行政权力、职务或者职业便利以及其他不正当手段强迫、引诱或者限制投保人订立保险合同；⑤伪造、擅自变更保险合同，或者为保险合同当事人提供虚假证明材料；⑥挪用、截留、侵占保险费或者保险金；⑦利用业务便利为其他机构或者个人牟取不正当利益；⑧串通投保人、被保险人或者受益人，骗取保险金；⑨泄露在业务活动中知悉的保险人、投保人、被保险人的商业秘密。

（2）保险代理机构、保险经纪人违反《保险法》规定，有下列行为之一的，由保险监督管理机构责令改正，处2万元以上10万元以下的罚款；情节严重的，责令停业整顿或者吊销业务许可证：①未按照规定缴存保证金或者投保职业责任保险的；②未按照规定设立专门账簿记载业务收支情况的。

（3）保险专业代理机构、保险经纪人违反《保险法》规定，未经批准设立分支机构或者变更组织形式的，由保险监督管理机构责令改正，处1万元以上5万元以下的罚款。

4. 保险监督管理机构及其工作人员的法律责任

从事保险监督管理工作的人员有下列情形的，尚不构成犯罪的，依法给予处分；构成犯罪的，依法追究刑事责任：①违反规定批准机构设立的；②违反规定进行保险条款、保险费率审批的；③违反规定进行现场检查的；④违反规定查询账户或者冻结资金的；⑤泄露其知悉的有关单位和个人的商业秘密的；⑥违反规定实施行政处罚的；⑦滥用职权、玩忽职守的其他行为。

小　结

1．本章关于保险法的基本原则是保险活动的基础和根本，对保险基本原则的学习是保险法实务的指导思想，不仅要了解，还要领悟其核心所在。

2．保险合同是本章的重点内容之一，学习者应在理解保险合同特征的基础上，重点掌握保险法律关系的要素以及明确保险合同的订立和保险合同履行的法律后果。

3．本章还结合案例对财产保险合同和人身保险合同进行了阐述，通过学习，可使学习者从实务的角度去理解法律条款，并能较为熟练地运用。

4．保险公司是保险法律关系的主体，其经营行为是否规范合法，关系到投保人的合法权益是否得以实现。通过本章的学习，学习者应重点熟知保险公司的法定经营规则，将法律知识的学习渗透到专业课的学习中。

5．在实践中，保险业的经营往往通过一批具有保险专业知识的人员，为保险双方当事人提供专业服务，他们的法律意识、规范意识是否健全，直接影响保险行业能否依法合规经营，保险市场是否正常发展。

保险代理人和保险经纪人的法律规定是本章的又一个重点，学习者既要掌握因保险代理和保险经纪产生的法律关系，又要熟知相关的法律义务和责任。

6．最后对保险业的监管和相关违法责任进行了系统阐述，学习者应明确保险监管的法律意义，从预防风险的角度出发，重点理解哪些是合法合规行为，哪些是违法违规行为，以及应承担何种法律责任。

知识点测试

一、单项选择题

1．保险利益是指投保人或者被保险人对保险标的具有（　　）的利益。

A．法律上承认　　B．同保险人承认　　C．保险合同上承认　　D．保险赔偿时承认

2．《保险法》第5条规定，保险活动当事人行使权利、履行义务应当遵循（　　）原则。

A．尊重社会公德　　B．平等互利　　C．自愿有偿　　D．诚实信用

3．人身保险的投保人在（　　）时应对被保险人具有保险利益，财产保险的投保人在（　　）时应对保险标的具有保险利益。

A．保险合同订立；保险合同订立　　B．保险事故发生；保险事故发生

C．保险事故发生；保险合同订立　　D．保险合同订立；保险事故发生

4．保险合同成立后，除《保险法》另有规定或者保险合同另有约定外，（　　）可以解除合同，（　　）不得解除合同。

A．保险人；投保人　B．投保人；保险人　　C．被保险人；保险人　　D．受益人；保险人

5．投保人为其有劳动关系的劳动者投保人身保险，不能指定（　　）为受益人。

A．被保险人　　B．被保险人所在单位的负责人

C．被保险人的配偶　　D．被保险人的子女

6．保险标的转让的，被保险人或者受让人应当及时通知保险人。下列说法不正确的是（　　）。

A．保险标的转让的，被保险人或者受让人应当及时通知保险人，但货物运输保险合同和另有约定的合同除外

B．因保险标的转让导致危险程度显著增加的，保险人自收到通知之日起30日内，可以按照合同约定增加保险费或者解除合同

C．保险人解除合同的，将不予退还已收取的保险费

D．被保险人、受让人未履行通知义务的，因转让导致保险标的危险程度显著增加而发生的保险事故，保险人不承担赔偿保险金的责任

7．借款人以价值30万元的房屋作抵押向银行贷款15万元，银行为此抵押房屋投保，房屋因保险事故全损，银行作为被保险人保险公司应赔付（　　）。

A．30万元，因为该房屋的实际价值是30万元

B．银行最多损失15万元及利息，保险公司不用赔付30万元

C．由银行与保险公司在15万元与30万元之间协商赔付的额度

D．由银行、借款人和保险公司三者协商协赔付的额度

8. 近因原则是保险补偿应遵循的重要原则之一，下列说法错误的是（ ）。

A. 单一原因造成损失。如果造成损失的原因（危险）是单一的，且其属于保险合同约定的承保风险，即为近因

B. 如果在多种原因致损的情况下，一般而言，持续地起决定或支配作用的原因

C. 指时间上最接近损失的原因

D. 对于直接促成结果的原因，效果上有支配力或有效的原因即为近因

9. 关于人身保险，下列说法错误的是（ ）。

A. 对于人身保险中人寿保险的保险费，保险人不得以诉讼的方式要求投保人支付

B. 人身保险和财产保险一样同样适用代位求偿权

C. 投保人不得为无民事行为能力人投保以死亡为给付金条件的人身保险，但父母为未成年子女投保的人身保险除外

D. 以被保险人死亡为给付保险金的合同，被保险人自杀的，保险人享有不承担给付保险金的权利

10. 设立保险公司，其注册资本的最低限额为人民币（ ）亿元。保险公司的注册资本必须为（ ）。

A. 1；实缴货币资本　　B. 2；实有资本

C. 3；所有资产价值　　D. 2；实缴货币资本

二、多项选择题

1. 关于保险格式合同的描述，正确的是（ ）。

A. 采用保险人提供的格式条款订立的保险合同中，免除保险人依法应承担的义务或者加重投保人、被保险人责任的条款无效

B. 采用保险人提供的格式条款订立的保险合同中，排除投保人、被保险人或者受益人依法享有的权利的条款无效

C. 采用保险人提供的格式条款订立的保险合同，保险人与投保人、被保险人或者受益人对合同条款有争议的，人民法院或者仲裁机构应当作出有利于被保险人和受益人的解释

D. 订立保险合同，采用保险人提供的格式条款的，保险人向投保人提供的投保单应当附格式条款，保险人应当向投保人说明合同的内容

2. 保险合同中约定分期支付保险费的，投保人支付首期保险费后，除合同另有约定外，投保人在（ ）情形下，会造成合同的中止。

A. 自保险人催告之日起超过 20 日未支付当期保险费

B. 自保险人催告之日起超过 30 日未支付当期保险费

C. 超过约定的期限 50 日未支付当期保险费

D. 超过约定的期限 60 日未支付当期保险费

3. 对于人身保险合同中保险利益的描述，下列说法中不正确的是（ ）。

A. 投保人对与其有劳动关系的劳动者不具有保险利益

B. 被保险人同意投保人为其订立合同的，视为投保人对被保险人具有保险利益

C. 订立合同时，投保人对被保险人不具有保险利益的，合同无效

D. 保险事故发生时，投保人对被保险人不具有保险利益的，合同无效

4．在人身保险合同中，保险金作为被保险人的遗产，由保险人依照《中华人民共和国继承法》的规定履行给付保险金的义务的情形有（　　）。

A．被保险人死亡后，没有指定受益人

B．受益人指定不明无法确定的

C．受益人先于被保险人死亡，没有其他受益人的

D．受益人依法丧失受益权或者放弃受益权，没有其他受益人的情况下

5．下列有关财产保险合同的描述，正确的是（　　）。

A．保险事故发生后，被保险人仅可按其实际所受的损害请求保险人赔偿，不得获取超过实际损失的赔偿

B．为了防止被保险人获得超额赔偿，法律对重复保险实行责任分摊原则

C．财产保险实行保险代位的原则

D．财产保险合同的标的既可以是有形的物质财富，也可以是无形的与财产有关的利益

6．财产保险中保险标的转让的情形，下列说法正确的是（　　）。

A．保险标的转让的，保险标的的受让人承继被保险人的权利和义务

B．保险标的转让的，被保险人或者受让人应当及时通知保险人，但货物运输保险合同和另有约定的合同除外

C．因保险标的转让导致危险程度显著增加的，保险人自收到被保险人或受让人的通知之日起30日内，可以按照合同约定增加保险费或者解除合同

D．保险标的转让未通知保险人的，保险人并不一定不承担相关保险责任

7．对于重复保险的描述，下列说法中不正确的为（　　）。

A．重复保险的投保人应当将重复保险的有关情况通知各被保险人

B．重复保险的各保险人赔偿保险金的总和不得超过保险价值

C．重复保险的投保人可以就超过保险金额和保险价值的部分，请求各保险人按照比例返还保险费

D．重复保险的被保险人可以就超过保险金额和保险价值的部分，请求各保险人按照比例返还保险费

8．在设立保险公司时，对主要股东的资质要求，下列说法中正确的是（　　）。

A．具有持续赢利能力，信誉良好

B．最近三年内无重大违法违规记录

C．净资产不低于人民币2亿元

D．有具备任职专业知识和业务工作经验的董事、监事和高级管理人员

9．关于保险公司的资金运用规则，下列说法正确的是（　　）。

A．限于在银行存款、买卖债券　　B．限于股票、证券投资基金份额等有价证券

C．投资不动产　　D．国务院规定的其他资金运用形式

10．保险公司及其工作人员在保险业务活动中不得有下列哪些行为？（　　）

A．欺骗投保人、被保险人或者受益人及对投保人隐瞒与保险合同有关的重要情况

B．阻碍投保人或者诱导其不履行《保险法》规定的如实告知义务

C．挪用、截留、侵占保险费

D．拒不依法履行保险合同约定的赔偿或者给付保险金义务

三、判断题

1．当保险合同双方对保险条款和措辞产生争议的时候，一项条款或词语可以作出两种或两种以上的解释时，应当作出对被保险人有利的解释。(　　)

2．保险凭证上记载的内容，因为不是保险合同的全部内容，所以不能像保险单一样具有同等的法律效力。(　　)

3．保险利益具有合法性、确定性，是可用金钱计算的利益。(　　)

4．代位求偿权只存在于财产保险中，人身保险中不存在代位求偿权。(　　)

5．在财产保险和人身保险中，投保人都可以指定受益人。(　　)

6．保险人是保险合同这一格式合同的制订者，各国立法都规定保险人不得随意解除保险合同，除非投保人一方有违约或违法行为。(　　)

7．人身保险合同中，没有指定受益人的，被保险人死亡后，保险金作为投保人的遗产处理。(　　)

8．依法成立的保险公司，其业务经营范围既包括人身保险业务，也包括财产保险业务。(　　)

9．经营财产保险业务的保险公司经保险业监督管理机构核准，可以经营短期健康保险业务和意外伤害保险业务。(　　)

10．保险合同主体包括保险合同当事人、保险合同关系人和保险合同辅助人。(　　)

四、案例分析题

案例一

某厂女工张某于 2013 年 6 月 22 日为郝某投保（郝某与张某为婆媳关系）。经郝某同意后，张某购买 10 年期简易人身保险 15 份，指定受益人为郝某之孙、张某之子甲，甲时年 12 岁。保险费按月从张某的工资中扣交。交费一年零八个月后，张某与被保险人之子乙离婚，法院判决甲随乙生活。离婚后，张某仍自愿每月从自己工资中扣交这笔保险费，从未间断。2016 年 2 月 20 日，被保险人郝某病故。同年 4 月，张某向保险公司申请给付保险金。与此同时，乙提出被保险人是其母亲，指定受益人甲又随自己生活，应由他作为监护人领取这笔保险金。张某则认为投保人是她，交费人也是她，而且她是受益人甲的母亲，也是甲合法的监护人，这笔保险应由她领取。保险公司则以张某因离婚而对郝某无保险利益为由拒绝给付保险金。

问题：（1）张某要求给付保险金的请求是否合理？为什么？

（2）乙要求给付保险金的请求是否合理？为什么？

（3）保险公司拒付理由是否成立？为什么？

案例二

2014 年 6 月 4 日，甲纺织厂与 A 保险公司签订了企业财产保险合同。保险金额为人民币 100 万元，保险期为 1 年，即自 2014 年 6 月 5 日零时起至 2015 年 6 月 4 日 24 时止。2014 年 8 月 9 日，甲纺织厂失火，厂方领导积极进行扑救，但是由于火势太大，扑救工作困难，共花去人民币 10 万元；且全厂财产全部被烧毁。事故发生后，甲纺织厂立即向保险公司报了案，保险公司委托有关部门对保险事故进行调查，调查结论为：火灾系由天气太热，纺织厂仓库底部货物突然自燃所引起，企业财产事故发生前价值人民币 90 万元。此次调查共花去费用 5 万元。

问题：（1）扑救火灾的费用应由谁负责？为什么？

（2）有关部门的调查费用应由谁负责？为什么？

（3）保险公司应向纺织厂支付赔款多少？为什么？

课 外 实 训

背景资料

保险合同免责条款被判不免责案

原告：徐某

被告：A保险股份有限公司C中心支公司

2015年3月15日，经过被告A保险股份有限公司C中心支公司电话营销，原告徐某向被告购买机动车商业保险。保险险种为车辆损失综合险（全损保额81 737.6元、分损保额114 800元）、第三者责任险（每次事故赔偿限额30万元）等，保险期限自2015年3月18日零时起至2016年3月17日24时止，在特别约定中注明，本保单车损险、第三者责任保险包含不计免赔险。车辆损失综合险的免责条款中约定：应当由事故的其他责任方按照机动车交通事故强制保险合同的约定赔偿的部分，保险公司不负责赔偿；发生事故时，保险车辆在规定的检验期限内未进行安全技术检验或检验未通过的，保险公司不负赔偿责任。

同年4月22日11时50分许，原告徐某驾驶保险车辆在C市解放东路的T字形路口，因不慎驾驶，与一车辆发生交通事故。经C市道路交通事故保险理赔服务中心勘察，认定原告负事故的全部责任。同时，被告保险公司对原告徐某的受损车辆进行定损，出具定损报告，并确定受损金额为850元。但当原告将相关索赔材料提供给被告时，被告认为，事故发生时被保险车辆行驶证逾期未检验，因而拒绝赔偿。

法院审理：法院审理认为，免责条款是发生保险事故后，按照保险合同的其他约定完全应当赔付但依据该条款的存在而免除保险人责任的条款。在订立保险合同时，保险人应当对免责条款予以提示并加以明确说明；未作提示或明确说明的，该条款不产生法律效力。保险人对其履行明确说明义务负有举证责任。本案中，原告通过被告电话营销方式购买保险，被告未能举证证明其对免责条款履行明确说明义务，免责条款不生效，故原告与被告达成的保险合同除免责条款外的其他条款是当事人真实意思的表示，属有效合同。原告的保险车辆在保险期限内发生保险事故，原告要求被告对受损车辆予以理赔的诉讼请求符合法律规定，法院予以支持。被告以免责条款中的驾驶车辆未在规定期限内检验为由要求予以拒赔，于法无据，法院不予采信，遂判决被告支付原告徐某保险理赔款人民币850元。

实训知识领域

对保险合同条款的解释和说明义务。

实训方式

课堂辩论。

实训目的

（1）加强对保险电话营销的认识。

（2）从《合同法》对格式条款的规定到《保险法》对合同条款的解释和说明义务来理解对投保人权益的保护。

实训提示

第八章

金融信托和金融租赁法律规范

【学习指导】

学习要点	衔接的主要核心专业课程	课外要求
1．金融信托法律关系和信托投资公司的业务及经营规则。 2．金融租赁合同的法律规定。	金融基础、金融创新、公司理财等。	结合金融形势的发展，关注金融信托理财的新途径、创新以及金融租赁新领域的涉法问题，并搜集相关材料，拓展自己的知识。

知识结构

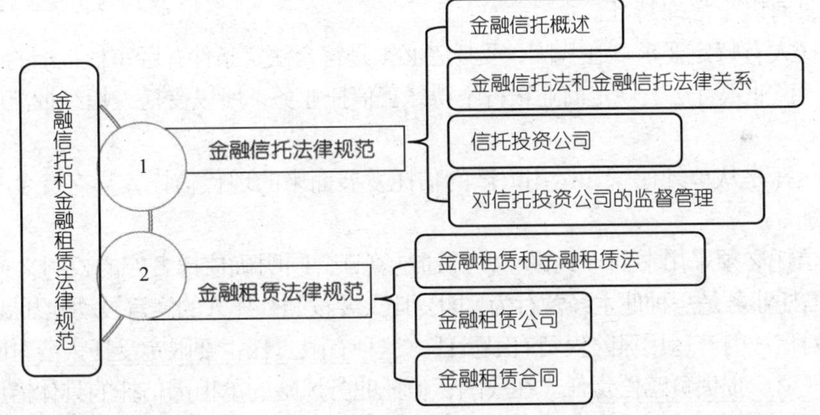

金融信托与金融租赁连接了客户和社会，融合了融资与理财，突破了传统民商法关于所有权、租赁、担保、委托等法律关系的概念，呈现为一种新型的、较为特殊的法律关系。

本章依据现行法律对信托业和金融租赁业的法律规定，主要介绍金融信托法律关系、金融租赁法律关系，信托投资公司、金融租赁公司的法律资格、法定经营范围和职能，金融租赁合同以及对信托业和金融租赁业的监管。

第一节　金融信托法律规范

【引例】

2011 年 11 月，甲金融信托投资公司（以下称甲信托）推出《H 省 A 公路贷款信托计划》。该计划的资金规模为9 000万元，贷款年利率为7.1%，期限不超过3年。同年，乙公司及丙公司与甲信托签订该公路的信托合同，分别将两笔4 000万元信托资金交付甲信托作为信托财产。随后，个人投资者张某也在签署相关合同后将1 000万元信托资金交付甲信托用于购买A公路建设项目公司股权。

2014年9月，A公路信托项目计划到期后，信托资金使用人已严重资不抵债，公路项目也被迫停建。因投资信托计划失败，乙公司等三原告以甲信托违背信托管理职责、处理信托事务不当、有严重过错为由，于2015年共同将甲信托告上法院。其中，乙公司及丙公司要求退还信托财产的损失本金及利息各4 401.53万元，张某索赔本金及利息1 054.73万元，三原告要求退还金额近亿元。而甲信托也就该项目向H省A公路及担保方提起了起诉。

一、金融信托概述

所谓金融信托，是指信托投资公司作为受托人，依照委托人的要求或指明的特定目的，按委托人的意愿以自己的名义，收受、经理或运用货币资金、有价证券和其他财产等的金融业务。它是在实物信托的基础上演变和发展起来的，是现代信用经济发展的必然产物。在我国，金融信托业务是由信托投资公司办理的。

（一）金融信托的特征

金融信托具有以下法律特征。

（1）对受托人有特定要求。在我国，受托者必须是符合法定条件并经审核批准的非银行信托投资公司，因《商业银行法》规定商业银行不得经营信托业务，所以受托人指经批准后的信托投资公司。

（2）金融信托是从单纯保管、运用财产的信托发展而来的现代信托，具有资金融通和财产管理的双重职能。

（3）金融信托必须采用书面形式设立，并通过签订合同明确信托各方的权利义务。

（4）金融信托业务是一种他主经营行为，即受托人要按照委托人的意旨被动地开展具体业务，因此，受托人对信托财产运用风险仅负有限责任。这种有限责任主要限定受托人要对因违背信托目的而造成信托财产损失负赔偿责任。在我国，信托业务风险的承担因信托的具体情形不同而不同：信托存款的风险全部由受托人承担；委托贷款与投资的主要风险由委托方承担；甲类信托贷款与投资风险主要由委托方承担；乙类信托贷款与投资风险由委托人和受托人按约定的比例承担。

（5）金融信托是信托投资公司以营利为目的而开办的一项金融业务，因此，受托信托投资公司根据业务的性质，按照实绩分红的原则，依法取得一定的收益和报酬。

（二）金融信托的职能

金融信托具有多种职能，但最基本、最主要的职能有以下三个。

1. 财务管理职能

财务管理是金融信托最基本的职能。它是指信托投资公司接受财产所有者的委托，为其管理、处理财产或代办经济事务等。比较典型的管理行为有委托投资、委托贷款等；典型的处理行为有代为出售或转让信托财产；代办事务则主要包括代收款项、代为发行和买卖有价证券等。

2. 融通资金职能

融通资金是指信托投资公司通过办理信托业务，为建设项目筹措资金，或对其他客户给予资金融通和调剂的职能。主要表现为三个方面：一是货币资金的融通，信托投资公司将货币资金无论用于贷款、投资或购买、出售有价证券，都能发挥融资的职能；二是通过融资租赁，实现物资上的融通与货币资金的融通；三是通过受益权的流通转让而进行的货币资金融通。

3. 沟通和协调经济关系的职能

金融信托业务是一种多边经济关系，信托投资公司作为委托人与受益人的中介，在开展信托业务过程中，要与诸多方面发生经济往来，是天然的横向经济联系的桥梁和纽带。通过办理金融信托业务，特别是代办经济事务为经济交易各方提供信息、咨询和服务，发挥沟通和协调各方经济联系的职能。

二、金融信托法和金融信托法律关系

在国际上，信托、银行、证券、保险并称为现代金融业的四大支柱。信托业所提供的信托服务具有独特的内涵和运行规则，该内涵和运行规则由《中华人民共和国信托法》（以下简称《信托法》）单独确立，是任何一种其他金融服务都无法涵盖的。

（一）金融信托法

金融信托法是调整金融信托关系的法律规范的总称。

金融信托关系是指信托当事人之间的社会关系，包括委托人和受托人之间的委托关系、受托人与受益人之间的利益转移关系以及国家金融监督管理部门对信托活动及信托投资公司的监督管理关系。

金融信托法包括信托基本法和信托业法。信托基本法是规定信托基本关系的法律规范，其内容包括信托财产、信托当事人（委托人、受托人、受益人）的资格及各自的权利义务、信托的类别及设立和终止等。信托业法是规定信托投资公司的组织及其业务监管的法律规范，其内容包括信托投资公司的性质、业务范围、组织形式、设立条件及程序、变更、终止、经营规则、监督管理等。金融信托法是金融法体系中的重要组成部分。

（二）金融信托法律关系

金融信托法律关系是指金融信托业务因被《信托法》及相关法规调整而形成的法律关系。金融信托业务是指信托投资公司以营业和收取报酬为目的，以受托人身份承诺信托和处理信托事务的经营行为。

> **议一议**
>
> 信托关系是代理关系吗？

金融信托法律关系和一般的法律关系一样，包括主体、客体和内容。

1. 金融信托法律关系的主体

金融信托法律关系主体或称信托关系人，是指能够参加信托法律关系，依法享有权利和承担义务的当事人，包括委托人、受托人和受益人。

委托人是指通过信托将自己的财产转移给受托人管理或处理，从而导致信托关系成立的人，包括具有完全民事行为能力的自然人、法人或者依法成立的其他组织。

受益人是指因受托人管理、处分信托财产而享受信托利益的人。受益人较少受到限制，只要在受益权有效期内具有权利能力即可。因此，未成年人甚至未出生的胎儿都可以成为受益人。受益人和委托人可以是同一人，也可以不是同一人；受托人可以是受益人，但不是同一信托的唯一受益人。

受托人是指接受委托人的委托对信托财产负有管理和处分责任的人。受托人应当自己处理信托事务；受托人依法将信托事务委托他人代理的，应当对他人处理信托事务的行为承担责任。在金融信托中受托人主要为信托投资公司。

2. 金融信托法律关系的客体

金融信托法律关系的客体是指金融信托法律关系主体的权利和义务所共同指向的对象，也即借以产生信托法律关系的信托财产。信托投资公司因信托财产的管理、运用、处分或者其他情形而取得的财产，也归入信托财产。法律、行政法规禁止流通的财产，不得作为信托财产；法律、行政法规限制流通的财产，依法经有关主管部门批准后，可以作为信托财产。

信托财产不属于信托投资公司的固有财产，也不属于信托投资公司对受益人的负债。信托投资公司终止时，信托财产不属于其清算财产。

能够成为信托投资公司经营对象的信托财产主要有货币、有价证券、金钱债权、动产和不动产等有形财产，无形资产一般不能成为金融信托的财产。如在我国专利权、商标权和著作权就不能成为信托财产。

《信托投资公司管理办法》第8条规定："信托投资公司管理或者处分信托财产，必须恪尽职守，履行诚实、信用、谨慎、有效管理的义务。"

3. 金融信托法律关系的内容

金融信托法律关系的内容是指金融信托关系的主体（即委托人、受托人和受益人）所享有的权利和承担的义务，详见表8.1。

表8.1 信托法律关系主体的权利和义务

主体	权　利	义　务
委托人	受托人选择权、知情权，以及受托人接任和重新选任权、信托财产归复权、损害赔偿请求权、对信托财产强制执行异议权等	转移信托财产、支付报酬、不得干预受托人正常的管理活动等
受托人	拥有信托财产名义或法律上的所有权、以手续费或佣金的形式获取报酬权、优先受偿权、辞任权等	履行善管人责任、亲自处分信托事务、分别管理信托财产、不享受信托收益、不得自我交易、向受益人支付信托利益等
受益人	信托财产收益权、信托收益请求权、撤销权与损害赔偿请求权、与委托人共有的权利（知情权、解任权、强制执行异议权等）	向受托人支付管理信托财产的费用等

关联案例

信托违规应担责

某市甲信托投资公司（以下称甲信托）在与乙企业签订的信托合同中约定，由甲信托负责将乙企业的自有闲余资金3 000万元用于投资，期限四年。甲信托对该笔资金的运营过程中发生了如下事件。

（1）主管部门在年度检查中，发现甲信托将乙企业的信托资金存放在自己的资金账户上进行管理，且未单独立账。

（2）在该笔资金用于投资两年后，乙企业得到了丰厚回报，甲信托提出自下一年度起按投资回报的三成分享收益。

（3）第四年头上，甲信托因业务繁忙，无暇专顾，委托丙信托投资公司管理营运乙企业信托资金中的800万元，后者因管理不慎，造成了300万元的损失。

问题：（1）甲信托对乙企业的信托财产在账目设立管理上存在什么问题？

（2）甲信托能否要求与乙企业按投资回报的三成分享收益？为什么？

（3）甲信托将800万元信托资金委托丙信托投资公司管理营运的行为是否恰当？为什么？造成的300万元损失由谁承担？

分析要点：（1）因为信托财产不属于其固有财产，所以甲信托必须将信托财产与其固有财产分别管理、分别记账。

（2）甲信托不能要求分享收益。根据《信托法》的规定，受托人只能以手续费或佣金形式取得报酬，不得以信托财产投资收益分成的方式取得报酬。

（3）不恰当。信托关系中，委托人是基于对受托人能力及品格的信任才设立信托的，因此，信托事务一般都需由受托人亲自处理，只有在信托文件另有规定或者有不得已的事由时，受托人才可委托他人代为处理。

本案中，甲信托违反信托义务，应对造成的300万元损失承担赔偿责任。至于丙信托投资公司是否应对甲信托承担责任，那是另一层法律关系。

三、信托投资公司

信托投资公司即金融信托投资公司。信托投资公司是指依照《公司法》和《信托公司管理办法》的规定，经银行业监督管理机构批准，并领取“信托公司法人许可证”而设立的主要经营信托业务的非银行金融公司。

（一）信托投资公司的设立、变更与终止

信托投资公司设立、变更、终止的审批程序，按照银行业保险业监督管理机构的规定执行。

1. 信托投资公司的设立

设立信托投资公司需要满足以下条件：①有符合《公司法》和银行业监督管理机构规定的公司章程；②有具备银行业监督管理机构规定的入股资格的股东；③具有《信托投资公司管理办法》规定的不低于人民币3亿元的注册资本；④有具备银行业监督管理机构规定任职资格的高级管理人员和与其业务相适应的信托从业人员；⑤具有健全的组织、信托业务操作规则和风险控制制度；⑥有符合要求的营业场所、安全防范措施和与业务有关的其他设施；⑦银行业监督管理机构规定的其他条件。

申请设立信托投资公司的单位，应向当地银行业监督管理机构提交以下资料：①设立信托投资公司的申请书；②上级主管部门的审批意见书；③组织章程，内容包括公司名称、法定地址、企业性质、经营宗旨、注册资本数额、业务范围和种类、组织形式、经营管理等事项；

④有关部门出具的验资证明；⑤公司领导人名单及简历。

2. 信托投资公司的变更

信托投资公司的变更包括变更名称、变更注册资本金、变更公司住所、改变组织形式、调整业务范围、更换高级管理人员、变更股东或者调整股权结构（持有的上市股份公司流通股份未达到公司总股份10%的除外）、修改公司章程、合并或者分立、银行业监督管理机构规定的其他变更事项。就上述某一项或某几项的改变，应当经银行业监督管理机构批准。

3. 信托投资公司的终止

信托投资公司的终止包括因解散而终止、因违法经营而终止和因破产而终止三种情况。

（1）因解散而终止。信托投资公司因分立、合并或者公司章程规定的解散的事由出现，申请解散的，经银行业监督管理机构批准后解散，并依法组织清算组进行清算。

（2）因违法经营而终止。信托投资公司因违法违规经营、经营管理不善等原因，不能支付到期债务，不撤销将严重损害社会公众利益、危害金融秩序的，由银行业监督管理机构根据《金融公司撤销条例》予以撤销。

（3）因破产而终止。信托投资公司不能支付到期债务，经银行业监督管理机构同意，可向人民法院提出破产申请。

（二）信托投资公司的业务及经营规则

1. 信托投资公司的业务

信托投资公司的经营范围由公司章程规定，报银行业监督管理机构批准。

（1）信托投资公司可以申请经营的部分或者全部本、外币业务，包括：①受托经营资金信托业务，即委托人将自己合法拥有的资金，委托信托投资公司按照约定的条件和目的，进行管理、运用和处分；②受托经营动产、不动产及其他财产的信托业务，即委托人将自己的动产、不动产以及知识产权等财产、财产权，委托信托投资公司按照约定的条件和目的，进行管理、运用和处分；③受托经营法律、行政法规允许从事的投资基金业务，作为投资基金或者基金管理公司的发起人从事投资基金业务；④经营企业资产的重组、并购及项目融资、公司理财、财务顾问等中介业务；⑤受托经营国务院有关部门批准的国债、政策性银行债券、企业债券等债券的承销业务；⑥代理财产的管理、运用和处分；⑦代保管业务；⑧信用见证、资信调查及经济咨询业务；⑨以固有财产为他人提供担保；⑩银行业监督管理机构批准的其他业务。

（2）信托投资公司可以依照《信托法》的有关规定，接受为公益目的而设立的公益信托。

（3）经营业务的其他规定，包括：①管理、运用信托财产时，可以依照信托文件的规定，采取出租、出售、贷款、投资、同业拆放等方式进行；②可以根据市场需要，按照信托目的、信托财产的种类或者对信托财产管理方式的不同设置信托业务品种；③信托投资公司所有者权益项下依照规定可以运用的资金，可以存放于银行或者用于同业拆放、贷款、融资租赁和投资，但自用固定资产和股权投资余额总和不得超过其净资产的80%；④经银行业监督管理机构批准，信托投资公司可以办理同业拆借。

2. 国内信托投资公司的经营规则

在国内，信托投资公司经营业务，需要遵照以下规则。

（1）资金信托规则。资金信托是我国信托投资公司接受委托人的货币资金作为信托财产而成立的信托，是目前办理的主要信托业务。它包括信托存款、信托贷款、信托投资、委托贷款、委托投资等业务。

（2）信托投资规则。信托投资是信托投资公司用自有资金或自筹的资金进行的投资。信托投资要按计划性、可行性、效益性、互利性的原则，依据一定的条件进行投资。投资程序依次为项目的筛选、评估、谈判、确立、执行和终止等阶段。

（3）委托贷款规则。委托贷款或称指定资金信托，是指信托投资公司接受委托人的委托，在委托人存入的委托存款额度内，按其指定的对象、用途发放的贷款，并负责到期收回贷款本息的一项金融信托业务。其程序是：①签订“委托贷款协议书”；②委托贷款的审查和发放；③委托贷款的检查、展期和转期；④委托贷款的收回。

3. 国际金融信托业务的经营规则

我国国际金融信托业务主要是指中国国际信托投资公司、各地方的国际信托投资公司及经营外汇业务的信托投资公司采用信托方式，以吸收和运用外资、引进国外先进技术和设备为目的的信托业务。它主要包括国际信托投资业务、在境外发行和代理发行外币有价证券业务、对外担保见证业务及国际咨询业务等。

四、对信托投资公司的监督管理

我国《信托公司管理办法》的立法宗旨在于加强对信托投资公司的监督管理，规范其经营行为。

1. 禁止性行为

禁止信托投资公司有以下行为：①利用受托人地位谋取不当利益；②将信托财产挪用于非信托目的的用途；③承诺信托财产不受损失或者保证最低收益；④以信托财产提供担保；⑤法律法规和国务院银行业监督管理机构禁止的其他行为。

2. 信息披露要求

信托投资公司开展关联交易，应以公平的市场价格进行，且事前逐笔向银行业监督管理机构报告，并按照有关规定进行信息披露。

3. 监督和管理

首先，信托投资公司应当建立完备的内部决策、激励与约束机制，强化管理制度和内部控制制度，并报银行业监督管理机构备案。

其次，严格接受银行业监督管理机构的监管。主要包括：①应当建立健全的财务会计制度以及严格的年度财务会计报表的审计；②接受银行业监督管理机构对公司的董事、高级管理人员的任职资格审查；③银行业监督管理机构有权对其经营活动进行定期或者不定期的

> **时事热点**
> 99号文细则出台——禁止非金融机构推信托（2014年5月14日第1财经财经早班车中的金融动态片段）
>
> 

检查，并依照要求其提供有关业务、财务等报表和资料；④每年信托投资公司应从税后利润中提取 5%作为信托赔偿准备金，但该赔偿准备金累计总额达到公司注册资本的 20%时，可不再提取；⑤信托投资公司的赔偿准备金应存放于经营稳健、具有一定实力的境内商业银行，或者用于购买国债等低风险、高流动性证券品种；⑥信托投资公司已经或者可能发生信用危机，严重影响受益人合法权益的，银行业监督管理机构可以依法对该信托投资公司进行接管或者督促公司重组。

最后，信托投资公司可以加入中国信托业协会，实行行业自律。

第二节 金融租赁法律规范

【引例】

2009 年 7 月，某金融租赁公司（以下简称“金融租赁公司”）和上海某照相制版印刷公司（以下简称“制版印刷公司”）签订了一份《融资租赁合同》。合同约定：金融租赁公司根据制版印刷公司要求，购买一台日产小森单张纸胶印机，出租给制版印刷公司使用；租赁期限 36 个月，租金总额约 675 万元，租金每月支付一次。

合同同时规定，在租赁期内，租赁物所有权属于金融租赁公司，如制版印刷公司逾期不支付租金或发生关闭、停产、被诉、被查封等情况，金融租赁公司可以要求终止合同、收回租赁物并有权处分租赁物；在租赁期间，金融租赁公司可将合同的全部或部分权利转让给第三方。同年 8 月，金融租赁公司与制版印刷公司到某区某公证处对上述合同进行了公证。此后，金融租赁公司购买了设备并交付制版印刷公司。

1. 金融租赁公司为还债将合同权利转给银行

该金融租赁公司是某银行 S 市某支行（以下简称“S 市某支行”）的贷款客户，拖欠 S 市某支行贷款本息。双方于 2010 年 5 月签订《以资抵债协议》。协议规定，由金融租赁公司以其拥有的资产作价抵偿其结欠 S 市某支行的债务，抵债资产包括 93 份融资租赁合同项下的租赁物所有权和应收款项，金融租赁公司与制版印刷公司之融资租赁合同亦在其中。

2012 年 4 月，S 市某支行向制版印刷公司发出通知，将其受让金融租赁公司租金收益权和租赁物所有权之情况告知制版印刷公司，并要求制版印刷公司支付拖欠的自 2010 年 6 月 24 日后的租金。

2. 印刷厂拖欠租金后因他案被查封

制版印刷公司收到通知后，于 2012 年 11 月支付了 2010 年 6 月、7 月两期租金，余款再未支付。S 市某支行遂向 S 市某区人民法院提起诉讼。2014 年 4 月，某区法院出具民事调解书，制版印刷公司承诺归还 S 市某支行欠款本息 355 万余元，于 2014 年 8 月 30 日前付清。但此后制版印刷公司并未按约付款。

制版印刷公司因涉及多起诉讼已停产，财产被 S 市某区人民法院查封，系争设备亦在查封之列。

3. 银行诉请确认所有权归己

S 市某支行向 S 市某区人民法院起诉，要求确认系争设备所有权归属自己。2015 年 4 月，法院受理了此案。2015 年 10 月，法院公开开庭审理此案，制版印刷公司未到庭，法院依法进行缺席审理。

法院结合原告提供的证据及当事人陈述，判决：系争设备为原告所有；如果被告未按本判决指定的期间履行给付金钱的义务，应当依照《中华人民共和国民事诉讼法》第 253 条的规定，加倍支付迟延履行期间的债务利息；案件受理费 3.3 万余元由被告负担。

案例提示：租赁物不属于破产财产。

这是一桩有关融资租赁设备所有权转移的诉讼，类似通常所说的“三角债”。金融租赁公司无力还债，遂将融资租赁合同中租赁设备所有权和应收款项转给银行；印刷企业停产，包括所租设备在内的财产被查封，也无力给银行租金；银行因设备被查封无法实现权利，只有通过诉讼确认对设备的所有权。

法院最终确认设备为S市某支行所有，根据的是《合同法》第242条规定：出租人享有租赁物的所有权；承租人破产的，租赁物不属于破产财产。

> **时事热点**
>
> 推荐观看“金融变局，融资租赁助大企业飞得更高”视频（2012年5月4日中央电视台新闻频道朝闻天下片段），从现实的社会需求角度理解融资租赁的特点。

一、金融租赁和金融租赁法

金融租赁是指出租人根据承租人对租赁物和供货人的选择或认可，将其从供货人处取得的租赁物按合同约定出租给承租人占有、使用，向承租人收取租金的交易活动，适用于融资租赁交易的租赁物为固定资产。

1. 金融租赁的特征

金融租赁既可用以中长期固定资产融资，同时又允许承租人提前归还租金，因此又兼具短期融资的优点。其特点具体体现在以下几个方面。

（1）金融租赁是由出租人先融通资金，购进用户所需设备，然后租给承租人，设备的所有权在租赁期内始终归属于出租人。

（2）金融租赁涉及出租人、承租人和供应商三方当事人和三个合同——购买合同、租赁合同和租赁物销售商对租赁物使用过程中的服务合同，见图8.1。

（3）金融租赁以承租人对设备的长期使用为前提。

（4）租赁期满，承租人对租赁设备有留购、续租或退回出租人三种选择权。

（5）承租人对设备和供应商具有选择的权利和责任。

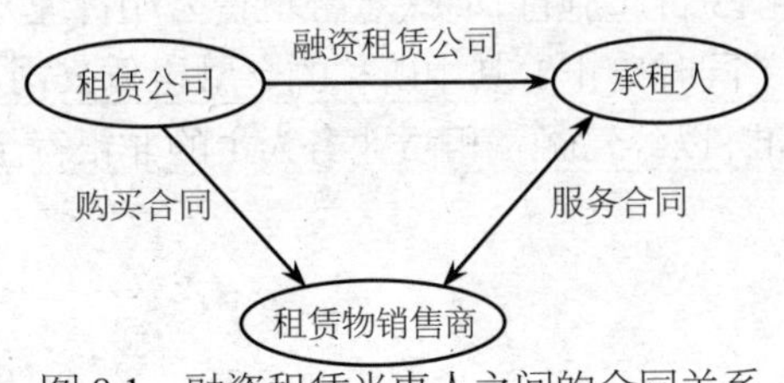

图8.1　融资租赁当事人之间的合同关系

2. 金融租赁的种类

可从不同角度对金融租赁进行分类，按交易的程度，可分为以下几种。

（1）直接租赁，或称“自营租赁”，是金融租赁的最主要形式。在这种租赁形式下，租赁公司以筹措的资金，从国内外厂商手中购进承租人所需设备，再租给承租人使用。承租人按设备折旧和利润收入分期向租赁公司支付租金，自己负责设备的安装、保养、维修、支付保险费和缴纳税金，并在租期届满时以象征性货价买下残值设备。

（2）回租，或称“回租租赁”，是指承租人将自己的厂房、设备按账面价格或重估价格卖给出租人（纸上买卖），取得急需资金用作其他用途，然后再将设备租回使用的租赁方式。

（3）转租，或称“转租赁”，是指租赁公司同时具备承租人和出租人身份的一种租赁方式。

（4）杠杆租赁，又称“衡平租赁”或“代偿贷款租赁”，是指出租人以待购设备作为抵押物，并同时以租金收益权作为贷款的担保，向银行或其他金融机构贷款，购买设备出租给承租人，以租金作为出租人偿还贷款的来源。这是由贸易方政府向设备出租者提供减税及信贷刺激，使租赁公司以较优惠条件进行设备出租的一种方式。它通过财务杠杆原理，使出租人以较少的投资来组织一项高度资本集约型资产的长期融资租赁。杠杆租赁主要运用于大型设备及基础设施项目的购建。如以飞机、船舶、卫星系统等为标的的租赁。杠杆租赁的最大特点是出租人自筹购买设备所需资金的一部分，通常为总金额的 20%～40%，其余资金向金融机构贷款获得，从而使出租人以较少的投资拥有设备的所有权，并通过出租获取收益。其法律关系通常包括四个基本当事人，即出租人、承租人、贷款人和供货人；三个基本合同，即购货合同、租赁合同和贷款合同。

（5）项目金融租赁，这是一种创新的、灵活的金融租赁业务，承租人是以项目自身的财产和效益为保证，与出租人签订项目金融租赁合同。

（6）销售式租赁，是生产商或流通部门通过自己所属或控股的租赁公司采取金融租赁方式促销自己产品的方式。例如，厂商以促销为目的，承租方最终拥有租赁设备所有权的租赁方式。这种形式类似于分期付款。

3. 金融租赁法概述

金融租赁法是调整金融租赁关系的法律规范的总称。

金融租赁法的内容主要包括：①调整金融租赁业务关系；②规范金融租赁公司的设立、撤并及其业务开展。

金融租赁是一种以设备租用形式表现的借贷资金运动方式，承租方取得租赁物的使用权，实际上是获得了一笔信贷资金。因此，金融租赁关系具有金融关系的某些特点，故调整金融租赁关系的金融租赁法，可纳入金融法的体系之中。

二、金融租赁公司

视野拓展

2017金租公司盘点：共计66家　筹建潮消退　全年仅3家获批

《金融租赁公司管理办法》于 2013 年 12 月 28 日经我国银行业监督管理机构通过并于 2014 年 3 月 13 日起施行，原《金融租赁公司管理办法》（银监会令 2007 年第 1 号）同时废止。其中所称的金融租赁公司，是指经银行业监督管理机构批准，以经营融资租赁业务为主的非银行金融公司。

（一）金融租赁公司的设立

金融租赁公司是指使用筹措的资金从制造商手中购买设备，以出租人的身份租给承租人使用，定期收取租金的非银行金融公司。

1. 金融租赁公司的设立条件

金融租赁公司设立应当具备以下条件：①有符合《中华人民共和国公司法》和银行业监督管理机构规定的公司章程；②有符合规定条件的发起人；③注册资本为一次性实缴货币资本，最低限额为 1 亿元人民币或等值的可自由兑换货币；④有符合任职资格条件的董事、高级管理人员，并且从业人员中具有金融或融资租赁工作经历 3 年以上的人员应当不低于总人数的 50%；⑤建立了有效的公司治理、内部控制和风险管理体系；⑥建立了与业务经营和监管要求相适应的信息科技架构，具有支撑业务经营的必要、安全且合规的信息系统，具备保障业务持续运营的技术与措施；⑦有与业务经营相适应的营业场所、安全防范措施和其他设施；⑧银行业监督管理机构规定的其他审慎性条件。

银行业监督管理机构对金融租赁公司董事和高级管理人员实行任职资格核准制度。

2. 金融租赁公司设立的审批

设立金融租赁公司，应由主要出资人作为申请人向银行业监督管理机构提出申请。

第一，申请设立金融租赁公司需向审批机关提交下列文件。

（1）筹建申请书，包括拟设立金融租赁公司的名称、注册所在地、注册资本金、出资人及各自的出资额、业务范围等内容。

（2）可行性研究报告，包括对拟设公司的市场前景分析、未来业务发展规划、组织管理架构和风险控制能力分析、公司开业后 3 年的资产负债规模和赢利预测等内容。

（3）拟设立金融租赁公司的章程（草案）。

（4）出资人基本情况，包括出资人名称、法定代表人、注册地址、营业执照复印件及营业情况以及出资协议。出资人为境外金融公司的，应提供注册地金融监管机构出具的意见函。

（5）出资人最近两年经有资质的中介公司审计的年度审计报告。

（6）银行业监督管理机构要求提交的其他文件。

第二，金融租赁公司筹建工作完成后，应向银行业监督管理机构提出开业申请，并提交下列文件。

（1）筹建工作报告和开业申请书。

（2）境内有资质的中介公司出具的验资证明、工商行政管理机关出具的对拟设金融租赁公司名称的预核准登记书。

（3）股东名册及其出资额、出资比例。

（4）金融租赁公司章程。

（5）拟任高级管理人员名单、详细履历及任职资格证明材料。

（6）拟办业务规章制度和风险控制制度。

（7）营业场所和其他与业务有关设施的资料。

（8）银行业监督管理机构要求的其他文件。

> **想一想**
>
> 某金融租赁公司申请设立时，向金融监管机构提交了以下文件：①筹建申请书；②可行性研究报告和市场预测情况；③拟设立金融租赁公司的章程。问除这 3 个文件外，还应该向金融监管机构提交哪些文件？

经银行业监督管理机构批准，金融租赁公司可设立分支公司。设立分支公司的具体条件由银行业监督管理机构另行规定。

第三，金融租赁公司凭银行业监督管理机构发给的证明，向工商管理部门登记注册，领取营业执照。

（二）金融租赁公司的变更

金融租赁公司变更是指公司设立登记事项中变更名称、改变组织形式、调整业务范围、变更注册资本、变更股权、修改章程、变更注册地或营业场所、变更董事及高级管理人员、合并与分立、银行业监督管理机构规定的其他变更事项的。就上述某一项或某几项的改变，需报经银行业监督管理机构批准。

（三）金融租赁公司的组织机构

根据《金融租赁公司管理办法》的规定，金融租赁公司的组织形式、组织机构适用《公司法》的规定，并在其名称中标明“金融租赁”字样。未经金融监管机构批准，在公司名称中不得有“金融租赁”字样。

（四）金融租赁公司的业务范围

目前，我国金融租赁公司经营的业务主要包括：①用于生产、科研、办公、交通运输等动产、不动产的租赁、转租赁、回租租赁业务；②前述租赁业务所涉及出租物的购买业务；③租赁物残值和抵偿租金产品的处理业务；④闲置设备购买转租赁业务；⑤向金融租赁公司借款及其他金融业务；⑥经批准发行债券，通用设备的经营性租赁业务；⑦租赁项下的短期流动资金贷款业务；⑧人民币担保业务；⑨经济咨询及代理业务等。

（五）金融租赁公司的监督管理

银行业监督管理机构是金融租赁公司的监管机构，对其实行领导、管理、协调、监督和稽核。

金融租赁公司违反《金融租赁公司管理办法》有关规定的，银行业监督管理机构可责令其限期整改；逾期未整改的，或者其行为严重危及该金融租赁公司的稳健运行、损害客户合法权益的，银行业监督管理机构可以区别情形，依照《中华人民共和国银行业监督管理法》等法律法规的规定，采取暂停业务、限制股东权利等监管措施。

金融租赁公司已经或者可能发生信用危机，严重影响客户合法权益的，银行业监督管理机构依法对其实行托管或者督促其重组；问题严重的，有权予以撤销。

对违反《金融租赁公司管理办法》有关规定的，监督管理机构按《中华人民共和国银行业监督管理法》等有关法律法规进行处罚。金融租赁公司对银行业监督管理机构的处罚决定不服的，可以依法申请行政复议或者向人民法院提起行政诉讼。

三、金融租赁合同

金融租赁合同是出租人根据承租人对出卖人、租赁物的选择，向出卖人购买租赁物，提供给承租人使用，承租人支付租金的合同。

（一）金融租赁合同的法律特征

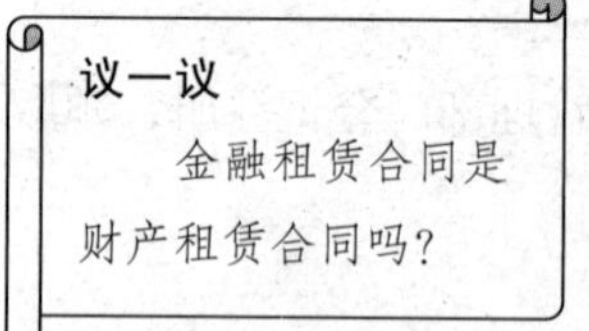

金融租赁合同应以书面形式订立，且具有以下法律特征：①是双务合同，即当事人之间相互享有权利、承担义务；②是有偿合同，即当事人因享有权利而必须偿付代价；③是诺成性合同，即租赁当事人意思表示一致，合同即可成立；④是租赁交易中的主合同；⑤是足额清偿合同；⑥是以现代设备为租赁物的合同；⑦是不可撤销的合同。

（二）金融租赁合同的订立

1. 金融租赁合同的有效条件

金融租赁合同的有效条件包括实质要件和形式要件。

（1）实质要件，包括：①主体合格；②当事人意思表示真实；③内容不违反法律或者社会公共利益。

（2）形式要件。由于金融租赁合同的法律关系较复杂，同时，融资金额一般较大，履行期较长，因此，应当采取书面形式。我国《合同法》对此有明确规定。

2. 金融租赁合同的无效条件

有下列情形之一的，应认定融资租赁合同为无效合同：①出租人不具有从事融资租赁经营范围的；②承租人与供货人恶意串通，骗取出租人资金的；③以融资租赁形式规避国家有关法律、法规的；④依照有关法律、法规应认定无效的。

时事热点

贷款买车心疼利息，你听说过融资租赁吗？推荐观看老任问答第三季视频（2017 年 9 月 6 日）。结合融资租赁合同内容，思考“融资租赁”中的“租”的法律含义。

3. 金融租赁合同的内容

按《合同法》规定及金融租赁实践，金融租赁合同主要包括以下内容。

（1）合同说明性条款。

（2）金融租赁合同的标的物条款。金融租赁合同中的标的物即租赁物，是承租方自行选定并要求出租方购买的设备等。

（3）租赁物的所有权和使用权保障条款。金融租赁的特征之一是租赁物的所有权与使用权的分离，在租赁期内，租赁物的所有权属于出租人，而承租方享有使用权。为保障出租方对租赁物的所有权，在合同中应对此进行明确规定。为保障承租人使用租赁物的权利，合同中也要规定，出租人应当保证承租人对租赁物的占有和使用权。

关联案例

融资租赁合同中出租人的义务

某年 4 月，甲租赁公司与乙机械厂签订了融资租赁合同，合同约定由租赁公司按照要求，从国外购买设备 3 台，租给乙机械厂使用，租期两年。同年 6 月设备抵达大连港，由于购买人是甲租赁公司，所以运单上载明的收货人是甲租赁公司。

设备到后，甲租赁公司通知乙机械厂前去提货。但乙机械厂到港口提货时被拒绝，理由是收货人是甲租赁公司。乙机械厂急忙电告甲租赁公司派人解决，但甲租赁公司以承租人为租赁物的接受人为由未及时派人前往港口提货，后来乙机械厂通过别的办法提取了设备，但由于耽误了提货期限被港口罚款 2 万元。

乙机械厂认为是甲租赁公司延误了提货期限，于是，向甲租赁公司索赔罚款 2 万元。可索赔无果，遂向法院提起诉讼。

问题：本案中乙机械厂有权向甲租赁公司索赔吗？

解析：本案中造成乙机械厂被罚款的主要责任在甲租赁公司，所以应由甲租赁公司承担责任。

尽管按照融资租赁合同的约定，乙机械厂是使用设备的人，应该前去提货，但由于运单上写明收货人是甲租赁公司，故乙机械厂无法提出设备，而甲租赁公司在知道情况后未及时派人前去处理导致延期提货。

由于甲租赁公司未能保证承租人乙机械厂及时提取租赁物，而导致乙机械厂未能按合同约定及时享有对租赁物的占有和使用权，所以过错在甲租赁公司，应由甲租赁公司承担责任，即向乙机械厂赔偿 2 万元。

（4）租赁物的交货、验货及其质量保证条款。金融租赁合同应明确租赁物的交付时间、地点，交货中的责任，交货后的验收及相应的权利与义务等。

（5）租赁物的维修、保养及其有关费用条款。金融租赁合同要明确规定：租赁物由承租方负责日常维修等并承担由此产生的全部费用。

（6）租赁期限条款。租赁期限是指租赁起始之日到租赁结束之日的整个期间。

（7）租金构成及其支付期限和方式、币种、罚息条款。租金条款是金融租赁合同的一项重要内容，必须写明租金总金额（大写）、租金的构成及计算方法、租赁费率、租金支付方式及罚息标准等。

（8）租赁物的灭失及毁损处理。一般金融租赁合同中规定：如果租赁物发生了灭失或毁损，则由承租人承担一切损失，并按期缴纳租金。

（9）租赁物的财产保险条款。对租赁物进行保险是出租人和承租人避免损失的一种保障手段。投保的范围视租赁物的情况而定。

（10）租赁债权的转让和抵押条款。一般金融租赁合同中规定：在租赁期间，出租方有权将合同规定的全部或一部分权利转让给第三者，或提供租赁物作为抵押。

（11）担保条款。在金融租赁合同中一般都有要求承租人提供担保的条款。

（12）租赁保证金条款。作为履行合同的保证，出租方可要求承租人在合同签订后向其交纳一定数额的保证金。

（13）租赁期满时租赁物的处理条款。租赁期满后，承租人对租赁物有留购、续租或退租 3 种选择权；但无论采用何种形式，均应在合同中加以规定。

（14）违约责任条款。金融租赁活动中，任何一方违约，都会造成其他当事人的损失，因此合同应明确规定当事人的违约责任。

（15）争议解决条款。金融租赁合同中应规定双方在执行合同中发生争议时，解决争议的方式、程序等。

（三）金融租赁合同的履行

金融租赁合同的履行原则包括实际履行、全面履行和协作履行的原则。

金融租赁合同的履行是指合同依法成立后，当事人双方按照合同约定的内容，全面完成各自承担的义务，从而使合同的权利义务得以全部实现。按照《合同法》的规定，当事人应当遵循诚实信用原则，根据合同的性质、目的和交易习惯履行协助义务。

根据我国《合同法》的规定，金融租赁合同中当事人应承担相应的义务。

出租人的义务：①购买、交付标的物；②协助承租人索赔；③出租人不得擅自变更买卖合同内容；④向出卖人支付货款。

承租人的义务：①按时接受租赁物并验收；②向出租人交付租金；③妥善保管、使用租赁物；④租赁期间届满时返还租赁物。

小　结

信托是一种以信用为基础的独特的金融制度。随着现代金融业的发展，信托业务已经成为与银行业、证券业和保险业并列的金融业支柱之一。金融租赁是一种以信用为基础的金融业务，它将融资与融物有机地结合起来，金融租赁公司在信用活动中的中介作用日益增强，金融租赁也发挥着越来越大的作用。

1．信托业法律规范是本章的内容之一。本章主要针对金融信托的概念、金融信托法律关系、金融信托运营的法定规则进行系统的阐述。学习的重点在于能掌握基本的金融信托法律规范并在实务中熟练地运用。

2．本章还对金融租赁的概念、法律关系、金融租赁业务运营的法定规则以及金融租赁合同的订立、履行进行了阐述。在学习中学习者应以理解为主，并与所学的金融知识相互渗透，融会贯通。

知识点测试

一、单项选择题

1．信托存款的风险全部由（　　）。

A．受托方承担　　B．委托方承担

C．受托方和委托方共同承担　　D．受益方承担

2．委托贷款与投资的主要风险由（　　）。

A．受托方承担　　B．委托方承担

C．资金使用方承担　　D．受托方和委托方共同承担

3．信托投资公司设立、变更、终止的程序，按照（　　）规定执行。

A．银行业监督管理机构　　B．工商行政管理机关

C．中国人民银行　　D．国务院

4．金融租赁公司的设立，需经（　　）批准。

A．银行业监督管理机构　　B．中国人民银行

C．工商行政管理机关　　D．地方人民政府

5．银行业监督管理机构对金融租赁公司董事和高级管理人员的任职资格实行（　　）。

A．登记制度　　B．注册制度　　C．核准制度　　D．审批制度

二、多项选择题

1．金融信托的职能有（　　）。

A．财务管理职能　　B．融通资金职能　　C．提供信息职能　　D．咨询服务职能

2．属于信托财产的有（　　）。

A．有价证券　　B．商标权　　C．金钱债权　　D．动产和不动产

3．金融租赁法律关系中的当事人包括（　　）。

A．出租人　　B．承租人　　C．供应商　　D．生产商

4．在金融租赁法律关系中，承租人对租赁物享有（　　）。

A．使用权　　B．占有权　　C．所有权　　D．收益权

5．信托投资公司可以进行（　　）业务。

A．同业拆借　　B．设置信托业务品种　　C．代保管业务　　D．从事投资基金业务

三、判断题

1．只要是金融公司都可以成为信托法律关系中的受托方。（　　）

2．受托人可以是受益人，但不是同一信托的唯一受益人。（　　）

3．信托财产不属于信托投资公司的固有财产，但属于信托投资公司对受益人的负债。（　　）

4．信托投资公司终止时，信托财产不属于其清算财产。（　　）

5．金融租赁公司在筹措资金时，也可以吸收银行股东的存款。（　　）

四、案例分析题

案例一

A公司与甲信托投资公司以下称（甲信托）签署《资金信托合同》，设立单一资金信托。A公司为受益人，资金用途为对Z公司进行股权投资。《资金信托合同》约定，甲信托分别提名A公司人员和甲信托人员进入Z公司董事会，其中甲信托的人员为两名。信托设立后，甲信托对Z公司进行股权投资，占80%股份。Z公司与他人合作办学，成立F公司。F公司成立后第二天，甲信托划入Z公司账户中的出资款全部划转到A公司账户。F公司经营过程中发生亏损，经政府批准由原告接管。在接管时原告发现Z公司对F公司的投资资金没有到位，遂诉诸法院，原告主张Z公司股东甲信托应与委托人A公司共同承担连带赔偿责任。

甲信托主张：甲信托与A公司是信托关系，已依据《信托法》和《资金信托合同》的约定履行了出资义务。原告以A公司抽逃Z公司出资为由，要求甲信托承担连带赔偿责任，违背信托关系代人理财的基本原则。甲信托未参与Z公司的经营管理，不具有资金调拨权。

法院查明：甲信托委派到Z公司的董事只是挂名，并未履行任何管理、经营职责，而是委派A公司人员实际经营管理Z公司。

问题：根据《信托法》分析甲信托的主张是否正确。

案例二

A公司与甲租赁公司签订一份融资租赁合同，甲租赁公司向乙公司购买了A公司选定的打印器材并交付A公司，A公司签收了《租赁物件接收确认书》。后A公司未按期支付到期租金，甲租赁公司遂诉至法院。A公司辩称租赁物有质量问题，故未付租金，要求扣除其损失后再承担相应责任。

问题：（1）本案存在哪些合同关系？

（2）A公司的做法正确吗？依据融资租赁涉及的合同关系对本案进行分析。

课外实训

背景资料

马先生是一位金融学院的教授，本着长期对金融领域的研究，他1年前对信托投资公司发行的集合信托计划十分感兴趣。由于当时股市大盘牛气冲天，形势一片大好，除了自己炒股外，他还想借助私募渠道投资于证券市场。但由于一般集合信托计划都是向特定群体募集、门槛较高，于是经过合议，马教授和学院的其他4位同事凑集100万元购买了一款证券投资类信托计划，其作为唯一的信托计划委托人在合同上签字。

该信托计划为长期信托，不限定信托计划存续期限，但是成立之后的第一年为封闭期，投资人不享有开放赎回的权利。同时，该产品也不承诺保本和最低收益，投资风险由投资人自己承担。

而该产品运行刚满 1 年即 2016 年 10 月 15 日时，信托投资公司信息披露表明该信托计划的单位净值为 40.96 元，也就是说亏损幅度达到了 59.04%。近 6 成的亏损让同事李小姐慌了神，自己当初投资的 20 万元而今只剩下 8 万元，她赎回的愿望非常强烈。但是，马教授和其他 3 位教授不愿意赎回，认为既然是证券投资就有起有落，既然该产品没有固定存续期间，那么或许可以看到反转，此刻赎回非常不明智。

争议焦点：李小姐认为，既然信托投资公司 1 年的赎回期已经到了，那么本人和马教授签订的合同也应该和马教授与信托投资公司签订的合同一致，应保障投资人封闭期过后自由赎回的权利。另外，如果信托合同中有关于“委托人应当以自己合法所有的资金认购信托单位，不得非法汇集他人资金参与信托计划”和“委托人保证交付的信托资金是其合法拥有并有权支配的财产”的规定，也就是说，马教授作为委托人其实和自己属于借贷关系，否则就有非法召集他人自己参与信托计划的嫌疑，如果不同意提前赎回，则请求马教授本人还本付息 20 万元。

马教授认为，既然当初各位出资人达成协议，即表示了愿意共担风险，且签订合同之前大家也知悉了该产品的不保本且不保证收益的性质，故李小姐应当承担产品亏本带来的风险。另外，由于之前的协议中并没有关于退出机制的约定，当大家出现分歧时应当履行“少数服从多数”的原则继续保持该产品的运行。

专家观点：中国政法大学民商经济学院商法研究所副所长王涌教授认为，根据具体的证据情况，本案可能存在以下两种法律关系。

第一，如果他们之间属于合伙关系，则由于合伙投资资金已经投入到固定的信托产品中，任何一个合伙人的意思都需要受到其他合伙人的意思约束，也就是少数服从多数。李小姐想要单独退出信托计划的行为请求需要得到其他合伙人的同意。

第二，如果李小姐请求全额返还 20 万元投资本金，则需要以诉讼途径请求确认委托代理关系。因为委托代理关系当中，委托人有权随时结束委托。但是要返还 20 万元必须有证据表明李小姐本人在投资之前不知悉该投资可能损失本金的风险。法院很有可能判决李小姐属于明知风险存在之委托关系。

风险提示：我国对于私募没有明确的法律规定，民间特定人之间的私募行为可以算作普通的合同民事关系。而投资者在与他人合伙或者签订委托代理协议之前，需要首先明确该投资的性质和风险，并且在合同中尽可能将法律关系、权利义务和纠纷解决方式等重要因素约定明确。

实训知识领域

投资理财涉及的法律关系。

实训方式

课堂辩论赛。

实训目的

在学习专业法律知识时，注意强化对法律基本理论知识的理解和运用。

实训步骤

1．双方辩论小组的组成。

2．辩题背景资料的宣读。

3．介绍双方所持立场。

4．介绍辩论规则。

5．辩论比赛。

6．学生代表的即兴评论。

7．学生自由提问。

8．指导教师点评。

9．宣布比赛结果。

10．辩论赛结束。

第九章

互联网金融法律风险与监管

【学习指导】

学习要点

1. 互联网金融法的概念、特征及调整对象。
2. 目前我国互联网金融法体系。
3. 第三方支付法律关系及监管。
4. 网络借贷法律关系及监管。
5. 股权众筹法律关系及监管。
6. 主要互联网金融活动的法律风险。
7. 目前国家对互联网金融活动调整的主要相关法律、规章以及现实意义。

课外要求

关注互联网金融实务中的涉法问题、现行法律环境以及在实践中的法律风险。

相关法律指引

目前，在我国互联网金融还处于创新和探索阶段，所以对互联网金融的法律调整主要反映在行政规章这一方面，可通过二维码获取相关资讯，编者将尽可能及时更新本资讯文档。

知识结构

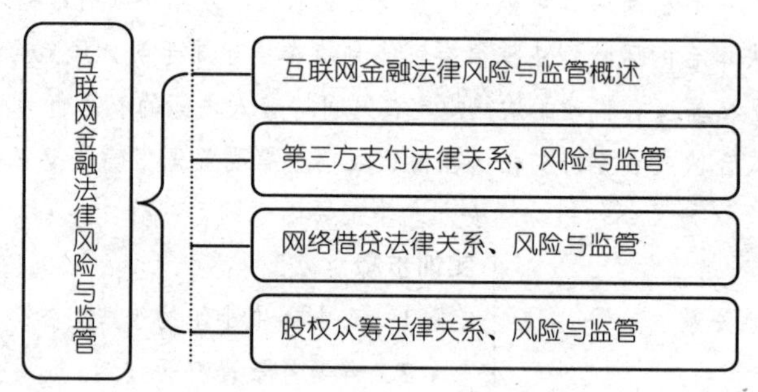

21 世纪是一个电子化的时代，从电子商务的兴起到数字化经营理念，社会的变革总是以科技为先驱。因特网的出现，引发了一场空前意义上的产业革命——网络经济革命。第三方支付、网络借贷、股权众筹、“互联网+传统金融”等形式正冲击着传统的金融模式和金融理念，给互联网金融立法带来了挑战。

互联网金融业作为一个全新的行业和领域，具有广阔的创新发展空间。因篇幅所限，本章主要从互联网金融实务中常见涉法问题出发，依据从业人员对相关法律知识的实际需求，结合我国现行的法律环境，从互联网金融法律风险的基本知识开始依次介绍第三方支付、网络借贷、股权众筹等相关法律关系、风险与监管。

第一节　互联网金融法律风险与监管概述

【引例】

网上购买收益理财产品遭遇法律风险[①]

2015年9月17日，张某通过网页广告链接到A理财网站，发现有大量高收益理财产品，他被其中一款保证每天按投资额5%～10%返利的基金所吸引，遂向在线销售人员咨询。销售人员自称是B银行的客户经理，并告诉张某该产品由B银行与香港C基金公司联合发行，安全可靠，收益高。于是，张某按其指导在A理财网站注册并使用U盾购买了20万元的基金产品。两天后，张某因未如期收到产品收益而再次登录A理财网站，张某意识到被骗，却发现其已关闭。

他登录网上银行查账后又发现，两天前他购买基金一个小时后，支付基金款项的银行卡内剩余的1万元被全部转出，且未收到银行发送的余额变动短信提醒。张某立即向公安机关报案，并向银行投诉要求赔偿损失，但银行以其疏忽大意导致损失为由拒绝了张某的赔偿诉求。

最后，张某以B银行为被告，向法院起诉，要求B银行对自己的损失承担民事赔偿责任，请求法院判令B银行返还其损失的账户资金，并承担本案诉讼费。

公安机关通过侦查认定：A理财网站属于非法虚假网站；B银行并未联合香港C基金公司发行过上述基金产品；销售人员通过改号软件伪装了B银行的95×××客服电话；张某在该网站注册购买基金时，输入了身份证号、银行卡号、手机号码等信息，不法分子则利用这些信息冒充张某开通快捷支付业务，并通过快捷支付成功盗转了张某账户内的资金；张某此前曾更换手机号，但由于未更改银行卡余额变动的通知号码，导致资金被盗时未收到短信提醒。

法院认定，本案中B银行并不存在过错，判决驳回张某的诉讼请求。

张某作为受害人报案，公安机关已经立案侦查，待案件侦破后张某可通过刑事附带民事向违法犯罪行为人提起民事赔偿。

解析：张某登录非法虚假理财网站，受高收益虚假基金产品迷惑且主动购买，并泄露个人信息和账户信息，张某的账户损失系因其疏忽大意造成，相关不利后果应该由张某承担；银行端的操作系统在认证业务请求密码正确且有U盾授权的情况下，将犯罪分子的操作认定为客户本人操作，为客户账户办理了业务。本案中，银行并无过错；张某变更电话号码后未通知银行更改联系方式，导致资金被盗时未收到短信提醒，银行不承担责任。

一、互联网金融概述

互联网金融迅猛发展，促使在传统的金融业基础上衍生出许多新的金融产品和服务，并逐渐渗透到人们的日常生活中，影响着人们的行为方式。互联网金融带来的金融理念、运作模式和交易手段等多方面的创新，使得金融业务具有了广泛的参与度，更方便和快捷，但法律风险也随之凸显，给互联网金融的监管和法律制度的完善带来了挑战。

1. 互联网金融的概念

互联网金融（internet of finance）又称为网络金融，是指传统金融机构与互联网企业利用互

① 本案例整理自《中国城市金融》2016年第一期《一起互联网金融诈骗典型案例的启事》一文，作者王璐。

联网技术和信息通信技术实现资金融通、支付、投资和信息中介服务的新型金融业务模式。这一概念和含义在 2015 年中国人民银行等十部委联合发布的《关于促进互联网金融健康发展的指导意见》（以下简称《指导意见》）中得以明确。

2. 互联网金融的特征

相对于传统金融，互联网金融具有以下特征。

（1）门槛低。一方面表现为互联网金融机构准入门槛低。传统的金融机构都要经过严格的审批，设立条件也应当符合相关的法律规定，比如，商业银行的设立既要符合《商业银行法》的规定，又要符合《公司法》的规定。而互联网金融机构如网贷平台、众筹平台等设立条件相对宽松。另一方面，对服务对象设置的门槛低，主要为中低收入群体和小微企业提供金融服务，所以又具有普惠性的特征。

（2）运营成本低。与传统金融模式相比较，互联网金融主要通过网络平台运行，操作流程标准化、业务处理速度快、人力运营成本低，甚至打破了地域界限，客户只需要登录网络平台依照相关要求操作即可完成交易。

（3）即时性。在互联网金融模式下，资金供求双方可以通过互联网交易平台进行供需信息互通，从定价到交易都可通过平台完成，优化了传统交易程序，降低了时间成本，提高了资金融通效率。

（4）大众化。互联网金融的发展，从“阿里小贷”到网络借贷模式的兴起，从“三马”卖保险到“京东金融”及“余额宝”带动的全民理财，主要客户为中低收入人群和小微企业，覆盖了传统金融业的盲区，提高了资源配置效率，实现了金融大众化。

（5）高风险。目前互联网金融正处于发展和创新的时期，相关的行业标准、监管和法律约束有待完善；同时，对互联网金融服务者大多采用的是审核制度，大部分平台还没有与传统金融系统建立信息共享，加大了风险系数；另外，由于约束成本低，刑事违法的风险也频繁发生，给这一新生行业的发展带来了挑战。

> **查一查**
>
> 什么是“阿里小贷”？，“三马”指的是谁呢？“京东金融”是什么呢？

二、互联网金融法律风险

互联网金融法律风险主要是指在现有的法律规范体系框架内，对互联网金融法律关系主体的各种行为有着具体的禁止、允许和授权自行约定等规定，当其作为或不作为与这些规定或基于这些规定的约定存在差异时，行为主体就存在因违反法律禁止性或者基于法律规范相关规定的约定，或者因未能充分利用法律赋予的权利，从而有承受不利后果的可能性。[①]

（一）互联网金融法律风险的特征

与传统金融相比较，互联网金融法律风险有以下几个特征。

第一，在法律风险因素的控制上，存在着不易控制性的特征。首先，互联网金融活动的发生多数是借助于互联网平台，存在着技术上的风险，比如黑客的入侵、木马病毒的植入；其次，

① 刘飞宇，《互联网金融法律风险防范与监管》，中国人民大学出版社，2016 年 6 月，第 1 页。

由于行为能力、知识储备和认识能力等诸多因素的限制，使互联网金融法律关系的主体无法准确地识别参与到互联网金融活动中所带来的风险；最后，由于互联网金融是互联网和金融的结合体，而多数经营者又来自不同的行业，有些甚至并不熟悉互联网或者与金融相关的行业，又加之法律法规的不完善和一些监管的缺失，使互联网金融风险的不易控制性的特点更加突出。

第二，在法律风险的预见上，互联网金融活动主要是借助于网络技术完成交易，将传统金融业中柜台式接触变为通过网上的交互式联络，这就使风险的发生与结果之间的直接必然性很难预见。

第三，在法律风险的后果上，其风险的特征体现在以下两方面。①在立法层面上的不确定性。由于互联网金融是创新性和发展性新事物，对互联网金融行为很难以刚性的原则作出评价，因此相关立法也很难及时、准确到位，这也无疑增加了这种法律风险的不确定性。②在执法层面上，执法中对相关法律规范的理解不同以及具体执行方式的差异，也使风险的发生存在不确定性。例如，从 2015 年开始，网贷平台遭遇“跑路潮”，有些地方的执法部门认为这种行为构成刑事犯罪，但另些地方的执法部门却认为网贷平台与互联网金融消费者之间完全是民事纠纷。

关联案例

e 租宝事件

“e 租宝”是“钰诚系”下属的金易融（北京）网络科技有限公司运营的网络平台。2014 年 2 月，钰诚集团收购了这家公司，并对其运营的网络平台进行改造。2014 年 7 月，钰诚集团将改造后的平台命名为 e 租宝，打着“网络金融”的旗号上线运营。

公安机关调查发现，至 2015 年 12 月 5 日，“钰诚系”可支配流动资金持续紧张，资金链随时面临断裂危险。同时，钰诚集团已开始转移资金、销毁证据，数名高管有潜逃迹象。为了避免投资人蒙受更大损失，2015 年 12 月 8 日，公安部指挥各地公安机关统一行动，对“钰诚系”主要高管实施抓捕。

办案民警表示，从 2014 年 7 月 e 租宝上线至 2015 年 12 月被查封，“钰诚系”相关犯罪嫌疑人以高额利息为诱饵，虚构融资租赁项目，非法吸收公众资金，累计交易发生额达 700 多亿元。警方初步查明，e 租宝实际吸收资金 500 余亿元，涉及投资人约 90 万名。

参考资料：2016 年 2 月 1 日中央电视台新闻频道“e 租宝非法集资案调查”新闻视频片段。

e 租宝虚构融资租赁项目，把钱转给“承租人”，并给“承租人”好处费，再把资金转入其公司的关联公司，以达到事实挪用的目的。

点评：（1）明确像 e 租宝此类平台的法律地位，作为一个中介平台，其经营行为有不可触犯的法律红线。①

（2）对于从事网络金融的中介平台，预防其法律风险的关键点在于强化第三方资金存管。从 e 租宝事件中反映出部分平台没有第三方资金存管或者有第三方资金存管但实际上仍由平台自己掌控资金，形成资金池，平台可以随意转移、挪用客户资金。

（3）规范从业人员特别是平台高管的从业行为，在法律环境下明确其道德底线、行为准则及法律后果。

---

① 2016 年的《网络借贷信息中介机构业务活动管理办法》中进一步明确了网络信息中介机构的法律地位，同时在监管上进一步确立了中央监管部门和地方人民政府双负责的监管。《刑法》也规定了网络服务者的刑事违法界限及法律责任。

（二）互联网金融法律风险的类型

依照风险的法律性质的不同，互联网金融法律风险可以划分为刑事责任风险、行政责任风险和民事责任风险三类。

1. 刑事责任风险

互联网金融的刑事责任风险主要表现为刑事犯罪。一是成立互联网金融网站专门用于犯罪，如有些网贷平台成立时间很短，在敛财后迅速“卷款”而逃；二是犯罪分子通过互联网企业平台实施相应的犯罪行为，如通过互联网进行网络诈骗；三是犯罪分子专门针对互联网金融企业所实施的犯罪行为，如通过木马或黑客攻击，窃取互联网金融企业的财产、信息等。

对于涉及互联网金融的犯罪，我国现行《刑法》中相关罪名已经基本规定得较为详尽。其中主要可以适用的罪名包括：①擅自设立金融机构罪；②非法经营罪；③非法吸收公众存款罪；④擅自发行股票及公司、企业债券罪；⑤集资诈骗罪；⑥洗钱罪；⑦非法经营罪；⑧出售、非法提供公民信息罪。例如，在网络借贷模式中，部分平台没有第三方资金存管或者有第三方存管但实际上仍由平台自己掌控资金，形成资金池，平台可以随意转移、挪用客户资金；也有平台以虚构借款人名义的方式进行平台自融，这些行为涉嫌“非法吸收公众存款罪”。又如，在股权众筹模式中，众筹平台在无明确投资项目的情况下先行归集投资者资金，形成资金池，然后公开宣传吸引项目上线，再对项目进行投资；有的众筹平台直接向普通投资者发行股份，涉嫌“非法发行股票罪”。

2. 行政责任风险

互联网金融行政责任风险的主体主要是互联网金融企业，其发生概率远高于刑事责任风险。这是由于互联网金融企业的经营行为涉及方方面面的行政法规、行政规章、地方性法规等许多强制性规定，尤其是其融合了互联网和金融两个方面的因素，而这两个方面又都是行政监管的重要区域。比如，互联网金融企业的设立需要到工商部门注册登记；进行互联网经营一般要取得ICP许可或ICP备案；如果是开展第三方支付业务，还需要获取第三方支付牌照等。

> 注意：《互联网信息服务管理办法》指出：互联网信息服务分为经营性和非经营性两类。国家对经营性互联网信息服务实行许可制度（ICP许可）；对非经营性互联网信息服务实行备案制度（ICP备案）。未取得许可或者未履行备案手续的，不得从事互联网信息服务。

3. 民事责任风险

互联网金融的民事责任风险相对于其他法律责任风险，属于最为“温和”的责任类型。但有时候民事责任与行政责任或刑事责任也同时发生，如在网贷平台的集资诈骗罪成立的情况下，网贷平台不仅承担刑事责任，还要对受害人（互联网金融消费者）承担民事责任。

三、互联网金融监管原则

在现有专门性法律、法规不完善的前提下，互联网金融服务者的自律性规范以及一系列相关行政规章的颁布，在对互联网金融发展给予充分肯定的同时，也使互联网金融行业的监管基本定调，使互联网金融活动有了一定的法律规章依据。

1. 依法监管和适度监管相结合

所谓依法监管，是指负有职责的监管机关在履行对互联网金融监管职责时，必须依照法定的程序、方式和手段对互联网金融服务者[①]进行监督、调控和管理，同时对自己的监管行为依法承担相应的法律责任。

所谓适度监管，是指对互联网金融服务者的监管与执法不是完全意义上的刚性管制，而应当适度放权，将部分权力发还给市场本身。其具体含义是：应当尊重互联网金融服务者发展的客观规律，在现有法律制度的框架下其监管行为不能干涉到互联网市场的自主权，而要通过制度、规则和自律性准则使互联网金融行业稳健经营。

要将依法监管和适度监管相结合具体应做好以下几点。一是根据实际情况对两者的运用各有侧重。目前我国互联网金融法制领域正处于完善阶段，应以监管为主。二是在具体分工上也应当有所不同，如监管机构应侧重于预防性的风险监管，比如将监管重点放在市场准入制度上。三是对于严重影响到互联网金融秩序的，侵害到互联网金融主体一方的合法权益的，应当依法采取刚性的强制措施予以遏制。四是充分发挥行业自律组织的监管职能，强化守法、诚实、自律意识，树立金融服务者为社会服务的正面形象，营造诚信和规范发展的良好社会氛围。

2. 分类监管和协同监管相结合

所谓分类监管，是指监管部门在对监管对象进行评价分类的基础上，针对不同类型的监管对象，采取差异化的监管措施。其中分类是手段，异化监管是目的。分类监管是金融市场发展到一定阶段监管方式发生转变的必然趋势，尤其是互联网金融涉及的金融产品类型众多，包括第三方支付、网络借贷、众筹、互联网银行等多种形式，且这些金融产品之间也存在一定的交叉、演进关系，为更好地体现互联网金融领域的监管效果，有必要对互联网金融进行分类监管。例如，在《指导意见》中明确规定：互联网支付业务由人民银行负责监管；网络借贷业务由银行业监督管理机构负责监管；互联网基金销售业务由证券监督管理机构负责监管；互联网保险业务由保险监督管理机构负责监管；互联网信托业务、互联网金融消费业务由银行业监督管理机构监管。

从互联网金融产品的性质看，互联网金融业务呈现出交叉发展的趋势，这使得各互联网金融服务者推出的金融产品的同质性和复杂性增加，这就需要各监管机构在现行体制下加强协作与合作，统一监管标准，避免出现监管真空和重复监管，以创造公平的竞争环境。一般来说，协同监管包括如下内容：一是由法律直接规定协同监管的框架和安排或由法律作出原则性的要求，作为监管的依据和标准，以便于执行；二是参与协同监管的各个机构之间，对法律中难以细化的具体事宜，如职责分工、信息收集与交流以及工作机制等作出的相关协调处理；三是具体监管行为，需要在操作层面上作出一系列安排，包括监管机构的管理方式、监管平台的构建、具体监管业务上的安排等。

① 这里的“互联网金融服务者”即指“互联网金融企业”，也称为“互联网金融经营者”。在学术研究领域，对“金融机构”越来越倾向于称为“金融服务者”，在这里引申到互联网金融行业，也称为互联网金融服务者。

3. 创新监管

对于互联网金融这种创新金融模式，应建立更加科学、有效的监管体制，使监管方式更适应互联网金融领域的变化，进一步规范互联网金融秩序，发挥行业自律性作用。具体应做到以下几个创新：监管手段创新、强化风险管理创新、规范监管创新、完善金融监管流程创新。同时，还应加强与国际间的交流与合作，促进互联网金融在各国之间的信息流通，以开拓监管机构的创新思路和视野。

第二节　第三方支付法律关系、风险与监管

【引例】

支付宝：距中国无现金社会还有1 708天！网友：早已“身无分文”

据中华网2017年6月27日新闻（青漾）无现金社会都用移动支付，扫一扫、点一点，购物就完成了，不用辨别纸币的真假，不用找零，钱包都可以省了。年轻人表示：这就是科技时代该有的潮流！

2017年2月28日，支付宝对外称，希望用5年时间，推动中国率先进入无现金社会。当日，支付宝官方宣布：距离中国进入无现金社会还有1 708天。

3月2日，支付宝官方微博表示：说出你身边还有哪些“只能用现金”的场景，我们接下来去“死磕”！

本例原文

随后，支付宝就真的开始“死磕”现金支付领域，比如上了天，飞机上可以支付。为了提高支付宝的使用频率，推行了奖励金措施，虽然从开始的几元掉到了现在的几角都让人没了惊喜，但有网友表示，即使只是几分，我也照样用支付宝！

楼下小店、路边小摊、菜市场买菜、寄取快递以及各商场品牌店多数都可使用移动支付，必须用现金的场景越来越少，无现金社会也许真的不远了。

点评：第一，风险控制。实现有效的监管，保障移动支付工具的安全性，预防各个环节的不同法律关系中的各种法律风险。

第二，赔偿的依据和法规。现有金融法规可以覆盖银行，但对于具有类似金融属性的中介支付机构，法律法规还需进一步完善，尤其是惩罚和资金保护措施，都缺乏具体的规定。

第三，隐私权的保护及其法规。移动支付手段带来的最大困惑就是隐私权的保护，如使用手机支付后，平台端管理人员很容易获得对方手机中的隐私信息，我国《民法总则》从民事基本法层面提出个人信息权，并明确了个人信息保护的基本行为规范，还需要从消费者权益的角度明确网络金融活动中消费者个人隐私权的保护。

第四，第三方支付的法律地位。无现金社会是互联网金融带来的社会发展的必然结果，只有明确其法律地位，才能使第三方支付手段进入良性发展阶段。

一、第三方支付概述

1. 第三方支付的概念

第三方支付平台通过多元化的支付方式满足了互联网金融交易的要求，提高了资金的流通效率，方便、快捷、安全等特性对于保障互联网金融交易的顺利进行具有重要的意义。

第三方支付是指非金融机构在收付款人之间作为中介机构提供货币资金转移服务，分为在线第三方支付和线下第三方支付。在线第三方支付是指非金融机构作为中介机构依托公共网络或专用网络在收付款人之间转移货币资金的行为，包括货币汇兑、互联网支付、移动电话支付、固定电话支付、数字电视支付等。线下支付是相对于网上支付来讲的，简单一点，基本上不通过网上支付的都属线下支付，具体方式有货到付款、邮局汇款、银行转账和当面交易等。本书所阐述的第三方支付主要指在线第三方支付。

2. 第三方支付平台的法律地位

2010 年中国人民银行颁布的《非金融机构支付服务管理办法》（以下称《管理办法》），将第三方支付平台确定为非金融机构，并对其准入资格进行了明确地规定。该《管理办法》中明确非金融机构若要从事支付服务，首先要通过中央银行的批准取得《支付业务许可证》，即经批准而获取的第三方支付牌照。其所从事的支付业务主要是在收付款人之间作为中介机构提供资金转移服务。第三方支付平台仅仅是在交易中依照支付指令进行资金划拨，并有责任核查资金往来双方是否存在真实交易，因此提供的只是资金转移而非资金结算。因此，作为第三方支付平台，在现有法律体系内其并不能从事银行等金融机构才能从事的资金结算业务。例如，在支付宝公司的《支付宝服务协议》的“支付宝服务使用规则”中对其服务进行了介绍：“本公司并非银行或其他金融机构，本协议项下的资金转移均通过银行业金融机构来实现。”

二、第三方支付法律关系

第三方支付作为特殊的法律关系，主要涉及以下三个方面：一是第三方支付机构；二是商业银行，包括客户的签约银行和客户备付金的存管银行两大类；三是交易双方，即买卖的付款方和收款方。因此，相关法律关系也围绕着这三方主体产生、变更和消灭。

（一）网络交易买卖双方与第三方支付机构的法律关系

网络交易双方通过在第三方支付平台进行注册，与第三方支付机构建立了相关的服务合同关系；在使用第三方支付工具的过程中，第三方支付机构向交易双方提供基本的资金转移与资金保管服务，在具有信用中介担保服务的第三方支付平台中，第三方支付机构还承担着保证担保的义务。

1. 资金转移服务中的法律关系

在资金转移服务中，网络交易买卖双方与第三方支付机构之间的法律关系应为委托合同关系。例如，在《支付宝服务协议》第三部分（支付宝提供的服务内容）中指出：“支付宝服务是支付宝向您提供的非金融机构支付服务，是受您委托代您收款或付款的资金转移服务。”

因此，依据《合同法》的规定，第三方支付公司与买方之间形成的是以代付为委托事务的委托合同，与卖方之间形成的是以代收为委托事务的委托合同。

提示：在《支付宝服务协议》中，支付宝公司对其所提供的资金转移服务的解释是：“代收代付款项服务”。代收是“根据协议委托本公司代为收取第三方向您支付的款项之日起至根据您的指令将该等款项的全部或部分实际划付到您的银行账户或支付宝账户之时止（含提现）的整个过程。”代付是指“自款项从您指定账户（非支付宝账户）出账之时起至支付宝根据您或有权方给出的指令将上述款项的全部或部分入账到第三方的银行账户或支付宝账户之时止的整个过程；或自您根据本协议委托支付宝将您银行卡的资金充值到您或他人的支付宝账户或自您因委托支付宝代收相关款项并入账到您的支付宝账户之时起至委托支付宝根据您或有权方给出的指令将上述款项的全部或部分入账第三方的银行账户或支付宝账户之时止的整个过程”。

2. 资金保管服务中的法律关系

在第三方支付系统中，支付的账务处理与支付指令的处理并不同步，交易环节和支付结算环节的资金流是先由买方（付款方）到第三方支付平台，等第三方支付平台得到买方（付款方）确认授权后，再由第三方支付平台将资金转移给卖方（收款方）。在这一过程中，由于交易双方的货款普遍存在延时交付和延期清算的情况，所以会导致规模巨大的资金沉淀于第三方支付平台的账户上。第三方支付流程如图9.1所示。

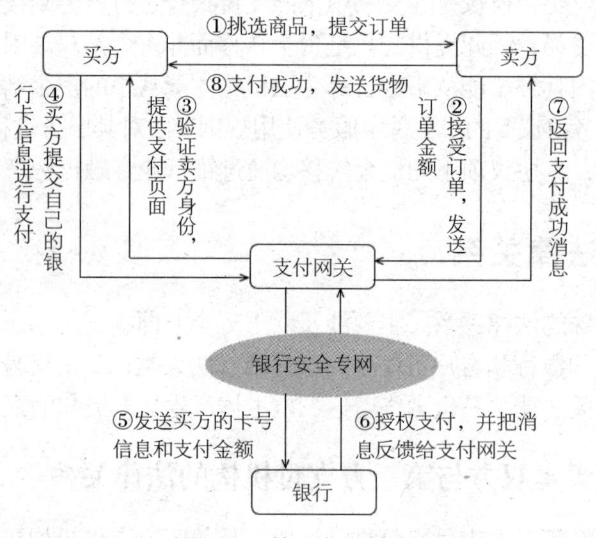

图9.1 第三方支付流程

提示：（1）依据《非金融机构支付服务管理办法》的规定，支付机构接受的客户备付金不属于其自有财产，其只能根据客户发起的支付指令转移备付金，禁止支付机构以任何形式挪用客户备付金。

（2）按照《支付宝服务协议》的规定：对于客户委托支付宝代收或代付的款项，将严格按照法律法规或有权机关的监管要求进行管理。支付宝账户所记录的资金余额不同于客户本人的银行存款，其实质为客户委托支付宝保管、所有权仍属于客户的预付价值，虽然其对应的货币资金属于客户，但在银行的存放是以支付宝名义进行的，并由支付宝向银行发起资金调拨指令。

在法律不允许第三方支付机构可将保管资金用于消费，用户也并没有约定第三方支付机构可以使用沉淀资金的情况下，用户与第三方支付机构形成的应当是保管合同。

3. 信用担保服务中的法律关系

具有信用担保的第三方支付机构在资金转移的服务过程中还扮演着保证人的角色，此时，用户与第三方支付机构存在信用担保关系。

以支付宝为例，交易发生后买方将货款支付给支付宝。于买方而言，在未收货物或所收货物不符合买卖约定时，可以拒绝支付宝向卖方付款，支付宝进行情况核实，如果情况属实，则会将货款退回买方；于卖方而言，当买方收货后于规定期限内一直没有确认付款，支付宝系统会自动将交易款项转移给卖方，即买方未按约定履约付款，支付宝有权默认交易系统已经完成，会将交易款项转移给卖方。支付宝公司将这种服务方式称为支付宝担保交易。因此，以支付宝为代表的第三方支付机构实际是在服务过程中通过掌握资金的临时控制权来实现对买卖双方交易的担保。

（二）第三方支付机构与商业银行的法律关系

中国人民银行在2005年公布并实施的《电子支付指引》中，明确规定第三方支付机构是银行业务的外包机构，应当根据银行的委托来承担资金转移服务。也就是说，第三方支付机构为了实现自己的职能，会与各大商业银行进行签约，就自身与商业银行的网关接入达成协议，为网络交易买卖双方提供资金转移服务，从而使平台用户可通过网站相关链接将其银行账户或虚拟账户中的资金进行转移。因此，第三方支付机构与商业银行之间的法律关系首先是服务合同关系，这是一种民事关系。

> **议一议**
>
> 根据网络交易中的备付金的性质。谈一谈如果您在淘宝上交易了，在你收到货物之前，您所支付货款的权属。

中国人民银行在2010年颁布的《第三方支付管理办法》明确了商业银行作为存管银行的职能，在第29条中指出，存管银行对第三方支付机构备付金使用情况承担法定的监督义务，具体包括：①备付金存管银行应当对存放在本机构的客户备付金的使用情况进行监督，并按照规定向备付金存管银行所在地中国人民银行分支机构及备付金存管银行的法人机构报送客户备付金的存管或使用情况等信息资料；②对支付机构违反相关规定使用客户备付金的申请或指令，备付金存管银行应当予以拒绝；③发现客户备付金被违法使用或有其他异常情况的，应立即向备付金存管银行所在地中国人民银行分支机构及备付金存管银行的法人机构报告。因此，第三方支付机构与商业银行之间的法律关系还表现为金融监管关系。这是一种行政法律关系。在这种法律关系中，因依法授权，所以商业银行对客户的备付金使用享有监管权。

三、第三方支付的法律风险与监管

在第三方支付兴起和发展的今天，创新和风险依然并存，为了防范第三方支付带来的风险，保障新型支付方式的有序进行，加强金融监管是完全必要的。

（一）第三方支付法律风险

在互联网金融活动中，第三方支付是目前互联网交易中的主要支付形态，在我国目前的法律框架下，第三方支付仍存在着一定的法律风险。

1. 违反市场准入的风险

市场准入就是国家准许自然人、法人和其他经济组织进入市场，从事商品生产经营活动的条件和程序的各种规范和制度的总称。2010年的《非金融机构支付服务管理办法》明确了第三方支付平台的许可制度，未经许可开展第三方支付或者擅自扩大支付服务的范围，都将被追究刑事责任。

2. 资金沉淀风险

依据《非金融机构支付服务管理办法》的规定，第三方支付平台只是暂时代为保管沉淀资金，对该资金无所有权。对于那些未将沉淀资金存放于专门银行账户的第三方支付机构而言，其对沉淀资金的直接占有违反了相关的行政法规范，如中国人民银行于 2013 年 6 月发布的《支付机构客户备付金存管办法》。在此情况下，第三方支付机构就会涉嫌侵占罪或非法吸收公众存款罪，存在被追究刑事责任的风险。

提示： 资金沉淀是一种常见于银行和企业的说法，指的是在日常的资金流入、流出过程中，账户中总留有一定数量的资金，这部分资金数量比较稳定。资金沉淀是种形象说法。就好像河里的泥沙，有被冲走的，也有刚刚从上游冲来的，但总有一部分会形成沉淀留在河底。

3. 洗钱的风险

第三方支付平台本身不介入消费者与经营者之间的交易活动，但如果在缺乏必要审核的渠道下，无法避免消费者与经营者合意进行非法交易活动，如购销违禁品。第三方支付平台所面临的法律责任取决于第三方支付服务者是否尽到充分考察他人交易内容的义务。

时事热点

通过第三方支付平台进行洗钱行为的案例分析

4. 信息安全的风险

在互联网交易模式下，消费者与经营者为了快捷地完成交易活动，消费者会自愿将自己的有关信息告知第三方支付机构或者经消费者同意第三方支付平台自行收集客户信息，如交易活动信息、消费者登录浏览记录等。这样，第三方支付机构就会直接接触到客户与经营者的个人信息和资金。

关联案例

用黑客手段盗取支付宝客户资金系列案

2015 年 6 月，珠海市公安机关侦破一宗横跨广东、黑龙江、四川、上海和浙江等 5 省（市）的利用黑客手段盗取支付宝资金特大系列案件，打掉一个非法买卖公民个人信息、制作扫描探测软件和实施网络套现的犯罪团伙，抓获关键犯罪嫌疑人 6 名，缴获作案计算机等工具一批。

公安部门初步查明，犯罪嫌疑人涉嫌盗窃支付宝账户 117 个，涉案金额 7 万余元。此外，嫌疑人计算机硬盘中存储各类公民个人信息 40 多亿条，涉及支付宝、京东和贝宝（PayPal）等支付账户达 1000 多万个，初步估算账户涉及资金近 10 亿元。

补充：央行报告：第三方支付八类风险案件

解析： 我国《民法总则》第 111 条明确规定："自然人的个人信息受法律保护。任何组织和个人需要获取他人个人信息的，应当依法取得并确保信息安全，不得非法收集、使用、加工、传输他人个人信息，不得非法买卖、提供或者公开他人个人信息。"我国《刑法》《网络安全法》也都规定了对侵犯公民个人信息安全的法律责任。

本案中，犯罪嫌疑人通过网上购买他人提供的账号、密码信息，使用扫号软件批量测试是否与支付机构支付账号、密码一致，比对成功后实施盗窃。从客观上来说，这种盗窃行为和直接入户盗窃行为不同，通过网络针对非特定被害人进行盗窃，这在一定程度上既威胁到了网络安全，又侵害到网络用户的资金安全。本案中的犯罪嫌疑人的行为在威胁到网络安全的同时，又侵犯到公民的个人财产和个人信息安全。

（二）网联平台

所谓网联平台是指非银行支付机构（第三方支付机构）的网络支付清算平台，又被称作“网络版银联”，主要承担第三方支付机构的集中清算职能。

1. 网联平台成立的背景

2017 年 8 月 7 日，中国人民银行正式下发了一份有关非银行机构支付的通知，从 2018 年 6 月 30 日起类似支付宝、财付通等第三方支付公司受理的，涉及银行账户的线上支付业务，都必须通过“网联支付平台”处理。也就是说，第三方支付机构的线上支付通道之后将直接通过网联平台与各家银行对接。

网联平台的业务主要是处理非银行支付机构发起的涉及银行账户的网络支付服务。各个银行和支付机构都在 2017 年 10 月 15 日之前完成接入网联平台和业务迁移的相关工作。同时，中国人民银行清算总中心也将组织支付宝和财付通等非银行支付机构来成立网联公司。

2. 网联平台的法律地位

2017 年年初，网联平台拿到了工商总局的名称预核准，即“网联清算有限公司”，规模较大的第三方支付公司都将入股网联平台。由于机构较多，所以各家持有的股份相对分散，中国人民银行也通过其直属机构持有网联平台的股份。所以，网联清算有限公司是一个具有独立法人资格的有限责任公司。

3. 网联平台建立的法律意义

网联平台取代之前第三方支付机构直连银行的模式，网联仅作为清算平台，一端连接持牌支付机构，另一端对接银行系统。网联建成后，第三方支付将由两层架构变成三层架构，网联将承担第三方支付机构的集中清算职能。网联平台建立前后支付模式对比见图 9.2 和图 9.3。

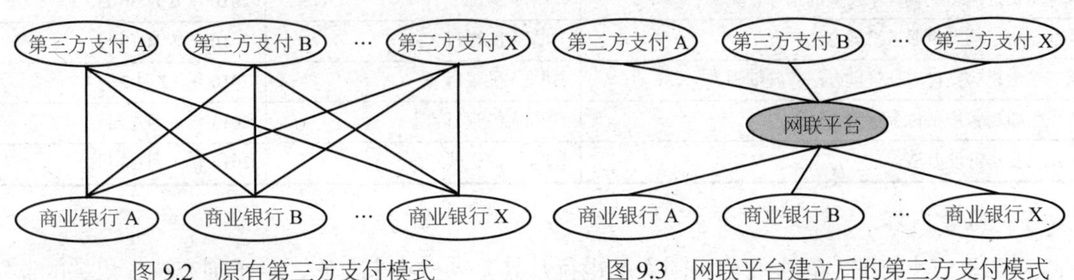

图 9.2 原有第三方支付模式

图 9.3 网联平台建立后的第三方支付模式

网联平台的建立有重大法律意义，主要体现在以下三方面。

（1）有利于对资金流信息的监管。在现有的第三方支付模式中，支付机构除了在备付金存管银行开立账户之外，还可以在多家备付金合作银行开立账户，实现在同一家支付机构内部的资金流转，其信息隐藏在支付机构内部，支付机构内部轧差之后调整在不同银行账户的金额，监管机构只能看到银行账户金额的变动，看不到资金流转的详细信息，存在违法违规风险。网联平台建成后，支付机构与银行多头连接开展的业务将迁移到网联平台处理，支付机构内部的跨行资金流动必须经由网联平台清算，将改变支付机构通过客户备付金分散存放变相开展跨行清算业务的情况，网联平台可以掌握支付机构的资金流向的详细信息。

提示：轧差是指交易伙伴或者系统的参与者之间一致同意的余额或债务对冲。

（2）有利于公平竞争。原有模式影响到了在线支付机构间的公平竞争，因为每一家银行对接都需要通过谈判完成合作，并确定网络支付时的费用，小一些的支付公司议价能力弱，因此可能需要付出更高的清算费用，而网联平台的建立更有利于建立公平竞争机制。

（3）有利于实现高效的跨行转账。支付机构为办理客户委托的支付业务而实际收到的预收待付货币资金，可以认为是支付机构用于转账的资金池。原先备付金由银行直接托管，大的支付机构可以在多家银行建立备付金账户，并以此实现快速的跨行转账，但小支付机构难以实现。建立网联平台，由网联平台统一托管备付金，有利于改变这一现状。

（三）第三方支付的法律监管

1. 监管主体

目前，中国人民银行及其分支机构是我国第三方支付机构的法定监督管理者，银行业监督管理机构、保险监督管理机构、证券监督管理机构、国家外汇管理机构等在各自职责范围内进行监管。

网联清算有限公司的成立有利于在中国人民银行的领导下实现行业的自律性监管。

2. 监管依据

监管依据除了法律外，主要为行政规章，如表9.1所示。

表9.1 第三方支付监管的法律、规章

法律、规章	制定机关	颁布时间
《电子签名法》	全国人大常委会	2004年8月28日
《关于促进网络购物健康发展的指导意见》	国家商务部	2010年6月30日
《非金融机构支付服务管理办法》	中国人民银行	2010年5月19日
《非金融机构支付服务管理办法实施细则》	中国人民银行	2010年12月3日
《支付机构客户备付金存管办法》	中国人民银行	2013年6月7日
《网络交易管理办法》	国家工商行政管理总局	2014年1月26日

3. 监管内容

对第三方支付的监管主要由中国人民银行及其分支机构来实施，除了国家法定机关的监管之外，第三方支付机构也应当加强自身的监管。

（1）对第三方支付主体资格的监管。一是第三方支付机构的市场准入。目前，我国实行的是经营许可制度，依法向符合准入条件的第三方支付机构发放支付牌照，同时第三方支付机构的设立还应当符合《公司法》的规定。二是第三方支付机构注册资本金的维持。由于第三方支付机构具备法人资格，在工商部门登记时注册为营利的公司性质，那么其首先就应该受到《公司法》中关于注册资本维持原则的约束。同时又由于其涉及金融业务，那么它的注册资本就应当受到《公司法》中关于注册资本金和相关金融法律法规中关于金融机构设立的注册资本金的双重约束。

（2）对第三方支付资金的监管。一是对第三方支付机构资金账户的监管。通过对其账户不定期的跟踪监控，防止资金被恶意侵吞，以免产生信用危机。二是对在途资金进行监管。主要表现在：对第三方支付平台的在途资金收取相应的保证金，并对在途资金的结算进行时限的规定。

（3）对第三方支付机构业务的监管。一是电子签名注册和使用。电子商务交易者必须在认证机构注册电子签名，并在交易中使用。二是使用交易信用记录。建立和保存交易信用记录，有利于将其作为社会征信数据的一个来源。三是信息披露制度。第三方支付机构应当定期向客户、商业银行及监管机构披露相关重要信息，如财务经营状况、内部控制制度、高级管理人员的变动情况等。

关联案例

央行注销浙江易士“支付业务许可证”

据中国人民银行网站2015年8月28日新闻，浙江易士企业管理服务有限公司（以下简称易士公司）于2011年12月获得“支付业务许可证”，获准在浙江省内开展预付卡发行和受理业务。中国人民银行在行政执法中，确认易士公司存在严重违规问题：一是通过直接挪用、向客户赊销预付卡、虚构后台交易等方式，大量违规挪用客户备付金，造成资金链断裂，预付卡无法使用，持卡人权益严重受损；二是伪造、变造支付业务、财务报表和资料，欺骗、掩饰资金流向；三是超范围违规发行网络支付产品。根据《中国人民银行法》《非金融机构支付服务管理办法》的规定，2015年8月24日，中国人民银行依法注销浙江易士企业管理服务有限公司“支付业务许可证”。

本新闻原文

问题：（1）在支付业务中预收的客户备付金，其所有权属于支付机构吗？

（2）消费者存放在易士公司的备付金与银行的存款本质上一样吗？

解析：（1）就支付机构与客户的法律关系而言，我国法律明确规定支付机构为办理客户委托的支付业务而实际收到的预收待付货币资金是备付金，其所有权归属于客户。依据2013年发布的《支付机构客户备付金存管办法》，支付机构与客户之间形成的是一种委托保管合同，备付金由支付机构保管，但其所有权仍属于客户，并严格限制了支付机构对客户备付金的使用途径：备付金仅可以单位存款或协定存款等形式存放于商业银行。显然，本案中浙江易士挪用客户备付金的行为侵犯了客户的资金权益。

（2）本质上易士公司是一家商业企业，与商业银行不同。预付卡发行本身是企业行为，是企业代客户保管预付资金，是一种零售支付工具。消费者购买易士卡，是在认可易士公司商业信用以及其代为保管资金能力的前提下，向其转移了一定的预付价值。这与银行存款有本质区别，不受存款保险制度的保护，易士公司应当向消费者进行相关风险提示。

第三节　网络借贷法律关系、风险与监管

【引例】

网络借贷第一案

2011年4月28日，浙江阿里巴巴小额贷款股份有限公司（原告，简称阿里小贷公司）诉郑某某（被告）借款合同纠纷一案在杭州滨江区人民法院开庭。该案系网络小额贷款纠纷的第一例生效判决，被称为网络借贷第一案。

经法院查明，原、被告通过网络在线订立一份《贷款合同》，约定：授信额度为人民币35万元；借款人同意原告将每次申请的贷款划入支付宝公司的结算账户；使用支付宝账号和密码登录阿里贷款网站的所有行为均视为借款人本人行为；还款方式为按月付息、到期还本等。在授信期限内，被告向原告申请支用贷款总计人民币35万元。截至2011年3月9日，被告有7笔贷款到期未清偿。随后，原告诉至法院。法院当庭宣判，被告应当于5日内归还本金、利息及罚息。

点评：首先，通过这个判决应明确网络贷款商业模式受法律保护。本案中，原告浙江阿里巴巴小额贷款股份有限公司是经过相关部门批准而合法设立的小额贷款公司。阿里信用贷款为阿里小贷公司经营的一款贷款产品。该款产品面向阿里巴巴B2B（business to business，企业对企业）电子商务平台上的诚信通或中国供应商会员，无须提供担保，可通过综合评价申请人的资信状况、授信风险和信用需求等因素后核定授信额度，目前最高授信额度为不超过50万元人民币。这种贷款使借款人与阿里小贷公司之间形成了借款合同关系。尽管是通过网络发放的贷款，但“债务必须履行”，借款人必须按时归还贷款；否则就构成违约，要承担相应的法律责任。

其次，这是一次诚信教育。与传统银行贷款相比，阿里信用贷款手续简便，极大地方便了电子商务经营者。网络贷款同样需要讲信用，一旦借钱不还，同样被追究法律责任，承担所欠债务及利息，更重要的是电子商务领域客户的信任，这恐怕对被告影响更大。

一、网络借贷概述

1. 网络借贷的概念

网络借贷又称为P2P网络借贷、个体网络贷款或网络小贷。“P2P”是英文“peer to peer”的缩写，意思是“个人对个人”。网络借贷最早起源于英国，随后发展到美国、德国和其他国家，其典型的模式为：网络信贷公司提供平台，由借贷双方自由竞价，撮合成交；资金借出人获取利息收益，并承担风险；资金借入人到期偿还本金，网络信贷公司收取中介服务费。

网络借贷是指个体与个体之间通过互联网平台实现的直接借贷，具体指有资金实力和投资理财意愿的个体通过互联网金融信息平台等中介机构，以信用贷款（或要求提供一定的担保或其他）的方式向其他有资金需求的个体提供小额借贷的金融模式。这种借贷方式是借助于互联网技术的支撑，顺应了金融创新和金融脱媒的发展趋势所出现的一种新型的小额借贷模式，从本质上看，是互联网形态下的民间借贷。网络借贷流程如图9.4所示。

2016年8月，由银监会、工业和信息化部、公安部、国家互联网信息办公室共同制定的《网络借贷信息中介机构业务活动管理暂行办法》（以下称《暂行办法》）中明确了网络借贷的含义，即网络借贷是指个体和个体之间通过互联网平台实现的直接借贷。个体包含自然人、法人及其

他组织。《暂行办法》中首次将网贷平台明确为“网络借贷信息中介机构”，即依法设立，专门从事网络借贷信息中介业务活动的金融信息中介公司。该类机构以互联网为主要渠道，为借款人与出借人（即贷款人）实现直接借贷提供信息搜集、信息公布、资信评估、信息交互、借贷撮合等服务。

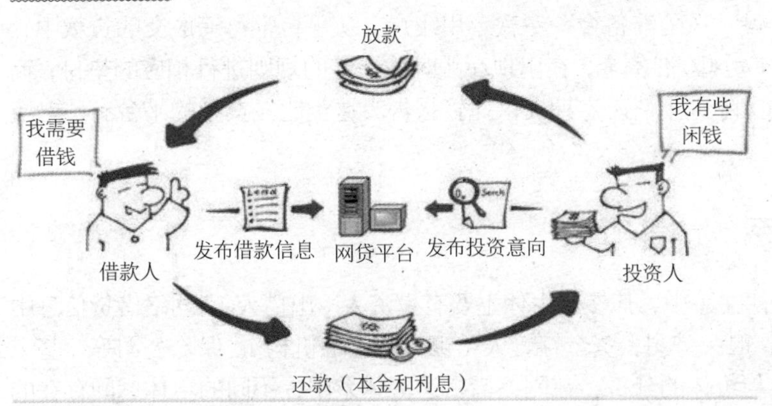

图 9.4　网络借贷流程

提示：所谓“金融脱媒”是指在金融管制的情况下，资金供给绕开商业银行体系，直接输送给需求方和融资者，完成资金的体外循环。金融脱媒是现代金融发展的一种趋势。

2. 常见的网络借贷运营模式

网络借贷在我国经过多年发展后，网贷平台仅提供信息中介服务、由投资者自己承担风险的情况越来越少，为迎合投资人的需求，逐渐出现了提供资金垫付、将债权进行组合及/或转让、担保（自行担保或与担保公司合作）、建立风险准备金、引入保险公司等不同方式的运营平台，目的是向投资人提供一定的保障。一般来说，网络借贷主要有以下几种运营模式。

（1）信息中介模式，无担保、垫付等运营模式。在这种模式下，网贷平台不承诺保障借款标的的本金及利息，不提供资金垫付、担保、债权转让、风险准备金等服务；当违约行为发生时，由投资人自行承担全部的法律风险。比如，比较典型的“拍拍贷”和“点融网”。

（2）债权转让模式。在这种模式下，借款人和投资人之间存在一个专业放款人，实践中，这一类的放款人主要包括担保公司、资产管理公司或其他第三方。在《暂行办法》中直接禁止网贷平台作为放款人发放贷款。也就是说，专业放款人先以自有资金放贷给借款人，再把获得的债权进行拆分组合，打包成类固定收益的产品，比如，设计成不同的期限、不同回报率的“理财产品”，然后再通过其销售队伍销售给投资理财客户（投资人），从中赚取利差。此类模式多见于线下，但也有一些是通过网络平台寻找投资人，典型的平台如“宜人贷”等。该模式常以理财产品作为包装，打包销售债权的行为常被认为有构建资金池之嫌疑。

（3）担保/抵押运营模式。在这种模式下，网贷平台除了提供投资人、借款人的必要信息之外，还对投资人的资金安全尤其是按时还本付息提供一定的担保措施或承诺。《暂行办法》第10条第3款直接禁止网络中介机构直接或变相向出借人提供担保或者承诺保本保息。从风险的角度看，由上述第三方提供担保的模式并不能从根本上消除投资人贷款本息无法收回的风险，也不能从真正意义上消除网贷平台自身的法律风险，只是将有关风险进行了转移。实践中需要进行严格审查、评估和风险控制。如“上海陆家嘴国际金融资产交易市场股份有限公司”（简称陆金所），作为平安旗下成员，是中国最大的网络投融资平台之一。其运作模式是：首先由借款人申请借款，陆金所凭借集团的优势和信息，对借款人的信息进行审查；其次，出借人进行投标，借款的发放和收回由陆金所代为办理，同时引入平安集团旗下的担保公司对借款人进行担保。

（4）担保/抵押+资金存管+风险准备金运营模式。在这种模式下，网贷平台在引入第三方担保公司或要求借款人提供一定资产抵押来防范风险的同时，还将贷出资金交由专门的商业银行进行存管，这样，就从资金管理层上直接避免了自融和构建资金池的嫌疑；同时，平台以自身名义在同一家商业银行单独开设“风险准备金”专款专用账户，从平台上每笔成交的贷款中计提一定比例的服务费/手续费作为风险准备金，在出现坏账时按一定的规则进行相应的垫付；商业银行对账户中的专户资金的实际进出情况定期提供托管报告。这类比较典型的平台有“融资易”“积木盒子”等。

二、网络借贷法律关系

一般而言，在网络借贷法律关系中，其参与主体主要有投资人（出借人）、网络借贷信息中介机构（网贷平台）、借款人、担保公司、资金存管人（银行业金融机构）、保险公司等。基于对网络借贷常见运营模式和参与主体的分析，在网络借贷运营体系中，不同的主体之间存在的法律关系也各不相同，同时这些法律关系也会随着网贷平台运营模式的调整和转变不断地并存、转化和融合。

1. 民间借贷法律关系

民间借贷法律关系存在于投资人与借款人之间或平台与借款人之间。在纯平台模式下，投资人与借款人签订借款协议，由投资人将资金出借给借款人。

时事热点

推荐观看“《最高人民法院关于审理民间借贷案件适用法律若干问题的规定》已于2015年9月实施”视频（2015年8月28日东南卫视早安福建片段），重点关注视频中提到的“两线三区”的具体内容。

民间借贷法律关系是网络借贷法律关系中最基本的法律关系，是民间借贷的线上模式。因此，网络借贷同样适用《最高人民法院关于审理民间借贷案件适用法律若干问题的规定》。

作为民间借贷与互联网结合的产物，网贷平台实际上就是将现实生活中投资人与借款人之间的借贷活动放到互联网上交易，利用互联网这个平台便捷和高效地促成交易。因此，狭义的网络借贷是以互联网为载体的民间借贷，其核心法律关系是借贷关系。

在网络借贷诞生初期，网贷平台一般不提供担保，因为资金门槛低和较高的理财收益，最初几年发展速度较快；但由于信用体系的不完善，发展受到了一定的制约，风险较大，不少企业，相继倒闭，如“哈哈贷”“贝尔创投”等。

2. 债权转让法律关系

基于对风险的考量，很多网贷平台都引入了创新性的商业模式，将借贷法律关系复杂化，如网络借贷中的债权转让模式。

在债权转让模式下，投资人在需要流动资金时，将其在网贷平台所持有的符合相应条件的债权项目挂出，并与购买人（其他投资人）签订债权转让协议，从而将其所持有的债权转让给购买人（其他投资人）。比如，投资人甲在某网贷平台认购了5万元、期限为45天的债权，但在认购后的第10天甲急需5万元周转，平台通过申请、公示，最终由投资人乙、丙分别认购了相应的债权；平台复审后，投资人甲即可以提前取出本金。这种模式是我国合同法意义上常见的债权转让行为，在转让过程中仅需注意符合我国《合同法》对债权转让的相关规定和必要的生效条件即可。

3. 居间合同法律关系

网络借贷居间服务合同关系的主体是网贷平台与投资人、网贷平台与借款人之间的业务往来。该法律关系的客体是网贷平台为投资人、借款人所提供的融资服务行为。由此可以看出，只有在纯平台模式下才存在投资人、借款人与网贷平台之间的居间关系，而此时投资人与借款人之间存在的是民间借贷法律关系。

网络借贷的出现，满足了市场上对小额借贷的需求：有很多的小微企业或有资金需求的个体（借款人），它们有借款的需求，而网贷平台拥有大量的注册用户，这些用户持有闲置资金而且有投资意图，希望委托网贷平台为其寻找合适的借款人，作为对价，当交易达成后，网贷平台会分别向投资人和借款人收取一定的报酬。因此，双方通过签订居间合同来实现这一目的。

补充案例

陈建忠与重庆市阿里巴巴小额贷款有限公司小额借款合同纠纷

4. 担保法律关系

担保模式是基于防范网贷信用风险的发生而设定。

在网贷平台诞生的初期，基本上都是无担保的网贷平台，比如国内最早成立的“拍拍贷”采用的就是这种模式。由于在无担保模式的网贷平台上所发放的都是信用贷款，因此，一旦发生借款人逾期不能偿还借款的违约情形，投资人就会遭受重大损失。正是由于巨大风险的存在，越来越多的网贷平台开始通过为投资人提供担保的方式来预防信用风险的发生。比如，由与网贷平台合作的第三方担保公司向投资人承诺：当借款人不能归还到期借贷债务时，则根据投资人与担保公司之间签订的担保合同，由担保公司向投资人垫付，以保障投资人的资金安全。如“宜信”“红岭创投”等均采用此种模式。这里值得一提的是，在《暂行办法》第10条第3款中明确规定网络借贷信息中介机构不得直接或变相向出借人提供担保或者承诺保本保息。这一规定明确了网络借贷公司信息中介机构的性质。

5. 资金存管法律关系

《暂行办法》第28条明确规定，网络借贷信息中介机构应当将自身资金与出借人和借款人的资金进行隔离管理，并选择符合条件的银行业金融机构作为出借人与借款人的资金存管机构，开设资金存管账户。这一规定能够使网贷平台避免自融和资金池的风险。

建立第三方资金存管账户的实质就是在存管账户与平台账户、私人账户之间设立一道无形的屏障：平台方与第三方资金存管方通过约定付款条件来控制资金的往来行为。该存管模式是存管银行监管平台所有资金相关账户，与借贷行为有关的所有资金都必须在开设的资金存管账户内，网贷平台只能按照借贷合同调拨资金，自己无权直接调拨资金，并且需要每日与银行对账。在这种模式下，网贷平台对存管账户中的资金没有掌控能力，全部依据借贷合同而定。网贷平台、银行之间资金存管流程如图9.5所示。

6. 保险合同法律关系

将保险机制引进网贷平台的借贷交易活动中，是通过借款人与保险公司签订保险合同来实现的。在这种模式下，能基本有效地防范因借款人逾期不能偿还债务给投资人造成的损失风险，充分利用"保险"分担损失风险的优势，从而促进网贷平台信贷业务的健康稳定运行。

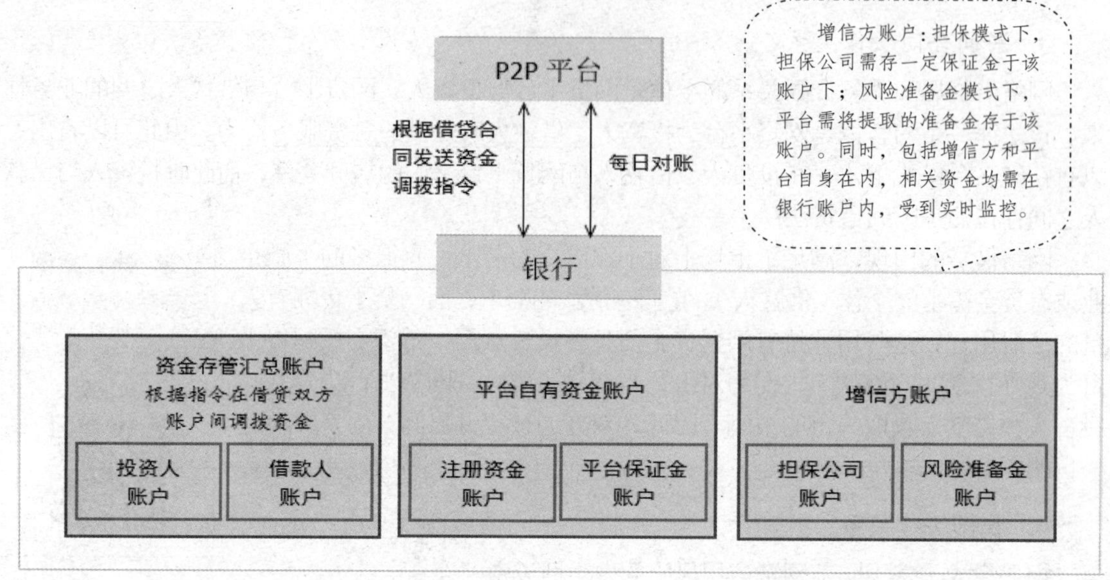

图 9.5　网贷平台、银行之间资金存管流程

目前，在网贷平台跟保险公司合作的模式中，履约保证保险被看作是最有价值的保险产品，也是真正能为投资人负责的产品。

履约保证保险，也称个人借款保证保险，是保险公司向履约保证保险的受益人（即债权人）承诺，如果被保险人（即债务人，网络借贷中称为借款人）不按照合同约定或法律规定履行还款义务，则由该保险公司依照保单的约定承担赔偿责任，向投资人赔付本金及收益的一种保险产品。也就是说，当借款人到期没有如约还款，保险公司会向投资人全额赔付本金和收益。如，以宜人贷和人保财险的合作。根据合作协议，中国人保财险为宜人贷撮合的特定借款提供借款人履约保证保险，所承保产品借款周期不超过 12 个月，借款金额不超过 20 万元人民币。中国人保财险向借款人收取保费，如果借款人出现违约，中国人保财险将根据协议约定，对逾期超过 90 天的借款给付保险金。

三、网络借贷的法律风险

根据网络借贷法律关系中参与主体和平台运营模式的不同，其存在的法律风险也表现不一样。

拓展阅读

整合信用，推出第一家个体征信公司——"百联征信"

（一）投资人的投资行为引发的法律风险

1. 借款人违约风险

违约风险是借贷合同中最常见的风险，目前我国征信系统还处于尚待完善和开放的阶段，在百联征信成立之前，网贷平台无法系统、便捷地掌握借款人的资信信息，并进行有效的贷后管理；同时，网络借贷属于新兴产业，不少平台缺乏充分的贷款风险管理能力和资源。

《暂行办法》中有以下规定。

（1）明确借款人的义务，避免和约束出现借款人欺诈、虚假贷款或恶意行为。一方面，借款人有义务提供其在所有网络借贷信息中介机构未偿还的借款信息；另一方面，借款人有义务确保自身具有与借款金额相匹配的还款能力并按照合同约定还款。

（2）针对同一借款人在同一网络借贷信息中介机构平台及不同网络借贷信息中介机构平台的借款余额上限的要求。具体而言，同一自然人在同一网络借贷信息中介机构平台的借款余额上限不超过人民币 20 万元；同一法人或其他组织在同一网络借贷信息中介机构平台的借款余额上限不超过人民币 100 万元；同一自然人在不同网络借贷信息中介机构平台借款总余额不超过人民币 100 万元；同一法人或其他组织在不同网络借贷信息中介机构平台借款总余额不超过人民币 500 万元。

2. 债权的合法性风险

依据 2015 年 8 月最高人民法院发布的《关于审理民间借贷案件适用法律若干问题的规定》，投资人与借款人之间的民间借贷关系所产生的债权，在一定情形下认定为无效或部分无效，或者约定利息违反规定而被认定为无效。

提示：《最高人法院关于审理民间借贷案件适用法律若干问题的规定》第 14 条：对有下列情形之一，人民法院应认定为借贷合同无效：①套取金融机构信贷资金又高利贷给借款人，且借款人事先知道或应当知道的；②将向其他企业借贷或向本单位职工集资取得的资金又转贷给借款人牟利，且借款人知道或应当知道的；③出借人事先知道或应当知道借款人借款用于违法活动仍然提供借款的；④违背社会公序良俗的；⑤其他违反法律、行政法规强制性规定的。第 26 条：借贷双方约定的利率未超过年利率 24%，出借人请求借款人按照约定的利率支付利息的，人民法院应予支持；借贷双方约定的利率超过年利率 36%，超过部分的利息无效。借款人请求出借人返还已支付的超过年率 36%部分的利息的，人民法院应予支持。

除此之外，网贷平台本身涉嫌违反刑事法律，比如涉嫌非法吸收或者变相吸收公众存款、集资诈骗等罪名，给投资人投资带来的偿还法律风险。

关联案例

网贷平台提现困难，投资人如何维权

单某某于 2014 年起陆续向淘代公司（网贷平台名称为“淘贷宝”）投资现金，期间也陆续提取部分现金。2014 年 10 月 28 日，单某某发现已无法从“淘贷宝”平台提取现金。因向淘代公司催讨无果，遂向法院起诉，要求按年利率 18%返还利息及本金 456 242.49 元。

法院审理后认为，该案的被告淘代公司及其负责人可能涉嫌利用网贷平台进行非法吸收公众存款的犯罪行为，故本案应移送公安机关立案侦查。裁定驳回原告单某某的诉讼请求。

点评：基于刑事优先民事的原则，如果法院认定平台涉嫌非法集资刑事犯罪的，将移送公安机关。所以一旦发现平台有非法集资的，马上报警才是王道。

（2016）浙 03 民终 405 号民事裁定书

3. 电子合同合规性风险

网贷平台交易的特殊性决定了最终的借款协议是一张电子借条或电子合同，因电子签名或手写签名的不规范或缺失，对借贷双方身份难以明确，就会导致借贷法律关系以及双方当事人之间的权利和义务很难得到有效的认定。

视野拓展

2018年4月23日中国互联网金融协会发布《互联网金融个体网络借贷电子合同安全规范》的征求意见稿，扫描二维码可阅读陈云峰对该规范的六点解读。

（二）网贷平台自身的法律风险

（1）涉嫌“非法集资罪”“非法吸收公众存款罪”等罪名的风险。第一，“资金池”的问题。一些网贷平台将借款需求设计成理财产品出售给放贷人，或先归集资金再寻找借款人和项目，使放贷人的资金进入平台账户，由此产生“资金池”。

第二，未尽到核查义务。一些网贷平台没有尽到对借款人的身份真实性的核查义务，未能及时发现甚至默许借款人在平台上以多个虚假借款人的名义发布大量的虚假借款信息，向不特定的人群募集资金，用于股票、债券、期货或房地产投资，有的甚至将非法募集的资金用于高利贷。

第三，借新还旧。个别网贷平台发布虚假的借款标的，采取借新还旧的“庞氏骗局”的模式，短期内募集大量的资金。

关联案例

“东方创投”网贷平台非法集资案

据2016年7月12日《湖北日报》报道，深圳市某有限公司在2013年6月19日创建“东方创投”网络平台，向社会公众推广其网络借贷模式，投资的项目主要是房产、企业经营借款、应收款、信用贷款等。

第一，该公司利用网贷平台以月利息3%至4%的高息为诱饵，通过与投资客户签订“四方共同借款协议”的方式，非法向社会公众吸收资金。短短四个月，共吸收公众存款1.27亿元。

第二，通过个人账户走款，规避财务监督。公司收取投资款都是客户打到公司负责人邓某的私人账号，邓某自己再支配，财务无法监管。

第三，虚假宣传，夸大实力。吸引投资者的一个重要因素是邓某本身的财力，邓某出示营业执照等证件显示，注册资金有1 000万元，且东方创投的办公场所是邓某的自有物业。邓某大肆宣传公司业务稳定、利润惊人，将募集资金用于平台自有地产物业投资，最终导致资金链断裂。

第四，虚构项目、募集资金。东方创投最初是有真实标的的，前期公司也是将客户的投资款出借给实际有资金需求的企业，但实际操作后发现超过6%的借贷成为坏账不能按时收回。因此，后期没有可续的投资标的，发展到最后，邓某通过设立大量的虚拟标的来自融。

法院判决：原东方创投负责人、本案被告人邓某、李某违反国家金融管理法规，破坏国家金融信贷秩序，未经中国人民银行批准，非法向社会公众吸收资金，数额巨大，已构成非法吸收公众存款罪。判处邓某有期徒刑三年，并处罚金30万元；判处李某有期徒刑两年，缓刑三年，并处罚金5万元。

点评：网贷平台涉嫌非法集资的情况主要有三种：资金池模式；发布虚假借款信息向不特定人群募集资金用于其他投资；发布虚假高利借款信息，并通过“借新还旧”短期募集大量资金。东方创投满足上述条件，且发布虚假信息向不特定人群募集资金并用于平台自有地产物业投资，最终导致资金链断裂。

除了资金用途为平台自融，东方创投的最大问题在于资金监管。按照监管对网络借贷“信息中介”的定位，平台是不能经手资金的，资金只能由投资人与借款人通过独立第三方的账户托管系统进行转接，而且借款人账户不能与平台相关联；否则也有自融的嫌疑。东方创投的账户体系中，投资人的资金直接进入平台，最终更是进入平台实际控制人的个人账户。

《暂行办法》第 10 条、第 28 条、第 36 条明确了信息发布、资金监管以及网络借贷信息中介机构的法定义务和责任。

（2）涉嫌“洗钱罪”的风险。①

（3）被认定承担担保责任的风险。依据最高人民法院发布的《关于审理民间借贷案件适用法律若干问题的规定》，如果网贷平台通过网页、广告或者其他媒介明示或有其他证明其为借款提供担保，则根据投资人的请求，法院可以判决网贷平台承担担保责任。

四、网络借贷的监管

《指导意见》中明确指出：互联网金融监管应遵循“依法监管、适度监管、分类监管、协同监管、创新监管”的原则，依据这一原则，科学合理地明确网络借贷业务边界及准入条件，落实监管责任，明确风险底线，既能保护合法经营，又能坚决打击违法和违规行为。

1. 监管主体

《指导意见》确立了互联网金融主要业态的监管职责分工，落实了监管责任，明确了业务边界。其中，网络借贷业务由银行业监督管理机构负责监管。

2016 年的《网络借贷信息中介机构业务活动管理办法》的颁布在主要监管主体上进一步确立了中央监管部门和地方人民政府双负责的监管，明确提出由银行业监督管理机构及其派出机构，主要负责网络借贷机构的制度设计、规则制定和日常的行为监管，对网络借贷机构的备案、登记，包括对网络借贷机构的风险防范和处置则由地方人民政府的金融监管部门，也就是各地的金融办、金融局负责监管。

具体地说，就是银行业监督管理机构负责网络借贷业务的监管，地方人民政府负责网络借贷机构的准入和退出监管。

2. 监管依据

监管依据主要包括法律和规范层面，以及司法解释层面，如表 9.2 所示。

表 9.2　网络借贷监管的主要法律、规范

层　面	依　据
法律层面	《民法总则》《公司法》《合同法》《证券法》《刑法》等关于借贷、涉嫌违法犯罪等规定
司法解释层面	2015 年 8 月 6 日最高人民法院发布的《关于审理民间借贷案件适用法律若干问题的规定》

① 有关洗钱罪的知识可参见本书第二章“中国人民银行法”中关于中央银行的监管。

续表

层　面	依　据
规范层面	1. 2015年7月18日由中国人民银行等十部委联合发布的《关于促进互联网金融健康发展的指导意见》 2. 2016年8月由银监会、工业和信息化部、公安部、互联网信息办公室联合发布的《网络借贷信息中介机构业务活动管理暂行办法》 3. 2017年8月由银监会发布的《网络借贷信息中介机构业务活动信息披露指引的通知》

沈艳解读《关于立即暂停批设网络小额贷款公司的通知》

值得关注的是：尽管行政规章进一步规范了网络借贷信息中介机构，但作为金融创新仍在实践探索的过程中，政策性的监管和调整仍然起着重要的作用。2017年11月21日，国家互联网金融风险专项整治工作领导小组办公室发文《关于立即暂停批设网络小额贷款公司的通知》。

3. 监管的内容

《指导意见》中提出了“依法监管、适度监管、分类监管、协同监管、创新监管”的总体原则，《网络借贷信息中介机构业务活动管理办法》在这个总体原则上对网络借贷机构采取了适度监管、协同监管的理念。由中央监管部门和地方人民政府协同监管。

（1）市场准入监管。市场准入主要是指从法律上对网络借贷机构的经营资质、经营能力进行审查、确认或限制，赋予其相应的权利能力和行为能力。依据《网络借贷信息中介机构业务活动管理办法》的规定，对网络借贷机构实行备案登记制，同时对备案登记制进行了时限的要求：要求网络借贷机构及其分支机构在领取营业执照后，在10个工作日以内携带相关材料向工商登记注册所在地的地方人民政府的金融监管部门进行备案登记。

（2）持续经营管理。为了保证网贷平台的持续性经营，监管部门的监管包括以下几方面。第一，对网络借贷过程中无纸化操作的监管以及由资金存管机构对网络平台中交易资金进行监管。第二，强化协同监管。依据《网络借贷信息中介机构业务活动管理办法》的规定，由地方金融监管部门（地方金融办）以及中国互联网金融协会、各地工商行政管理部门协同银行业监督管理机构履行监管职责。第三，会计事务所通过对网贷平台年度财务会计报告进行年度审计来实施监督。

推荐观看“如何看待校园贷现象”视频（2016年9月18日第一财经频道金融译时代栏目场外连线片段），调研身边的校园贷的合同订立方式、履约情况以及催收形式，思考涉及哪些法律问题。

（3）保护客户隐私权。在网贷平台的运营过程中，借贷双方的交易行为必然会涉及双方的个人信息，而且也会公布在网站上，因此有必要对个人信息的使用和采集进行必要的规范和监管。

《网络借贷信息中介机构业务活动管理办法》和《网络借贷信息中介机构业务活动信息披露指引的通知》中针对网络借贷业务中的信息披露主要作了如下规定。

第一，向借款双方当事人披露。网贷平台应依据国家的相关法律和法规，在其官方网站上向出借人充分披露借款人的信息，包括基本信息、融资项目基本信息、风险评估及可能的风险结果，以及已撮合未到期融资项目资金运营情况等；对资金存管、信息科技基础设施安全、经营合规性等重点环节实施审计，并聘请有资质的信息安全测评认证机构定期对信息安全实施测评认证，向出借人与借款人等披露审计和测评认证结果。

第二，向公众披露。网贷平台应及时在其官方网站显著位置披露本机构所撮合借贷项目等经营管理信息，定期以公告形式向公众披露年度报告、法律法规、网络借贷有关监管规定；网贷平台应将定期信息披露公告文稿和相关备查文件报送工商登记注册地地方金融监管部门，并置备于机构住所供社会公众查阅。

视野拓展

2018 年 8 月 13 日《关于开展 P2P 网络借贷机构合规检查工作的通知》及其附件《网络借贷信息中介机构合规检查问题清单》（该通知及附件以下统称“108 条”）由国家监管 P2P 网贷的协调机构——全国 P2P 网络借贷风险专项政治工作领导小组办公室（以下简称“网贷整治办”）发出，《网贷最新 108 条最全解读》一文集中探讨在 108 条与 168 条当前并存的情况下，两者如何适用的问题。

第四节　股权众筹法律关系、风险与监管

【引例】

从自由女神像基座的来历看众筹的发展

对于矗立在纽约的自由女神像大家一定并不陌生，而它被安放的过程中就与本节所涉及的众筹有关。

1885 年，为庆祝美国建国 100 周年，法国赠送给美国一座象征着自由的罗马女神像，但是这座女神像没有基座，因此无法安放到纽约港口。

当时《纽约世界报》的出版商约瑟夫 · 普利策（Joseph Pulitzer）为此发起了一个筹集资金的项目，他把这个项目发布在了他的报纸上：只要捐助一美元，就会得到一个 6 英寸的自由女神雕像；捐助五美元，就可以得到一个 12 英寸的雕像。就这样，通过汇聚大家的力量，项目最后得到了全世界各地共计 12 万人次的支持，筹集的总金额超过了 10 万美元，为自由女神像的安放做出了巨大的贡献，《纽约世界报》与普利策也因此赢得了美国民众的尊敬和爱戴。

这就是最早的众筹。

而互联网众筹的诞生一般认为起源于美国网站 kickstarter。该网站通过搭建网络平台面对公众筹资，让有创造力的人可以获得他们所需要的资金，实现他们的梦想。kickstarter 在 2009 年上线，2014 年为其网站上的 22 252 个项目募集了 5.29 亿美元的资金。这种模式的兴起打破了传统的融资模式，让每一位普通人都可以通过该种众筹模式获得从事某项创作或活动的资金，使得融资的来源者不再局限于传统金融投资机构，而可以来源于大众。

在我国上线最早的众筹平台是“点名时间”，其在 2011 年 7 月上线，也是国内较大的众筹网络平台。

互联网众筹是在当今的互联网背景下形成的金融创新模式，由此产生出区别于传统模式的特有的法律关系。金融创新和其他创新一样，在为创业者实现资金梦想的同时，也引发了诸多法律风险。

一、股权众筹概述

1. 众筹的含义

众筹（crowdfunding）是指项目发起者通过利用互联网和社交网络服务（social networking

services，SNS）传播的特征，借助众筹平台向投资人公众发出的融资申请，并承诺项目成功后向投资人提供产品或服务、股权、债权等回报的一种新型互联网融资模式。

众筹具有初创性、创意性、风险分散和低门槛等特征。作为一种新型网络融资模式，它有别于通过传统金融机构进行的融资模式，摆脱了金融中介机构的束缚，通过互联网平台将融资人和投资人连接起来，实现了小微企业与大众投资人的直接对接，为小微企业和个人创业者提供了全新的融资方式。

2. 众筹的主要分类

众筹的形式有很多，主要形式见表9.3。本节开始的引例中所介绍的就是典型的奖励式众筹。众筹的形式很多，本节只重点介绍股权众筹。

表9.3 众筹的主要分类

分　类	特　点	典型平台
捐赠式众筹	非营利组织帮助，以小额募捐为主，所有用户，无回报	腾讯乐捐、微公益等
奖励式众筹	一般以提供实物或服务回报，筹款金额较低，基本所有投资人可参与，回报时间较短	点名时间、淘梦网等
债权式众筹	网络借贷，以小额借贷为主，所有投资人可参与，根据标的收益率获得利息回报，回报时间较短	拍拍贷、人人贷等
股权式众筹	提供公司原始股份，投资人享受股东权利，筹资额度大，只对合格投资人开放，回报时间长	天使汇、大家投等

3. 股权众筹的概念

《指导意见》第9条中规定：股权众筹融资主要是指通过互联网形式进行公开小额股权融资的活动。股权众筹融资必须通过股权众筹融资中介机构平台（互联网网站或其他类似的电子媒介）进行。股权众筹平台是指通过互联网平台为股权众筹投融资双方提供信息发布、需求对接、协助资金划转等相关服务的中介机构。

关联案例

《西游记之大圣归来》话众筹

2015年7月10日上映的国产动画片《西游记之大圣归来》，15天内收获约六亿元人民币票房。这部电影背后的众筹模式也获得了关注。2014年年底，出品人陆伟曾经发过《西游记之大圣归来》众筹宣发经费的朋友圈信息。最终参与的投资人，有的是企业法人，有的是投资个体，投资金额少则一两万元，多则数十万元。除了最终累计的780万元投资，部分投资人还在北京、上海等一线城市为该片提供了长时间的免费户外广告。曾经参与此片投资的89位众筹投资人，合计投入780万元，当时预计可以获得本息约3 000万元，粗略计算，平均每位投资人可以净赚25万元。

补充：推荐观看“影视众筹　众筹创新电影融资模式”视频（2015年9月6日中央电视台新闻频道朝闻天下片段），视频中谈到了哪些众筹模式？思考：通过众筹在为创新项目带来融资的情况下，同时又会存在哪些投资风险？

点评：通过该案例可以看出，众筹平台发挥的是市场验证产品以及聚集粉丝的作用。但作为金融创新模式，依然会对众筹融资的投资者带来一定的风险，相关法律

的完善还需要一段时间，强化监管既要为众筹模式构筑起“安全港”，又要完善对众筹投资者的保护制度，同时明确众筹平台的法律地位，规范信息披露和信息保护制度。

二、股权众筹法律关系

股权众筹一般经历从准备阶段到融资阶段再到最终融资成功后的经营阶段，不同的阶段体现不同的法律关系。众筹法律关系中，基本上涉及的主体有众筹平台、融资人、投资人、第三方资金监管平台。

1. 股权众筹法律关系的主体

股权式众筹投资人是指在股权众筹网站平台成功注册成为投资人的网络用户，其利用互联网技术的在线支付功能，结合融资人所发布的融资项目具体信息，将自有资金对处于创始阶段的小微企业或个人或将要实行的项目进行投资，以获得一定比例的股权来达到使其净资产增加的目的。

股权众筹平台是指通过互联网平台为股权众筹投融资双方提供信息发布、需求对接、协助资金的划转等相关服务的中介机构。

股权众筹的融资人是在股权众筹平台的实名注册用户，即通过股权众筹平台发布资金项目或融资需求信息的小微企业或个人。

2. 股权众筹主体间的法律关系

股权众筹主体在融资的不同阶段相互间依照相关的法律和规章形成不同的法律关系。

（1）融资人与投资人。在股权众筹中，项目融资人与投资人达成股权投资协议。所谓股权投资协议，是指投资人自愿将自己的财产让渡给融资人以换取股权，项目融资人对投资人投入的财产进行经营，获取的利润按照股权或者约定分配给股东的协议。他们之间是股权投资法律关系：由投资人直接投资而与融资人形成的投资合同关系，该合同关系是股权众筹交易架构中的核心。

（2）融资人与众筹平台。从实践中看，股权众筹平台起着居间的作用，事实上与融资人之间形成居间合同关系。所谓居间合同是指双方当事人约定一方为他方提供、报告订立合同的机会或为订立合同的媒介服务，他方给付报酬的合同。

（3）投资人与众筹平台。从融资的过程看，投资人与股权众筹平台之间的信息服务合同关系：由股权众筹平台为投资人审核股权融资人的资信，并提供相关的初步尽职调查报告。

注意：投资人主要通过股权众筹平台对项目进行投资，股权众筹平台对投资人来说是一个开放的平台。投资人对项目进行投资，是基于对股权众筹平台的信赖，相信平台上所发的信息，从而作出相应的投资决策。因此，一方面，融资人对项目信息的发布一定要保证其真实性和合法性，众筹平台有义务对融资人发布的信息进行审核，保证融资项目的合法、合规和合格；另一方面，对于投资人来说，众筹平台也有义务对其与投资行为相关的信息和资格进行审查，保证合格投资人的投资行为，以免给项目融资人造成损失。

（4）投资人、股权众筹平台与第三方资金监管平台。它们之间是资金托管或监管关系：投资人的投标资金委托第三方监管，由第三方负责监管投资人的资金账户、资金使用以及回收，针对股权众筹资金，尽管目前我国没有明确规定资金托管机构，但依据《网络借贷信息中介机构业务活动管理暂行办法》第28条的规定，此第三方应当为符合条件的银行业金融机构。

（5）投资人之间形成的有限合伙企业关系。当投资募集成功后，在众筹平台线下办理工商登记手续，依据《合伙企业法》依法成立有限合伙企业。

股权众筹流程如图9.6所示。

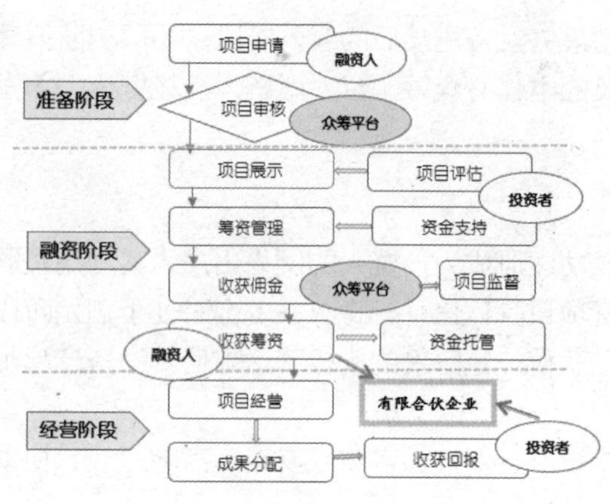

图9.6 股权众筹流程

三、股权众筹的法律风险与监管

（一）股权众筹的法律风险

与其他融资模式相比，股权众筹尚处于起步阶段，虽然发展空间很大，但蕴含的法律风险不容忽视。在股权众筹模式下，其法律风险主要表现为违反现行法律如《证券法》和《公司法》的风险和刑事违法风险。

1. 融资人与众筹平台的法律风险

依据我国目前相关法律的规定，融资人与众筹平台的法律风险主要表现在以下几方面：向非特定对象发行股份；向超过200人的特定对象发行股份；采用广告、公开劝诱和变相公开方式发行股份；对融资人身份及项目的真实性未严格履行核查义务；发布风险较大的项目和续建项目；未尽到对投资人资格进行审核、告知投资风险的义务；故意或变相为平台本身募集股份。

2. 投资人的法律风险

（1）涉及合同诈骗的风险。股权众筹中投资人往往处于一种信息劣势的地位，而融资人出于自利或者保护自己知识产权的考虑，可能不会披露关键信息，甚至进行误导性信息披露，股权众筹平台虽然可保证信息来源的对称，但很难保证项目信息本身的对称[1]。投资人与融资人的资格审核都是由平台按其设定的标准单独完成，投资人很难判断企业的真实运营情况，这种信息的非对称性使融资过程中发生合同诈骗的风险大大提高。

> **时事热点**
>
> 观看“股权众筹第一案——谁违了谁的约？”视频（2015年10月16日中央电视台财经频道经济与法栏目），思考：本案中存在哪些法律关系？融资过程中信息披露的重要性体现在哪里？
>
> 

（2）难以退出项目的风险。目前，在股权众筹项目成功实现融资后，多采用的是有限合伙的形式，投资人退出项目行为的关键在于如何退出合伙企业。依据《合伙企业法》第40条的规定：若合伙人未约定合伙期限，可在不影响合伙企业事务的前提下提前30天通知其他合伙人。由于股权众筹是通过网络平台进行的操作，合伙人有可能来自不同的地域范围，如何通过网络平台通知到其他的合伙人，在操作上有一定的难度。而对于股权众筹投资人来说，由于缺乏对退出机制的明确规范，因此会存在一定的法律风险。主要表现在：在组建项目公司（合作企业）的过程中，对公司的章程、法律协议方面的缺失，股权结构、公司构架、运营和决策机制的不清晰，将导致相关的股权所有人（投资人）不能快速有效退出，权益

① 杨明，《论中国股权众筹模式的法律定位与监管》，第13页，2014年中国社会科学院硕士论文。

得不到有效保护。

关联案例

“微股东”众筹变“众愁”

据《浙江法制报》2018年1月30日讯（记者 高敏 通讯员 鹿轩）2016年7月5日，洪某、陈某共同投资，在温州市设立甲餐饮有限责任公司（简称“甲餐饮公司”），洪某系法定代表人。公司设立后开展素食文化项目，通过网络社交平台众筹资金，项目的45%出让给各众筹对象。认购之后，可成为“微股东”；项目运作后，每6个月分红一次。

同年8月11日，市民陈女士与甲餐饮公司签订了一份《众筹意向》合同。合同约定，签订协议后“微股东”不可退出该众筹。陈女士当日交付了 1 万元众筹款。但是甲餐饮公司之后没有和她签订正式协议，也没有将资金用于经营素食文化项目。

同年 10 月 13 日，该公司股东陈某出资另立乙餐饮有限公司，公司性质为一人有限公司。在投资人不知情的情况下，众筹款被陈某用于乙餐饮公司。

陈女士认为，洪某、陈某利用公司股东地位，擅自挪用众筹款用于个人投资业务，已损害“微股东”的合法利益。2017年11月7日，陈女士将甲餐饮公司，洪某、陈某起诉到温州鹿城区法院，要求解除《众筹意向》协议，并返还众筹款、赔偿利息。当天，其他另外23名“微股东”也分别到法院起诉，要求解除《众筹意向》协议，并返还众筹款、赔偿利息。

温州鹿城区法院经过审理后认为，陈女士与甲餐饮公司签订的《众筹意向》合法有效。合同双方均确认该《众筹意向》所载明的众筹项目尚未展开，即表明双方签订合同的目的无法实现。况且，甲公司也同意解除《众筹意向》，所以陈女士要求解除协议的诉讼请求符合法律规定。

2018年1月24日，温州鹿城区法院一审判决解除陈女士与甲餐饮公司签订的《众筹意向》合同，甲餐饮公司返还陈女士众筹款1万元并赔偿利息损失。对于另外23名“微股东”的起诉案件均已开庭，温州鹿城区人民法院也将择期宣判。

解析：（1）本案中，《众筹意向》合同中约定的“不得退出该众筹”的条款无效，单方面限制了投资人的权利，所以约定无效。

（2）我国《合同法》第94条明确规定了当事人一方有违约行为致使合同目的不能实现的，另一方当事人可以解除合同。本案中，甲餐饮公司没有将资金用于经营素食文化项目，存在违约行为。

（3）本案中，没有对众筹资金进行第三方存管，所以无法对客户资金进行有效管理和监督，就出现了众筹企业——甲餐饮公司的股东利用便利条件将投资者资金挪用归个人使用情况。

（4）《股权众筹风险专项整治工作实施方案》严禁股权众筹平台从事擅自公开发行股票、变相公开发行股票、非法开展私募基金管理业务、非法经营证券业务、挪用或占用投资者资金等行为。

（二）股权众筹的法律监管

1. 监管主体

依据《指导意见》的规定：众筹融资业务由证券监督管理机构负责监管。依据《私募股权众筹融资管理办法（试行）》（征求意见稿）所体现的精神，随着互联网金融业的成熟，未来可能在证券监督管理机构的统一监管之下，由中国证券业协会依照相关的法律和法规对股权众筹融资业进行自律性管理。

2. 监管依据

股权众筹是在互联网金融迅猛发展的背景下产生和发展起来的，截至本书出版，我国还没有针对股权众筹的专门性法律、行政规章。在针对性的法律调整还不完善的情况下，目前适用的监管依据主要有以下几个方面。

（1）法律上：《公司法》中对公司人数的限制，《证券法》中对企业公开发行股票的规定等。

（2）行政规章上：《指导意见》被业界称为互联网金融的“基本法”。《指导意见》肯定了股权众筹对我国资本市场的意义，明确了股权众筹的定义和对股权众筹的监管部门；2015 年 8 月，证监会发布了《关于对通过互联网开展股权融资活动的机构进行专项检查的通知》，通过检查为出台监管细则作前提调研；2016 年 10 月，证监会等 15 部委联合发布《股权众筹风险专项整治工作实施方案》，进一步为规范股权众筹活动提供了监管依据。

（3）行业自律管理规则上：2014 年年底中国证券业协会发布了《私募股权众筹融资管理办法（试行）》（征求意见稿），这是第一次拟对股权众筹制定的管理规则。

时事热点

北京互联网法院成立，将在线开庭（2018 年 9 月 10 日中央电视台新闻频道新闻视频片段）

背景资料：杭州率先成立互联网法院

3. 监管趋势

在对股权众筹融资法律调整还不完善的今天，仅仅在形式上采取一些区别于非法集资、非法发行证券等行为的控制措施还远远不够。互联网技术的进步与发展使得普惠金融成为可能，所以在法律法规层面，在及时制定更具有操作性的法律法规、警示众筹可能触碰的法律红线、确立监管的前提下，还应当给予股权众筹一定的突破和保护，为股权众筹开创发展空间，合理引导行业发展，明确划分众筹和非法集资、非法吸收公众存款、非法发行证券的边界，并在完善配套信用体系的前提下进一步放开股权众筹，推动新型网络融资的发展。

小　结

随着现代网络技术的进步和发展，金融活动作为现代经济活动的核心，网上银行、第三方支付的兴起以及网络借贷和股权众筹对我们的经济生活产生了深远的影响。与此同时，风险和涉法问题也日益突出，加快这方面的立法和法律解释已经迫在眉睫，将互联网金融法纳入金融法体系，也是现代经济生活的需要。

1．通过本章的学习，读者应对互联网金融法有一个基本了解，并在此基础上重点掌握互联网金融活动中主要法律关系。

2．互联网金融交易是互联网金融活动的主要内容，读者不仅要理解和熟悉互联网金融交易过程中的最基本的法律原则，更重要的是明确其带来的法律风险和监管。

3．本章主要介绍了第三方支付、网络借贷和股权众筹的涉法知识，读者除了借助本书了解有关知识外，还应当通过其他途径了解互联网金融的其他领域以及相关的法律问题，并及时关注最新出台的相关法律、法规，拓展自己的知识范围。

知识点测试

一、单项选择题

1. 第三方支付分为在线第三方支付和线下第三方支付。在线第三方支付是指（ ）作为中介机构依托公共网络或专用网络在收款人之间转移货币资金的行为。

A. 银行业金融机构 B. 非金融机构 C. 金融机构 D. 电商平台

2. 以支付宝为代表的第三方支付机构实际是在服务过程中通过掌握资金的临时控制权来实现对买卖双方交易的（ ）。

A. 监管 B. 指导 C. 担保 D. 结算

3. 依据《网络借贷信息中介机构业务活动管理办法》的规定，对网络借贷机构实行（ ）。

A. 备案登记制 B. 许可制 C. 核准制 D. 注册制

4. 依据《关于促进互联网金融健康发展的指导意见》的规定：众筹融资业务由（ ）负责监管。

A. 银行业监督管理机构 B. 证券监督管理机构

C. 地方各级人民政府金融办 D. 各地工商行政管理部门

5. 在网络借贷模式下，如果平台以虚构借款人名义的方式进行自融，则涉嫌构成（ ）。

A. 非法吸收公众存款罪 B. 非法集资罪

C. 集资诈骗罪 D. 非法经营罪

6. 在法律不允许第三方支付机构可以将保管资金用于消费、用户也并没有约定第三方支付机构可以使用沉淀资金的情况下，用户与第三方支付机构形成的应当是（ ）。

A. 居间合同 B. 委托合同 C. 保管合同 D. 劳务合同

二、多项选择题

1. 对第三方支付机构的市场准入，目前我国实行的是（ ），而且应当符合（ ）的规定。

A. 经营许可制度 B.《公司法》 C. 核准登记制度 D.《证券法》

2. 依据《网络借贷信息中介机构业务活动管理办法》的规定，对网络借贷的监管，由（ ）协同银行业监督管理机构履行监管职责。

A. 地方金融监管部门（地方金融办） B. 中国互联网金融协会

C. 中国人民银行 D. 各地工商行政管理部门

3. 第三方支付法律关系的主体是（ ）。

A. 第三方支付机构 B. 存管银行 C. 付款方 D. 收款方

4. 中国人民银行在2010年颁布的《第三方支付存管办法》中明确了商业银行作为存管银行的职能，关于存管职能，下列说法正确的有（ ）。

A. 对第三方支付机构备付金使用情况承担法定的监督义务

B. 对支付机构违反相关规定使用客户备付金的申请或指令，备付金存管银行应当予以拒绝

C. 发现客户备付金被违法使用或有其他异常情况的，应立即向备付金存管银行所在地中国人民银行分支机构及备付金存管银行的法人机构报告

D. 当第三方支付机构根据银行的委托承担资金转移服务的时候，它们之间是一种服务合同关系，同时存管银行对第三方机构的备付金的使用承担法定的监管义务，因此又是一种行政法律关系

5．依据《网络借贷信息中介机构业务活动管理暂行办法》对同一借款人在同一网络借贷信息中介机构平台及不同网络借贷信息中介机构平台的借款余额上限的规定，下列说法正确的是（　　）。

A．同一自然人在同一网贷平台的借款余额上限不超过人民币20万元

B．同一法人或其他组织在同一网贷平台的借款余额上限不超过人民币100万元

C．同一自然人在不同网贷平台借款总余额不超过人民币100万元

D．同一法人或其他组织在不同网贷平台借款总余额不超过人民币200万元

三、判断题

1．第三方支付机构对于日常的资金流入、流出过程中形成的沉淀资金享有所有权，因此在需要的时候，可以对这部分资金进行支配。（　　）

2．《网络借贷信息中介机构业务活动管理暂行办法》第10条第3款直接禁止网络中介机构直接或变相向出借人提供担保或者承诺保本保息。（　　）

3．《非金融机构支付服务管理办法》第24条规定：支付机构接受的客户备付金不属于支付机构的自有财产。（　　）

4．最高人法院发布的《关于审理民间借贷案件适用法律若干问题的规定》中关于民间借贷双方约定的利率中借款年利率36%的规定为司法保护线。（　　）

5．依据《网络借贷信息中介业务活动管理办法》的规定，对网络借贷机构实行备案注册制。（　　）

课外实训

背景资料

2013年7月8日，被告李某通过原告的点融网与会员等80人达成借款意向，并签订借款合同。合同约定：会员共计80人为被告出借资金50万元，期限为12个月，利息为年率21.99%，还款方式是每月等额本息，若被告逾期还款，每日支付万分之五逾期罚息，且逾期利息正常计算；若逾期90日以上，应提前偿还本息、罚息和违约金（违约金为借款余额的20%）。如被告逾期90日以上，全体会员（即出借人）一致同意将本协议项下的债权无偿转让给原告，由原告统一向借款人追偿。同时，被告吴某及上海某公司提供连带保证担保责任。全体出借人向被告放款50万元后，被告按约定支付二期本息后出现违约，不再支付借款。原告向法院起诉，请求被告支付本息、罚息、违约金、律师费等，吴某与上海某公司承担连带责任。

问题：（1）本案存在哪些法律关系？

（2）本案在履行过程中法律关系如何发生变更？

（3）简述本案的法律后果。

实训方式

课堂讨论。

实训提示

主要参考文献

[1] 法律出版社法规中心. 2016. 中华人民共和国保险法注释. 北京：法律出版社.

[2] 胡冬鸣. 2017. 活学巧用银行卡. 北京：中国财政经济出版社.

[3] 李爱君. 2015. 互联网金融法律与实务. 北京：机械工业出版社.

[4] 李晗. 2012. 银行法判例与制度研究. 北京：法律出版社.

[5] 李耀东，李钧. 2009. 互联网金融框架与实践. 北京：电子工业出版社.

[6] 刘飞宇. 2016. 互联网金融法律风险防范与监管. 北京：中国人民大学出版社.

[7] 刘文选. 2017. 保险法律实务. 北京：法律出版社.

[8] 刘永斌. 2015. 互联网金融法律风险防范实务指导. 北京：中国法制出版社.

[9] 吕东. 2010-08-20. 安信信托胜诉之后再上诉并提示风险. 证券日报，B1.

[10] 梅俊彦. 2012-08-14. 江苏银行泄露数万顾客信息 侵害到银行客户的信息安全. 每日经济新闻.

[11] 彭夯. 2011. 私募基金监管法律问题研究. 上海：复旦大学出版社.

[12] 孙鹏. 2016. 最高人民法院担保法司法解释精释精解. 北京：中国法制出版社.

[13] 涂艳. 2008-10-30. 欲退不能 合伙购买信托产品纠纷几何. 上海证券报.

[14] 王巍. 2013. 金融信托投融资实务与案例. 北京：经济管理出版社.

[15] 温世扬. 2016. 保险法. 北京：法律出版社.

[16] 吴弘. 2017. 证券法教程. 北京：北京大学出版社.

[17] 张斌. 2015. 金融案件法律适用关键词与典型案例指导. 北京：法律出版社.

[18] 朱崇实. 2017. 金融法教程. 北京：法律出版社.

[19] 朱大旗. 2015. 金融法. 北京：中国人民大学出版社.

更新勘误表和配套资料索取示意图

说明：本书配套资料可在 http://www.ryjiaoyu.com/下载，其中配套学习资料注册后可直接下载；**教学用资料**仅供采用本书授课的教师下载，**教师身份、用书教师身份**需网站后台审批（咨询邮箱 13051901888@163.com）。

更新勘误及意见建议记录表

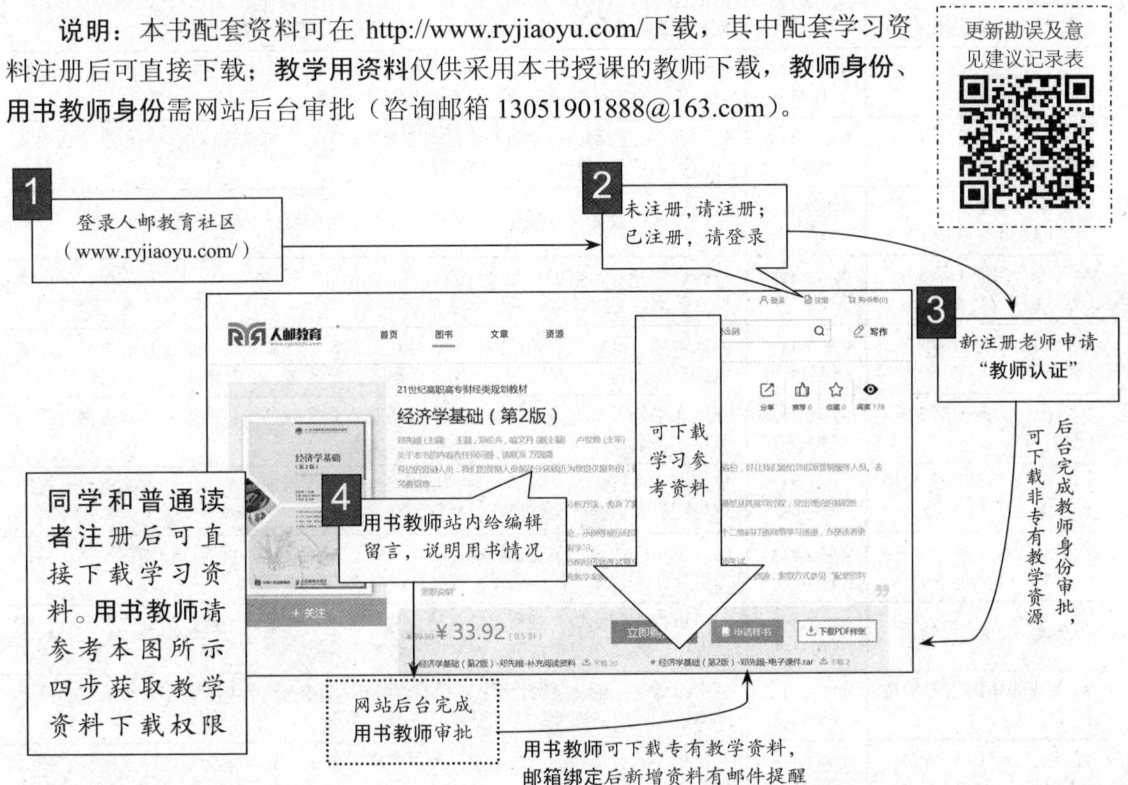

本丛书部分已出版教材推荐

（更多教材请登录人邮教育社区搜索）

书名（作者）	书　　号	特 点 简 介
管理学基础（第 3 版）（季辉）	978-7-115-50742-6	正文内有丰富的课堂互动栏目；二维码链接网络学习资源；提供课件、视频教学案例、习题答案、试卷、阅读资料等
管理学基础（第 2 版）（李海峰）	978-7-115-50335-0	以二维码链接视频案例、专业文章、自测试卷等；提供课件、教案、教学体会、实训说明、文字与视频案例、参考答案、习题集、试卷、阅读资料等
人力资源管理（第 2 版）（吴少华）	978-7-115-44162-1	二维码链接新闻、案例等；案例阅读与分析、实战演练等形式促进边学边练；提供课件、教案、实训指导、答案、案例和试卷等
生产运作管理（微课版）（王肇英）	978-7-115-46701-0	内含生产运作动画、视频实例等；以实例解读为依托展开理论知识、操作技能的学习；提供课件、教案、答案、教学动画、试卷等
电子商务基础（第 2 版）（白东蕊）	978-7-115-49698-0	涉及跨境电商、微信运营等新内容；以二维码链接视频案例、专业文章、自测试卷；提供课件、实训指导、文字与视频案例、试卷等
公共关系理论与实务（吴少华）	978-7-115-38147-7	二维码链接案例、视频等网络资源；提供课件、教案、答案、案例和试卷等

续表

书名（作者）	书　　号	特 点 简 介
经济学基础（第3版）（邓先娥）	978-7-115-51553-7	数百实例讨论连接理论与生活；百余二维码打通网络学习通道；提供课件、答案、阅读资料、教案、文字与视频案例、试卷等
统计基础与实训（微课版）（邓先娥）	978-7-115-49217-3	内嵌操作演示视频、案例视频，统计技能与Excel操作融为一体；提供课件、教案、课程标准、视频及文字案例、演示操作视频、答案、基础数据、试卷等
会计基础与实务（第4版）（杨桂洁）	978-7-115-51448-6	山东省潍坊市第二十次社会科学优秀成果二等奖；原始凭证单独成册，方便裁剪；二维码展示在线视频等学习资源；提供课件、教案、答案、试卷等
财务会计（第2版）（贾永海）	978-7-115-39292-3	提供课件、教案、教学做一体化训练参考答案；学练结合，重点突出课堂练习及课后实训环节，配有"教学做一体化训练"
成本会计（上、下册）（第3版）（徐晓敏）	978-7-115-48967-8	提供课件、教案、习题及实训答案、试卷；实训部分单独成册，方便使用
会计综合实训（第3版）（甄立敏）	978-7-115-49752-9	校企合作开发，根据企业会计的实际情况布置教材内容；凭证单独成册；提供课件、教案、答案、电子备份文件等
国际贸易理论与实务（张燕芳）	978-7-115-48236-5	内嵌视频、高清图、阅读资料等；理论简洁，实务安排与外贸工作过程相同；提供课件、大纲、答案、文字案例、视频案例、试卷、单据样本等
国际贸易实务（第3版）（张燕芳）	978-7-115-44060-0	通过二维码可查询运费、税费等，还可查看真实业务单据高清照片。提供课件、教案、答案、补充习题集、教学案例、试卷
国际贸易单证实务与操作（第2版）（徐薇）	978-7-115-42568-3	提供课件、答案、试卷等资料；扫描二维码可查看部分单证原图；实例展示与知识巩固、实训操作相结合
报检与报关实务（第2版）（熊正平）	978-7-115-44607-7	随时更新的法规、贴近实际操作的高清单证实物照片均可通过扫描二维码获得；提供课件、教案、视频案例、答案和试卷等
报关实务（黄君麟）	978-7-115-47631-9	扫码可查相关法规、观看单证高清照片；实例、例题、习题、实训应有尽有；提供课件、教案、视频案例、答案、试卷等
商品基础知识与养护技能（于威）	978-7-115-44647-3	百余组课堂讨论、案例分析；八个自学实训+两个综合实训；九十余个二维码链接网络资源；提供课件、实训资料、答案、试卷等
经济法实务（第3版）（王琳雯）	978-7-115-50741-9	结合相关从业资格的考试要求；提供课件、教案、文字案例、视频案例答案和试卷等
经济法概论（第2版）（刘磊）	978-7-115-46178-0	内容图表化、案例故事化，实践与实训源于工作实际；提供教案、教学计划、课件、答案、补充教学案例（文字、视频）、试卷等
金融法理论与实务（第3版）（罗艾筠）	978-7-115-50129-5	"十二五"职业教育国家规划教材；省级精品资源共享课程配套教材；提供课件、教案、答案、文字与视频案例、实训指导、试卷等
金融学概论（第2版）（郭晖）	978-7-115-47097-3	时事、案例提升学习兴趣；视频、图例拓展阅读空间；提供课件、答案、视频案例、试卷等
金融基础知识（第2版）（韩宗英）	978-7-115-35666-6	"十二五"职业教育国家规划教材；以故事提升学习兴趣，以通俗降低学习难度；提供课件、教案、答案、试卷、视频案例等
证券投资实务（孟敬）	978-7-115-43069-4	二维码拓展学习通道；学练结合提高学习效果；涵盖证券从业资格考试知识点；提供课件、文字与视频案例、试卷等
保险基础与实务（第3版）（徐昆）	978-7-115-49308-8	"十二五"职业教育国家规划教材；校企合作开发，与职业资格证书考核内容和专业岗位要求相衔接；提供课件、文字与视频案例、答案、试卷和实训资料等
商务礼仪　案例与实践（王玉苓）	978-7-115-46646-4	内含实践与训练指导，即学即练；高清彩图、视频案例，边学边看；提供教案、大纲、课件、视频及文字案例、试卷等
人际关系与沟通技巧（龙璇）	978-7-115-41966-8	数十组实训寓教于乐；近百实例开启思考讨论大门；五十余二维码拓展网络空间；提供课件、大纲、实训指导手册、答案、补充教学案例集等